第一批海南省"南海系列"育才计划"南海名家"青年项目成果。

幽暗的现代性
梁启超的思想世界
（1896—1906）

王 圣◎著

中国书籍出版社

图书在版编目（CIP）数据

幽暗的现代性：梁启超的思想世界：1896—1906/王圣著．—北京：中国书籍出版社，2020.8

ISBN 978－7－5068－7964－4

Ⅰ.①幽… Ⅱ.①王… Ⅲ.①梁启超（1873—1929）—思想评论 Ⅳ.①B259.15

中国版本图书馆 CIP 数据核字（2020）第 169893 号

幽暗的现代性：梁启超的思想世界：1896—1906

王 圣 著

责任编辑	赵秀村　王 淼
责任印制	孙马飞　马 芝
封面设计	中联华文
出版发行	中国书籍出版社
地　　址	北京市丰台区三路居路 97 号（邮编：100073）
电　　话	（010）52257143（总编室）　（010）52257140（发行部）
电子邮箱	eo@chinabp.com.cn
经　　销	全国新华书店
印　　刷	三河市华东印刷有限公司
开　　本	710 毫米×1000 毫米　1/16
字　　数	350 千字
印　　张	19.5
版　　次	2020 年 8 月第 1 版　2020 年 8 月第 1 次印刷
书　　号	ISBN 978－7－5068－7964－4
定　　价	85.00 元

版权所有　翻印必究

目 录
CONTENTS

导 论 1
  第一节 百年梁启超思想研究综述 1
    一、对梁启超思想的早期发现（20世纪二三十年代）............ 2
    二、历史唯物主义批判时期（20世纪五六十年代）.............. 6
    三、从再认识到显学阶段（1978年至今）...................... 8
  第二节 问题结构：作为梁启超思想的起点与路径 19
    一、梁启超研究的话语机制 20
    二、过渡时代的总问题：梁启超的中国话语内在理路 28
    三、研究方法、路径与不足之处 37

第一章 过渡时代的变革：梁启超思想的前提 40
  第一节 清代儒学的内在发展与下层社会的觉醒 42
    一、明清儒学向下位移与清末西方观念的接受 42
    二、经世致用与经学的瓦解 46
    三、晚清民间社会及心态变化 51
  第二节 公羊三世与维新思想 56
    一、梁启超早年治学的三次转变 56
    二、康有为基本思想 60
    三、康有为对梁启超思想的影响 66
  第三节 严复、谭嗣同、黄遵宪对梁启超的影响 69
    一、进化与群己：严复思想对梁启超的影响 70
    二、激进与保守：谭嗣同对梁启超思想的影响 75
    三、现实界的他者：黄遵宪对梁启超思想的影响 78

第二章　从中西到新旧：梁启超的危机意识与中国话语的创建 …… 82
第一节　他者、危机与乌托邦：梁启超思想的牢笼 …… 87
第二节　历史、身份及认同：梁启超的中国话语起点 …… 91
　一、一元论下的政教史批判 …… 91
　二、再创"三世说"：他者目光下的自我重建 …… 95
　三、中国的命名、纪年及世界之中国 …… 104
第三节　从中西到新旧：戊戌叙事的建构与缝合 …… 109
　一、从中西到新旧的思想转换 …… 115
　二、慈禧之恶：现实的道德想象文本 …… 117
　三、两种谭嗣同：梁启超话语构建的最终独立 …… 123
本章小结 …… 129

第三章　政治哲学批判：梁启超的国家话语建构 …… 132
第一节　国家意识与政治批判 …… 133
　一、睡狮：在西方话语中构建中国 …… 133
　二、从道德之恶到政治非法：旧中国的国体及政治学批判 …… 137
第二节　中学、东学与西学：梁启超国家话语的初步形成 …… 143
　一、群学：国家话语的起点 …… 143
　二、从东学到西学：国家话语的初步构建 …… 147
　三、勤王与排清之间的国家话语 …… 162
第三节　在卢梭的分界线上 …… 168
　一、梁启超与孙中山在卢梭思想上的交集 …… 168
　二、多重矛盾中的卢梭思想 …… 173
　三、1900年：回到形而上学 …… 178
第四节　从卢梭到伯伦知理：重返国家话语的思想构建 …… 181
　一、对卢梭的辩护：重返国家话语 …… 181
　二、政府、个人与国家：对卢梭与伯伦知理的调和 …… 187
　三、以洛克为中心：梁启超的契约思想 …… 192
本章小结 …… 203

第四章　幽暗意识：梁启超的国民性批判 …… 205
第一节　人种、人性与新民：个人实在的决定论 …… 208
　一、主知主义与契约论的伏线：梁启超的个人实在论 …… 208

二、新民作为总体性的根本问题 ……………………… 215
　　三、从人种到人性：新民的人类学基础 ……………… 220
　第二节　梁启超与近代国民性话语 ……………………… 225
　　一、国民与国民性 ……………………………………… 225
　　二、晚清社会心态的转变与国民性焦虑 ……………… 230
　　三、梁启超调和的国民性话语 ………………………… 237
　第三节　从道德革命到道德改良 ………………………… 258
　　一、道德目的论 ………………………………………… 258
　　二、利群的道德实践论 ………………………………… 262
　　三、道德辩证法的困境：私德与公德 ………………… 267
　　四、重回王学的一点灵光：道德改良的最后归属 …… 275
　本章小结 …………………………………………………… 282

结　论 ……………………………………………………… 284

参考文献 …………………………………………………… 290

后　记 ……………………………………………………… 302

导　论

第一节　百年梁启超思想研究综述

梁启超身处晚清民初历史剧烈动荡颠覆的时代，社会矛盾、思想冲突以及国家危机已至极点。纵其一生经历公车上书、戊戌变法、庚子勤王、拥袁反袁、讨逆张勋，可谓遍经近代政治大转折，凡跌宕起伏二十余年；其间创《万国公报》《时务报》《知新报》《清议报》《新民丛报》《新小说》《时报》《国风》《庸言报》等，几成近代舆论之砥柱；除政论之外，于文、史、哲、法、经济皆有开创性宏著，一生著述概一千四百万字；与其密切往来者上至清德宗，下至孙中山、段祺瑞，皆近代政坛核心人物，其终身念兹在兹，深刻影响了整个中国近现代史。自其三十岁初版《饮冰室文集》以来，已引为知识界学术思想之典范，研究文章、学术报告已达上万种。

无论从哪一个角度和目标介入对梁启超的研究，都面临着19世纪至20世纪的复杂语境以及梁自身思想的多变和矛盾，因而对梁启超的研究在内是对其学术思想的分析与综合，在外是对其所处的历史话语的推论和判断，而这种外部性既是梁启超思想的根据，也是梁启超研究的落脚点。因而任何一项梁启超研究都暗含了对一种历史典范的选择，即围绕着帝国、国家、民族、现代、中西等思想观念展开的如何看待中国近代历史的问题，即如何叙述近代中国这一根本性的现代命题。因此，这成了梁启超思想研究这一具体工作的首要难题。

梁启超思想本身带有强烈的善变色彩，往往构成一种现象性的阐释主题，甚至在某些研究中成为一个研究的核心问题。然而这样一种研究框架可能不自觉地受到了梁启超思想自身特征的影响。一方面，梁启超既流质善变，亦长于自省自察，在其生平中多有自评剖析，成为后人研究的一个思想基础和来源。在梁氏自著《戊戌政变记》（1898）、《清议报一百册祝辞》（1901）、《清代学术概论》(1920)、《中国近三百年学术史》(1924)等中，这种学术自省几乎成为其思想发展的内在驱力。梁氏一句"太无成见"，自我标榜为"新思想界之陈涉"①，以及"若夫理论，则吾平生最惯与舆论挑战，且不惮以今日之我与昔日之我挑战者也"②的豪情，几乎成为后世恒久绵延的一种基础性的误读。另一方面，梁启超以其所谓"不中不西，即中即西"③之姿态，在当时王先谦、叶德辉等旧派人物，康有为、黄遵宪、严复等新派人士，以及孙中山、章太炎等革命派之间，已经成为特殊化的阐释对象。黄遵宪赞梁氏"惊心动魄，一字千金。人人笔下所无却为人人意中所有，虽铁石人亦应感动，从古至今，文字之力大无过于此者矣"④。而与此时同时的则是"清廷虽严禁，不能遏"，"老辈则痛恨，诋为野狐"⑤。虽则叶德辉等旧派并非反对"真正的"西学，只是不满"康学"以及"新政其名，渔利其实"之徒，但仍数度上书要求禁绝言论，组建"翼教"，编写《翼教丛编》，以对抗康、梁，认为"康有为乱民也，梁启超波士也"⑥。而孙中山甚至诋其"一人而二说，首鼠两端"。⑦可见梁启超在世之时，其已深处学派纷争之中心，遑论跨越百年，今人对之误读和阐释，浮于形，流于俗，非能私其罪也。

国内对梁启超思想研究可以1949年、1978年为界。

一、对梁启超思想的早期发现（20世纪二三十年代）

对梁启超思想价值的发现始于五四新文化运动。五四新文化运动接续戊戌维新变法，需要在自身合法性上寻求他者的比较和批判。因此在梁启超身处激烈否定传统的"五四"之中时，他"总属于新字号历史时期的旧派"。而在梁启超身后，同是否定梁启超的"五四"先驱们，却又对其地位予以极大之肯定。其本质在于试图为五四新文化运动在历史合法性上寻找到其连续性。

最早定梁启超思想地位者乃钱玄同。其在1917年2月25日写给《新青年》主编陈独秀讨论胡适《文学改良刍议》一文的信中，语："梁任公先生实为近来创造新文学之一人。虽其政论诸作，因时变迁，不能得国人全体之赞同，即其

---

① 梁启超. 清代学术概论 [M] //梁启超全集. 北京：北京出版社，1999：3102.
② 梁启超. 政治学大家伯伦知理之学说 [M] //梁启超全集. 北京：北京出版社，1999：1075.
③ 将广学. 梁启超和中国古代学术的终结 [M]. 南京：江苏教育出版社，2001：94.
④ 郑海麟，张伟雄. 黄遵宪文集 [M]. 京都：中文出版社，1991：194.
⑤ 梁启超. 清代学术概论 [M] //梁启超全集. 北京：北京出版社，1999：3068.
⑥ 苏舆. 翼教丛编 [M]. 上海：上海书店出版社，2002：97.
⑦ 孙中山. 孙中山全集（第一卷）[M]. 北京：中华书局，1985：231.

文章，亦未能尽脱帖括蹊径，然输入日本文之句法，以新名词及俗语入文，视戏曲、小说与论记之文平等（梁先生之作《新民说》《新罗马传奇》《新中国未来记》，皆用全力为之，未尝分轻重于其间也），此皆其识力过人处。鄙意论现代文学之革新，必数及梁先生。"钱玄同一方面敏锐地把握住了梁启超思想内部与五四新文化运动在白话文运动中的历史线索①，另一方面则是注意到了梁启超在文学史上所构成的文学大众化的历史连续性②。虽则其后起者对梁启超多有复杂情感，胡适言："我个人受了梁先生无穷的恩惠……梁先生的文章，明白晓畅之中，带着浓挚的热情，使读的人不能不跟着他走，不能不跟着他想。有时候我们跟着他走到一点上，还想望前走，他却打住了，或是换了方向走了。在这个时候，我们不免感到一点失望。然而这种失望也正是他的大恩惠。因为他尽了他的能力，把我们带到一个境界，原指望我们感觉不满，原指望我们更朝前走。"（胡适《四十自述》）然而他们俱坦承思想出于梁启超，胡适说其受其恩惠者，一是《新民说》，二是《中国学术思想变迁大势》，即为恳切之言。胡适为梁启超挽联："文字收功，神州革命。生平自许，中国新民。"虽杂有私交之芥，略有平抑，但仍然承认梁启超文学革命的历史价值。

此后胡适作《五十年来中国之文学》（1923），由于胡适受赫胥黎进化论及杜威实验主义影响，尤其在文学史观上受厄迪丝·薛谢尔（Edith Sichel）及其著作《文艺复兴》有关"欧洲各国国语史"的启发③，对中国的文学史采用一种进化论的方法和实用主义的价值标准。这一方面促使他把新文学的萌芽放在了曾国藩中兴桐城派之后，将包括梁启超在内的文学视为"古文范围以内的革新运动"，是"古文学勉强求应用的历史，乃是新旧文学过渡时代不能免的一个阶段"，并认为"他们都不肯从根本上做一番改革的功夫，都不知道古文只配做一种奢侈品，只配做一种装饰品，却不配做应用的工具"。④ 虽然胡适肯定了梁启超文学在其有限范围内的调整，但其认为这种"无意的演进，是很慢的，是

---

① 关于此论，可参见：谭彼岸. 晚清的白话文运动［M］. 武汉：湖北人民出版社，1956；陈万雄. 五四新文化的源流［M］. 上海：上海三联书店，1997.
② 袁进. 梁启超为什么能推动近代小说的发展［J］. 上海大学学报（社会科学版），2004（3）：24-29.
③ 余英时. 文艺复兴乎？启蒙运动乎？［M］//重寻胡适历程——胡适生平与思想再认识. 上海：上海三联书店，2012：244-245.
④ 胡适. 五十年来中国之文学［M］//欧阳哲生. 胡适文集（3）. 北京：北京大学出版社，1998：201.

不经济的"。① 胡适把梁启超的文学放在他所构建的白话文学史观中加以认识，无论是批评还是肯定，都是为其白话文学进化论服务，也即为新文化运动的合法化佐证。即便如此，他也将这一革命的萌芽连接到梁启超所处的晚清文学之中。

其时对梁启超思想做全面评述的，首起于郑振铎，其于1929年2月发表在《小说月报》上的《梁任公先生》，为第一篇全面系统总结梁启超生平、评价其学术成就的纪念性文章。全文评述梁启超生平概略，将其政治活动、学术思想条分缕析为六大方面，其中多有切中肯綮之论。优于梁启超之文体改革比之新文化运动之先导作用，极为客观公正。郑振铎得有此论，主要是其能够从梁启超文学作品内部入手。当时除有梁启超于光绪二十八年自选文集《饮冰室文集》外，已有"民国十四年（乙丑）出版的第四次编订的《饮冰室文集》"，"一篇批评的最好材料，也便是被批评者对于他自己的批评。这句话，在别一方面或未能完全适合，然论到梁任公，却是再恰当也没有的了"。② 因能基于从梁启超文学作品内部梳理其学理思想，郑氏可谓最早涉及并试图合理解释梁启超政治和学术思想"善变"之问题的学者。郑氏虽对梁启超评析细致，然因过于"近视"，而其身亦处于同代激流而难以反省历史，因而只能将梁启超善变归于"爱国之心""急于用世"。

进入20世纪30年代，对于梁启超之"善变"已经开始转向激烈的批评。如郭湛波于1935年出版的《民国学术文化名著：近五十年中国思想史》即认为"梁氏学博而不精，思想随时代而转移，与康氏不同，故思想不易捉摸"③。郭氏认为"梁氏在中国思想史上的贡献，不如在学术史贡献之大。在思想史上的贡献，创设不如康有为，破坏不如谭嗣同，而其思想多来自康谭二氏，故其思想不深刻，不一贯，随时转移，前后矛盾"，然而也不得不承认梁氏"影响甚大，则因其文笔生动，宣传力大"。④ 郭氏从思想史角度较为清晰地梳理了梁启超的思想脉络，指出梁氏理论核心是"新民"，由新民要求"公德"，而"公德"之标准在"利群"，而实现"公德"的途径在建国家。由"新民思想"，形成了梁氏的"国家思想""权利思想""冒险精神"等。值得强调的是，郭氏注意到了梁启超虽言新民，却"非欲吾民尽弃其旧以从人也"，"必非如心醉西风

---

① 胡适. 五十年来中国之文学［M］//欧阳哲生. 胡适文集（3）. 北京：北京大学出版社，1998：202.
② 郑振铎. 梁任公先生［J］. 小说月报，1929（20）：2.
③ 郭湛波. 民国学术文化名著：近五十年中国思想史［M］. 长沙：岳麓书社，2013：27.
④ 郭湛波. 民国学术文化名著：近五十年中国思想史［M］. 长沙：岳麓书社，2013：39.

者流，蔑弃吾数千年之道德、学术、风俗，以求伍于他人"。① 尤其是对第一次世界大战结束后梁氏在《欧游心影录》中流露出的对西方理性的巨大失望，谓之"科学万能梦"的"破产"，以及后期梁氏对宗教的拥护，据此认为梁氏为"中国数千年宗法封建社会意识之回光返照"，以一种历史进化论的思想对梁启超做了审判。

此一时期，由梁启超生前挚友丁文江主持、赵丰田编写的《梁启超年谱长编》于1936年完成初稿，并"油印了五十部，每部装成十二册，发给梁的家属和知友作为征求意见之用"②。此油印的年谱长编为20世纪30年代到70年代的梁启超研究提供了珍贵的基础资料，价值巨大。

与思想价值相对照，梁启超的文学价值得到了更为充分的认识和评价。除上面提到胡适1922年《五十年来中国之文学》之外，与胡适进化论深有分歧的周作人，将文学史的发展视为文以载道和诗言志的历史循环。在其著作《中国新文学的源流》（1932）中，周作人认为新文学是对清代文以载道之极致的八股文和桐城派的反动，实际上是回到了晚明公安派和竟陵派的诗言志的主张上。在这种历史循环论中，周氏不仅视严复、林纾为桐城派的反动，更将梁启超看作是打破文以载道的桐城派和八股文的主要角色。尽管他认为梁氏并非着意于文学本身的改革，而"最注意的是政治的改革，因而他和文学运动的关系也较为异样"，尤其是梁氏的《新民丛报》内的很多文学作品，"都不是正路的文学，而是来自偏路"，"是想借文学的感化力作手段，而达到其改良中国政治和中国社会的目的"。③ 周氏从清代学术理路出发，认为"梁任公的文章是融合了唐宋八大家，桐城派，和李笠翁，金圣叹为一起，而又翻陈出新的"，④ 也就是视梁启超为新文化运动前大变局的一个对晚明和晚清文学贯通创新的人物，此评价已是极高。在其循环论看来，梁氏"给予文学革命运动以很大的助力"⑤。周氏的文学循环论抬高闲适散文的历史地位并且为新文学运动提供合法性。但其在进化论之外以较为新颖的视角，审视到梁启超所处的混杂的话语环境，在当时实为可贵。

此后20世纪30年代中国文学史的研究逐步开展，对梁启超在中国文学史上的论断遂也成为题中之义。陈子展在其1928年的《近代中国文学之变迁》中

---

① 郭湛波. 民国学术文化名著：近五十年中国思想史［M］. 长沙：岳麓书社，2013：37.
② 丁文江，赵丰田. 梁启超年谱长编［M］. 上海：上海人民出版社，1983：前言3.
③ 周作人. 中国新文学的源流［M］. 上海：华东师范大学出版社，1995：54.
④ 周作人. 中国新文学的源流［M］. 上海：华东师范大学出版社，1995：54.
⑤ 周作人. 中国新文学的源流［M］. 上海：华东师范大学出版社，1995：55.

将近代文学划自戊戌变法,其尤为重视"诗界革命",认为是开诗教革新之始。而在其1929年《最近三十年中国文学史》中,指出梁启超"这种新文体不避俗言俚语,使古文白话化,使文言白话的距离比较接近,这正是白话文学运动的第一步,也即是文学革命的第一步"。

1933年王哲甫在《中国新文学运动史》中,把康有为、梁启超、谭嗣同的文学作为接续汤寿潜、邵作舟等的政论文章的发展。认为"不但在思想上有改革的精神,即在文体上也打破一切古文束缚","代表当时的一种新文体"。① 王哲甫较早注意到梁启超与章太炎、王闿运、林纾、严复等人的联系与区别,将梁启超作为古文向白话的过渡者看待。

到1935年钱基博已将梁启超作为独立的文学对象予以研究。在其《现代中国文学史》中辟出35页从梁氏趣味理论、情感理论诸方面对其散文作品进行评析。且明确将梁氏置入"中国文学的剧变期""新文学"之"新民体"列。然钱氏文学史始于晚清古文之王闿运、章炳麟、苏元瑛,仅写到胡适、鲁迅、徐志摩等"新文学白话文"即止。所谓"现代"实则为"前现代"。由于历史期限过短,未能标示出明显的发展轨迹,因而对梁启超的研究也仅能就作品而进行分析。

吴文祺在1936年《新文学概要》中也响应了钱玄同"鄙意论现代文学革新,必数及梁先生"的论断。指出"梁氏的文章,虽然有许多毛病,但他究竟是第一个冲破古文的藩篱的人,他的新文体,影响了近三十年的文坛"。吴文祺较早强调梁启超为提高小说地位所做的贡献,这在此前尚少有人提及。

然而20世纪三四十年代早期的文学史论仅把梁启超文学作为新文学的过渡或者开始的一种现象加以描述。即便如钱基博能辟出专章予以讨论,也只是对其文学实践的事实描述。相较于晚清民初而言,梁启超的文学地位并不高,其得列文学史,亦不过因开一时代先风。而其诗文被认为相较于黄遵宪、康有为、曾国藩等人要逊色很多。因而在当时也不可能有专门对梁启超的文学进行研究的专著出现。这种情况一直到20世纪80年代才得以打破。也即说,梁启超的文学研究经历了近半个世纪的完全沉寂。

二、历史唯物主义批判时期(20世纪五六十年代)

1948年戊戌变法50周年,此时国共双方政治军事对抗的局面急剧转变。国民党提出所谓"中间路线",倡导效法康梁变法,以国民党主导英美民主政治。

---

① 王哲甫. 中国新文学运动史[M]. 北京:杰成印书局,1933:21.

共产党则严厉批判改良思想,主张资产阶级改良已经彻底破产,唯有自下而上的人民革命才能完成反帝反封建的历史任务。从学术上呼应政治立场者,起于吴泽的《康有为与梁启超》(上海华夏书店,1948)和胡绳的《梁启超及其保皇党思想》(《读书与出版》,1948年第3、4期合刊)。吴泽和胡绳都是共产党方面的史学专家,有着鲜明的政治立场和价值判断,通过对梁启超的历史评判以达到对马克思主义五种社会形态理论的论证。如胡绳鉴于梁启超的保皇立场认为他是"中国近代政治史中的尽忠效命于垂危的统治阶级的自由主义者在政治活动上的代表人物","尤富于投机变幻的能力,这正是他一生政治思想与活动的基础"。① 吴泽从康梁等人的阶级出身出发,推论维新变法的性质及变法的方式,得出维新派本质上是"封建地主官僚统治者的一群残孽"的结论。而"救亡图存"在根本上是站在维护现行政权、拥护政府和皇权的立场上进行的,是"反革命运动,是抢救统治政权运动"。并且梁启超在实施"保皇"过程中伪言革命,以及后来"拥袁""拥阀"等表现,无不是反民主反革命,图谋维护封建统治。其"投机变幻,尽其玩弄与出卖革命之能事!手段之低劣、卑贱、无耻到如此地步! ……是个政客,是个野心家!"② 因此在此时期,可以说并未出现自由的学术意义上的研究。③

至1949年中华人民共和国成立,对梁启超的评价伴随着国内政治形势的进一步变化发展。如王介平认为,梁启超的改良主义在戊戌变法时期发生过启蒙社会的进步作用。但在革命浪潮中仍固守"保皇""立宪"主张,渐渐从清统治集团的反对派变成了人民革命力量的反对派。王氏根据梁启超后来的"拥袁""拥阀"行为,认定梁启超是政治上堕落和思想上反动的"典型买办"④,从阶级立场和意识形态上对梁启超做了尖刻的批判。至20世纪50年代,相关的批评文章从哲学、史学和经济学等方面,逐步从政治立场将梁启超定性为历史的反面人物。

1960年,《文汇报》《光明日报》出现了关于"梁启超思想体系的阶级性"的讨论。许多学者自觉地运用马克思主义阶级观念来对梁启超的阶级属性做出判定。讨论形成了几个主要观点:一是认为梁启超一生变化不定,但有一个不

---

① 胡绳. 梁启超及其保皇党思想[J]. 读书与出版,1948(3/4).
② 吴泽. 吴泽文集(第二卷)[M]. 上海:华东师范大学出版社,2002:50,18,56.
③ 冼心福. 建国以来梁启超文学思想研究评述[J]. 学术研究,1993(3).
④ 王介平. 论改良主义者梁启超——对梁启超政治思想的批判[J]. 教学与研究,1956(12).

变的实质,就是"他的资产阶级改良主义思想体系"①;二是认为梁启超是"地主—资产阶级的改良主义者","代表的是地主资产阶级",是"已经转化、正在转化和企图向资产阶级转化的地主阶级分子";② 三是认为梁启超在前期是一个"不大像样的资产阶级改良主义者",后期则"退回到地主阶级的立场上去,竟和资产阶级思想冲突起来"。③ 由于论者皆基于阶级论进行定性讨论,因而对梁启超的研究在这一时期已经步入全面批判否定的阶段。

不过,仍然有学者试图在政治批判的框架内尽可能地"辩证"分析梁启超的历史功过。即极力摆脱一概而论的窠臼,真正运用辩证唯物主义历史观去评价梁启超的政治人生。如蔡尚思指出:"梁启超在学术上的地位,正和他在政治上思想上的地位相反:他在政治上思想上的地位和作用,是后期不如前期;而他在学术上的地位,则前期不如后期。"④ 1962 年出版的牛仰山的《梁启超》。书中指出:"梁启超在戊戌变法运动时期是一个进步的知识分子,在历史上起过好的作用;但是他后来没有能跟着时代前进,所以成为一个与革命为敌的反动人物。"在学术方面,牛仰山对梁启超的学术贡献予以肯定,认为"梁启超在学术上的主要贡献,在于用进化论的观点批判了封建的历史学"⑤。牛仰山还特别肯定了梁氏在文学上所提倡的小说界革命及其新文体。

三、从再认识到显学阶段（1978 年至今）

（一）新时期国内对梁启超的再认识

1978 年十一届三中全会确定解放思想,实事求是的思想路线,随着拨乱反正和真理标准大讨论的展开,学术界进入了冲破禁区、摆脱思想禁锢的新时期。对梁启超研究之破冰首启于 1979 年李泽厚的《梁启超王国维简论》,李氏首揭"1949 年以来,对他们两人评议虽多,但基本论调则几乎一致,即作为否定的历史人物来对待和论述"。提出"评价历史人物,就应不只是批判他的政治思想了事,而应该根据他在历史上所做的贡献,所起的客观作用和影响来做全面衡量,给以符合实际的地位"。对于梁启超,李氏认为"他不是思想家,而只是宣传家",其历史功绩不在宣传革命,而是"做了当时革命派所忽略的广泛思想启蒙

---

① 陈旭麓. 辛亥革命前梁启超的思想［N］. 光明日报,1961 - 07 - 05,1961 - 07 - 11; 陈旭麓. 辛亥革命后梁启超的思想［N］. 文汇报,1961 - 07 - 25,1961 - 07 - 28.
② 胡绳武,金冲及. 关于梁启超的评价问题［J］. 学术月刊,1960（2）.
③ 蔡尚思. 梁启超后期的思想体系问题［N］. 文汇报,1961 - 03 - 31.
④ 蔡尚思. 梁启超在政治上学术上和思想上的不同地位［J］. 学术月刊,1961（6）.
⑤ 牛仰山. 梁启超［M］. 北京:中华书局,1962:26.

工作"。李氏同时注意到梁启超的启蒙工作,"还突出表现在文艺和史学两个重要方面"。"梁启超是在中国近代最早高度评价和极力提倡小说创作的人,也是最早在中国主张用资产阶级史学观点和方法来研究中国历史的人。"从这个意义上,李氏认为梁启超"是影响最广泛的资产阶级启蒙思想家"①。

对梁启超的再认识成为20世纪80年代梁启超思想研究的一个趋势。钟珍维、万发云的《梁启超思想研究》可以视为继李泽厚之后对梁启超思想的一次全面重估。该著作认为:"爱国思想就像一条红线一样,贯串在他的思想和活动之中,他不愧为中国近代史上一位杰出的爱国者。"② 与此同时,作者还以同情之理解的态度对梁各个阶段的政治活动予以评析,并据此对之前的否定评价进行发难。在对梁启超的思想做出深入阐述后,作者得出结论说:"就梁一生的活动看,功绩是第一位的,过错是第二位的,是一个必须加以肯定的人物。他不仅是一个出色的资产阶级宣传家,在掀起中国近代史上第一次思想解放的潮流中起了重要的作用;也不仅是一个资产阶级政治活动家,在批判封建君主专制制度为民争权,向西方学习,发展中国民族资本主义等方面做出了巨大贡献;而且是新文体、新文化运动的最早倡导者;是一个在政治、经济、哲学、史学、文学、教育、新闻等方面颇有成就的学者;是一位反帝反封建、争取祖国独立富强的爱国思想家。他对后世的影响是深远的。他在中国近代史上的历史地位是应该被肯定的。"③ 可谓对梁启超做了全方位的客观评价。

进入20世纪80年代,对梁启超研究起到决定性推动作用的是由丁文江、赵丰田编著的《梁启超年谱长编》的出版,以及中华书局在1936年林志钧版本基础上于1989年出版的《饮冰室合集》,这为学界的研究提供了极大的便利条件。同时由于对清史尤其是对戊戌变法的再认识,也重新将康有为和梁启超拉回了学术界的研究视野。在史学的热潮中,梁启超研究也逐步进入正轨,其成果首先表现为国内大量传记、评述的出现。

梁启超、王国维的学生吴其昌于1944年撰写的《梁启超传》应是较早的梁启超传记类的经典之作,惜吴氏大作未竟而逝,传记仅写到维新失败即止。吴氏注重对梁启超所处历史之政治、经济、文化等社会生态的分析,以及对这些历史条件促成的梁启超思想的发生、发展的勾勒,尤其是对戊戌维新的失败做了深刻的剖析,"沿用了1901年梁启超著《李鸿章》所开创的现代评传做法",

---

① 李泽厚. 中国近代思想史论 [M]. 北京:生活·读书·新知三联书店,2008:440.
② 钟珍维,万发云. 梁启超思想研究 [M]. 海口:海南人民出版社,1986:前言1.
③ 钟珍维,万发云. 梁启超思想研究 [M]. 海口:海南人民出版社,1986:279.

体现了梁氏《中国历史研究法补编》"以一个伟大人物对于时代有特殊关系者为中心，将周围关系事实归纳其中，横的竖的，网罗无遗"的精义①。然而此书，一则"多取材于先生自撰之《戊戌政变记》"，二则"亦为一时之情感所动荡"②，加之论及戊戌政变戛然而止。其后本应进入的学术思想评议未能延续③，实未能展开梁启超思想之全貌。而直到20世纪80年代，孟祥才著《梁启超传》（北京出版社，1980），才出现较为完整的梁启超传记。但也仅此一部。进入20世纪90年代后，对梁启超传记的研究呈现井喷之势。计有：李喜所、元青著《梁启超传》（人民出版社，1993），杨天宏著《梁启超传》（四川人民出版社，1995），董四礼著《梁启超》（哈尔滨出版社，1996），徐刚著《梁启超》（广东旅游出版社，1996），耿云志、崔志海著《梁启超》（广东人民出版社，1994），董方奎著《旷世奇才梁启超》（武汉出版社，1997），陈鹏鸣著《梁启超学术思想评传》（北京图书馆出版社，1999）等。此一时期有关梁启超研究著作情况，有董方奎于2010年编纂的《梁启超研究著论目录》（崇文书局）可供参考。

这些传记基本未能脱离将梁启超置于改良主义的叙事框架之中，以革命进程为隐含的历史参照，描述梁启超从早期在保皇与共和之间的徘徊，到开明专制的内心与思想体系的这一进程。著述多围绕如何看待其流质多变的思想特点，以及与同盟会的论战、与孙中山的关系、与康有为的关系等历史问题。有较深入的亦涉及梁启超对暴力革命忧虑的思想根源，以及为梁启超之"历史先进性"辩护的，如护国运动、在巴黎和会的外交活动对触发五四运动的历史先导作用、对五卅运动的支持等。当然明确地形成共识的予以批判的问题俱在各个传记中得到了不同程度的发挥。比如其晚年对待社会主义的倒退态度，"反抗马克思主义潮流"，以至终陷于落后时代的晚境。当然个别著者又夸大其为最早颂扬十月革命、介绍马克思主义的学者。凡此种种，无论正反之论，都是在同一个唯物史观的叙事逻辑中展开的。

1980年后，学界召开了一系列与戊戌维新和康梁相关的学术研讨会议，涌现出一大批学术论文，它们都或多或少地涉及对梁启超思想的重估。这些学会的召开，一方面，反映出梁启超研究逐步成为学界研究的热点；另一方面，也促进各个学科开始更多地关注梁启超思想的研究，推动梁启超研究更加深入。

---

① 夏晓虹. 阅读梁启超 [M]. 北京：生活·读书·新知三联书店，2006：48-49.
② 陈寅恪. 寒柳堂集 [M]. 北京：生活·读书·新知三联书店，2001：166-168.
③ 吴其昌著有《王观堂先生学述》，又著《王国维先生生平及其学说》，且吴氏对梁启超学术可称精梳。

较有代表性的学会有以下几个：

1983年"戊戌维新运动和康有为、梁启超"学术讨论会中，对梁启超的评价开始主要强调其积极方面。与会者一致认为梁启超在七个方面有着卓越贡献："（一）大开寓民权革命于新式教育的新风气；（二）创办空前未有、影响最大的新报刊，是改良派的第一位宣传家；（三）介绍欧美各国各派学说比前人、他人广泛；（四）特创通俗流畅而又富有文采感情的新体文言文；（五）敢起而攻击孔学，为辛亥革命、五四运动'打倒孔家店'的先驱；（六）是资产阶级新史学的急先锋；（七）捷才使他成为古来著述最多的一位学者。"①

1986年"梁启超学术讨论会"是在"戊戌维新运动和康有为、梁启超"学术讨论会的基础上，进一步肯定梁启超的思想与启蒙运动在百日维新失败后数年间的继续发展和对民主革命的推动作用。有论者将梁启超"三民"与孙中山"三民"进行比较，认为梁是从维新到资产阶级革命之间启蒙的不可缺少的过渡。此次会议显示了20世纪80年代中期后梁启超思想史研究的新动向。有论者认为："1899年至1902年，梁启超吸取英国自由主义和卢梭的民约论，构成梁启超的'自由'思想。他对近代政治哲学提供了新的认识手段，并改造政治思维方式，为人道主义原则寻求本体论说明。"② 与会者认为梁启超在资产阶级思想建设方面具有历史的独到之处，"设计以建立民族国家为目标、改造国民素质为途径的救国方案，是向资产阶级民族民主革命理论过渡的重要界碑"，"《新民说》是五四新文化运动的前奏"③。该会议对以往梁启超研究进行了反思，一致认为"以往的研究有形而上学的倾向，不是根据历史和梁启超的本来面目多层次去观察、评价，而是以派别或阶级划线，把复杂多变的历史简单化，使梁启超研究的路子愈走愈窄，今后必须加以纠正"④。

在1988年"戊戌变法研究"国际学术讨论会上，大部分代表认为戊戌变法在中国近代史上有不可抹杀的功绩，它是首次民主主义启蒙和近代化的尝试。而对戊戌变法的直接参与者梁启超，会上也一致予以充分肯定，认为"梁启超将近代意识深化到学术理论，他不但是政治家，还是近代中国人文学科的开拓者，其成就胜于乃师"⑤。

在2003年"梁启超与近代中国社会文化"国际学术研讨会上，与会学者从

---

① 论戊戌维新运动及康有为、梁启超[M].广州：广东人民出版社，1985.
② 马鼎盛.梁启超学术讨论会概述[J].近代史研究.1987(3).
③ 马鼎盛.梁启超学术讨论会概述[J].近代史研究.1987(3).
④ 马鼎盛.梁启超学术讨论会概述[J].近代史研究.1987(3).
⑤ 亦耘.戊戌变法研究国际学术讨论会简介[J].近代史研究，1989(2).

传统文化的现代性、历史学的现代性、新闻舆论思想的现代性等多个领域充分论述了梁启超与中国近代文化的紧密关联，并对他做出高度评价，认为"梁启超是中国近代历史上一位著名的政治家、思想家和享誉海内外的百科全书式的学术大师。他对于近代中国社会文化的发展及政治的走向都产生了较为重大而深远的影响"①。

在2008年"中国现代美学与文论的发动——中国现代美学、文论与梁启超"全国学术研讨会上，学界对梁启超文学、美学领域的成绩做了充分肯定和高度评价，中国社会科学院的杜书瀛先生即评价梁启超是"中国现代文艺学的筚路蓝缕的开拓者之一"②。

2013年梁启超诞辰一百四十周年之际，有关梁启超法治思想、美育思想等领域的国际会议多有举行。各类研究会议从各个学科领域进入梁启超思想研究之中，显现出当下对梁启超思想逐步细分化研究的趋势，尤其是对中国现代性的反思和未来之路成为各个领域对梁启超讨论的正鹄所在。

（二）中国港澳台及国际汉学中的梁启超思想史研究

整个20世纪80年代"重回五四起跑线"的中国新启蒙运动期间，梁启超研究是完全沉寂的，这一时期研究成果的乏善可陈即可呈现出这种冷落的状态。这与长久以来将梁启超与"五四"割裂甚至对立的历史观是分不开的，因此"回到五四"，也不可能回到梁启超。而自20世纪50年代以来，海外汉学对梁启超研究的关注和不断推进，却形成了中国研究的一个热点。相较于国内对梁启超在政治理论和社会实践的关注而言，海外汉学更偏向对梁启超思想史的价值研究。

美国学者约瑟夫·列文森（Joseph R. Levenson）的《梁启超与近代中国的心灵》（*Liang Ch'i-ch'ao and the Mind of Modern China*）（1953）开梁启超研究的先河，且是迄今为止最重要的研究成果之一。列文森继承了本杰明·史华慈（Benjamin I. Schwartz）"西方冲击论"，发展了一套"历史与价值"的中国学研究典范，建立了"历史—价值"二分的观点。即"每个人都在情感上忠实于历史而在理念上则信守价值，并总欲使二者相结合"。这一"历史与价值"具体而言就是"中国文化传统与西方近代文化之间存在着冲突"。列文森认为"梁启超

---

① 侯杰，高冬琴，姚厦媛．"梁启超与中国近代文化"国际学术讨论会综述［J］．理论与现代化，2004（1）．

② 金雅．中国现代美学与文论的发动："中国现代美学、文论与梁启超"全国学术研讨会论文选集［C］．天津：天津人民出版社，2009：51．

的牢笼是一种意境,它是由许多无法避免的矛盾言行、各不相容的思想交织而成的"①。"由于看到其他国度的价值,在理智上疏离本国的文化传统;由于受历史制约,在情感上仍然倾向本国传统",在试图极力建立中西平等的"心灵撕裂"的张力下,梁启超思想经历了三个阶段。即:第一阶段从西方价值输入并试图调和中西;第二阶段否认西方、中国的对比,而代之以新、旧的比较,"认为西方国家并非西方化而是现代化,中国同样能够实现现代化";第三阶段以物质和精神二分法重新将西方、中国进行比较。整体上而言,列文森视梁启超思想经历了由文化主义向国家主义的发展历程。

列文森可谓建立了一个梁启超的问题意识,此后几乎所有的西方汉学对梁启超的研究都是对他的典范的回应。进入20世纪70年代,先后有两部研究梁启超的力作问世,俱为对列文森"历史与价值"的批驳而生。一为张灏的《梁启超与中国思想的过渡(1890—1907)》(Liang Ch'i-ch'ao and Intellectual Transition in China, 1890—1907, 1971),一为黄宗智(Philip C. Huang, 1940-)的《梁启超与现代中国的自由主义》(Liang Ch'i-ch'ao and Modern Chinese Liberalism, 1972)。

与列文森强调西方冲击造成的非连续性的矛盾选择所不同,张灏更强调思想裂变的连续性以及19世纪中国儒家文化的复杂性。他强调马克斯·韦伯的"设想参与"(imaginative participation)的方法,把自己放在当时儒家文人学士的地位。换言之,作者主张采用"中国中心观"(China-centered approach)的研究方法。他非常巧妙地从梁启超制定的两份教学大纲出发,发现从"修身""穷理""经世"等纲目看,它们多数保存着传统形式,但是其内容已经悄悄发生了变化。比如穷理完全被去掉伦理内涵,经世理想则以"群"为核心,强调政治整合、民主化和隐约的民族国家理想,与传统经世思想的内容有重大偏离。"即是说,由西方冲击启动的文化蜕变,最终已渗透到内在的儒家思想领域。"② 然而张灏所要争辩的是,无论以上思想范畴在内涵方面多大程度上是在西方冲击后的反映,梁启超在根本的儒家理想上未曾松动,也就是说列文森所强调的理智上对本国文化传统的疏远并非事实。相反,梁启超在"公德""私德"的二元对立上,始终坚持以陆王心学为基础,力图实现私德对公德的道德实践意义。究其学术脉络而言,梁启超仍然坚持古代法家的富强思想、墨子的博爱思想与

---

① 约瑟夫·阿·列文森. 梁启超与中国近代思想[M]. 刘伟,刘丽,姜铁军,译. 成都:四川人民出版社,1986:2.
② 张灏. 梁启超与中国思想的过渡(1890—1907)[M]. 南京:江苏人民出版社,1995.

西方的一些理想一样，具有普遍的价值和现实意义。"毫无保留地认为梁启超当时理智上已疏离中国传统，这将忽视他思想的辨别力，并对中国文化遗产的复杂性做出错误的判断"①。张灏通过分析梁氏"新民"思想所创造的公民观念以及其与革命派在国家社会主义思想的一致性，最终得出至少1898—1907年间的梁启超在思想上并不是一个文化激进主义者的结论。相反，梁启超多变的思想具有深刻的连续性，这些都与列文森所强调的矛盾和分裂迥然不同。

黄宗智在《梁启超与现代中国的自由主义》中更加激烈地批评列文森"历史—价值""情感—理智"二元对立的典范，提出"梁启超无论在情感上与理智上都依恋着他的传统，特别是依恋着他得自康有为的'公羊三世'说"。他认为梁启超的思想可以视为一种独特的自由主义，"是根据他个人偏好，重新解释儒家、日本明治维新、西方思想的一种混合产物"②。因而绝非全然否定"儒家传统"，或单纯基于崇尚"西方"价值与思想的一种纯西式移植。如果说梁氏思想存在内在张力，其冲突应是国家主义与自由民主精神之冲突，以及改革与革命之冲突。

与张灏、黄宗智对列文森的直接回应不同，黄克武在《一个放弃的选择：梁启超调适思想研究》中，围绕《新民说》描述了梁启超思想的外部发展模式。尤其是通过与谭嗣同相比较，黄克武提出了近代中国思想史上两种相对的思想路线：一个以谭嗣同为代表的美国学者墨子刻（Thomas A. Metzger）提出的转化模式（Transformative Approach），一个以梁启超为代表的调适模式（Accommodative Approach）。转化模式主张以高远的理想彻底改造现实世界，以达到全面改造社会弊端的目的，此模式类似钱穆所说的"经术派"及西方宗教史上的"宗教派"（sect type）。此类模式认为历史分为两个模式，一是成功的欧美社会，一个是彻底失败的当代中国。而成功的案例支持他们保持极大的乐观行动力，中国历史上的革命派即属于此类。而调适模式类似西方宗教史上的"教会型"和中国思想史上的"史学派"，他们更注重实际而非理想，主张局部调整或阶段性渐进改革，近代中国的改良派即属于这一模式。显然黄克武将梁启超作为讨论对象，更多地是为了他所要阐释的所谓从"革命典范"转向"推崇改革"的近代史研究典范转变（paradigmatic change）所服务。他认为20世纪80

---

① 张灏. 梁启超与中国思想的过渡（1890—1907）[M]. 南京：江苏人民出版社，1995：84.

② Philip C. Huang. Liang Ch'i–ch'ao and modern Chinese liberalism [M]. Washington D. C.：University of Washington Press, 1972：161.

年代前近代史被"革命典范"所控制,肯定转化,贬低调适,而黄克武试图对这一典范发起挑战,以说明近代思想史中调适是更加合理的思想模式,而梁启超恰恰符合黄克武的论述目的。也正因为黄氏试图反对一种典范而强调另一种典范,因此在对梁启超思想的分析中,难免出现模型在先的阐释倾向。

与中西二元模式思想史的旨趣不同,日本作为欧化的远东,更关注东亚思想的近代化过程,尤其是梁启超思想与日本近代文化学术之间的关系。梁启超1899年东渡日本后,"思想为之一变","畴昔所未见之籍,纷触于目,畴昔所未穷之理,腾跃于脑",呼吁"我国人之有志新学者,盍亦学日本文哉"。① 梁启超思想的生成过程与日本的渊源是非常明显的。孙宝瑄即讥讽道:"梁任公《新民丛报》,新理盈篇累幅,我国人读之耸目惊心,而自日人观之,皆唾余也,其程度相去甚远。"② 而冯自由、徐彬等人亦曾非议梁启超所撰《新民丛报》文章大多系"抄袭"日文,虽言辞激烈而偏颇,但也指出了1903年前梁启超思想的一个重要特征。但日本学者多执着于日本对中国现代性的影响之立场,因而强调日本对梁启超的决定因素,由此缺少梁启超自身思想的内在逻辑性和连续性的研究视角。

进入20世纪80年代,这一话题重新成为考察梁启超文学思想的一个重要线索。夏晓虹在其《觉世与传世——梁启超的文学道路》中,以全书集中讨论梁启超与日本明治文化、明治小说及散文之间的内在关系。较为详细地剖析了梁启超对明治时期主要西学三派的吸收和取舍,尤其是对福泽谕吉英吉利功利主义、中江兆民法兰西自由主义的发挥,以及对加藤弘之德国国家主义的顾虑和矛盾。因梁启超以其流亡政治家求学于日本,其思想的主旨不在于学理的真伪,而在于现实的利弊。所以如其所编《和文汉读法》以求便捷于日文阅读那样,其目的和方法都使得梁启超在一种危机焦虑下对明治文化进行阅读和理解。福泽谕吉对汉学的抨击,"吾虽不敢谓",但是输入西方文化与批判封建思想的统一性,为梁氏民族主义"自尊"和"自由"找到了理路资源。而对加藤的宣传"虑其所益不足以偿所损",也正是在梁氏民族主义下对"民族主义"和"民族帝国主义"历史秩序的慎重顾虑之结果。唯梁氏所得西学,盖多得自明治译本,"使其对西方文化的理解难以超出日本学者划定的范围",确为不可忽视的一个历史因素。夏晓虹观察到了《变法通议》(1986)前后梁启超对文学看法的变化。在1896年以前,梁启超基本上接受康有为"治教之至,不过至于民

---

① 丁文江,赵丰田.梁启超年谱长编[M].上海:上海人民出版社,1983:116.
② 孙宝瑄.忘山庐日记[M].上海:上海古籍出版社,1983:549.

乐而已"的民权思想所导出的小说教化观。其编著《日本书目志》"小说门"共著录小说一千五十六种。此时期梁启超基本上是以康有为"有不读经，无有不读小说者。故《六经》不能教，当以小说教之；正史不能入，当以小说入之"① 的智识观念为基础。"然而从《变法通议》开始，他的所有小说论述都把政治教化作为核心来讨论。"② "故今日欲改良群治，必自小说界革命始，欲新民必自新小说始"，梁氏这一惊世骇俗的倡导，夏晓虹认为是受到了日本民治时期自由民权运动下的政治小说的灵感和启发，梁启超从一种模糊的民权观念衍生出的文学要求落实到了一种具体的文学样式之上，从而将观念与行动密切地结合起来。

夏晓虹有关梁启超文学思想与明治维新关系的考察在国内引起了关注。然而更大的反响来自日本。东京大学藤井省三以"探寻近代起源的实证比较研究"（《东方》1992年10月号）对该书进行了评介和肯定。1993年4月以京都大学人文研究所狭间直树为首成立了以"日本を媒介とした西洋近代認識"为研究主题的"梁启超研究班"，历经四年研究，于1999年在日本出版《梁启超：西洋近代思想受容と明治日本》（东京みすず书房，1999）。

以内藤湖南、宫崎市定为代表的京都学派开创了与欧洲中心论对抗的东洋史研究，力图以日本为中心构建近代东亚文明的现代化进程。而梁启超作为沟通中学、东学和西学最为关键性的人物，成为京都学派研究的一个重要论题。梁启超的西学知识多是来自日本，此为学界所共识。但梁启超西学来自日本何人、何书，这些人在日本明治维新中的思想地位和作用，以及这些人的西学背景等，都知之不多。尤其是梁启超对日本东学的选择、吸收、转化过程，以及标准和原因，更是未曾揭露。京都学派以"梁启超思想在近代东亚文明的独特地位"为主题，形成了系统而丰富的集体研究成果。

京都学派强调梁启超的中介作用，从梁启超吸收东学的资料考证，说明其思想形成的复杂来源，揭示梁启超思想与日本明治时期思想界之间的关系。如梁启超撰写《新民说》所依据的伯伦知理的国家有机体学说，其实来自吾妻兵治翻译的《国家学》；《自由书》（Johann Kaspar Bluntschli）、《国民十大元气论》（一名《文明之精神》）所表现的文明观念，受福泽谕吉《文明论之概略》的直接影响；其地理环境决定论，则直接借自浮田和民《史学通论》的《历史与地

---

① 姜义华. 康有为全集（第三集）[M]. 上海：上海古籍出版社，1992：1212.
② 夏晓虹. 觉世与传世——梁启超的文学道路 [M]. 上海：上海人民出版社，1991：151.

理》;《论民族竞争之大势》所参考的芮恩施(P. S. Reinsch)《十九世纪末世界之政治》、洁丁士(F. H. Giddings)《平民主义与帝国主义》,其实是日人独醒居士据两人著作改写的《帝国主义》;权利自由观念是阅读中村正直翻译的《自由之理》的结果;《子墨子学说》大半是对高濑武次郎《扬墨哲学》中《墨子哲学》的意译和抄译;对颉德(B. Kidd)进化论的介绍基于角田柳作翻译的《社会の进化》;《生计学学说沿革小史》参考了英国英格廉(Ingram)著、阿部虎之助译的《哲理经济学史》,意大利科莎(Cossa)著、阪谷芳郎重译的《经济学史讲义》和井上辰九郎述的《经济学史》;梁启超对历史时代三种划分中的两种,分别依据桑原骘藏的《中等东洋史》和白河次郎、国府种德的《支那文明史》,等等。梁启超撰西洋史传中,《匈加利爱国者噶苏士传》差不多是石川安次郎著《路易·噶苏士》的翻译,《意大利建国三杰传》大部分根据平田久编译的《伊太利建国三杰》和《近世世界十伟人》所收松村介石的《加米禄·加富尔》,并参考其他书籍补充而成,《近世第一女杰罗兰夫人传》则基本上是德富芦花所编《世界古今名妇鉴》第一章"法国革命之花"的翻译。① 尽管梁启超通过明治日本思想界吸收西方思想所受到的日本学者的需要和选择的限制是非常明显的,然而历史并非是一种简单的由西方到明治日本再到梁启超的单向运动。京都学派所要揭示的是,梁启超既通过明治日本思想界的大量成果吸收西方近代精神,更有基于中国文化和个人学识的再选择与再创造。由此产生的从概念到思想体系的变异,反映了东方固有文明对于以西方为中心的近代世界文明的作用,并且导致近代世界文明的多样性发展。

该系列成果已经成为当代梁启超研究的一个新高度,并在国际范围引发新一轮梁启超研究的热潮。1995年,由曾经作为该研究班成员的巴斯蒂(Marianne Bastid-Bruguiere)教授主持,在法国举办了一次"欧洲思想与20世纪初中国的精英文化"研讨会。1998年,另一位梁启超研究班的成员、美国加州大学教授傅佛果(Joshua A. Fogel)曾在美国召开了一次题为"日本在中国接受西方近代思想中的作用——梁启超个案"的研讨会。京都学派促成的整个西方汉学界从一个新的近代东亚文明视角展开的梁启超研究,对当代梁启超研究无论是在广度还是在深度上都是前所未有的。尤其是京都学派以精细考证和比较研究的方法构成梁启超研究的一种新典范,意义深远。

---

① 桑兵. 梁启超的东学、西学与新学——评狭间直树《梁启超明治·日本明治·西方》[J]. 历史研究, 2002 (6).

(三)新世纪:回到晚清与五四新文学之间的梁启超

王德威在《被压抑的现代性——没有晚清,何来"五四"?》中提出,20世纪末重审现代中国文学的脉络,应该重视晚清时期的文学。甚至认为晚清的文学成就在其文学性和实验性上,已经超出了"五四"文学。因此中国文学现代化的努力非肇始于"五四",而是发端于晚清。杨联芬的著作《晚清至五四:中国文学现代性的发生》则从发掘"现代性"的特定角度,深入考察了以梁启超为代表的从晚清到"五四"时期几篇具有代表性的作家作品,充分肯定了梁启超对中国现代文学的深远影响。著名学者连燕堂的《梁启超与晚清文学革命》一书,集中探讨了梁启超的文学革命理论、文学创作实践及其对近现代中国文学发展的深刻影响。李欧梵在《中国现代文学与现代性十讲》中的"晚清文化、文学与现代性"一章里,关注晚清文学如何建立现代的线性时间观念并以此发展成"五四"时期"厚今薄古"的思想,以及近代以来新的国族想象。李欧梵认为梁启超《汗漫录》弃用旧历和孔子纪年,而是启用西历,建立了超越"天朝世界观"的"世纪"时间观。李欧梵引用本尼迪克特·安德森(Benedict Anderson)的《想象的社群》关于依赖小说、媒介构成的"虚拟共识性"的国族想象是新兴国家形成的基础这一观点,同时运用哈贝马斯(Jürgen Habermas)公共领域有关"民间社会"交往空间的观点,分析了梁启超"新民说"所呈现的文学思想的内在规定性,尤其是梁氏《新中国未来记》的文本及其表述方式。由此李欧梵认为梁启超开启了中国文学的现代性想象——公共领域与民族国家,促成了1902—1907年晚清小说的摩登世界,最后汇聚于20世纪30年代的上海,形成了中国通俗文化的现代性。

大陆学界在中国文学现代性的主题下,也逐步加入这一研究序列。董德福所著《梁启超与胡适——两代知识分子学思历程的比较研究》,则是以梁启超和胡适作为切入点,对中国近现代史上前后相继的两代知识分子的学思历程进行了深入细致的比较研究。2006年出版的李茂民著的《在激进与保守之间——梁启超五四时期的新文化思想》一书,则聚焦于梁启超五四时期提出的新文化建设思想方案,提出了"回到五四""回到梁启超"的口号。当代文学理论家郭延礼的学生李开军,也在博士论文《梁启超与中国文学的转变》中从启蒙、话语、文体和传播四个方面对梁启超与中国文学转变的关系进行了较为全面的论述,认为梁启超所思所想、所作所为,都通过直接或间接的方式在"五四"新文学中有所表现。

(四)学位论文中的专门化研究

21世纪以来,梁启超逐渐成为学位论文选题的热点。尤其是以博士学位论文的专门化研究方式展开的梁启超研究日益增多。从 2001 年复旦大学高月仓的《梁启超经济思想研究》至 2019 年直接以梁启超为题的博士论文可检索者近 40 篇。文艺理论方面较早的研究成果，以 2003 年浙江大学的金雅博士学位论文《梁启超美学思想述评》影响较大。四川大学罗义华 2006 年的博士论文《论梁启超的"流质性"与转型期中国文学的现代品格》，试图通过"流质易变"将梁启超与晚清文学的时代性相关联，认为此既是其个性、气质，又与转型期中国知识分子普遍的时代焦虑有关，他把这种关联归于现代性。暨南大学郑焕钊 2012 年的博士论文《"诗教"传统的历史中介：梁启超与中国现代文学启蒙话语的发生》探讨梁启超的"新民"文学启蒙理论与中国现代文学启蒙话语之间的发生学关系。该文从"新民"的话语逻辑、梁启超的小说理论话语形态以及"中国文学"观念的形成三方面论述梁对中国现代文学启蒙运动构成的内在影响。同年，苏州大学邢红静的博士论文《梁启超文艺美学思想研究》是近年来对梁启超美学研究较为全面的。其指出梁启超开启了中国传统诗学"现代转换"的先声，以"心力说"为核心，总结出梁启超"心力""情性""美育"的理论体系。该研究较为全面地梳理了梁启超的文献资料，将梁启超的美学思想做了较为完整的概括和归纳。苏州大学莫先武 2015 年的博士论文《梁启超政治美学思想研究》是在美学方面的进一步拓展和理论的创新。他综合了此前三种美学研究模式，把梁启超的政治与美学作为统一的视角，认为梁启超具有政治审美化和审美政治化的双重特点，而这两者又包含在其启蒙目的之中。以上以文艺学和文化研究为视域的博士论文研究所开辟的问题意识普遍在传统学科的视域之内，从美学、文艺思想和文学现代性等问题展开思考，较少从梁启超思想本身的内在理路发展方面进行整体性的思辨。

第二节　问题结构：作为梁启超思想的起点与路径

19 世纪末 20 世纪初的中国士大夫所面临的时代问题结构并非是简单、清晰且有效的。并且，士大夫们在多重命题与内外交困之间也并非轻易能够提出涵盖诸多问题的总问题（Problematic）①。尽管他们在问题结构方面的总的历史目标是明确且一致的，那就是"追求富强"。但问题结构的含混、晦暗，导致近代以来思想领域的复杂、交错，乃至最终出现思想朝向两极——改良和革命发展。在这两极此起彼伏、相互抵牾并行的时期，梁启超恰如彰显中国思想之钟运行的钟摆，从激烈维新到保皇立宪，再到倡导破坏主义，最终归入开明专制，终生在改良和革命之间摇摆。"流质善变"恰是梁启超接榫总问题并始终对问题结构保持高度自觉的结果。那么在极度张力的19世纪末20世纪初，梁启超两极往复的思想脉络是什么呢？何以构成了梁启超"原始气象的混沌"的思想场域，以及在"现代中国各种对立的思潮"之间如何"得到了某种调和"而"获得了一种奇妙的张力"？② 又如何解释梁启超思想的"个人同一性"（the Problem of Personal Identity）③ 呢？是什么促使了梁启超思想的钟摆式的调适和选择，除了外部"生命处境"和"历史处境"外④，其内在的理路是什么呢？本书认为唯有深入梁启超思想的生成过程，发掘其思想内在逻辑的演进，同时将梁启超思想重新置入其所处时代的总体性问题结构之内，才可真正把握梁启超思想的内涵及其价值。

一、梁启超研究的话语机制

一种西方中心论构建的话语机制促成了最早且依然蔚为主流的历史观念。线性的启蒙历史观可以追溯到黑格尔的《历史哲学》（1882）。黑格尔通过他的绝对精神建立了一个以东方为起点、以欧洲为人类社会终点的线性进化历史观，

---

① 问题结构或曰总问题、问题式（problematic），法国理论家阿尔都塞（Louis Pierre Althusser）在研究马克思经典理论时，认为"每种思想都是一个真实的整体并由其自己的总问题从内部统一起来，因而只要从中抽出一个成分，整体就不能不改变其意义"，因而拒绝将一个思想家的思想做局部的个别性解读，而是要求回到思想家所处时代为思想家提出的历史总问题中去返照其思想的内在结构和理路。参见：阿尔都塞. 保卫马克思［M］. 顾良，译. 北京：商务印书馆，2006.
② 黄克武. 一个被放弃的选择：梁启超调适思想研究［M］. 北京：新星出版社，2005：序2.
③ "个人同一性"（the Problem of Personal Identity），即一个人如何能够一方面发生变化，但另一方面又依然还是同一个人？一个此时之人如何和彼时之人是同一个人？现代西方哲学对这一理所当然的传统道德命题和自由意志命题讼争颇繁，在以个人作品的意义呈现为主要考察对象的文学艺术领域，往往容易成为一个隐匿的理论的前提假设。但如若从一个长时段的历史来考察个人与时代乃至个人思想与文化趋势的背合关系，个人同一性就极为必要。参见：休谟. 人性论［M］. 关文运，译. 郑之骧，校. 北京：商务印书馆，1997.
④ 张灏. 烈士精神与批判意识［M］. 北京：中央编译出版社，2016：12.

在哲学上发展了以欧洲为最高等级的中心论。他的绝对精神的发展穿越了四个大的历史阶段。即包括中国、印度和波斯等在内的"东方世界"、"希腊世界"、"罗马世界"和代表着现代世界精神的"日尔曼世界"。"日尔曼世界"是先前各个世界的重复，亦即绝对精神的自我复归。黑格尔以其绝对精神的辩证法，将历史线性时间与空间吻合为一，并在世界历史与国家政治制度（新旧世界以及帝国—国家）变迁当中说明绝对精神的意志。如此建构的欧洲中心（终点）论以及达尔文进化论不仅促成了晚清士大夫直接接受的线性及区域进化历史观，而且深刻影响了当今世界与西方的历史表述机制。黑格尔形象地比喻那些"没有历史的历史"的野蛮区域恰逢西方文明的情景：

  试想一个盲人，忽然得到了视力，看见灿烂的曙色、渐增的光明和旭日上升时火一样的壮丽，他的情绪又是怎么样的呢？①

  关于西方文明之光的比喻，在阿诺德·约瑟夫·汤因比那里同样有相似的看法。在他的"文化的反射率"视点下②，19世纪是一个以西方为光源照射世界的景象。一个有力的佐证是汤因比考察中日对西方的反应，尤其是针对洋务运动时说：

  当19世纪之际，远东的政治家似认为采取显著优越的西方技术是一合理的冒险与迫切的需要。此足以表示，为何他们从西方选择一些他们并不感到有何兴趣的事物。因为，这比之被西方征服及臣属，无论如何是一"较少的罪恶"。

  汤因比认为中国与西方接触后，在全面的抵抗阵线上，第一道被西方文化冲破的便是器物技术之光。因为它尚不及中国人生活方式的内在价值，阻力最小因而率先得以穿透。③ 而这道器物技术之光由于仅仅是包围在价值之外层的物质技术之壳，当然无法促成其内在传统的深刻变革。因而19世纪60年代到1894年甲午战争的三十多年经营被惨痛地证明是彻底失败的。非但不能避免"较少的罪恶"，反而构成了19世纪中叶最大的耻辱，最终西方文化的光才真正

---

① 黑格尔. 历史哲学[M]. 王造时，译. 北京：生活·读书·新知三联书店，1956：148.
② 阿诺德·汤因比. 文明经受着考验[M]. 沈辉，赵一飞，尹炜，译. 杭州：浙江人民出版社，1988：271.
③ 汤因比认为整个人类的历史是由各自独立的23种社会组成，将其区分为独立的研究单位，建立了所谓的"文明形态"历史体系。参考：阿诺德·汤因比. 历史研究（上册）[M]. 郭小凌，王皖强，译. 上海：上海人民出版社，2010：48.

透射进入中国文化的内核①。与"文化的反射率"观点相似的,是西方经典汉学时代费正清等人的"西方挑战—回应"观点——"中华帝国"面对西方文明所表现的惊人惰性以及数千年近乎静态的历史。在西方的挑战下逐步走向崩溃,从坚船利炮的器物学习,进而要求维新变法的制度改革,面对现代性的压迫,近代中国思想不得不产生层层回应和变革。"西方挑战—回应"的理论通过政治史的观察似乎具有强大的解释力。

以此为视角,费正清的学生,哈佛学派的代表约瑟夫·列文森首开西方梁启超研究之先河。他认为:"梁启超在十九世纪九十年代登上文坛:由于看到其他国度的价值,在理智上疏远了本国的文化传统;由于受到了历史制约,在感情上仍然与本国传统相联系。"②作为对西方冲击的回应,列文森将梁启超思想分为三个阶段。第一个阶段,1898 年之前,梁启超是一个文化主义者,试图将西方价值偷运进中国。第二个阶段,1898 年流亡日本至 1911 年之间,梁启超否认把西方与中国做比较的实际价值,此一时期梁启超从文化主义转入民族主义,强调以新和旧替代西方和中国的二元划分。第三个阶段,梁启超重新回到文化主义的思想路线,并以物质与精神的二元划分替代此前的思想维度。列文森不加掩饰的西方中心论遭到了中国学者的极大不满,被认为"可惜作者不能体会任公立言的意旨和精神,虽然旁征博引,大放厥词,却不免有捕风捉影、弄巧成拙之感"③。

进入 20 世纪 60 年代,西方中心论受到了挑战。费正清的学生墨子刻在西方汉学突破性著作《摆脱困境》中反对本杰明·史华慈所谓中国现代性动力源自中国模仿西方的"普罗米修斯精神"(Promethean Spirit),强调此一动力与儒家传统的一些根本预设有密切关联。近代中国思想的一个主轴是以西方的新方法,实现植根于传统而长期未能实现的目标,以摆脱困境。④ 就梁启超研究而言,同属哈佛大学的张灏对列文森做出学理争辩,提出应该谨慎使用"西方的冲击"这一过于"自负"(本杰明·史华慈)的假设。指出强调西方冲突的概念"会导致对传统文化的复杂性和发展动力估计不足"。张灏认为儒家乃至整个中国文化传统"绝不是铁板一块,而是一个巨大复杂、学派林立、彼此竞争的

---

① 关于中国近代现代化反应,可以参考金耀基提出的"中国现代化的三个层次"说。金耀基. 中国文明的现代转型 [M]. 广州:广东人民出版社,2016:28-32.
② 约瑟夫·列文森. 梁启超与中国近代思想 [M]. 成都:四川人民出版社,1986:4.
③ 张朋园. 梁启超与清季革命 [M]. 上海:上海三联出版社,2013:序.
④ 黄克武. 墨子刻先生学述 [J]. 清华大学学报(哲学社会科学版),2001(6).

思想天地"①。出现列文森等西方中心论者的看法，主要取决于外部观察和参与其中两种不同的研究立场的差异，而避免简单的"挑战—回应"套路束缚的办法。即应采取马克斯·韦伯"设想参与"的方法，将一种无关利害的研究课题的儒家思想看成是关乎存活于传统文化之中士人的行动的信仰，并就他们在此之上提出的问题进行关照。中国知识分子只有依赖儒家传统沿袭的一套独特的关怀和问题才可能对西方的冲击做出回应。对于这种观点此类卓有成就的研究者们取得了广泛的共识。

试图回避西方中心视角而兼顾中西比较的视野者，较具有典范意义的，则以黄克武的影响最大。黄克武作为墨子刻门下的学生，深受其师思想之影响。黄克武对张朋园《梁启超与清季革命》（1964）将梁启超思想描述成一个以革命为唯一极的靠近与疏离的特征表示怀疑。张朋园较为重视西方孟德斯鸠《法意》、卢梭《民约》、进化论以及民权政治思想对中国知识分子的影响。在分析梁启超由温和维新到激烈革命，尤其是与孙中山的互动和最终退回温和的思想变迁中，力图将梁启超塑造成一位革命运动者。即便在与革命派论战以及后期国会运动中，张朋园亦认为梁启超对革命发挥了重要作用。黄克武由此觉察到近代以来改良与革命的不均衡关系。革命话语不仅在政治层面占据主导地位，而且在思想领域同样趋于主流。改良与保守、顽固、落后的意识形态关联，促成革命论在中国成为一种书写历史的"革命典范"。因而张朋园对梁启超的分析和研究显然带有浓重的褒扬革命、贬抑改良倾向。在此基础上，他试图将梁启超构建为一个具有革命色彩和价值的政治家和思想家。黄克武据此做出学理争辩。他接受墨子刻提出的转化模式与调适模式分析框架。他认为中国近代存在转化与调适两种思想倾向：革命派倾向于转化，主张以一套高远的理想以彻底地改造现实世界；而改革派更倾向于调适，主张局部调整或阶段性渐进革新，反对不切实际的全面变革。从20世纪80年代开始，思想界逐步开始批判转化思想而肯定调适取向。尤其是台湾"民主宪政"，以及中国开始改革开放并且取得了显著成就后，调适思想越来越受到思想界重视。

黄克武据此认为梁启超并非张朋园所界定的革命派，亦非完全的改良派，而是采取调适的思想模式。然而问题在于如果说转化取向的激进主义带来了一系列严重的历史后果的话，梁启超所代表的调适思想似乎也并非完全符合西方的看法，因而也未能足够合理。第一种看法是史华慈认为的民主手段说。他在分析严复介绍斯宾塞时，发现严复将社会与个人的关系有意进行了倒置，在翻

---

① 张灏. 梁启超与中国思想的过渡 [M]. 北京：中央编译出版社，2016：4-9.

译约翰·穆勒《论自由》的《群己权界论》中将个人自由的强调视为促进民族国家富强的手段，将穆勒代表的西方传统自由主义强调个人自由的保障转化为对个人自由的限制。也即在个人自由和国家利益之间以后者为终极目的。显然梁启超群己观、公德私德等论说与严复具有一定的承续性。第二种看法是中国普遍王权的传统使得在中国思想的内部无法从西方自由民主中发现和接受民间社会（civil society or public sphere）的观念，既是思想的盲点，也是历史经验缺乏的结果。因此无法构成一个制衡政府并有效保护个人自由的社会基础。第三种看法即林毓生所谓的中国儒家传统的乌托邦倾向，导致中国知识分子在引介西方自由民主思想时，忽略了自由民主传统所得以来的政治经济方面的可行性（political and economic practicablity）。乌托邦式的超越性理想使得知识分子不能将自由民主建立在具体的政治经济的成就上，而是强调人格修养的完善化以及思想的改造和觉醒。

具体而言，可行性的缺失主要在于中国民主思想忽略了一元性历史观的去道德化；后验性（a posteriori）历史观而非绝对信仰或抽象原则的历史信念；对人性的悲观主义的平实的社会发展目标而非乐观主义的乌托邦化倾向的彻底成功；尤其强调保持政治的怀疑主义，因而形成墨子刻所谓的自由民主的"三个市场"观念。即在资本主义市场的不平等、政治的阶级化以及思想的混杂上视其为正当，以保持多元和包容。以上被认为是西方主流思想对于一个民族国家追求经济、政治和社会现代化在思想上的基本前提。然而以儒家成圣的人格追求，对"三代"的超越后验性的历史追求，以及以教化为先知先觉组成的道统使得近代以来知识分子很少能够接受三个市场理念。他们认为梁启超实际上亦未能超越一般的知识分子，尤其是梁启超早期"三世说"对"太平世"的肯定，以及后期对西方科技和物质文明的批判足以显证。关于中国儒家传统的乌托邦倾向在后文将有具体阐释，以及梁启超受之影响所产生的现实界与理想界的两极思想张力。基于以上西方传统自由民主的前提设置，张灏认为梁启超虽然倡导西方民主，但实质上由于对群的核心作用的强调，并未真正掌握西方自由民主思想的本质，因而他的思想具有国家主义特质。将梁启超视为国家主义者得到多数学者的肯定。黄宗智、刘纪曜等将梁启超的思想基础视为社会达尔文主义以及国家主义。徐高阮及张灏皆认为严复与梁启超的权威主义保守倾向"深嵌在他的西方前提里"，即斯宾塞的进化思想和社会、国家有机体观念。社会达尔文主义、德国国家主义、日本明治政府的中央集权与权威主义都和梁启超的集体主义具有密切的关系。

黄克武将西方自由主义传统与梁启超《新民说》及谭嗣同《仁学》进行比

较研究，提出了新的见解。观点有三。一是梁启超的民权思想与穆勒主义具有一定的相似性。梁启超认同非穆勒主义的个人自由（Non-millsian emphasis on individual liberty），即仍然以保障个人为基础，同时又强调保障群体利益以作为保障个体的方法和条件，而不是集体主义者或权威主义者。由于梁启超重视个体自我，强调个人与群体的均衡，因此黄氏认为由此构成了类似西方民间社会的一种社会功能。另外梁氏重视公德，但同时又强调私德，承认人的自私的正面价值，反对"仁政"和福利，主张调动人的积极性，注重经济和商业。因此与墨子刻所谓的"三个市场"理念具有一定的重合。二是黄氏认为梁氏的思想与中国传统具有更明显的连续性而非断裂。"新学输入，古义调和"，此"中体西用"与"五四"不相同，而是从传统内部调和、改造的精神。黄氏认为梁氏非穆勒主义的个人自由观的思想基础是梁氏戊戌变法之前已经形成的王阳明良知观念。三是梁启超1903年思想从激烈转为保守有其连续性。在其《新民说》倾向革命的前期仍然清晰潜伏着调适取向的思想。美国之行只是强化了他原有的调适观点，并非如表面上所见是对革命的疏离。

黄克武将以穆勒为代表的西方传统自由主义观念与梁启超民权思想进行比较。通过深入解析《新民说》文本，并与谭嗣同《仁学》进行概念和逻辑的比较，同时系统阐释梁启超在新民思想期间与孙中山在思想上的分歧，将一般学者所忽略的梁启超1903年前后看似断裂地从激烈革命到保守改良还原到梁启超思想的内部线索当中，指出梁启超思想在维新前期所深受影响的传统儒家思想的内在连续性，从而试图合理解释梁启超思想急剧转变的根本原因。黄氏十分重视近代东西交汇中关键性概念的分析工作。即内容解析（uppack），"搜集所有历史人物有关某一观念，在特定历史时空下的用法，以图了解此一观念对他们所具有的意义（emic understanding）。而不是只注意到从'事后者'的角度所看到的一些后来形成的趋势，而忽略历史当事人所面对的复杂情景。换言之，研究工作应该避免目的论的视角，力求了解当时人们所面对的思想选择"[①]。

诚然黄氏对诸如自由主义、民权等观念概念的审慎处理以及还原到文本中进行深度比较的方法，还原了一般性的概念混淆所遮挡的梁启超在其历史情景的多重选择的复杂境况。然而我们也必须指出，黄氏的梁启超研究有如下几个尚待补充之处。一是研究方法，过于强调"具体内容解析"，使得黄氏采用具体文本比较和解读的方法。虽然避免了对梁启超概念化的研究，呈现出了切片型

---

① 黄克武. 一个被放弃的选择：梁启超调适思想研究［M］. 北京：新星出版社，2006：169.

的深度分析，然而也不得不舍弃梁启超思想光谱的宽度，同时对梁启超自身问题的连续及其变化无法兼顾，仅仅就其自由主义等问题做了探讨，因而也就最终失去回答梁启超思想总体性问题的契机。因此可以看到，梁启超作为19世纪到20世纪过渡时代的思想交汇领域的关键人物，失去了立体时空的对话维度。二是仅仅截取1901—1903年梁启超思想的断面，未能对《新民说》文本内的思想转换的前后脉络进行梳理——既然强调了梁启超调适思想的传统脉络，那么维新变法前后其思想的形成期显然应予以重视。三是由于有意避免革命典范而对改良和革命不做价值判断，对梁启超思想的分析主要进行历史性的描述，其谨慎的态度也留下了不置可否的悬置，因而也减弱了对人文与社会的终极关切。

  以上除了以列文森为代表的西方中心研究视角以及以黄克武为代表的中西比较的研究路径外，尚有以儒家内部视角展开研究路径的方案，其主要代表是提出"内在理路说"的余英时。余英时未有专门的梁启超研究著作，但是其提出的"内在理路说"在思想史乃人文学界影响深远。1900年章太炎出版《訄言》，其中《清儒》一篇高度概括性地梳理和归纳了清代学术思想体系，认为经学、考据为清代学术两大支流，其产生的动力主要在于"反清"。梁启超首开中国学术思想史研究之先河，先后撰写、发表《论中国学术思想变迁之大势》(1902)、《近世之学术》(1904)、《清代学术概论》(1921)以及《中国近三百年学术史》(1923—1925)，"第一个给我们一个'学术史'的见解"[①]。跳出经典体系来纵观中国学术历史，以发展的观念将历史概括为胚胎、全盛、统一、老学、佛学、佛儒混合、衰落乃至复兴等几个阶段，认为清代以经学和考证而趋于客观研究，接续于汉学、佛学、理学之后，以"反理学"而入考据。1927年钱穆同名著作《中国近三百年学术史》发表，争辩于梁启超，认为清代学术非但不是"反理学"，而是"续宋学"。以上余英时认为皆为外证。也即是以外缘考察思想史的发展。"反清""反理学"只有突变而无接续，"续宋学"则只说明了连续而未能辨析清代学术的内在生命力。他认为从事思想史研究"要展示学术思想变迁也有它的自主性"[②]。即摆脱外缘决定论的"内在理路(inner logic)"。也就是"每一个特定的思想传统本身都有一套问题，需要不断地解决，这些问题，有的暂时解决了，有的没有解决，有的当时重要，后来不重要，而

---

① 胡适. 胡适四十自述[M]. 北京：中州古籍出版社，2013：56.
② 余英时. 论戴震与章学诚：清代中期学术思想史研究[M]. 北京：生活·读书·新知三联书店，2005：2.

且旧问题又衍生新问题，如此流转不已。这中间是有线索条理可寻的"①。同时，就当代而言，余英时明确反对近代学术变迁完全由西方挑战所起的观点，尤其是滥用费正清为代表的"西方挑战—中国回应"的研究典范来回答近代以来中国传统思想的变迁。余英时的"内在理路说"在狭义上旨在勾连宋明理学到清代汉学变迁的内在机制和动力，在广义上意在回答中国传统文化面对西方挑战其自身现代性生发的机理，②从而发现"儒学的合理内核可以为中国的现代化提供重要的精神动力"③。由于与费正清代表的经典西方汉学对峙的鲜明立场，"内在理路说"在当代引起了极大反响。当然也引起了广泛的讨论和争议。余英时在《论戴震与章学诚：清代中期学术思想史研究》增订本自序中补充强调"我惟一的论点是：思想史研究如果仅从外缘着眼，而不深入'内在理路'，则终不能尽其曲折，甚至舍本逐末"④。"内在理路"在价值、目的和技术手段上是一种研究典范，然而更深远的意旨"一是强调中国思想文化演进的内在动力，一是注意抉发中国思想文化的知识传统"⑤。与黄克武中西比较和文本精读的方法相比较，余英时更强调"长时段"⑥中儒学自身的连续性。也即儒学本身的"问题结构"构成的发展动力，将儒学视为独立的有内在规定性的思想体系。尽管黄克武亦强调儒家自身思想发展的连续性，尤其是过渡时代知识分子遭遇西方文化时对传统文化的依赖，但是他仍然重视知识分子思想的非连续性。也即接受西方观念造成的与传统的断裂，并在比较的视野下，关注西方观念在中国知识分子思想中的变化和发展，试图以西方的价值观念和理论框架来测量近代知识分子的思想张力。而余英时更强调儒学自身走向现代的内在必然性。尽管他同样承认外缘因素的重要性，因此余英时仍然使用传统儒学的典范来观察宋元明清的思想变迁。余英时的"内在理路"理论于20世纪70年代在中国引起巨大争议的是有关近代"红学的革命"的研究。其"红学发展的内在逻辑

---

① 余英时. 中国思想传统的现代诠释［M］. 南京：江苏人民出版社，1989：199.
② 余英时. 中国思想传统的现代诠释［M］. 南京：江苏人民出版社，1989：48.
③ 余英时. 现代儒学论［M］. 上海：上海人民出版社，1998：7.
④ 余英时. 论戴震与章学诚：清代中期学术思想史研究［M］. 北京：生活·读书·新知三联书店，2005：3.
⑤ 侯宏堂. 从"朱陆之争"到"内在理路"——余英时中国学术思想史研究理念与方法管窥［J］. 兰州大学学报（社会科学版），2010（7）.
⑥ 布罗代尔认为，历史时间不同于个人行为和事件为单位以及单纯的经济社会变化周期的单位，反映历史本质的时间是"长期存在而成为世代相传、连绵不绝的恒在隐秘的关系。表现为人及其经验几乎不可超越的极限"。即其所谓的长时段，一种"缓慢的流逝、有时接近于静止的时间"。参见：费尔南·布罗代尔. 历史和社会科学：长时段［M］//蔡少卿. 再现过去：社会史的理论视野. 杭州：浙江人民出版社，1988：53.

（inner logic）所逼出来的结论"① 引起当时海内外较为热烈的争论。其自身的理论也呈现出一定的困境。由于"内在理路"强调长时段的"内证"，突出较长历史时期高度复杂的社会、经济、文化的场域的影响，因此似有将思想体系本身客观化、自足化的倾向。也即突出了文化传统内部结构不以外部因素为转移的客观性。内在理路在分析长时段的宋元明清具有典范的价值，然而具体到19世纪末20世纪初中西冲突和融汇的中时段时则显然不能简单照搬。

二、过渡时代的总问题：梁启超的中国话语内在理路

对经典思想进行研究、解读、阐释几乎是古今中外一切学术活动的基本工作，无论是中国传统学术对学者整体研究的学案或者对其作品的注、释、传、笺、疏、章句，还是西方经典研究的批判传统，都试图构建理解经典思想的问题和路径。试图阐释一个已经完成的但仍然在历史中始终产生深刻影响的思想体系之所以是艰巨而困难的，不仅仅在于对梁启超巨大的作品数量的把握上。表面上已经出版的接近四千万字的全集似乎为全面把握他的思想构成了一个天然的障碍，实际上恰恰是庞大的作品数量的阅读的困难本身掩盖了对梁启超思想总体性追求的困难，百年来梁启超的研究大多数只能限于对某一个、某一系列作品抑或某一种、某一类问题的研究和分析上，因这现成的可追求的目标，从而丧失了对梁启超思想总问题的把握。然而一个基本的常识是，尽管梁启超涉猎庞杂、思著不竭甚至流质善变、反复无常，但是其全部的思想及其作品作为可见的各个组成部分，由于个体的思想家的情感和追问，必须被组织进一个逻辑的、独立的思想世界之中，才可能避免思想的分裂与崩塌。如果梁启超全部作品呈现给我们的是一种"具有不同部分分离特性的有机整体"，按照思想生成所结成的"格式塔式"结构，那么我们的解读和阐释恰恰首要的是回避对部分的拆解和辨识，转而"向思想提出包括各种问题的总体问题"。这种总体问题及其回答不是对各个问题的包含和解决，而是思想本身面临的历史向其所提出的总体问题。思想总问题的逆向解读和把握的困难在于，思想家本身并不会将其作为直接的思想对象，他只是在总问题的范围内思考。总问题隐匿在各个具体问题的提问和回答的形式中，甚至以质疑、否定和反抗来面对思想的自我意识所没有意识到的"理论前提"。具有类似看法的路易·皮埃尔·阿尔都塞以捍卫马克思主义理论的科学性为目的，提出为了从一种思想的内部去理解他的答复的含义，必须首先向思想提出包括各种问题的总问题，这个总问题回答的不

---

① 余英时. 红楼梦的两个世界［M］. 上海：上海人民出版社，2002：9.

再是它自己的问题。即总问题内部包括的问题,而是时代向思想提出的客观问题。只有把由思想家(他的总问题)提出的问题与时代向思想家提出的真实问题进行比较,才可能清楚地看到思想的真正意识形态性质,看到思想作为意识形态而具有的特性,包括歪曲事实这个事实在内。他要求应该把思想同当时历史环境留给思想家或向思想家提出的问题联系起来,称之为问题结构。

梁启超所面对的问题结构,或者说时代给梁启超思想提出的总问题同样必须回到19世纪整个中西碰撞的历史环境之中,以及在此过程中梁启超自身所提出的问题。与日本明治维新短暂、平稳而彻底的现代性过渡相反,中国经历了漫长、曲折、乖舛的过渡时代。1901年梁启超在《过渡时代论》中总结他那个时代时说:"今日之中国,过渡时代之中国也。"① 身处其间,梁启超既保有极大的乐观,"有进步则有过渡"②,同时又持极为冷静的忧虑,"抑过渡时代,又恐怖时代也"③,国家兴亡、人民生死只在旦夕毫发之间。他总结这个时代的基本特征是"人民既愤独夫民贼愚民专制之政,而未能组织新政体以代之,是政治上之过渡时代也;士子既考鄙词章、庸恶陋劣之学,而未能开辟新学界以代之,是学问上之过渡时代也;社会既厌三纲压抑、虚文缛节之俗,而未能研究新道德以代之,是理想风俗之过渡时代也"④,政治、学术、道德是梁启超从时代总问题那里所形成的提问,以及由此决定了他所提问题的形式及其答复。梁启超对时代向他提出的总问题有非常清晰的认识:"然则今日吾中国所最急者,唯第二之参政问题,与第四之民族建国问题而已。"⑤ 我们看到的一个基本事实是,过渡时代的总问题与梁启超向自我思想提出的问题之间始终呈现出一种离合的紧张关系,本书将试图呈现出梁启超思想内部在回复时代的总问题时,由于应然与实然、理论与实践、形而上学与历史经验之间的认识论断裂,从而试图从晚清下移的儒学传统中寻求突破,在中西、新旧、激进与保守、干涉与放任的诸多二元悖论中寻找思想的科学底线。

综上所述,本书对梁启超思想的考察有如下几个研究要点。

(一)在时代总问题中考察梁启超的思想变迁

本书将着力简洁地勾勒出梁启超所谓过渡时代的政治、文化、思想、学术

---

① 梁启超. 过渡时代论 [M] //梁启超全集. 北京:北京出版社,1999:464.
② 梁启超. 过渡时代论 [M] //梁启超全集. 北京:北京出版社,1999:464.
③ 梁启超. 过渡时代论 [M] //梁启超全集. 北京:北京出版社,1999:464.
④ 梁启超. 过渡时代论 [M] //梁启超全集. 北京:北京出版社,1999:464-465.
⑤ 梁启超. 论自由 [M] //梁启超全集. 北京:北京出版社,1999:678.

的基本形态。将梁启超还原于历史的现场，从而在展开梁启超思想内在理路的过程中，始终保持将梁启超与时代总问题之间进行往复比较的研究形态，从而最终保证对梁启超的任何个别问题的理解都放置于其思想的总体性上，将梁启超自身思想看作具有高度逻辑和统一性的格式塔结构体系。本书因此也将避免对梁启超巨量作品集进行教条式地逐一解读和阐释，而是力图发现梁启超思想发展中的"认识论断裂"（epistemological rupture）。也即本书借用阿尔都塞将马克思主义思想分为早期意识形态阶段和成熟时期的科学阶段的看法，将梁启超的思想以"戊戌叙事"为认识论的断裂。戊戌叙事为断裂的此岸，在此之前，可以视为梁启超在以康有为、谭嗣同、严复等同代思想家共享的传统思想资源中，停留在康有为等人的总问题内。即在"公羊三世"说和进化论的"意识形态"思想内，以纯粹和抽象的方式"扭曲"现实问题，转化为幻觉化的哲学问题。但在戊戌叙事后，尤其是经历庚子勤王的激进社会实践后，梁启超摆脱了康有为的总问题，开始走向思想的独立，在保皇与立宪、自由主义与国家主义、激进与保守等二元之间寻求思想的科学，开始面向时代提出的现实问题——中国意识的主体危机，转入民族主义和国家话语的构建，再进入国民性批判的现代性内涵，最后完成其道德革命理论。

因此，本书重点考察梁启超"认识论断裂"的彼岸和此岸，也即梁启超思想生成阶段的内在理路，将考察的时间限于1896年自《变法通议》至1906年《开明专制论》近10年时间之间，描述梁启超思想的生成和发展脉络。

（二）幽暗的现代性：梁启超的国家话语与近代化方案

迫于表达的需要，本书创造了一个描述性的概念——幽暗的现代性，意指在19世纪末到20世纪初的过渡时代，梁启超作为思想家在面临转化传统、促成民族国家的建立、实现国家现代化的过程中，由于对历史与人性具有深刻洞察的幽暗意识①，因而在构建国家话语与选择中国近代化路径时对儒家的内在

---

① 张灏从尼布尔基督教人性论引出幽暗意识理论，认为"所谓幽暗意识是发自对人性中与宇宙中与始俱来的种种黑暗势力的正视和醒悟：因为这些黑暗势力根深蒂固，这个世界才有缺陷，才不能圆满，而人的生命才有种种的丑恶，种种的遗憾"。张灏认为由于幽暗意识在客观上承认黑暗，在价值上否定私利、私欲，坚信"权力容易使人腐化，绝对的权力绝对使人腐化"，在实践上寻求限制和消解人性的黑暗，因此促使西方建立民主政治和法制社会，发展出了西方的民主传统。张灏认为中国传统文化同样具有幽暗意识，但是与西方基督教文明相比，儒家的幽暗意识只是间接的映衬和影射，其主流仍然是乐观主义的圣王和德治思想，坚持一个基本的信念，即政治权力可由内在德性的培养去转化，而非由外在的制度去防范。

超越以及对乌托邦的乐观主义保持克制，对民主政治的黑暗面保持正视和警惕，坚持传统文化的创造性转化，强调基于中国历史现实条件进行渐进改革的现代化方案。因此，幽暗的现代性在本书不是对现代性本身的特征描绘，而是专指梁启超思想内部深刻的幽暗意识所建构的现代性话语。幽暗的现代性不仅是对梁启超国家话语总问题的一种概括，同时也以之区别于中国启蒙运动与民族国家建设过程中，与梁启超国家话语相对或相异的近代化道路的选择方向，即以王元化所概括的以五四新文化运动为代表的乐观主义的激进革命所表现的"意图伦理、功利主义、激进情绪、庸俗进化论"①，与梁启超"不惜以今日之我攻昨日之我"的审慎、悲观、怀疑的幽暗的现代性道路形成明显的差异。也因此，幽暗的现代性在所指上也获得了比较性的历史启示和价值。

本书认为，梁启超的幽暗意识一方面来自他基于考据义理的儒学训练的求真精神，另一方面是戊戌政变与庚子勤王等政治实践带来的最早的、直接的历史经验刺激产生的思想应激的结果。独特的历史经验以及求真精神，造成了中国近代思想史上仍然极为值得我们认真研究的中国现代性的另类途径。在幽暗的现代性上，本书试图论证梁启超思想的如下几点。

1. 梁启超的危机意识与中国话语的创建

在过渡时代的总问题中，一个基本的前设是思想家们的牢笼——儒家传统文化的思想典范，无论是激烈反对传统的革命还是抵抗西学一味守旧的改良，都将普遍王权的政治与伦理道德视为一个不可区分的整体，将政治问题与道德问题视为一个互通的两面，并试图通过思想予以解决。尽管这一典范在梁启超的思想建构中是贯穿始终的，然而梁启超却异乎寻常地表现出了不断的犹豫和徘徊，既是对典范的抵抗同时也是对西方围绕现代性构建的历史与知识的怀疑，在时代的钟摆上不断地调适和自我批判。这种怀疑主义和"戒慎恐惧"促使梁启超的思想以中国意识的危机为起点，在西方他者的影响下，在天人体系与民族主义碰撞中就中国如何言说自身、朝代循环与线性进化历史、中国的命名等问题展开独一无二的思考。以此为思想的起点，梁启超在"戊戌"之前完成了中国一元论下的政教史批判、创造性转化公羊学三世说、中国的纪元与命名的话语建构，为中国寻求具有主体性的历史话语寻找传统文化的内在根据，从而将帝制的中国纳入与西方同等的万国竞争的民族主义世界序列之中，为中国的现代性寻找自身的动力。

---

① 王元化. 沉思与反思 [M]. 上海：上海辞书出版社，2007：26-27.

2. 戊戌叙事作为认识论的断裂

戊戌叙事作为认识论的断裂促成梁启超从中西转入新旧的话语构建，从应然到实然告别了想象的西方镜像，摆脱康有为等人的儒家传统总问题（或谓问题式），进入真实的中国历史问题。思想的建构与历史实践的发展之间存在着巨大的历史鸿沟，这迫使梁启超将目光从中西的往复凝视之中转入中国历史身份的主体性建构，即对中国现存历史实践进行话语内涵的填充，促使中国能够在实践层面转向西方现代模式。也即建立一个中国历史内部与西方现代具有同一性的内在规定性，从而将中国从一个天下系统崩溃的失语局面拉入一个能够与西方同等互通与对话的话语语境之中。通过戊戌叙事，梁启超初步进行了"民族构建"（nation-building）与想象的共同体的话语创建，并从慈禧之恶与光绪之善的叙事，在中国普遍王权的核心内描述出新旧更替的、朝向现代发展的内在可能性和合理性。同时，梁启超通过对两种谭嗣同形象的跨越，将从属康有为及其投机政治目的的谭嗣同从自己思想中剥离出去，构建了一个思想独立并与自己思想具有内在情感和理想连续性的谭嗣同，以此为界限，梁启超不仅对康有为万木草堂时期的思想进行了隐含的批判，而且同时推动自身的思想进入独立和成熟的阶段。中国现实的历史条件，开始成为梁启超思想的基础，也构成了他幽暗意识的历史经验来源。

3. 政治哲学批判与国家话语建构

"戊戌政变"使得梁启超意识到历史身份的话语建构必须与现存的（thereness）中国联系起来，认识论的断裂使得梁启超从传统哲学的总问题被迫进入一个审视中国的社会学眼光之中。此后梁启超开始系统建构其国家话语体系，值得注意的有以下六点。

（1）以东方睡狮隐喻开启的想象的共同体。梁启超创造的东方睡狮隐喻成为20世纪初一个最集中的国家想象，将知识阶层的国家焦虑与底层社会的大众群情做了集体超越性情感的催发。通过对睡狮意象的创造潜在地显示了梁启超正在从中西他者的危机意识转入对中国主体的建构，从将中国置入人类大同的世界主义之中获取中国的合法位置，开始强调中国作为独立个体的内涵和社会发展机制，也即转入了以国家主义为思想特征的发展阶段。

（2）从三世说一元论到对中国新旧的二元政治批判。通过将中国作为独立的国家与西方人种、政治起源进行比较，为中国的近代化寻找其国体上的历史定位，然而梁启超并非盲目乐观地认为中国在近代化上只是某些元素的缺失，相反在总体上他并不承认中国具有近代意义上的国体，从而试图以中西客观的比较来彻底否定清政府的政治合法性，最终彻底摆脱维新话语，对中国之旧的道德批判发展成为对政治合法性的批判。在1900年随着"庚子拳乱""己亥建储""庚子勤王"、与孙中山的接近，梁启超从"三世说"的历史一元论中产生了新旧对立的二元政治批判，逐步进入了短暂的思想激进阶段，从国家话语到政治实践，要求将对中国之旧的破坏从应然落到实然。

（3）群学的改造与现代国家意识的形成。通过日本明治维新的东学与西学改造康有为、严复群学，从天下体系外创建出国家意识，并将群学与伯伦知理的国家有机论融合，构成梁启超近代国家观念的基本形式。

（4）梁启超在伯伦知理、卢梭、孟德斯鸠与洛克之间的调和与创造。本书认为，由于梁启超从戊戌之前的理论应然转入历史实然——经历了认识论的断裂之后，已经不是在一个非此即彼的理论信仰的态度下进行思考。即此时的梁启超并不试图在理论中讨论一个"真理"问题，或者在其理论内获得自洽，而是寻找切实解决中国当下的政治方案。因此必须从梁启超思想的内在逻辑与政治实践两方面，观察梁启超思想的紧张和矛盾，并且从中得出梁启超在此过程中愈发凸显的幽暗意识。从拳乱、勤王、排清、保皇、革命到迫走檀香山最后经访问新大陆，三年时间中梁启超的国家思想发生了三次较大的转折，梁启超将自身思想置入理论应然和历史实然的张力关系中。

一是殖民危机促使梁启超倾向伯伦知理的国家有机论，强调国民与国家的有机性，专制矛盾促使梁启超接纳卢梭的民约论走向激进的破坏主义，强调穆勒的思想自由、卢梭民约论的与暴政决裂、恢复自然权利，与孙中山在卢梭思想上达到了交集，在庚子勤王、组建正气会的政治实践中达到激进的顶峰。

二是1899年底迫走檀香山远离政治前沿，保皇党与革命党破裂，勤王失败，梁启超从卢梭激进自由主义"开始思想上的还原过程"，从《国民十大元气论》开始，从强调政治、法律转入精神之内核，从激进政治实践重返形而上学。对国家思想变迁的研究使得梁启超对中国所处历史阶段在理性上有了更深刻的幽暗意识。他一方面反对守旧者决绝民族主义，另一方面忧虑激进者跳过民族主义直接跨入民族帝国主义。通过对卢梭的辩护，坚定中国构建民族主义的历史阶段任务，强调国民自由权利作为国体之根本，认为政体形式不过是偶受委托之结果。但是1902年梁启超在其国家思想内部再次经历认识论的断裂。在历史进化论下构建民族主义国家时，梁启超倾向于卢梭的民权的绝对；但当梁启超继续将国民、政府、国家以及立法、新政、司法进行确切的规定时，又滑向了伯伦知理的范畴之中。

三是梁启超在政府、个人与国家的关系上，以洛克的双重契约论对卢梭与伯伦知理进行调和。由于在推翻旧政、建立新国家上，梁启超强调人民主权，因此是卢梭主义者；但在建国方案上，梁启超又对主权者行动抱有忧虑，接受洛克人民非绝对授权，在社会契约上建立国家后，需要进一步就政府契约建立主权者，承担保护人自然权利的职责。这样梁启超以洛克双重契约改造卢梭和霍布斯所持的主张。一方面强调人民权力，另一方面更强调国家权力，将个体作为独立自营的个人与通力合作之群体的双重属性的凸显，使得梁启超接受卢梭政府契约论，从而可以依据进化论而灵活设计政府形式，也即"政府之权限与人民之进化成反比"的国家观。这样梁启超通过双重契约论改造卢梭社会契约论，在保障民族国家的民主体制的框架下，政府的具体权力方案成为可以依据历史条件而灵活决定的第二性问题被推后。如此，"民德""民智""民力"成为决定政府权限的前提条件，而非卢梭的人民绝对主权，亦非洛克已经限定的政府权限，这为梁启超下一步进入道德革命话语建构提供了思想线索。由此，梁启超从历史主义的视角去组建国家、政府与人民的关系及其路径，反映出其依据历史条件、审慎制度设计与现代路径的幽暗意识。

（5）梁启超调和的契约论所暗含的唯意志论、社会唯名论和个体实在论与儒家主知主义契合。唯意志论，将社会的基础归入人的自然本性，个体道德和智力既是决定国家和政府的前提，也是改造社会的唯一动力，相信个体道德、智力的提高就可以完成社会的改造和国家的组建；社会唯名论，在内是强调人民主权对旧的中国的非法政权的否定和反抗的自由权利，在外是对民族帝国主义逐步瓜分殖民的忧虑；个体实在论，视群体是个人的集合，个人的自由权利是国家的基础，国家有机体是个人的合体。但梁启超的契约论是幽暗意识下的调和产物，与此后辛亥革命与五四新文化运动要求的激进改造个人与国家契约论已经南辕北辙。

（6）基于卢梭契约论调和洛克与边沁，梁启超完成国家主义理论。梁启超以洛克主张改造卢梭主张，同时批判孟德斯鸠三权分立及主权代理思想，强调洛克立法权即议会作为最高和绝对的权力，以确保人民主权的统一与独立、不可分割与转让，以及国家主权的有机统一，以保障民族国家的建立和真正落实，将国家形式优先置于政体之前，作为中国近代化的历史首要任务。这样，在批评孟德斯鸠代议政体导致人民主权可能丧失的前提下，梁启超坚持立法权的支配地位由受托者而非代理者制定，放弃卢梭的直接民主，最终调和了洛克间接民主的议会制度。但此一时期，梁启超仍然在君主立宪与共和立宪之间徘徊，但很快他在《政治学学理摭言》等文中明确君主责任内阁的议会制优于总统共和制。梁启超国家主义思想的根本目的在于极力寻求一条平稳过渡的符合中国历史现实和政治条件的国家路线，体现出梁启超对中国政治前途的多重顾虑和反复斟酌。

(三) 梁启超的幽暗意识与国民性批判理论

契约论所强调的个体的唯一实在性，与戊戌叙事后对中国新旧的区分和批判——由于对旧的界定被等同于对国民品质的评价，在作为个体的国民性决定性作用的看法上达成了观念的一致和回拢，指出国家的构建与政治制度的形成与否取决于国民性是否与之相吻合，因此对人的本质的追究成为国家话语之后的思想落脚点。本书对梁启超国家话语转入国民性话语阶段后的如下几点进行重点研究。

1. 梁启超的个体实在论观念

基于契约论的立场，梁启超与卢梭、孟德斯鸠、斯宾塞、孔德主张一致，作为社会唯名论和个体实在论者，将个体视为实体，将社会看作是一个虚构的恶的抽象物的名称，指出不仅个体决定了社会的起源和性质，而且社会也被看作是为个人谋取幸福的工具，社会只是虚构的抽象物，"社会没有神经中枢，所以无法追求脱离个体幸福的集合体的幸福"①。由于梁启超站在契约论的立场上建立了他的国家话语，因此当我们把他大致归入社会唯名论以及个体实在论的范畴来分析时，不仅可以准确、深度解释他的国家话语，而且能为分析其国民性话语和道德革命提供理想类型。梁启超始终将个人看作是决定社会性质的根本所在。梁启超出于民族主义目的将国家视为一个有机体，但是它并不同时将社会等同生物有机体，社会是实现个人幸福的途径和工具，并且当国家政权以及社会形态严重腐败和落后时，人民从其自然权利出发可以重新契约和重建新生国家和社会。也就是说，社会是一种人造物，是源于人的意志所设计的某种契约型的安排。因此，在梁启超那里，在国家话语完成之后，个体实在的决定性作用促使梁启超走向国民性和个体道德的话语领地。

2. 新民作为时代的总问题

由于社会唯名论和个体实在论与儒家主知主义范式相互接榫，既是梁启超对传统思想体系不自觉的继承，同时也是其自觉在传统范式内的创造性转化。在近代，一是严复以斯宾塞改造赫胥黎为社会达尔文主义，同时将斯宾塞社会进化遵守自然物的客观性误读为唯意志决定论；二是梁启超创造性地以契约论建立中国国家话语，两者共同缔造了这样一种近代中国思想范式——以民力、民智、民德作为社会进化的根本基础。他们所要揭示的不是一种由西方已经经

---

① 刘易斯·科塞. 社会思想名家 [M]. 石人，译. 北京：中国社会科学出版社，1990：110.

验并迫使非西方的后发地区必须俯首待命的客观历史规律，而是一个由主观能动性可以推动和赶超的有关社会发展的一般方法和路径。因此，新民在内在逻辑上成为梁启超思想面对过渡时代给他提出的最后的总问题。

3. 幽暗意识下的国民性话语

梁启超的国家话语在唯名论与个体实在论的逻辑中导入了个体决定的层面，从而在庚子勤王后的形而上学构建中转入了人性的讨论，而他的"幽暗意识"也得以在此获得最根本的发展。尽管在此之前他的幽暗意识还主要体现在对中国身份的焦虑、中国历史的重建、中西的比较乃至中国自身新旧的改革甚至革命之上。然而梁启超在对中国进行人性讨论时不得不面对三种话语体系：一是西方中心的中国国民性话语体系——西方将中国作为他者生产的现代性知识；二是晚清从变局到危局下的国民性焦虑话语；三是作为话语输入来源的日本明治国民性话语。梁启超以气一元论转化国民性他者话语，将气作为天下的本源，即精神的精神，也即构成人的精神活动的本质存在。梁启超以国民的元气说直接排除了一切物质乃至与物质直接关联的法律、制度的纠缠，将其对国家的形而上学思考转入人的纯粹道德精神领域进行辨析，从而将宏大的国家政治与个体存在的本质联系在一起。由此，以气论为形而上学基础的国民性被从一般的民族志的现象学观察（西方他者、晚清国民性焦虑以及明治国民性互文）转入到精神领域，成为道德学和伦理学问题。通过气一元论，梁启超摆脱了国民性的现象性举证和分析，而彻底进入形而上学的道德哲学，从而与受到明恩溥等西方他者影响的五四新文化运动（鲁迅等人）具有本质性的区别。

4. 从道德革命到道德改良

梁启超之所以在道德命题上远离戊戌变法以来的政治实践，而是转入形而上学的道德哲学，与他的调适的、幽暗的观念有直接的关系——力图避免激进或者保守的偏执，从积极但极其审慎的立场来导引国民性话语。尽管道德变革在梁启超那里已经被限定在思辨领域，然而梁启超的道德哲学在跨越1903年前后的《新民说》过程中，仍然经历了从道德革命论、公德私德论到道德改良论的过程。在道德进化论的历史观中，在《新民说》前期激进的自由主义推动下，公德成为道德的根源和目的。由于同样在气一元论下，道德的本质是永恒的，但是道德的形式是历史的，梁启超为自己的道德哲学预留出了调适的转向空间。在公德与私德的道德辩证法中，梁启超接受了边沁的功利主义，为道德建立善恶的标准，但是在幽暗意识下认为功利主义在中国的国民素养下无法得到真正的理解，因此予以调和。公德与私德在梁启超道德哲学内产生了巨大的张力关系，梁启超在游历美洲后，对西方民主制度产生了更强烈的幽暗意识，从而自己最终回到阳明心学，对公德与私德进行调和与创造，最终走向了道德改良之路。

三、研究方法、路径与不足之处

本书对梁启超思想研究的理论前提是"向思想家提出包括各种问题的总体问题"，将思想家提出的问题与时代向思想家提出的真实问题进行往复比较，在过渡时代的问题结构中，力图从一种思想的内部去理解他的答复的含义。对梁启超的任何个别问题的理解都放置于其思想的总体性上，将梁启超自身看作具有高度逻辑和统一性的格式塔结构体系。因此本书的方法论同时也是论证之中的认识论。因此将采取以下四种研究方法。

首先，本书借鉴巴士拉（Gaston Bachelard）以及阿尔都塞"认识论断裂"的方法论。我们认定，假如梁启超思想是一种努力朝向求真道路的思考过程，那么它一定存在"与被称之为谬误的'意识形态的'东西完全'决裂'"之处。[1] 依据这一理路前提，将梁启超的思想以戊戌叙事为认识论的断裂，以此为逻辑的起点，将梁启超思想的生成期厘定为1896—1906年。其中，根据"认识论断裂"，在中国话语的创建、戊戌叙事、国家话语以及国民性话语四个阶段内部，仍然注重梁启超思想的认识论断裂之处，强调其否定、未言、反复和矛盾思想的分析，从而对梁启超思想的内在理路予以揭示。

其次，采用文本细读的方法。尽管强调将梁启超思想视为内部统一的格式塔体系，但是其各个思想阶段的分析，仍然必须立足于其思想的载体，从其最重要的作品中，对其理论进行深入细读。本书同样赞成阿尔都塞的症候阅读方法，从文本之间的潜在关联、可能的转折、未被言明的互文等，将文本之间建立梁启超本身未能意识到的内在关联性。文本细读和症候阅读的根本目的在于揭示梁启超思想与时代总问题之间的张力关系，以及梁启超思想内部的逻辑线索和推进动力。

再次，采用比较研究法。由于以时代总问题向梁启超思想提问，梁启超所处之历史环境以及前后关联的思想家所共享的思想资源则需要高度重视。本书力图将梁启超放在中西之间的问题结构之中，比较的对象也比较广，包括同代思想家、西方近代理论家以及日本明治主要思想家和作品。注意梁启超受到的整个过渡时代所提供的思想资源，从而确定出梁启超思想自身的内在理论，以及关注梁启超与西方、日本、中国传统之间的消长进退关系。

---

[1] 阿尔都塞. 保卫马克思 [M]. 顾良，译. 北京：商务印书馆，1984：229.

最后，需要着重说明的是，本书采取了将话语理论作为涵盖梁启超全部作品的理想类型分析法。由于本书视梁启超思想与过渡时代总问题以及中西历史之间是具有强烈张力的对话，并且梁启超事实上也处于中国、日本、西方思想的交汇之中，其全部思想都围绕民族主义国家展开，因此本书将梁启超思想绝非机械地归为纯粹的历史学、哲学、社会学或者文学——如此则又陷入本书强烈反对的、将梁启超以具体问题拆解分析而丧失把握其总问题的旧路——而是将梁启超全部作品视为话语（discourse）。本书所使用的话语概念既有巴赫金（Mikhail Bakhtin）经典话语理论的对话内涵，同时也包含福柯的权力内涵，尤其与福柯的话语实践理论的历史断裂观念也保持了内在一致的历史观基础。将"话语"作为梁启超思想研究的理想类型，原因有如下三点。一是可以将梁启超庞杂的作品纳入内在统一的思想体系当中，跨越其作品表面上的题材形式的区分，摆脱文学、历史学、社会学、法学、政治学、哲学、伦理学等学科限制，从思想的总体性和整体性上把握梁启超思想的内在逻辑和发展轨迹。二是话语概念将梁启超思想从僵死的历史材料转变为已经并且正在发生历史效应的思想体系，将梁启超思想的生成视为对话、响应以及内化的过程，还原梁启超思想的历史现场。三是对梁启超思想体系的生成研究并非是将梁启超思想作为被动的对象加以审视，相反，本书将梁启超思想视为近代以来另一条因其自身幽暗意识而折射出其"幽暗的现代性"之思想特征，却也最终被历史实践予以"幽暗"和放弃的中国现代性道路，它显现了中国思想启蒙以及现代化道路上思想和话语权力的竞争过程。对梁启超思想生成的研究，其暗含的价值或许恰恰是在展现梁启超"戒惕畏惧"的纠结过程中，中国近代以来思想史内部经过怎样的选择，从而构成了当代中国现代话语体系，并且这种选择和放弃的思想过程将继续影响着我们的未来。

以上是本书的主要论点和方法论的讨论；此外，因为各种因素的限制，本书有以下几个方面未能兼顾。

一是，由于采取了话语作为涵盖梁启超作品的理想类型，产生了如上所述的论证的有利方面，但是也不可避免带有一定的不利之处。主要表现为本书的研究无法对梁启超颇具特色的作品进行具体的专门化分析，譬如对在梁启超思想生成过程中占有一定位置的文学作品的文艺理论分析研究，在本书就表现为阙如的状态。梁启超在倡导文界革命、诗界革命和小说界革命上产生了相当深远的历史影响，尤其是对于五四新文化运动中最重要的白话文学运动具有直接的触发意义。由于梁启超思想的生成期主要的时代总问题是民族国家问题，尤其是这一时期（1896—1906）梁启超的文学往往是作为政治思想的直接表达而存在，因此对本书的影响并未产生论证上的损害。所缺憾的是，由于篇幅所限，梁启超在此阶段发表了大量的西方政治人物的传记文学，对于梁启超思想的变化具有晴雨表的呈现意义，但没有列入本书之内。譬如早有学者已经提出的，如张朋园发现《新罗马传奇》第七出梁启超借加福尔之口表达他曾经要做中国的玛志尼，从而宣布他将告别激烈的共和革命，转入保守改良的道路。此项隐含的思想分支，只能在此后的研究中加以补充了。

二是本书以认识论的断裂作为研究的方法论，因此将梁启超的思想生成大致划定为1896年发表《变法通议》开始，1906年发表《民气论》和《开明专制论》结束。实际上梁启超在1903年前后思想的巨大转折可以视为除了戊戌叙事外第二次认识论的断裂。其重要的思想活动是他主持的《新民丛报》与革命党《民报》的大论战。由于各种因素，未能列入本书的考察范围之内，因此对于梁启超第二次思想的重大转折未能提供研究的全貌，只能留待以后加以补充了。

三是梁启超思想生成期中，受到日本明治时期思想资源的影响是非常深刻的。当然，在本书中已经就其思想的关键问题在这一方面做了一定的论证。但是限于论证的范畴，日本对梁启超的影响着力仍然不够，尤其是很多最新的来自日本汉学的研究成果都未能及时放入本书的论证，留有相当的遗憾，有待此后进一步处理。

本书在导论之后共分为四章。第一章讨论梁启超所处的过渡时代的总体特征，为后文论证时代向梁启超思想提出的总问题提供真实的历史环境和思想背景。第二章讨论梁启超思想的起点，从梁启超中国意识的危机出发，详尽展示梁启超面对西方他者，在认识论断裂之前，在传统儒家思想中所做出的努力和突破。最后以戊戌叙事为认识论断裂，梁启超思想告别康有为等人的"意识形态"总问题，开始独立求真。第三章作为本书的重点，讨论梁启超从中西转入中国自身新旧的政治哲学批判，在经历庚子拳乱、庚子勤王等政治实践过程中，不断调和伯伦知理、卢梭、洛克、孟德斯鸠等人的国家理论，从而完成其国家话语。第四章基于梁启超国家话语的社会唯名论和个体实在论的观念，转入梁启超的国民性话语，并且落实到道德哲学，详细分析了梁启超从道德革命到道德改良的转变。

第一章

过渡时代的变革：梁启超思想的前提

19世纪是一个全球急剧变革的时代。从一般的欧洲历史中心看，文艺复兴酝酿的理性和人文精神、自然科学的突飞猛进以及生产方式的变化、新的经济阶层和市民社会的产生、宗教改革与启蒙运动、民族主义运动与民主共和国家的诞生等，欧美社会发生着人类历史上各个方面最快速的革命性转变。与此同时，以武装殖民贸易形式覆盖全球的原始资本积累进程将各个非欧洲的"文明形态"拖入同步轨道的全球史当中，主权殖民和经济掠夺使得非欧洲地区遭遇了军事、经济、政治、文化最深刻的震撼和危机。一套以逻各斯为核心的西方文明促使并置的其他"文明形态"被纳入西方文明历史叙事的框架。同时在近代民族国家政治观念的影响下，这些失败地区也不得不以"他者"来衡量自我并竭力做出自我的认同和调整，在一种"历史终结"的意识中，寻求以同样的现代性模式作为出路以摆脱困境，最终实现西方已经实现的现代化的富强、民主和自由。

然而，如果摆脱欧洲工业革命的历史中心视角，18世纪晚期欧洲与东亚尤其是中国的经济社会仍然非常接近，欧洲和东亚的"大分流"被认为是非常晚近的事件。以彭慕兰为代表的"加州学派"基于反西方中心史观的立场认为，1750—1800年，中国人的生活水平与欧洲仍然相当，中国在土地节约、劳动力效率、农业收益以及白银储备上甚至高于欧洲。在黄宗智等人的分析中，18世纪中国江南的手工业经济亦足以让人相信，中西的差异化并非是一个西方文明进步、中国彻底失败的僵化印象。彭慕兰认为直到18世纪，世界上没有什么地方必然会朝向工业突破发展。导致"大分流"的决定性因素，即英格兰之所以脱离短缺与限制，率先开始于19世纪实现工业化，主要基于两个生态或地理因素——廉价和充足的煤炭以及新大陆未开垦资源的供应。①

非欧洲中心史观至今仍存有相当大的争议，然而至少有一点是可以肯定的，那就是现代化的观念深刻影响了那些欧洲边缘地区的历史观念，它深刻地塑造了非欧洲社会看待自身的方法以及谋求出路的方向。这种根深蒂固的看法自鸦片战争以来，从一种外部的异化性的被迫接受，经过最终彻底失败的诚服接受，到最终激烈的内化性的变革要求，构成转型时期（1895—1920）的主要思想变迁历程。当时思想界的代表——严复、康有为、谭嗣同、孙中山、章炳麟、梁启超等人，几乎无一例外地围绕"民权""自由""民主""富强"的观念展开对中国未来发展的思考。然而在彭慕兰等人试图争辩的经济社会发展的现代性话语的另一种景象之外，是更为复杂的文化思想图谱。中国土地上生息繁衍数千年的文明生态，有着其自身的文化连续性。纵使西方文明的入侵强力撞击了这架沉重喘息的马车，但它带来的改变并未使中华文明的运行轨迹完全逆向，而是在自身的问题与西方他者冲击下，经过趔趄蹒跚后继续前行。

梁启超正是19世纪晚期中国思想界谋求摆脱困境的先驱之一。在中国近代化的动力这个总的框架下，考察梁启超思想发展的内在脉络首先必须做出一个明确的判断，即儒学是梁启超精神结构和人格品质构成的基础，是其价值观念和人生态度的来源，更是他思考的前提和核心资源。梁启超接受西方观念并推动变法源于对正统儒学的质疑和批判。然而即便不去考虑抽象的语言相对论（Linguistic relativity）[即所谓的Sapir‑Whorf Hypothesis 理论，他们提出 Linguistic relativity（语言相关论），认为语言结构和词汇决定认知结构，Linguistic determinism（语言决定论）则认为语言决定着人的思想]②。梁启超等晚清知识分子对西方观念的接受和理解以及反儒学思考都不可能在突然之间发生，而是在大的思想气氛和态势中进行的。同时梁启超作为"舆论界之巨子"，除去维新变

---

① 《大分流·欧洲、中国及现代世界经济的发展》《白银资本：重视经济全球化中的东方》等著作于20世纪90年代在中国知识界引起了巨大的争论。由于彭慕兰等人将欧洲现代化视为资源和偶然的结果，引起了自由主义者的激烈批评。而新左派对此却极为赞同。黄宗智虽然在中国江南经济与欧洲经济的水平和性质上有完全相反的争论，但是基本上肯定18世纪中国经济的发展。参见：彭慕兰. 大分流：欧洲、中国及现代世界经济的发展[M]. 南京：江苏人民出版社，2003；贡德·弗兰克. 白银资本：重视经济全球化中的东方[M]. 北京：中央编译出版社，2000；黄宗智的有关著述，参看 HUANG Z Z. The Peasant Economy and Social Change in North China [M]. Stanford：Stanford University Press，1985；HUANG Z Z. The Peasant Family and Rural Development in the Yangzi Delta，1350—1988 [M]. Stanford：Stanford University Press，1990.
② 本杰明·李·沃尔夫. 论语言、思维和现实——沃尔夫文集[M]. 高一虹，译. 北京：商务印书馆，2012：127.

法和庚子勤王的短暂政治实践外,其一生的活动都围绕"新民"展开。其鼓吹的新国民对"自由""民权""公德""私德""义利"等西方观念的接受和改造,亦必须在原有思想资源上进行调适和改造,那么原有的儒学是如何提供这种改造的前提以及影响到梁启超改造的结果的呢?这些都必须回到梁启超的思想前提,也即儒学经过宋明直到晚清的内在连续性问题以及晚清社会自下而上的民间社会形态来考察。

第一节 清代儒学的内在发展与下层社会的觉醒

一、明清儒学向下位移与清末西方观念的接受

明清儒学开始了一个向下的整体位移,在价值、理想、途径与目标上与宋元"得君行道"的思想与价值发生分离。而这种向下的位移,恰与19世纪中叶后西方自由、公德、群己、民权、议院、共和等社会思潮发生了旨趣上的暗合。儒学的内在转向为梁启超系统接受西学提供了思想上的前提。

明清儒学的向下位移,可上溯至明代中后期。此一时期士人心态、思想和价值发生重大的改向。左东玲在分析李贽人格及理论的形成时,将武宗失德导致士人心态变异和社会道德滑坡作为主要的时代背景。① 武宗荒诞淫逸、无视纲常、尚武好功,在位而失德,导致君王权力与道德背悖,进而导致道德约束力的松弛和道德信仰的动摇,政教出现了分离和断裂,士人心态由此发生了极大的分化。帝王昏聩和阉人扰政,使得士人激愤但又无力"得君行道",同时由于政治气氛的乖戾和惩戒的凶暴,士人普遍形成了对政治的疏离甚至对抗的心态。

余英时观察到知识分子对政治的质疑和逃避的另一面,即朝廷对知识分子的警戒和高压管制。例如,洪武十五年"颁禁例十二条于下,镌立卧碑,置明伦堂之左。其不尊者,以违制论"。所谓禁令是生员以上不许上书建言、禁止结党私社、不准妄刊文字等。在对政治消极和对抗的大氛围下,知识分子展现出激烈的桀骜姿态,"贵溪儒士夏伯启叔侄断指不仕,苏州人才姚润、王谟被征不

---

① 左东玲. 李贽与晚明文学思想 [M]. 北京: 人民文学出版社, 2010: 1-7.

至，皆诛而籍其家……然所记进士、监生罪名，自一犯至四犯者共三百六十四人"①。如此，知识分子逐渐从李梦阳式的直言上谏转向明哲保身，恢复了"义不讪上，智不危身"的存身哲学。王阳明奏章中讳言政事，多谈事物，仅有《乞宥言官去权奸以章圣德疏》（正德元年）委婉劝说德宗善待戴铣等谏官，却被下诏狱、谪龙场。经历宪宗朝争慈彭皇太后礼、谏武宗南巡后，士人对君主德行有了极大的危机感，因此试图在世宗嗣位上再行"得君行道"的最后努力，然而世宗假借大礼议，实则狡诈反目，罢黜文官，一改专制集权。王阳明学派本支持世宗，认为"先王制礼，本缘人情君子论事，当究名实"，符合世宗议礼时强调的父子之自然伦理亲情，故对王学诸人颇为赞赏。然而一旦达到目的，世宗转向禁止王学，称"守仁放言自肆，诋毁先儒号召门徒，声附虚和，用诈任情，坏人心术。近年士子传习邪说，皆其倡导"②。士人与皇权的最后较量以彻底失败而告终，最后的局面只能是"欺蔽者肆其逸，谄谈者混其说，固位者缄其口，畏威者变其词，访缉者混其真"。世宗通过对文官集团的摧毁，实现了为所欲为、乾纲独断的集权统治，然而带来的是晚明士人心态的彻底绝望。

余英时注意到了王艮初谒王阳明的一段对话，揭露出以王阳明为代表的知识分子的思想和学术转向。"阳明曰：'君子思不出其位。'王艮又说：'某草莽匹夫，而尧舜君民之心，未尝一日忘。'王阳明答道：'舜居深山与鹿豕木石游居，终身忻然，乐而忘天下。'最后王艮又补上一句：'当时有尧在上。'"③ 与朱陈的王霸之辩以及朱程对帝王德行的谏言关怀不同，余英时认为："阳明说教的对象根本不是朝廷而是社会。他撇开了政治，转而向社会去为儒学开拓新的空间，因此替当时许多儒家知识分子找到了一条既新鲜又安全的思想出路。"④此可印证于泰州学派的学术旨趣。王阳明将理学追求三代之治的"二元论"转而指向个体的"一元论"，将理学企图以学术思想影响皇权治理的紧张关系化解为个人知性的统一关系。尽管有东林学人由王艮的"明哲保身"的曲折反抗，一转为奋起誓议，终至于惨败。而阳明所传泰州学派遵行此道并且加以推至极端，在民间社会倡导"愚夫愚妇皆知所以为学"，以处于下层的一般民众作为立

---

① 余英时. 现代儒学的回顾与展望[M]. 北京：生活·读书·新知三联书店，2004：141.
② 余英时. 现代儒学的回顾与展望[M]. 北京：生活·读书·新知三联书店，2004：143.
③ 余英时. 现代儒学的回顾与展望[M]. 北京：生活·读书·新知三联书店，2004：143.
④ 余英时. 现代儒学的回顾与展望[M]. 北京：生活·读书·新知三联书店，2004：143.

教对象。一旦他们的思想向下转移，则他们鼓吹的必然不是道统的合理性和实现方案，而是个人如何安身立命，如何与政府保持距离并在广泛的社会层面形成力量以改造世界。此种观念和梁启超所处的19世纪末期，士人对清的绝望使他们最终放弃对清廷的维护，以至康有为怀有"救中国不救大清"的想法，在本质上是相通的。所以我们观察泰州学派的主张，与梁启超要求的"新民"和"自由"具有极大的相似性，也可以得到解释。时隔三百余年，儒家在向下转移后，其原有的思想资源所自然变异出的近代民族国家解决方案具有强力的连续性。比如在儒家道统失效的情况下，泰州学派转而强调自然人性的合理性，以试图解构旧有的、无法达到修齐治平目的的伦理秩序，宣扬"百姓日用之道"。在肯定人的私欲的前提下，突出贵我尊己的独立意识，进而试图翻转儒家核心的成圣观，对普通的个人通过良知挣得改造社会的权力和地位为民间社会的合法性进行鼓吹。

进一步考察明代儒学的向下位移所带来的社会形态变化，乃至文艺思想和文学创作，则令人恍惚间见有欧洲现代黎明的色彩，以至学界在将中国的启蒙运动的线索限定于明代与否而发生了争论。① 首先，儒家知识分子将目光从朝堂转移到下层，那么其落脚点则是民间宗族群体社会。比如明初方孝孺倡议的族制，"士有位无位而可以化天下者，睦族而已"。甚至提出了与梁启超"新民说"相似的观点："天下俗固非一人一族之作能变，然天下人者一人一族之积也"②，并试图推行所谓的"宗仪"，以实现地方自治。此与梁启超"国民者，一私人之所结集也"的民间社会思想也有通联之处。另外，明代里甲制的社群结构，也为当时士人寻求地方管理提供了现实的社会基础。萧公权极为准确地指出了方孝孺思想的关键之处，即在于对专制而不达政府的失望，"以乡族为起点，欲人民先自教养，以代政府之所不能"。

其次，知识分子更加关注富民论的问题。16世纪明代商业经济的繁荣和新兴工商城镇的形成，带来商业集团以及新的商人财富阶层的产生。除原有的郡县产生的大中城市核心区外，在江南以及东南沿海、沿河岸区域，迅速产生了新兴的工商业城镇。士农工商的四民社会发生了潜在但是能量巨大的结构性变化，财富效应使得商末农本的观念受到了挑战，随之知识阶层对"抑富济贫"的平均主义产生了怀疑。张居正认为商业对社会运行乃至传统的农本有着重要

---

① 关于明代启蒙说、梁启超的清代文艺复兴说、宋代启蒙说，可参见：蒋国保. 宋明启蒙说"的误解与迷失 [J]. 江汉论坛，2005（10）.
② 方孝孺. 逊志斋集 [M]. 宁波：宁波出版社，2000：414.

的调节作用："古之为国者，使商通有无，农力稼穑。商不得通有无，无以利农，则农病；农不得力本墙以资商，则商病。"① 海瑞则对社会阶层的新的调整强调其合理性："今之为民者五，曰士、农、工、商、军。士以明道，军以卫国，农以生九谷，工以利器用，商贾通焉而资于天下。身不居一于此，谓之游惰之民。游惰之民，君子之所不齿也。" 顾炎武认为："况今多事，皆依办富民。若不养其余力，则富必难保，亦至贫而后已。无富民则何以成邑。"② 王夫之特别注重经济流通问题，"流金粟，通贫弱之有无"。以至到黄宗羲那里，最终产生了工商皆本的观念。明清富民论在思想上做好了接受产自西方资本主义自由经济社会中的诸种观念的准备。尤其是梁启超在《新民说》中明确反对以"仁"为基础的社会福利政策，认为中国当前社会所患非不均，而患寡，应藏富于民，促进国民的"动力"，不依赖他人的"仁心"，寻求自我的努力，从而最终刺激社会民众的经济竞争意识。

最后，明代儒学的向下位移，促进了新的公私观的出现和发展。阳明学派回到人的自主性上寻求道心和人心的统一，肯定人心先验的私欲中的"道"的属性，其贵我尊己的独立意识亦彰显了自我的价值，这些都促使明清儒学在转向底层时对私的价值的容纳和肯定。其结果则是导致公私观的巨大转变。一个巨大的扭转性即将程朱理学的公私与理欲的矛盾关系转化为辩证的关系。顾炎武的观点是较为经典的：

> 天下之人各怀其家，各私其子，其常情也。为天子为百姓之心，必不如其自为，此在三代以上已然矣。圣人者因而用之，用天下之私，以成一人之公而天下治。夫使县令得私其百里之地，则县之人民皆其子姓，县之土地皆其田畴，县之城郭皆其藩垣，县之仓廪皆其囷窖。为子姓，则必爱之而勿伤；为田畴，则必治之而勿弃；为藩垣囷窖，则必缮之而勿损。自令言之，私也，自天子言之，所求乎治天下者，如是焉止矣……非为天子也，为其私也。为其私，所以为天子也。故天下之私，天子之公也。③

公和私从抽象的静态对立转变为相对的动态互动，顾炎武将道德参照系置换为天下这一坐标，以天下取代道德，是儒学对民间社会重视的结果。有了天下和民间社会，公和私的辩证性关系才得以产生，否则这一思想观念是无法在原有的思维框架下萌芽的。因而，在从道统转变为天下后，原有的私变成天下之

---

① 张居正. 张居正集（第三册）[M]. 武汉：湖北人民出版社，1994：564.
② 贺长龄. 皇朝经世文编（卷八第一册）[M]. 台北：台北文海出版社，1973：321.
③ 顾炎武. 郡县论五 [M] //顾亭林诗文集. 北京：中华书局，1974：14.

公,而原有的公则被斥为君主一家之私,即顾炎武的"天下之私,天子之公"和黄宗羲所言"天子之私,天下之公"①。梁启超"戊戌"前后从"公羊大同说"到吸收穆勒的自由主义、严复的"群己权界说",与明清以来既有的公私观的讨论有着深刻的互通关系。梁启超言:"一私人之权利思想,积之即为一国家之权利思想,故欲养成此思想,必自个人始。"② 此与明清以来"遂其私所以成其公""合天下之私以成天下之公"的思想范式具有大致类同的方面,其根本都是为了唤起民间社会,谋求政治的转向从而实现革新之目的。

二、经世致用与经学的瓦解

在明清儒学向下位移的同时,其内部开始出现瓦解和崩溃的迹象。随着位移的深入,其内部的解构也不断地加剧,直到19世纪末的梁启超,出现了儒学作为古代学术的终结。这一伴随位移产生的结构性危机,带有其内在的总体问题,到了梁启超那里终于不可调和地走向了末路。

儒学的内在危机一方面来自经学自身的困境,另一方面来自康有为、梁启超、谭嗣同以及严复、陈师培等人由西学深入融合后予以的批判,是在两者的夹击之下共同作用的结果。而无论是内部的经学困境还是外部的批判冲击,从整体上看,其本质仍然来自明清以来的"经世致用"的思想作用,最终促成了儒学在晚清的全面瓦解,而推倒这面横隔在急切摆脱困境的早期思想家们面前古老之墙的最有力的思想先锋之一,则是梁启超。

从经学的发展看,其内在危机恰恰起自其长久以来关键问题的解决上。清代学术大致经历清初之学、乾嘉之学、道咸之学三个阶段,也相应地产生了三大争论,即宋汉之争、古今之争以及经子之争。三个阶段是经学的症候性表现,而三大争论则是其内在问题结构的变迁。伴随着儒学向下位移的背景,梁启超思想所存在的另一个历史前提,是经学在经历三次大的内部辩论和斗争后,不断自我调适和蜕变,最终走向崩溃的末路。正是经学在其内外两方面的矛盾冲击下,从自足的思想体系不断呈现开放和容纳的形态,也恰好在西学逐步深刻渗透过程中,中学、西学才最终实现了多种核心交汇的路径,而清代中期的中西体用问题结构才可能最终被克服和超越。

---

① 黄宗羲《原君》:"后之为人君者不然,以为天下利害之权皆出于我。我以天下之利尽归于己,以天下之害尽归于人,亦无不可。使天下之人不敢自私,不敢自利,以我之大私为天下之公。"见:黄宗羲. 明夷待访录[M]. 北京:中华书局,1981:1-2.
② 梁启超. 新民说[M]//梁启超全集. 北京:北京出版社,1999:673.

清初由"亡国"与"亡天下"而构成的思想反思，南有顾炎武、王夫之、方以智、唐甄、黄宗羲，北有傅山、孙奇峰、颜元，他们构成的新一轮文化检讨，把明亡归于空谈行道——尽管如上文所分析的，此正是由明代政治和儒学位移的结果——"以明心见性之空言，代修己治人之实学"，导致"神州荡覆，宗社丘墟"，① 继而寻求"经世致用"之学。顾、黄因有"天下、国家""公、私"的民本之辩，以及"经学即理学、经学即史学"之论。此一时期各个思想家融会贯通，破除学派门户，实现了汉宋融合的学术气象。

然而短暂的清初反思繁盛后，随即进入了文网之下的乾嘉汉学。梁启超谓汉学乃是藏身之学："乾嘉以降，阎、王、段、戴之流，乃标所谓汉学以相夸尚，排斥宋明，不遗余力。夫宋明之学，曷尝无缺点之可指摘，顾吾独不许卤莽灭裂之汉学家容其喙也。……虽辩论千言，而皆非出本心之谈，藏身之固，莫此为妙。""吾见夫本朝二百年来学者所学，皆牛鬼蛇神类耳。而其用心亦正与彼相等。盖王学之激扬蹈厉，时主所最恶也，乃改而就朱学。朱学之严正忠实，犹非时主之所甚喜也，乃更改就汉学。若汉学者，则立于人间社会之外，而与二千年前地下之僵石为伍，虽著述累百卷，而决无一伤时之语"观点，将"专制国家"之道德败坏与学术"思想窒隘"相等同。汉学在表面上趋避政治迫害，是对儒学的挽救，然而恰因转入纯粹的文本研究，与社会、历史、人生全无干涉，实质上危害了儒学原初的价值基础。梁启超甚至认为汉学对儒家道德体系具有腐蚀性作用："故有清二百年间民德之变迁，在朱学时代，有伪善者，犹知行恶之为可耻也；在汉学时代，并伪焉而无之，则以行恶为无可耻也。"②

进入嘉道年间以后，内忧外患如地火奔涌，社会濒临总体性危机，对汉学的否定之声再起，引发了新一轮的汉宋之争。钱穆认为"嘉道之际，在上之压力已衰，而在下之衰运亦见"，"起而变之者，始于议政事，继以论风俗，终于思人才，极于正学术"。③ 士人从"避席畏闻文字狱，著书都为稻粱谋"④ 转向"相与指天画地，规天下大计"⑤。以此道咸年间以嘉道年间经世实学为旗帜，再起复宋的思潮。复宋思潮起于洋务运动，不仅有龚自珍、魏源、林则徐、黄爵滋、阮元、姚莹、方东树、徐继畲等在野学士对汉学强烈否定，更有朝中如

---

① 顾炎武. 日知录（七）[M]. 西安：甘肃人民出版社，1997：339.
② 梁启超. 论私德[M]//梁启超全集. 北京：北京出版社，1999：718.
③ 钱穆. 中国近三百年学术史（上册）[M]. 北京：中华书局，1997：2.
④ 龚自珍. 龚定庵全集类编卷·十五[M]. 北京：中国书店，1991：334.
⑤ 梁启超. 清代学术概论[M]//梁启超全集. 北京：北京出版社，1999：3102.

阮元者在其《儒林传序》直陈弊端。嘉庆年间，桐城派词章学大盛。及至曾国藩为首的汉人官僚集团掌权，汉学的独霸地位受到了根本性的动摇。岭南陈澧等人以调和汉宋为主旨，促进了南方学术的繁荣，致使汉学阵营内部也遭受了强烈的分化。

汉宋之争除了经世致用的迫切外因外，学术内部义理、考据、词章三大清代经学领域的紧张关系亦不可忽略。义理和词章借助复古宋学恢复了自身的价值，然而在整体上摧垮了经学。正如甲午战争之后，如黄爵滋描述汉宋之争后的状况："今之为汉学者，巧托于汉，而非汉儒有用之学有待于宋儒也。今之为宋学者，伪托于宋，而非宋儒有用之学之克承于汉儒也。托于汉而攻于宋，托于宋而攻于汉，愈巧愈窒，愈伪愈浮，于是著作满家，而曾无一字有益于今，既仕毕生，而曾无一事之有合乎古，是则较老、释空无之学而患又甚矣。"①

黄爵滋的话并非无的放矢，而是代表了时人对经世致用的极端强调，暗合的古今之争亦在道咸之后逐步浮出水面。常州学派今文经的兴起本身具有现实的政治性质，"庄存与的见解是十九世纪议政的先声，也是东林党人反对阉党传统的余响"②。因此今文经具有更加直接的经世致用本质，在黄爵滋所反映的思想底色中，成为那个时代的显学。今文经由龚自珍和魏源推动，以"以经术为治术"为核心思想。龚自珍认为"一代之治，即一代之学"，"是道也，是学也，是治也，则一而已矣"。③ 魏源主张"贯经术、政事、文章于一"的学术政治化要求。这种学政合一的强烈愿望成为贯穿晚清的一条纬线。梁启超在湖南时务学堂时于《与林迪臣太守书》重申："启超谓今日之学校，当以政学为主，以艺学为附庸。……使其国有艺才而无政才也，则绝技虽多，执政者不知所以用之，其终也必为他人所用。"此论与道咸之时的刘开所言如出一辙："盖古今图治之大不外人才，人才出处之大端不过学问、政事。夫学何为者也，所以学为政也。夫政为何者也，所以行其学也。"④ 然而与邵鼓辰、戴望、王闿运、皮锡瑞等今文经经师仍然遵守《春秋公羊传》家法，与古文今进行传统学术框架下的争论不同，龚自珍、魏源、廖平、康有为等今文经则是对经学乃至儒学的

---

① 黄爵滋. 仙屏书屋初集·汉宋学术定论［M］. 道光二十七年翟金生泥印活字印本，1847.
② 艾尔曼. 经学、政治和宗族：中华帝国晚期常州今文学派研究［M］. 赵刚，译. 南京：江苏人民出版社，1998：79.
③ 龚自珍. 龚自珍全集·乙丙之际箸议第六［M］. 王佩诤，校. 上海：上海古籍出版社，1999.
④ 刘开. 清代诗文汇编［M］//刘孟涂集. 第五四三册. 上海：上海古籍出版社，2010：427.

颠覆。甚至对于康有为而言，经学本身并不是他的终极目的，"康氏对公羊学派有兴趣并非是纯学术的，而是其中所含有的社会和政治意义"，"他似仅取他认为真实的公羊说（或适合他自己说法的），而无视那些他所不赞同、不需要的"①。康氏《新学伪经考》《孔子改制考》几乎可以看作是古代经学的终结标志。梁启超评价它，一是汉学宋学，皆所吐弃，为学术别辟新地；二是将孔子抽象化为一创造精神；三是彻底否定了儒家经典的神圣性，一切皆可怀疑批判；四是"夷孔子于诸子之列"，别黑白定一尊的观念完全被打破。②

古今之争尚是在经学表面下的分裂，光绪年间兴盛的诸子之学则最终将经学推到了沦亡的绝境。随着西学逐步成为系统化的知识进入中国，竭力在传统思想资源中寻找可堪解读的理论，士人开始逐步从已经挖掘殆尽的经学溢出，将目光投注到乾嘉和道咸边缘的诸子学术上。除了汉学本身对《老子》《庄子》《墨子》《韩非子》所做的考据研究外，诸子之学已经被用来彻底否定孔子及其思想。儒学成为与诸子之学并列的一般性学术，成为被客观审视和评价的史学对象。章太炎的《訄书·订孔》《论诸子学》等文"激而低孔"，已经完全剥去了孔子圣人信仰的外衣。到辛亥革命前的最后十年，儒学实际上已经被彻底解构。至梁启超湖南大兴时务学堂之时，与梁启超对战的叶德辉等人已经毫无反击之力。

因此到光绪年间，无论是今文经的康有为、谭嗣同还是古文经的严复、刘师培俱起而对经学乃至整个儒家思想做最后的推倒，已经是内在逻辑的必然了。康有为受学朱次琦，本治古文经，然而1888年赴京参加会试并上书皇帝失败后，遂留京师，"既不谈政事，复事经说，发古文经之伪，明今学之正"③。另外，康有为受廖平刘歆作伪之说，大受启发，"有为早年，酷好《周礼》，尝贯穴之《教学通义》。后见廖平所著书，乃尽弃其旧说"④。其自言"然自刘申受、魏默深、龚定庵以来，疑攻刘歆之作伪多矣，吾蓄疑心久矣"⑤，受刘逢禄、魏源和龚自珍影响，转治《春秋公羊传》。乾嘉常州学派今文经与吴派、皖派古文经对峙，复两汉公羊学，在"三科九旨"之上发掘改制以图当朝"后王有作"。到龚自珍改"据乱""升平""太平"三世为"治世""衰世""乱世"新三世

---

① 萧公权. 近代中国与新世界：康有为变法与大同思想研究［M］. 汪荣祖，译. 南京：江苏人民出版社，1997：63，432.
② 梁启超. 清代学术概论［M］//梁启超全集. 北京：北京出版社，1999：72.
③ 康有为. 康南海自编年谱［M］. 北京：中华书局，2012：20，121.
④ 梁启超. 清代学术概论［M］//梁启超全集. 北京：北京出版社，1999：3105.
⑤ 康有为. 新学伪经考［M］. 北京：生活·读书·新知三联书店，1998：400.

说，魏源则批判孔广森别创的"三科九旨"，提出"气运说"，两人归旨皆是指出历史治乱交替，在道咸危机之中提出改制变法的必要和急迫。至康有为受廖平《辟刘篇》和《知圣篇》影响，直接大胆判断，不仅认同方苞、龚自珍等质疑刘歆伪窜《周礼》，进而以《新学伪经考》和《孔子改制考》直言古文今是伪造的新经，孔子是变法改制的素王，引起震动，企图对儒学做全新的思想、价值评估与重建。"使清学正统派之立脚点，根本摇动，一切古书，皆须重新检查估价，此实思想界一大飓风也"。① 康有为改造孔子三代为政治理想，大倡议院共和乃孔子大同世之政治改良的目标："《春秋》《诗》皆言君主，惟尧典特发民主义，自钦若昊天后，即舍嗣而巽位，或四岳共和，或师锡在下，格文祖而集明堂，辟四门以开议院……故尧典为孔子之微言，素王之臣制，莫过于此。"② 谭嗣同虽然未能直接受学康有为，但经梁启超而部分接受康有为"仁"的观念，融合中西形成了他独特的完整的思想体系，以"以太"为本质观和大同的世界主义理想为基础，提出冲决网罗、打破一切纲常伦理的思想和主张。与梁启超相似，他批判荀子"法后王，尊君统"，实行小康之治，舍弃了孟子的大同之治的孔子真义。谭嗣同激烈的理论成为反儒学思想在当时的顶峰。

　　与之并行者，古文经学以章炳麟、刘师培为代表，他们同样不遗余力地攻击当时儒学，并企图恢复原始儒学精神。虽然章炳麟与刘师培强烈反对康有为今文经，但是其在"通经致用"立场上是相似的。与康有为微言大义不重历史事实相反，章炳麟重视史学之真，反对孔子素王之说，认为"六艺者，道墨所周闻"，在与康有为改良分道扬镳走上革命排清的激烈变革的道路后，1904年《訄书》重订本增加了新作《订孔》。章氏最终从《左传》"戎夏之辨"转向民族主义革命排清，步入激进主义道路。

　　以上无论是今文经抑或古文经学派几乎同时对儒家进行了修改和批判，尽管他们在改良和革命的方向上有着显著的差异，但是其处理西方的议会、共和、民权、民族等观念时，都分享了共同的明清儒学向下位移的思想前提，且均在经学瓦解过程中形成的儒学开放体系框架下进行。在总体上他们都使得儒学从"得君从道"的道统方向在实质上移向了下层社会，放弃了对政府的希望和信任，把目光投向了"移风易俗"。因此，余英时认为今古文经同时对儒学展开"内在批判"，其源头并不能仅仅视为救亡图存这一最原始和最迫切的要求，更不是技术上的以古籍附会西方的观念。从当时康有为、谭嗣同、章炳麟、刘师

---

① 梁启超. 清代学术概论[M]//梁启超全集. 北京：北京出版社，1999：3106.
② 康有为. 康有为全集[M]. 姜义华，等编校. 上海：上海古籍出版社，1990：152.

培诸人以各自的批判方式而最终提出的主张看,他们共同的要求不出三类:一是"抑君权兴民权"。康梁主张君主立宪,梁启超特以议会制为变法第一要义:"问泰西各国何以强?曰:议院哉!议院哉!问议院之立,其意何在?曰:君权与民权合则情易通,议法与行法分则事易就。"① 然而梁启超同时认为:"问今日欲强中国,宜莫及于复议院,曰:未也,凡国必风气已开,文学已盛,民智已成,乃可设议院。今日开议院,取乱之道也。"② 因此在长沙时务学堂讲学及办南学会时,认为应该先兴绅权。二是兴学会。将儒学的向下位移落实到民间社会的组织上。康有为进入政治核心的北京,第一步就先行于1895年建立了强学会,随之在通商要咽上海亦成立了分会。1897年受到张之洞等的弹劾,梁启超避走湖南,亦首建南学会,组织地方绅士,凸显出儒学思想的下层意识:"欲兴民权,宜先兴绅权,欲兴绅权,宜以学会为之起点。"③ 章炳麟几乎持相同看法,其《论学会大有益于黄人亟宜保护》也认为"政府不能任,而士民任之"④。三是自主之民权。自严复《群己权界论》起,自由观念成为摧垮儒家思想的致命一击。最早在《实理公法全书》(1885—1887)中康有为即提出"人有自主之权""人类平等""兴爱去恶"之观念。谭嗣同将儒家的三纲五常对应西方的自由主义,认为五伦仅有朋友一伦尚具平等、自由原则,其余皆应推翻。至梁启超《新民说》,自主之民权已经在穆勒的影响下蜕变为自由主义观念,成为他思想材料的核心内容了。

三、晚清民间社会及心态变化

要理解梁启超生活的19世纪末的时代背景,除了上文论证的知识分子的精神世界外,他俯仰呼吸的晚清社会现实生活亦是不可忽略的一部分。作为思想家和政治家,他思想的对象来源不仅局限于理想界的思辨领域,也深深地受到现实界情感领域的影响。理想界与现实界的张力关系在梁启超思想的解构中占据重要的结构性关系,以至列文森甚至将梁启超情感与理智的抵牾变化作为研究的重点。最为典型的思想事件是1903年梁启超游新大陆后,自与孙中山过往从密、请康退隐、极言破坏仅仅数月后,其言论判若两人,令人莫名其妙。他即将离开新大陆之时,在对保皇党人的演讲中仍然鼓吹"明为保皇,实为革

---

① 梁启超.古议院考[M]//梁启超全集.北京:北京出版社,1999:61.
② 梁启超.古议院考[M]//梁启超全集.北京:北京出版社,1999:62.
③ 梁启超.上陈宝箴书[M]//饮冰室合集(一).北京:中华书局,2015:133.
④ 章太炎.章太炎政论选集(上册)[M].北京:中华书局,1977:12.

命",然而登岸日本后,旋即发表启事,宣称从此不再言论革命,"至于鄙人之排斥共和,则惟演说,此后方将著书倡言之"①。笔者认为,其思想的倒转有多种原因,除了日本明治时期"国粹运动"影响之外,梁启超对美国民主的真实现状及华人社区在美国民主社会中混乱状态的观察亦是一条应当加以重视的线索。由此可以得知梁启超不是单纯的书斋型知识分子,他非常重视现实社会的日常生活对文化社会乃至政治制度的制约作用。以至在其思想变迁的研究中,若忽略他所处的社会生活的状况而仅仅考量其思想内部的紧张关系,有刻舟求剑之失当。因此,在我们进入梁启超思想和文学世界时,需将目光再次投至晚清尤其是19世纪末期的社会生活,从而为我们分析梁启超思想的内在理路提供基本的前提。

郭松义、定宜庄的《清代民间婚书研究》以丰富的史料梳理为基础,另辟蹊径地锥入清代民间社会的生活肌理,生动地展现了清代社会生活变化的现场。婚书是儒家传统向民间生活渗透的肯綮之节,而婚书本身的变迁也意味着儒家道德伦理与现实社会生活的榫对状况,也即可以以此观察自西周的礼治秩序、秦朝法治秩序、汉唐礼法秩序到宋元明清的法礼秩序的发展过程。该研究发现,清代婚书存在两种不同的种类——礼书和婚契。合乎"礼"的初婚礼书样式,通常是由男女双方家长共同写具,婚契虽亦得到官方法律认可,却并不符合儒家的"礼",而是建立在双方"利"的基础上。此类婚契一般由单方家长开具,并写明彩礼数额和责任担保。婚契与礼书相比所占比重有不断升高的趋势,显示了异地婚约的增长。

郭松义、定宜庄的研究颇有值得思考之处。婚契的数量上升,一是意味着与宋元明相比,清代民间道德体系从法礼秩序滑向了去礼向法,更多依赖契约来维系摇摇欲坠的封建伦理和剥削。二是显示出清代中后期,由于连年的大规模灾荒、地方动乱和盗匪冲突,明代以里甲制为核心的宗族制度崩溃,人口流动性的加大使得宗法制度的约束力松弛失效。费孝通即认为"礼治的可能必须以传统可以有效地应付生活问题为前提,乡土社会满足了这前提,因之它的秩序可以礼来维持"。而"在一个变迁很快的社会,传统的效力是无法保证的,不管一种生活方法过去是怎样有效,如果环境一改变,谁也不能再依着老法子去应付新问题",大家只有遵从"规定的办法",才可能成功地应付共同问题,"这其实就是法律"。②三是由该项研究所见,民间婚契无须官府钤印,只要当

---

① 梁启超. 辩妄再白 [M] //梁启超全集. 北京:北京出版社,1999:1576.
② 费孝通. 乡土中国 [M]. 北京:生活·读书·新知三联书店,1985:52.

事双方认可,以及中人做证,"就可以发挥基层社会的民间法律效应",仅在一方毁约时,才上诉于府衙法律。这在另一方面证实了台湾学者林端在其影响极大的著作《韦伯论中国传统法律:韦伯比较社会学的批判》中所争辩的,中国的法律并非如韦伯所言形式与实质、理性与非理性的二元模式的体系,而是以"传统法律文化的多值逻辑"建构的"团体多元主义"和"脉络化的普遍主义"体系。普通民众居于州县以下的乡村,他们以血缘、地缘和其他性质结成相对独立的团体,如家族、村社、行帮、宗教社团等,而清代的国家意志仅及于州县,无法深入到乡村团体之中。对民众日常生活发挥巨大影响的民间社群,拥有各自独立完善的组织、机构和规章制度。长久的风俗习惯长期演化成制度化的规则,在不同程度上起着法律的作用,尽管这些制度本质不同于朝廷律例,并非通过国家正式或非正式授权而产生。

以上从婚书一瞥清代宗法社会的衰落,实际上礼法的解构,更多地是封建社会经济在清朝晚期衰败的结果。中国社会经济史家李明珠在其2007年出版的《华北的饥荒:国家、市场与环境退化(1690—1949)》(*Fighting Famine in North China: State, Market, and Environmental Decline, 1690—1990*)的研究显示,清道光之后,由于自然环境的退化以及国家执行力的失效,中央集权的帝国的运转开始出现迟滞和病态的症状。李明珠通过对直隶1738—1911年间17个州府的粮价资料,分析每月麦、粟、高粱的价格变化,发现18世纪至19世纪之间,直隶区内的粮价的整合度愈来愈差,而关外的整合度却越来越高。李明珠认为原因在于直隶陆地运输三百年间始终没有技术革新性的提高,导致陆运成本居高不下。康雍乾嘉对海河不遗余力地整治,以直隶中部为中心密集兴建运河体系,希望借此将华南米粮由海道运送到天津,再经河道转运到保定。然而不间断的水利工程导致了环境的恶性退化,虽然东西向的运送依赖黄河较为方便,然而南粮北调的运河系统到道光时已经因环境退化,运河堰塞,修缮困难,导致粮道阻塞,粮价上涨,各地粮价差异度因而增高。而关外作为粮食的富产区,粮食储备充足,政府利用强力调控向直隶输送,表现为其粮食价格的日趋整合。然而直隶内部四区之间的整合紊乱,正在从一个侧面显示出道光之后清政府国家统治力的急剧衰竭以致趋于瘫痪。

封建帝国控制力量的衰退与乡村宗法制度的解体,在表层上直接的迹象就是严密的民间教化体系的失控。国家统治力在直隶核心地区的失效,也意味着在王朝统治力本来就鞭长莫及的州县之下,帝国对乡村控制的逐步丧失,社会人心的离散更加加速了王朝崩塌。与明代相比,除了对知识分子文网的管控外,清代更加注重民间教化,在地方上建立了组织机构和制度设置都非常完善的教化体系，直属官方控制者主要有保甲组织、社学、书院。顺治元年全面实行的保甲制基本延续自明代，然而除了具有严格限制人口流动的功能外，"保甲，重在户口，警察，收税三端"①，同时兼有教化风育的作用。保甲长起着官府政教的缓冲作用，向地方政府"举善恶"，知县"或周以布粟，或表其门闾"，或"先以训饬，继以鞭笞，于户口簿内注明其劣迹，许其自新"。② 保甲制实行连坐，"保甲之法，一家有犯，连坐十家"③。如果说保甲是对人的行为取向的管控，社学则是对人思想的塑造和引导。自顺治至雍正，清政府反复敕令，要求"每乡置社学一区，择其文义通晓、行谊谨厚者补充社师"④，"凡近乡子弟年十二以上二十以内有志学文者，俱令入学肄业……务期启发童蒙，成就后人，以备三代党庠术序之法"⑤。与社学相比，书院则是对服膺国家意识形态的知识分子的培养和选拔机构，属于养士教育系统。清初本有鉴于明亡教训，对书院严加控制，随着对知识分子的钳制的稳定化，雍正十一年，清廷敕令曰："……建立书院，择一省文行兼优之士读书其中，使之朝夕讲诵，整躬励行，有所成就，稗远近士子观感奋发，亦兴贤育才之一道也。"⑥ 除以上官方组织和制度外，亦有非官方的教化组织，如宗族、乡约、私塾和义学组织等。其中以宗族"毛细血管"作用最大，"力图在它的成员中维持法律和秩序，不让它们的纠纷发展成为牵动官府的诉讼"⑦。宗族以族规为成文的规章，具有在其内部强制执行的权力。而乡约是涵盖更广泛的民间约法规章，"凡直省州县乡村巨堡及番寨土司地方，设立讲约处所，拣选老成者一人，以为约正，再择朴实谨守者三四人，以为值月，每月朔望，齐集耆老人等，宣读圣谕广训，钦定律条，务令明白讲解，家喻户晓"⑧。梁启超的父亲梁莲涧在新会茶坑村即担任乡约之约正的角色，而其祖父讲学乡里，即为社师。宗族依赖血缘和氏族为凝聚力与约束力，而乡约则建立在儒家伦理道德的集体无意识之上。因此不仅约正近乎成为乡村的道德

---

① 闻钧天. 中国保甲制度［M］. 上海：上海商务印书馆，1992：204.
② 徐栋，丁日昌. 保甲书·成规上·保甲事宜稿（二）［M］. 叶世倬，撰. 台北：台湾成文出版社，1968：67.
③ 继昌. 行素斋杂记（上卷）［M］. 上海：上海书店，1984：34.
④ 钦定大清会典事例（卷三百一十七）礼部·学校·各省书院·各省义学［M］. 长春：吉林出版集团，2005.
⑤ 素尔讷. 钦定学政全书（卷七十三）［M］. 北京：中华书局，2015：1535－1536.
⑥ 刘锦藻. 清朝文献通考（卷七十）学校考八［M］. 杭州：浙江古籍出版社，1988：5504.
⑦ 费正清. 剑桥中国晚清史（上册）［M］. 北京：中国社会科学出版社，1994：13.
⑧ 尹钧科. 明代的宣谕和清代的讲约［J］. 北京社会科学，1994（4）.

典范和精神符号，其权力的有效与否亦几乎成为国家意识形态与底层社会风尚运行状态的测量仪。

从以上材料可以大致观察到，清朝帝国的统治根基一方面是基层政府的法律和暴力统治，但这些实际上难以渗透到最下层的乡村社会。相反，维系其帝国大厦的是唯赖士人乡绅的教化体系。然而清朝末年乡土教化的主体——士人乡绅，在王朝倒塌的末世亦放弃了对儒家纲常的追求和恪守，乡土道德风气的浇漓，起于士风的每况日下。"当今之世，士风甚坏，平日用功所读者，固是时文，所阅者无非制艺，而于经史子集不问者甚多，所以士林之内多浮文而少实行，则孝悌忠信礼义廉耻诸端，亦皆不讲……吾乡僻处偏隅，士人甚少，即游庠序者，亦多不用功，非出门教书而塞责，即在家行医而苟安，不特读书求实用者未尝多观，即力攻时文以求科名者亦寥寥无几……"① 晚清士人心态的动摇有着诸多内外因素，内部如前节所分析，经学内在的危机和瓦解导致儒学失去了对晚清社会尤其是底层乡土社会的解释力，同时经世致用的观念促使西学逐渐打破了士人完整而封闭的知识体系和价值体系；外部则受到绅商阶层兴起的冲击，利义的转换使得原初儒家重义轻利的伦理基础受到了轻视和抛弃，绅商逐渐取代了旧式的士人构成的绅士阶层，他们更看重经济利益，而不是道德价值。② 当然，不排除晚清几次大的殖民入侵和内部动乱，加之频繁的涉及极广的灾荒饥馑，末世的消极情绪也使士人乡绅的心态产生了悲观的态度，他们逐步放弃了崇高的儒家修齐治平的理想和气魄，甚至对进阶仕途也失望至极。士人心态的动摇，直接导致乡村教化体系的失效，保甲制度、民约、社学也必然徒具形式，失却风化乡民的基本作用。"今之保甲，虚贴门牌，隐匿不知，迁徙不问，徒饱青役，即诩善政，民病盗喜。"③ "虽已刻有成书，颁行州县，无如视为具文，虚应故事。"④ 松散的民约则更趋于空洞，"盖上无教化，则下多凉德，其士大夫鲜廉耻而日习于淫佚，其民蔑伦纪而日趋于邪僻，见异思迁，有必然者。制书朔望宣讲圣谕，久已视为具文，今无圆听之人矣"⑤。

晚清民间社会的变化在笔者看来，主要在于作为统治基础的乡土教化体系

---

① 刘大鹏. 退想斋日记 [M]. 太原：山西人民出版社，1990：20.
② 关于乡土社会心态的变化原因，可以参考：程歗. 晚清乡土意识 [M]. 北京：中国人民大学出版社，1998：25-43.
③ 贺长龄，盛康. 皇朝经世文续编（卷八十）[M]. 扬州：广陵书社，2011：2201-2202.
④ 贺长龄，盛康. 皇朝经世文续编（卷八十）[M]. 扬州：广陵书社，2011：2201-2228.
⑤ 贺长龄，盛康. 皇朝经世文续编（卷八十）[M]. 扬州：广陵书社，2011：1367.

的瓦解导致的一系列恶化的递变，而根源在于乡土教化的主体，即士人乡绅对儒家传统道德的放弃。清代帝国统治本就无法到达幅员广阔、人口众多的乡土社会，由于教化体系的解体，政治效能必然萎缩。另外，梁启超所要鼓吹的立宪政治所需要的尚不存在坚实的群众基础。也就是说，瓦解的教化体系和民间社会既是帝国灭亡的重要一环，也是梁启超改良的首要障碍。因此，当梁启超发现戊戌变法仅能仰息于皇权贵族，而社会大多数人均处于边缘和游离的境况时，他很快认识到，中国社会状况绝非如激进主义所估量的那么乐观。孙中山那种突进和跳跃的乐观主义在梁启超那里，变成了更为深刻的体认，成为他幽暗意识的主要来源。

第二节 公羊三世与维新思想

一、梁启超早年治学的三次转变

梁启超思想的底层构建自封建末代的士大夫文化体制，其启蒙于几乎严苛的士绅家教，受到艰苦而系统训练的知识体系是千余年以来的"四书"、"五经"以及清代科举所必需的帖括、训诂、词章的八股技能。① 至少在十七岁中举之前，梁启超的活动范围未跨出广东新会，其自述：

> 余生九年，乃始游他县，生十七年，乃始游他省，尤了然无大志，蒙蒙然不知天下事。②

自其六岁开蒙到成举业十多年封闭的环境中，梁启超可以说是当时最优秀的传统士人学子。一是他出生于士绅耕读之家，谨遵父教，在性格上受到"父"的儒家伦理的威严管教和培养。梁启超先祖迁入新会熊子乡茶坑村凡二百四十余年，至祖父梁维清勉力考取生员。"吾家自始迁新会十世为农，至先王父谕公

---

① 八股之害抨击者屡见诸明清士人，至清代达到极致。"明清八股极盛，集中了也就僵化了，于是空空洞洞只剩下形体的骷髅，衰败而灭亡了。坏是坏在定死了。从出题到作文，从形式到内容，全成为无信息的废话，岂有不死之理？"参见：启功，张中行，金克木. 说八股[M]. 北京：中华书局，2000：107. 20世纪80年代学界反思八股制艺，又有新的评价，认为八股文具有牢笼英才、驱策志士、规范竞争、引导备考、严定程式、防止作弊、客观衡文、快速评卷、训练思维、测验智力、训练写作、锻字炼句等功用。参见：刘海峰. 八股百年祭[J]. 厦门大学学报（哲学社会科学版），2001（12）.

② 丁文江，赵丰田. 梁启超年谱长编[M]. 上海：上海人民出版社，1983：157.

始肆志于学,以宋明儒义理名节之教贻后昆。"① 父亲梁宝瑛,字莲涧,是一位典型的儒家乡绅,理学对德性的追求使其在信念和实践上都达到了克己复礼的程度:"生平不苟言笑,跬步必衷于礼,恒情嗜好无大小,一切屏绝,取予之间,一介必谨。"梁父可谓是"三纲五常"的实践者,且夫其父仁者爱人,推己及人,维护乡里宗法伦常,成为公推的乡贤。"盖近三十年,此数县械斗之风稍息……粤海滨诸县,为群盗窟宅垂百年……而外盗亦未或敢一相扰,盖自先君子既任乡政,先绝赌以清盗源,复办团以防盗侵……而茶坑之治,犹为最于吾粤。"② 其父治乡之绩对梁启超经世思想应有极大的刺激。他甚至认为"使先君子之业不一中辍,其所造于乡,宜何如者。使先君子之业扩而充之,其所大造于国,宜何如者"。对于父亲的言传身教,亦笃信不已。"先君子常谓所贵乎学者,淑身与济物而已。淑身之道,在严格以自绳;济物之道在随所遇以为施"。"父慈而严,督课之外,使之劳作。言语举动稍不谨,辄呵斥不少假借,常训之曰:'汝自视乃如常儿乎?'至今诵此语不敢忘。"③

二是梁启超授业于祖父和父亲,天资聪慧,少年即完成了从儒家经典到清代朴学的系统训练。在十七岁之前就经历了两次治学的转变。启蒙于制艺乃其学术的根底。"六岁后,就父读,受中国略史,五经卒业。八岁学为文。九岁能缀千言。十二岁应试学院,补博士弟子员,日治帖括,虽心不慊之,然不知天地间于帖括外,更有所谓学也……十三岁始知有段、王训诂之学,大好之,渐有弃帖括之志。"十二岁考取秀才后,次年十三岁入广州学海堂,乃是其治学的第二次转向。学海堂乃清道光四年两广总督阮元创办,为当时广东的最高学府,亦是当时考据学的南方重地。阮元是戴震学说的继承者,其治学遵循着戴震强调训诂以通经义最终达到实践义理的思路,侯外庐认为其"扮演了总结18世纪汉学思潮的角色"④。学海堂以阮元思想为主旨,因"以训诂词章,课粤人者也"。授课者吕拔湖、陈梅坪、石星巢等皆为当时的汉学宿儒,除词章训诂之外,还讲授典章制度等方面的学问,进行考据、辨伪、辑佚、补正的训练,而对于当时士子们视为进身阶梯的八股文章则不重视。在学海堂的四年学习,使梁启超对清代以来的考据学极为熟悉,亦颇有心得,正如前文所述清代汉学和宋学之争所隐含的思想转向,对梁启超以考据为基础的思想结构的内在规定具

---

① 梁启超. 哀启[M]//合集·专集(三十三). 北京:中华书局,2015:127.
② 梁启超. 哀启[M]//合集·专集(三十三). 北京:中华书局,2015:127.
③ 梁启超. 哀启[M]//合集·专集(三十三). 北京:中华书局,2015:127.
④ 侯外庐. 中国思想通史(第五卷)[M]. 北京:人民出版社,1956:577.

有极强的导向性，即求真重于求理。在后面，将进一步叙述梁启超思想中面向客观现实的思维，对其义理判断的决定性作用。总之，至十七岁举于乡，梁启超可以说在心智上圆满完成了源于家教的人格塑造以及传统治学系统、扎实的训练。

梁启超早年治学方向的第三次转折是十八岁入京会试，始见《瀛寰志略》及上海制造局译出各书，下第南归，于八月识康南海。引起梁启超注意的是，学海堂肄业同学陈千秋，"既而通甫相语曰：'吾闻南海康先生上书请变法，不达，新从京师归，吾往谒焉。其学乃为吾与子所未梦及，吾与子今得师矣。'"① 康有为寻求变法，引起了梁启超的注意，并在谒见中受到了极大的震动。

> 时余以少年科第，且于时流所推重之训诂词章学，颇有所知，辄沾沾自喜。先生乃以大海潮音，作狮子吼，取其所挟持之数百年无用旧学，更端驳诘，悉举而摧陷廓清之。自辰入见，及戌始退，冷水浇背，当头一棒，一旦尽失其故垒，惘惘然不知所从事，且惊且喜，且怨且艾，且疑且惧，与通甫联床，竟夕不能寐。明日再谒，请为学方针，先生乃教以陆王心学，而并及史学西学之梗概，自是决然舍去旧学。自退出学海堂，而间日请业南海之门，生平知有学，自兹始。②

与梁启超家族十代为农两世经营方成新会乡绅不同，康有为先世即为粤名族，代以理学传家，其曾祖康式鹏讲学乡里，祖父康赞修专程朱理学，为道光间举人，曾任广东连州训导；父康达初，曾从军补江西知县。康有为少有大志，常自视为"圣人"，可惜科第不顺。同治十年、十一年参加童试皆不售，同治十二年、光绪二年参加广东乡试亦不中。③ 后弃之，1876年入越华书院师从朱次琦。"年十九，应乡试不售，遂执于同邑朱次琦（九江）之门，九江之理学，程朱为主，而兼采陆王，又主济人经世，有为从之学者垂三年。"④

此处略宕开一笔，就梁启超四年学海堂与康有为师从略做阐释，此因学海堂与越华书院可以看作晚清朴学与理学在岭南学术的两大对峙阵营，通过比较康梁所学，一方面可略知晚清学术的动态，另一方面有助于探察康梁两人思想根底的某些隐含因素。

---

① 梁启超. 三十自述［M］//梁启超全集. 北京：北京出版社，1999：957.
② 梁启超. 三十自述［M］//梁启超全集. 北京：北京出版社，1999：957.
③ 康有为参加乡试据考乃以捐监生资格，后曾祖光绪三年连州水灾殉职，赐荫监生。参见：茅海建. 康有为《我史》鉴注［M］. 上海：上海三联书店，2009：32.
④ 汤志钧. 清代传记丛刊（卷一）［M］. 台北：台湾明文书局，1986：5.

第一章　过渡时代的变革：梁启超思想的前提

梁康所处岭南本是封闭地区，鸦片战争以前，广州仍是知识和学术的落后地区。嘉庆二十二年阮元在被任命为两广总督时，随其而来的一批江浙学者促进了当地教育的勃兴，道光四年筑堂于北城外的越秀山后开始招生，开始了清末岭南学术的振兴。早在1795年，年仅三十一岁的阮元在浙江担任学政时，就集合当地汉学家编撰了《经籍纂诂》，其是对郑玄和许慎训诂的集成。钱大昕在其序中说："有文字而后有训诂，有训诂而后有义理。训诂者，义理之所由出。非别有义理而出乎训诂之外者也。"① 阮元鲜明的汉学背景，让他在来到广州后，将杭州诂经精舍的模式移入广州，强势破除了岭南宋学为主的割据状态。学海堂志在承续何休，因而命名为学海，它的教育有三个值得注意的特点：一是它是对八股科举的一种补充，强调经史训诂的学习；二是反对宋学，要求士子注重实学研究，阮元本身对西方科学颇有接受的态度，所以学堂设天文、算学等格致之学；三是学海堂虽然标举汉学，但阮元本身体会到了晚清政治的危机，并试图以学术应对世变，因而有经世致用的思想倾向。而康有为所师朱次琦，乃是承接陈白沙之余脉，梁启超在《新中国未来记》中提道："黄君（克强）原是广东琼州府琼山县人，他的父亲本系绩学老儒，单讳一个群字，从小受业南海朱九江先生之门，做那陆、王理学的功夫。"② 朱次琦1832年入学的越华书院，由盐运司范时纪倡办于乾隆二十年，与学海堂的官办背景不同，越华书院更有民间属性（它的膏火主要来自粤商捐赠）。朱次琦与陈澧调和汉宋思想具有一定的相似性，然而更强调经世致用，与阮元所期望的学术化的致用不同，而深具陆王心学的心性良知和知行合一，他甚至直言："读书者何也？读书以明理，明理以处世，处世先以自治其身随而应天下、国家之用。"③ 除了经世外，其调和汉宋的要点是既承接理学，又重视考据，要求尊孔。"归宗孔子"的路径就是对《春秋公羊传》经学的微言大义研究，他认为六经中唯《春秋》传孔子大义，"古之学者六艺而已，于易验消长之机，于书察治乱之际，于诗辩邪正之介，于礼见圣人之行事之大，于春秋见圣人断事之大权"④。经世致用和归宗孔子两方面都给了康有为巨大的启示和影响。

心性、经世与尊孔在康有为维新思想中占有重要地位，此在其后的《大同书》中可见一斑，而《春秋公羊传》学几乎是康有为思想体系的核心。既而梁启超从

---

① 阮元. 序 [M] // 经籍纂诂. 北京：世界书局，2009：1.
② 梁启超. 新中国未来记 [M] // 饮冰室合集·专集（八十九）. 北京：中华书局，2015：15.
③ 简朝亮. 清朱九江先生次琦年谱 [M]. 台北：台湾商务印书馆，1978：57.
④ 简朝亮. 清朱九江先生次琦年谱 [M]. 台北：台湾商务印书馆，1978：61.

学海堂考据再入康有为门下，实际上是从汉学再入理学，再加上康有为又从理学中的古文经转入今文经，到梁启超那里，实际上是汉宋和经今古文的合流，在此基础上又再与西学交汇，进行创造性的转化。另外在此先点出，那就是梁启超考据学的学术出身与康有为新学及今文经的路向之间的差异，这对康梁在学术思想和政治思想上从声气相求到貌合神离再到最后的分歧都产生了直接的影响。

二、康有为基本思想

梁启超终其一生受到康有为的影响，梁启超师承康有为，深深地受到了康有为思想的塑造性影响。因此对康有为思想做一个大略的描述，以期对梁启超思想的直接来源做出说明。

康有为原名康祖诒，字广夏，号长素。咸丰八年生，民国十六年卒。前文对其少年时代治学已有略言，主要是其家族累世以理学传家，具有深远的理学研究传统。与梁启超世代为农，祖父勉力进学改变家族风貌不同，康有为出自士族名门，曾祖康式鹏为乡里讲学社师，祖父康赞修精通程朱理学，康有为天资甚高，五岁启蒙，六岁治"四书"，出身和天赋使其具有极高的自信心。唯其父早逝，十一岁失祜促使康有为心智早熟，得以摆脱传统"父"的威严，也促成了他脱于格套的性格，这与梁启超对"父"的敬畏恰恰相反。在这一年，康有为"从邸报中了解当时朝政，慷慨有远志矣"，同时喜好作诗论事，云游结交。十四、十五岁应童子试不中，遭到叔伯诘责。十七岁居乡，时至广州侍祖父康赞修于羊城书院，在其叔祖康国器所筑二万卷书楼中始见《瀛环志略》及地球图等图书，初识万国之故、地球之理。十九岁以捐生资格应会试再不中，此次康有为心志上已经无意八股科举，所以转入朱次琦心学门下。康有为家学皆受自朱次琦，以至其家传之学皆出于九江，"康父及伯、叔父，皆九江弟子"。而康有为更笃信且深受朱次琦"济人经世"思想的影响，以圣贤为必可期，以群书为三十岁前必可尽读，以一身为必能有立，以天下为必可为。程朱理学的心性一元论、皆可成圣观以及知行合一的思想与寻求理想和抱负的康有为甚为契合。至二十一岁，在朱门学习三年，主要治《周礼》《仪礼》《尔雅》《说文》《水经》等古文经，背诵《楚辞》《汉书》《文选》及杜甫诗、徐陵、庾信文等古典文学。这年，康有为在思想上产生了极大的苦闷，辞朱次琦而去。在多个资料中，康有为未曾说明离去的原因，但是他紧接着次年（1879年）进入西樵山，居白云洞高士祠，专学道教佛教经典，可知他在旧有的知识体系中已经找不到思想的出路。

在西樵山康有为深入研究了汉传佛教。粤地本有慧能禅宗的文化根源，加之理学本源自以释入儒后的形而上学的产物，因此康有为对佛学的研究与他本具的理学观念具有内在统一性。他发挥理学"居静""顿悟"修身方法，与汉传佛学的冥思合一，此年他将自己的冥想总结道："既念民生艰难，天与我聪明才力拯救之。乃哀物悼事，以经营天下为志。"① 经世致用在康有为那里已经暗暗转化为救世情结。张灏认为"在康的思想里，儒家圣人的形象与佛教救世者的形象是合二为一的"②。康有为思想上带有神秘主义色彩，与其青年时代西樵山的治学经历有极大关系。"先生由阳明学以入佛学，故最得力于禅宗，而以华严宗为归宿焉。"③ 其所治汉传佛教与心学在本体论上具有相似性，汉传佛教同样是一元论，与主张二元论的藏传佛教相对，认为在轮回和涅槃之间不存在对立关系，而是统一关系。涅槃并非是摆脱轮回后外在之物，恰恰相反，由于"性海浑圆，众生一体，慈悲普渡，无有已时"，因此涅槃的根本是于轮回中渡人渡己。因此康有为认为即便存在一个外在的极乐世界，那也是未来世，而对于现世而言，"故与其布施于将来，不如布施于现在；大小平等，故与其恻隐于他界，不如恻隐于最近。于是浩然出出世而入入世，纵横四顾，有澄清天下之志"④。正是汉传佛教入世普渡、轮回涅槃一元的观念，于康有为而言，更关注现世的改造，其世界观"主要的是不断革新有限的世界，在有限的现实世界创造一个精神世界，以便形成有限现实世界的精神世界"⑤。

西樵之行后，康有为开始了长达五六年的游历中原时期。这一时期刺激他的主要是香港、上海作为殖民地的现代城市治理和风貌，"属地如此，本国之更进可知。因思其所以至此者，必有道德学问以为之本原"⑥。是时，由于主流的观念仍然停留在19世纪中叶洋务运动的器物技术的西方观念上，因此主要由江南制造局和教会翻译的西方著作多是专门科学和技术类，或者耶稣教会的宣传册。康有为因此还不能较为深入地掌握西方现代知识，而只能通过揣测和意会，与自己本有的知识进行相互印证。"先生者，天禀之哲学者也。不通西文，不解西说，不读西书，而惟以其聪明思想之所及，出乎天天，入乎人人，无所凭借，无所袭取，以自成一家之哲学，而往往与泰西诸哲相暗合。"⑦

钱穆认为"言近三百年学术者，必以长素为殿军"⑧。康有为思想驳杂中

---

① 康有为. 康南海自编年谱[M]. 北京：中华书局，2012：101.
② 张灏. 梁启超与中国思想的过渡[M]. 南京：江苏人民出版社，1995：27.
③ 梁启超. 南海康先生传[M]//梁启超全集. 北京：北京出版社，1999：487.
④ 梁启超. 南海康先生传[M]//梁启超全集. 北京：北京出版社，1999：483.
⑤ 张灏. 梁启超与中国思想的过渡[M]. 南京：江苏人民出版社，1995：27.
⑥ 梁启超. 南海康先生传[M]//梁启超全集. 北京：北京出版社，1999：483.
⑦ 梁启超. 南海康先生传[M]//梁启超全集. 北京：北京出版社，1999：483.
⑧ 钱穆. 中国近三百年学术史（上册）[M]. 北京：中华书局，1997：65.

西，自成体系。仁学是贯穿始终的纲领和线索，旁通其宗教、哲学和政治思想。仁是儒家的核心观念，但康有为所谓之仁已有绝大之不同。按其来源，康有为自述："凡为仁学者，于佛书当通华严心宗、相宗之书，于西书当通新约及算学、格致、社会学之书，于中国当通易、春秋公羊传、论语、礼记、孟子、庄子、墨子、史记及陶渊明、周茂叔、张横渠、陆子静、王阳明、王船山、黄梨洲之书。"如前述，仁学是康有为融合华严宗佛学、理学、心学、今文经、朴学、诸子学以及西学的公理观（主要是进化论）形成的形而上学概念。"仁"非常类似黑格尔之绝对理念，但"仁"主要针对人的存在而言。因此可以将仁视为海德格尔所谓的"此在"的本质，它既是人的"在"的状态，也是"在"的目的，因而也是由人构成的表象世界运行的根本动力、规律和秩序。由于此在本于仁，因而具体而微于一人的精神和肉体，扩而大之为国家和社会，俱以仁为其合理性。因而一人一体有恙如手足麻木谓不仁，人与人不知相爱谓之不仁，而一团体之涣散亦谓不仁。反之，"苟仁矣，则由一体可以为团体，由团体可以为大团体，由大团体可以为更大团体，入世便于法界，不难矣"①。人的"在"是仁，那么仁源于何处，其形而上学的基础是什么？康有为遂将人的存在论导向了天道："故元者为万物之本，而人之元在焉。""人与天同本于元，犹波涛与沤同起于海。人与天实同起也。然天地自元而分别为形象之物矣。人之性命虽变化于天道，实不知几经百千万变化而来，其神气之本由于元，溯其未分，则在天地之前矣。"②仁是此在的本质规定，而人和天的本体是元。然而何谓"元"？这里体现出康有为"公羊学"的思想来源。因"元"为《春秋》争讼之一，也是《公羊》与《左传》的分歧之处。《春秋》首句言"元年春王正月"，杜预、孔颖达以《春秋》为史，因而认为元为开始之意，天子分封，诸侯改元，意为始年，无须穿凿。董仲舒为政治合法性而训其为"以元正天"，元为贯穿始终之天命。胡安国释元为仁，而仁即人心，意为君王以天为用。熊十力以《易》之乾元解元，亦认为元即仁，乃民众之心。合以上各家，康有为在人和天的本体上所谓的元与董仲舒之意更合，是一种不可抗拒、贯穿始终的客观意志。然而董仲舒所谓的天命是一种君王建元的天道循环论，康有为所谓的元乃是吸收了西方进化论的自然观。"天地自元而分别为形象之物"，因而可以将天视为宇宙，元为宇宙进化之内在规定性，人由天地同属于进化之物，然而人与天地万物有截然不同之本质，即人的存在本质是仁。通过元将天、人和仁进行了形而

---

① 梁启超. 南海康先生传［M］//梁启超全集. 北京：北京出版社，1999：488.
② 康有为. 康有为全集（第二卷）［M］. 上海：上海古籍出版社，1990：798.

上学的统一。因此，仁学，可以视为康有为以有限的西方理性观念最大限度地对中国儒家思想进行了系统化的建构体系。

仁作为形而上学是此在的本质，其形而下显现自身表象即人伦道德、社会规范和国家制度，既是普遍的伦理观，亦是有关制度建设的政治观。在人伦道德上，仁作为一种秩序和动力，表现康有为的力本体的观念，即仁不仅表现为此在状态，同时体现为人以及人群合理化的动力和目标。因此仁就不再是一个静态的规定性，而是带有力的动力性和发展性，即具有进化的目的论特色。他认为仁是元赋予天和人进化的显示及产物，同时也是元最终给人的终极规定。仁作为此在之规定，如陆王心学，心性自然流露则为爱，康有为所谓"仁者，博爱"①，所谓"不忍人之心"。以之类推，"人人有不忍人之心，则其救国救天下也，欲已而不能自己"②。那么仁如何在个人之上得以实现呢？康有为认为仁不能自动显现自我，"有智而后仁义礼信有所呈……就一人之本然而论之，则智其体，仁其用也，就人人之当然而论之，则仁其体，智其用也……人道以智为导，以仁为归。故人宜以仁为主，智以辅之"③。

仁作为人的本质和伦理，以及力本体的客观意志，于时间维度在逻辑上形成一个上行的历史目的的发展轨迹，由此仁也同时成为一个不断进化、趋于完善的历史观，最终发展为康有为得以显名的三世说。仁的进化属性，造成由人集合的群体乃至国家必然依据仁的内在规定性以发展。康有为几乎以冒天下之大不韪的勇气横加批判古文经全部为伪经，目的在于重立孔教，并灌注改制维新的元义。为进一步详细阐释改制内涵及路径，则大胆改造了《春秋公羊传》学说，将三统三世从微言大义的叙事方法直接变为孔子的政治理想，以之对仁进行进化论建构。"以为中国始开于夏禹，其所传尧舜文明事业，皆孔子所托以明义，悬一至善之鹄，以为太平世之倒影现象而已。"④ 前文已略述康有为的一个学术转折，即从早年研《周礼》而治《春秋公羊传》，且受廖平影响和启发，而接受和发挥刘歆伪经一说，直接借《春秋公羊传》之躯壳，而行仁学之历史进化论。关于康有为对进化论的接受，应该在"既出西樵，乃游京师"期间，接触了江南制造局及教会翻译西书，通过仅有的地理、天文、物理、军事等科学书籍接受了许多地质古生物进化和天体演变的观点。而最早至1895年3月，

---

① 康有为. 孟子微、礼运注、中庸注 [Z]. 北京：中华书局，1984：238.
② 梁启超. 南海康先生传 [M] //梁启超全集. 北京：北京出版社，1999：488.
③ 康有为. 康有为全集（第一卷）[M]. 上海：上海古籍出版社，1987：191.
④ 梁启超. 南海康先生传 [M] //梁启超全集. 北京：北京出版社，1999：488.

严复已经在发表的《原强》中介绍了达尔文和斯宾塞的生平和学说。《天演论》于1896年译成初稿，已经先由梁启超和康有为传阅。① 因而戊戌变法前，康有为著《礼运注》、《春秋董氏学》和《孔子改制考》，以《春秋公羊传》的"所传闻世"为"乱世"；以《春秋公羊传》的"所闻世"为"升平"，"升平者，渐有文教，小康也；太平者，大同之世，远近大小如一，文教全备也"。实际上作为一种历史观，它落实到现实世界则有实然到应然的"休谟峡谷"悖论，因此康有为的三世说作为一种对当前中国局势的测量和预言，本身并不是确然不移的。至少在戊戌变法之前，他对三世说的实现抱有较为乐观的预期，因此他评估"吾中国二千年来，凡汉、唐、宋、明，不别其治乱兴衰，总总皆小康之世也"，也即维新之目标将是太平世之大同。然而戊戌变法之后，1901年所撰《春秋笔削微言大义考》中，则认为，"公理不明，仁术不昌，文明不进，昧昧二千年，瞀焉惟笃守据乱之法以治天下"②。因而，康有为在戊戌变法之后，已经直言："《公羊》称孔子为文王，盖孔子为文明进化之王，非尚质退化者也。"③ 将孔子直接等同于进化论的始祖，从中国文化的源头论证西方二千年之后之公理，不仅对仁这一哲学体系源头的合理性予以论证，同时为清朝继续向升平世的改制的合法性和必要性提供了历史依据。

因此，"仁"占据了康有为思想的核心地位，是康有为全部思想的框架，它既是形而上学的本体论、伦理学概念，同时也是形而下的政治学命题，更是三世说核心的历史观。然而以仁为核心的康有为哲学、政治学、伦理学和历史学，总体上是建立在其宗教学基础之上的。在康有为思想体系中，其学术结构"以孔学、佛学、宋明学为体，以史学、西学为用"④，其思想路径是"由阳明学入佛学，故最得力于禅宗，而以华严宗为归宿焉"，因此康有为设想的哲学体系并非以纯粹理性的、系统的科学认识来指导当时中国士人的实践，而是以尊孔保教为宗旨，建立一个新的仁学体系替代原有的儒家信仰，从而实现宗教改革

---

① 《天演论》部分章节在光绪二十三年十一月二十五日出版的《国闻汇编》开始刊出，正式出版则在1898年。梁启超在光绪三十三年三月初三（1907年4月4日）《上康有为书》云："严幼陵有书来，相规甚至，且所规者，皆超所知也。然此人之学实精深，彼书中言，有感动超之脑气筋者，欲质之先生，其词太长，今夕不能罄之，下次续陈。"此乃康有为经过梁启超转述《天演论》最早的记录。转引自：梁启超. 致康有为书[M]//丁文江. 梁任公年谱长编. 北京：中华书局, 2010：51.
② 汤志钧. 康有为政论集[M]. 北京：中华书局, 1981：468 – 469.
③ 汤志钧. 康有为政论集[M]. 北京：中华书局, 1981：470.
④ 梁启超. 南海康先生传[M]//梁启超全集. 北京：北京出版社, 1999：483.

的目的。因此，梁启超说："先生者，孔教之马丁路得也。"① 发明新教，究其动机，梁启超认为：

> 吾中国非宗教之国，故数千年来，无一宗教家。先生幼受孔学，及屏居西樵，潜心佛藏，大彻大悟；出游后，又读耶氏之书，故宗教思想特盛，常毅然以绍述诸圣，普度众生为己任。先生之言宗教也，主信仰自由，不专崇一家，排斥外道，常持三生一体诸教平等之论。然以为生于中国，当先救中国；欲救中国，不可不因中国人之历史习惯而利导之。又以为中国人公德缺乏，团体涣散，将不可以立于大地；欲从而统一之，非择一举国人所同戴而诚服者，则不足以结合其感情，而光大其本性。于是乎以孔教复原为第一手。②

宗教思想体系的建立在于救世，具有强烈的鼓动和经世致用的实践要求，但是悖论在于以此为基础的思想体系必然带有明显的乌托邦色彩。以"仁"为本体的哲学观所推导的世界体系，其终极目的是要寻求此在之乐。在康有为构思的大同说中，有世界的理想和法界的理想之分。在客观世界的理想国家是民选无限责任政府，实行联邦自治。在理想社会则是空想社会主义，实行社会化共产方式。其着重在法界理想，也即对人的精神的解放问题。受《华严经》影响，康有为设想在生活世界实现法界，"以为弃世界而寻法界，必不得圆满；在世苦而出世乐，必不得为极乐。故务于世间造法界焉"。③ 因此，儒学的成圣问题，在康有为那里被转化为成佛的追求。然而众人何以成佛呢？"先生以为众生固不易言，若有已受人身者，能使之处同能之环境，受同等之教育，则其根器亦渐次平等，可以同时悉成佛道。"④ 摆脱现世的痛苦，寻求此在的快乐乃至精神的超脱，是梁启超思想的终极目标。康有为自身也注意到其乌托邦思想的因素，《大同书》于1901—1902年避于印度期间完成，此后一直秘而不发，然而终究摆脱不了救世的乌托邦幻想与乐观的政治态度，从而忽视了政治改革具体的历史分析，以及采取切实有效的政治策略和详细的改革计划。康有为的仁学对梁启超以及谭嗣同等人的影响深远，然而不同于谭嗣同对康有为仁学思想的笃信和推之至极而成为激进的政治哲学，梁启超由于其考据求真的态度，从接受到反思，到检验再到批判，经历了思想上痛苦的内省过程。

---

① 梁启超.南海康先生传[M]//梁启超全集.北京：北京出版社，1999：483.
② 梁启超.南海康先生传[M]//梁启超全集.北京：北京出版社，1999：483.
③ 梁启超.南海康先生传[M]//梁启超全集.北京：北京出版社，1999：495.
④ 梁启超.南海康先生传[M]//梁启超全集.北京：北京出版社，1999：495.

三、康有为对梁启超思想的影响

康有为的言传身教对梁启超的思想产生深远的影响。正如前文所述梁启超早年学术的变迁，他1890年以一个当世极其优异的士大夫的身份面谒康有为时所受到的震撼是极其强烈的，乃至对他的基本知识信仰和价值体系产生了巨大的颠覆，真可谓"悉举而摧陷廓清之"①。此年康有为思想已经大体成型，转入今文经并初步构思了新三世说，其仁学思想已经建立，这些几乎可谓离经叛道但又系统庞博的体系化思想给处于封闭且浸淫考据与帖括的梁启超所带来的震惊是不可想象的。② 加之康有为以理学入佛学，强烈的宗教鼓动和救世意识，给萌动却苦无思想出路的梁启超带来了新的思想天地和改天换地的未来预期。康有为对梁启超最大的影响可归为三点：一是人格修养的超越性，二是学术意识的促进，三是政治思想的激发。康有为对梁启超的思想影响从《长兴学记》（1901）之教学可见。梁启超对万木草堂学习至为珍视：

> 辛卯余年十九，南海先生始讲学于广东省城长兴里之万木草堂，徇通甫与余之请也。先生为讲中国数千年来学术源流，历史政治，沿革得失，取万国以比例推断之。余与诸同学日札记其讲义，一生学问之得力，皆在此年。先生又常为语佛学之精粤博大，余凤根浅薄，不能多所受。先生时方著《公理通》、《大同学》等书，每与通甫商榷，辨析入微，余辄侍末席，有听受，无问难，盖知其美而不能通其故也。先生著《新学伪经考》，从事校勘；著《孔子改制考》，从事分纂。日课则《宋元明儒学案》、二十四史、《文献通考》等。而草堂颇有藏书，得恣涉猎，学稍进矣。③

梁启超从学康有为，始于1890年八月（农历），集中学习于1891年，止于1894年。康有为自言讲学：

> 始开始于长兴讲学，著《长兴学记》，以为学规，与诸子日夕讲业，大发求仁之义，而讲中外之故，救中国之法。④

---

① 梁启超. 三十自述 [M] //梁启超全集. 北京：北京出版社，1999：957.
② 钱穆认为康有为大同思想成于1884年。"大同书初名人类公理，始著于光绪十一年乙酉。时长素年二十八。及光绪十三年丁亥，仍编人类公理，复推孔子据乱、升平、太平之理以论地球，是长素至是始用公羊三世义，而尚未援用大同、小康之别，故书名亦不为《大同》。"参见：钱穆. 中国近三百年学术史（下册）[M]. 北京：商务印书馆，1997：451.
③ 丁文江，赵丰田. 梁启超年谱长编 [M]. 上海：上海人民出版社，1983：17.
④ 康有为. 康南海自编年谱 [M]. 北京：中华书局，2012：134.

《长兴学记》既可以视为总的教学大纲，亦是康有为早期学术思想的概括。陈千秋为学记作跋：

> 孔子创造六经，改制圣法，传于七十，以法后王。虽然，大义昧没，心知其意者盖寡。汉之学发得春秋，宋、明之学发得四书，二千年之治赖是矣。国朝之儒，刿心绌性而宋学亡，经师碎义逃难而汉学亦亡。陵夷至道、咸之季，大盗猖披，国命危贴，民生日悴，莫之振救，儒效既睹，而世变亦日新矣。吾师康先生，思圣道之衰，悯王制之缺，慨然发愤，思易天爱述斯记。其词虽约，而治道、经术之大，隐隐乎拨而榓光晶之。孔子之道，庶几焕炳。缀学之士，知所趋向，推行渐广，风气渐移，生民之托命，或有赖焉。①

可见康有为长兴讲学，实有与道咸之学一划为界、廓清学术思想之旨趣。"当时长兴讲学，卓然与乾、嘉以来学风划一新线之情景与其意义及影响，亦俱可见矣。"② 如前所论，康有为在转入今文经前，尚未以《礼运》《春秋公羊传》变三世说，仍以尊孔、复原孔教为宗旨，且疾于清代学风而欲以扭转。

> 孔子曰："学之不讲，是吾忧也。"陆子曰："学者一人抵当流俗不去，故曾子谓以文会友，以友辅仁。朋友讲习，磨砺激发，不可废矣。"顾亭林鉴晚明讲学之弊，乃曰："今日只当著书，不当讲学。"于是后进沿流，以讲学为大戒。江藩谓："刘台拱言义理而不讲学，所以可取。"其悖谬如此。近世著书，猎奇炫博，于人心世道，绝无所关。戴震死时，乃曰："至此平日所读之书，皆不能记，方知义理之学，可以养心。"段玉裁曰："今日气节坏，政事芜，皆由不讲学之过。"此与王衍之悔清谈无异。故国朝读书之博，风俗之坏，亭林为功之首，亦罪之魁也。今与二三子剪除荆棘，变易陋习，昌言追孔子讲学之旧。③

因此，康有为所宗"天下道术至众，以孔子为折衷。孔子言论至多，以论语为可尊。论语之义理至广，以'志于道，据于德，依于仁，游于艺'四言为至该"。此"四言"大略为：

一、"志于道"四目：格物、厉节、辨惑、慎独；

二、"据于德"四目：主观出倪、养心不动、变化气质、检摄威仪；

---

① 钱穆. 中国近三百年学术史（下册）[M]. 北京：商务印书馆，1997：409.
② 钱穆. 中国近三百年学术史（下册）[M]. 北京：商务印书馆，1997：412.
③ 康有为. 长兴学记[M]. 广州：广东高等教育出版社，1991：10-11.

三、"依于仁"四目：敦行孝弟、崇尚任恤、广宣教惠、同体饥溺；

四、"游于艺"四目：义理之学、经世之学、考据之学、辞章之学。

康有为所列，首先要恢复理学天理人欲的格物之学，其次以厉节重振清代士人志气，再次打破乾嘉考据、音韵隔断经学、学问惘然困惑之局面，最后以刘宗周慎独起救王学空疏，重新恢复心学。整体上看，康有为为梁启超等万木草堂学子所列学津，主要以尊孔为基础，以理学为路径，以德行修养为根本，以义理、经世、考据和辞章为学科能力的知识体系。其中不难看出，陆王心学的背景是非常重要的内容。梁启超在日后的政治和学术思想中，对德行的重视、道德伦理修养的极端强调，以及对王学的回归，可谓在《长兴学记》中都可以找到其根源。不仅如此，放大到整个晚清学术史来看，康有为的《长兴学记》及其讲学，亦都具有重要意义，较之具体知识体系的安排，其对梁启超的影响更可谓是广义的。

钱穆在《学籥》中通过对比陈澧《东塾读书记》、张之洞《劝学篇》《书目问答》、曾国藩《家书》《家训》与康有为《长兴学记》指出康有为已经彻底跨越出了晚清学术的界限，摆脱了乾嘉学术的枷锁，回到了晚明极其包容开放的姿态里去。康有为传授给梁启超的四言十六目，已经完全取消了校勘、训诂、辑佚种种乾嘉以来正统学术。较之张之洞《书目问答》徒以辑录各部版本、目录而全无路径和指向，康有为已经明确将陆王心学的道德修养放在了治学第一的位置。而与陈澧试图以"善言义理"综合汉宋，就乾嘉经学上做一些救弊纠偏的工作，实际上仍然受着汉学的桎梏而不能出。另外，康有为在四言中将辞章列为最末，甚至未给文学留出地位，是对曾国藩以考据入桐城派古文的否定。钱穆认为，康有为以宋明理学与孔学并列，乾嘉学派所不敢言；以佛学与孔学并重，宋明学者所不敢言；"以孔学、宋学为体，以史学、西学为用"，哲学与科学为体用，近人科学主义所不及，因此可谓真正严肃而完善地开辟出近代学术的新局面。而治学首倡"激厉气节""发扬精神""广求智慧"，实是力扭清代文网下士人藏生避世的固陋。因此，钱穆认为："陈、曾、张诸人不同，可以说前一种是'经籍书本'之学，而后一种乃是'人文知行'之学。"①

康有为对梁启超等万木草堂弟子实是以储备维新改良人才为目的，因此他说：

> 孔子之学，有义理，有经世。宋学本于《论语》，而《小戴》之《大学》、《中庸》及《孟子》佐之，朱子为之嫡嗣，凡宋、明以来之学，皆其

---

① 钱穆. 中国近三百年学术史（下册）[M].北京：商务印书馆，1997：602.

所统，多于义理。汉学则本于《春秋》之《公羊》、《谷梁》，而《小戴》之《王制》及《荀子》辅之，而以董仲舒为《公羊》嫡嗣，凡汉学皆其所统，近于经世。义理即德行，经世即政事，言语、文学亦发明此二者。①

"德行"与"政事"及陆王心学的知行之学，仍是在经世致用上的具体转化。在此两大板块之中，德行被视为第一条件，意味着人格修养对实践及其历史效果具有决定性的作用，这与理学尊德性和道问学的二元论一脉相承。进而康有为实于尊德性之后还暗藏着深远的宗教观念，即通过绝对的信仰来推动人格的至善，从而达成政事的理想化目标。对人的自我修养的终极可能抱有绝对的肯定，且对于完成人格可以通过格物、居静、慎独等一系列途径实现这个至善的目标不仅抱有乐观的态度，而且把它作为社会实践的先决条件，实际上也是儒家传统对政治目标的一般看法。因此它导致了中国儒家士大夫的乌托邦乐观主义态度。对人格的德行的极端强调，其隐含的乐观主义在其仁学的哲学体系和三世说的政治纲领中更是一以贯之的背景。戊戌变法前梁启超几乎被完全笼罩在康有为的《长兴学记》思想范围内，并且在德行和政事两方面的系统培养中成长，构成了梁启超戊戌变法前后思想的乌托邦色彩，以及与康有为相似的政治决策的盲目性。然而梁启超恰与其师在自我设计上处于相反的一端。康有为一生欲做圣人，因此希图对自我的历史形象进行涂抹。因此他自言"吾学三十岁已成，此后不复有进，亦不必求进"。然而梁启超虽受康有为颇具宗教乌托邦内蕴的思想体系的影响，但一生为求真知，不得不开始"不惜以今日之我，攻昨日之我"这样一条辩证的思想路线。

第三节　严复、谭嗣同、黄遵宪对梁启超的影响

在1893年以前，梁启超幼年治学经历三次转变，十三岁前限于制艺帖括，十八岁前于学海堂系统训练汉学考据，而于二十二岁前旧学遭到"摧陷廓清"，经由康有为再造新思想。然而实际上至少到此为止，梁启超的思想体系仍然尚未完全走出儒家体系，这是来源局限所致。然而甲午年二月梁启超以参加会试为名客居京师，实则做局势的观察和广求声气的联络活动，梁启超走出了广州，他也由此开始了基于康有为思想的自我否定的思想批判过程。

---

①　钱穆. 中国近三百年学术史（下册）[M]. 北京：商务印书馆，1997：493.

在此过程中，对梁启超思想有直接影响者，概有严复、谭嗣同和黄遵宪，这三人对他的思想的转折都起到了重要的作用。严格来说，严复与梁启超仅有思想上的交流和碰撞，对梁启超几个重大观念的形成有重大的影响。谭嗣同是梁启超的知己，在情感和思想上都有深刻的撞击和回响。黄遵宪与梁启超则是志同道合的忘年友，二人可谓是思想的对话者。尤其是梁启超从激烈破坏转入渐进保守的过程中，二人漫长的通信历程逐步使得梁启超思想得以最后定型。

一、进化与群己：严复思想对梁启超的影响

严复在近代中国思想史上是一个地位重要但又极为复杂的人物，且因在思想和政治立场上的多种不同，严复对梁启超的态度也有多面性，既有赞誉，也有批评，甚至揶揄。两人思想上的关联在诸多层面上一直为学界所关注，其中有相当议题涉及中国近代思想史的关键问题。1894年关系到中国命运转折的甲午战争爆发，"日本以寥寥数舰之舟师，区区数万人之众，一战而夺我最亲之藩属，再战而陪京戒严，三战而夺我最坚之海口，四战而覆我海军"①，中国知识分子精神上普遍受到了极大的震惊，其中包括严复。次年严复在天津《直报》上连续发表了《论世变之亟》《原强》《辟韩》《救亡决论》等五篇政论性文章，痛陈时弊，极言变法维新，倡导民智民德民力，以实现国家富强。同时严复开始了大量的西方经典理论翻译工作，《天演论》《原富》《群己权界论》《穆勒名学》等在当时产生了极大的影响，成为引介西方的先驱人物。1896年梁启超因强学会被禁、《中外纪闻报》被封停，迫走上海，与黄遵宪、汪康年创办《时务报》并主笔，连续发表了《变法通议》等重要争论文章。是年梁启超结识谭嗣同，并经黄遵宪引介，与严复相识并开始书信往来。

严复是早期公派英国留学生，与梁启超等转学东学不同，他精通英语，能够直接阅读西方经典著作。另外，严复早年放弃科举，进入一般士子不愿就学的福州船政学堂，与传统的官僚知识分子集团身份截然不同。再者严复在晚清时期始终处于政治的边缘地位，与康梁四次上书，过从张之洞、李鸿章、翁同龢等政治核心人物不同。特殊的身份造成了他在思想上的复杂性。史华兹认为："严复对各方来说事实上都是外人，对于极端保守分子来说，严复当然是该诅咒的人；对于谨慎的改革者，如仍极注重'保教'的张之洞来说，严复对保教公开表示冷漠是极其令人恼怒的。……甚至对康有为及其同伙来说，严复在许多

---

① 严复. 论世变之亟——严复集[M]. 胡伟希，选注. 沈阳：辽宁人民出版社，1994：10.

方面也与他们不合。他们中较年轻的成员,如梁启超和谭嗣同,肯定深受严复文章的激励。……但是,康有为和他的追随者们毕竟是通过科举上来的,并十分注重把他们自己的思想置于传统的参照系中。他们构成了一个不折不扣的学术派系。严复则不属于这个圈子,他仍是个未能通过官方考试的人。"① 严复特殊的出身、在政界与思想界特殊的位置,都影响到他思想上的深刻性和复杂性,对梁启超的影响也非表面的理论和概念的借鉴和引用,以至两人在思想轨迹上都相似地从激烈最终走向保守。

严复的思想主要是通过翻译重要的近代西方经典理论体现出来的,其中震动最大乃至深刻影响了整个近代以来中国现代化思想框架的,即翻译的《天演论》。严复发挥信达雅的方式著译赫胥黎的《进化论与伦理学》演讲稿,以近乎经学"释义""笺注""点评"的方式,引斯宾塞庸俗进化论批判赫胥黎自然进化与伦理进化的二元观点,从而达到"六经注我"的表意目的。严复主要通过三种方式表达自己的看法,一是将两次演讲稿打乱后合为一体,并将主观第一人称改为客观陈述的第三人称;二以斯宾塞之观点删增和篡改原稿内容;三是而且随时按语。② 赫胥黎作为严谨的生物学家,于1893年、1894年在牛津大学两次讲座时始终保持怀疑审慎的态度,而"与赫胥黎的平和、从容、诙谐风趣恰成对照的是严复的焦灼、峻急、忧心忡忡,急于要宣布'物竞天择,适者生存'为'天演之公例',使进化论成为究天人之际统摄一切的形而上学"③。在赫胥黎那里,进化论只是对自然现象的一种科学假设④,他保留了对斯宾塞等将进化论引入人类社会的质疑,作为宗教保守主义者更是对适者生存所隐含的道德观持批判态度,认为人类社会生活并非单一遵循弱肉强食的竞争法则,而是以园艺法则趋向伦理道德的完善,也即不断改善社会环境以适应人类的生存发展,以取消永无休止的斗争,"社会进步意味着对宇宙发展过程的每一步进行

---

① 本杰明·史华兹. 寻求富强:严复与西方 [M]. 叶凤美,译. 南京:江苏人民出版社,1990:86.
② 关于严复翻译《天演论》的方法,参见:耿传明. 决绝与眷恋:清末民初社会心态与文学转型 [M]. 上海:复旦大学出版社,2010:30-42.
③ 耿传明. 决绝与眷恋:清末民初社会心态与文学转型 [M]. 上海:复旦大学出版社,2010:34.
④ 1859年,赫胥黎在《达尔文的假说》一文中,将拉马克的进化论、钱伯斯的系统发育进化论和达尔文的进化论都划归假说的行列。参见:托马斯·赫胥黎. 人类在自然中的位置 [M]. 北京:科学出版社,1971:97.

检验，换句话说，它可以被称为伦理过程"①。与赫胥黎相反，严复赞成斯宾塞社会达尔文主义，将社会有机体视作永恒的不可逆的进步过程，进化既是历史的规律也是历史的目的。社会历史是不断趋向于善的方向发展，不适、不合或者违逆这一历史目的，不仅要被无情地淘汰，且在价值上是落后、反动和卑劣的。严复因此将康有为的元和天道置换为斯宾塞的社会进化论，以进化为天道，将天理转化为进化的公理，实现了进化论与中国天理观的移植。天理原有的家族伦理、国家秩序和社会纲常的框架，其核心的仁是强调主体间性的关系存在论，现在被替换为进化之后，这套伦理纲常转而成为以历史目的论为核心的世界观、价值观体系。

在世界观上，斯宾塞弱肉强食的强权公理对中国面临的世界局势具有恰如其分的解释力，使得内有封建专制没落和经学内部崩溃、外有列强侵蚀掠夺的混乱芜杂的历史得到了简化而清晰的说明，具有令人耳目为之一新的深刻感。在价值观上，严复强调"以人持天"的乐观主义激进态度，呼吁顺应自然法则，积极改造社会，最终实现国富民强、社会至善之终极目标。正如斯宾塞所言"民群任天演之自然，则必日进善，不日趋恶，而郅治必有时后臻者，其竖义至坚，殆难破也"②，进化论成为适用于自然和社会乃至宇宙万物颠扑不破的真理，人类历史因此以线性进步的方式日趋完善。尽管中国儒家思想在时间维度是向后的，但是相信"三代"道统的至善之治与严复的天演论的价值是一致的，只不过严复的天演论将中国儒家的时间之矢由向后的维度调转为指向未来。另外，以仁为核心的天道实现的途径是儒家道德人格之修养，不仅相信人的道德潜能可以通过道问学、尊德性以达到成圣的境界，而且是君子得君行道和实现"三代之治"的唯一途径。对人的人格彻底的信念和乐观，与严复置换进化论后强调人的主观能动性，以人的意志来体现"天行"的公理，在内在价值上亦有暗合。因此《天演论》相比康有为仁的思想体系或者谭嗣同的以太的理论更加成熟，它几乎可以说是近代中国最具生命力的创造性思想，钱基博在《现代中国文学史》中认为《天演论》是现代的"易学"，可谓颇中要点。

与《天演论》相比，严复另一重要的著译《群己权界论》是其思想更加系统化。在其1895年的《论世变之亟——严复集》中，严复认为中国之所以贫弱，在根本上一是缺乏"黜伪而崇真"的求真理性，二是缺乏"屈私以为公"

---

① 耿传明. 决绝与眷恋：清末民初社会心态与文学转型[M]. 上海：复旦大学出版社 2010：30-42.
② 赫胥黎. 天演论[M]. 严复，译. 北京：商务印书馆，1981：89.

的公德伦理，也即西方在知性和德性上的理性完善。严复认为造成两者的匮乏乃是数千年"真圣人牢笼天下平争泯乱之治术"造成的自由精神的丧失，相反"彼西人之言曰：唯天生民，各具赋畀，得自由者乃为全受。故人人各得自由，国国各得自由，第务令毋相侵损而已"。他认为"中国理道与西法自由最相似者，曰恕，曰絜矩"①。虽恕与西方自由主义貌似相同，但有本质区别，严复认为前者是基于主体间关系的伦理，而西方自由主义则完全是以个人主体为本位。严复从这一思想出发，认为挽救中国的首要任务，就是在中国的思想框架中，建立符合自由公理的道德体系，这一系统工作在《群己权界论》得以完成。此书翻译于"戊戌"期间，六君子屠戮于菜市口，给严复巨大的震动，因而在强调自由上较之《原富》中试图弥合义利矛盾似乎更加激进。与《天演论》如出一辙，严复同样没有直译穆勒的著作 On Liberty，冯友兰认为"穆勒有一个论自由的著作，照严复译书的惯例，应该把这部书的名称译为'自由论'或'原自由'，可是他不这样翻，而把它译为《群己权界论》。这说明他所着重的不是个人自由，而是个人自由的界限"②。在严复那里，又面临着一个将穆勒纳入儒家系统的困难。穆勒是德国自由主义的代表，其强调个人的差异性和创造性，自由是个体本身的目的，要维护个人自由不受政府和群体的威胁。显然穆勒的自由与儒家的想象具有极大的距离。严复再次用斯宾塞为儒家所接受的自由做辩护和说明，在凡例中，他说："斯宾塞《伦理学说公平》（Justice in Principle of Ethics）一篇，言人道所以必得自繇者，盖不自繇则善恶功罪，皆非己出，而仅有幸不幸可言，而民德亦无由演进。故惟与以自繇，而天择为用，斯郅治有必成之一日。"严复然将"liberty"翻译为"自繇"而不用"自由"，有他的一番解释：

  中文自繇，常含放诞、恣睢、无忌惮诸劣义，然此自是后起附属之诂，与初义无涉。初义但云不为外物拘牵而已，无胜义亦无劣义也。夫人而自繇，固不必须以为恶，即欲为善，亦须自繇。其字义训，本为最宽。自繇者凡所欲为，理无不可，此如有人独居世外，其自繇界域，岂有限制？为善为恶，一切皆自本身起义，谁复禁之？但自入群而后，我自繇者人亦自繇，使无限制约束，便入强权世界，而相冲突。故曰人得自繇，而必以他人之自繇为界，此则《大学》絜矩之道，君子所恃以平天下者矣。穆勒此书，即为人分别何者必宜自繇，何者不可自繇也。

---

① 严复. 论世变之亟——严复集 [M]. 胡伟希，选注. 沈阳：辽宁人民出版社，1994：514.
② 冯友兰. 中国哲学史新编（第六册）[M]. 北京：人民出版社，1989：166.

因此严复的"自繇"并不是个体本身的内在要求和目的，而是一种更加符合公理的新型"絜矩之道"，是现实"平天下"的凭依。由此穆勒强调的对实现个人的最大幸福的目的，被转化为实现群体目的的前提条件，因此自由再次被扭转进入主体间关系的视域，即"界"的内涵之中。在这里，"界"也成为梁启超在《新民说》中最重要的概念。"界"成为中西关于自由的一个分歧之点。穆勒以个体为中心划分主体和客观世界，将自我与其周围的环境划分出来，通过主客体的关系来审视主体权利的保障和完整。而严复利用斯宾塞的社会有机体观念，将穆勒的个体自我转化为共在关系中的群体，将个体为中心置换为以关系为中心，因而权利的主客体不是个人与世界，而是关系的均衡和由关系构成的全部整体的最后效果。因此穆勒所关切的"急于为个人自由立桩，划出一个合理合法的范围"在严复的关切是自由，是"开民智、鼓民力、兴民德"的先决条件，而实现民智民力民德的充分发展，在于共在关系构成的国家的最终历史效果，那就是国家富强。因此史华兹认为，严复的自由思想并不是他的最终目标，而只是实现国家富强的手段，因而也是非常脆弱的，因为"一旦有人找到一个比民主更有效的制度来达成国家富强时，人们便会放弃民主，而另外追寻这种更有效的方法"①。

严复的进化论与自由思想深刻影响了梁启超，这是毋庸置疑的。严复与梁启超思想上首次的碰撞来自严对梁在1896年11月5日《时务报》第10期发表的数年前撰写的《古议院考》的批评上。尽管梁启超未必完全接受严复竭力从古代制度附会西方议院制，但梁启超因为严复的进化论而极为尊崇其人。在当月，严复致梁启超书："拙译《天演论》，仅将原稿寄去。登报诸稿，挑寄数篇，金玉当前，自惭形秽，非敢靳也。"梁启超是最早阅读到《天演论》手稿的人。进化论在梁启超全部思想体系中是一个基本的认识论，贯穿在其立论的前提和背景之中。梁启超维新运动之前的三世说到流亡日本后的新民说以及开明专制论，其背后皆是以进化论为评估和讨论的基本思维框架，也可以说，终梁启超一生的思想，都没有跨出进化论的大背景。而严复以斯宾塞社会达尔文主义进化观，强调历史目的论以及直线进步观为维新运动前后梁启超的激进思想提供了思想资源。有趣的是，严复在1905年前后开始转入保守，维护传统文化而怀疑暴力革命之时，梁启超亦早在1903年不言破坏而倡导私德。两者思想轨迹的暗合，也说明梁启超受严复思想影响至深。

---

① 本杰明·史华兹. 寻求富强：严复与西方[M]. 叶凤美, 译. 南京：江苏人民出版社，1990：237-247.

其次，严复的群己自由思想在梁启超的群的思想中有很明显的痕迹。梁启超的政治思想正如张灏所研判的，都是围绕"群"展开的，群是梁启超民族主义论证的一个基础概念。梁启超自言其群己思想的来源："启超问治天下之道于南海先生，先生曰：'以群为体，以变为用。斯二义立，虽治千万年之天下可已。'启超既略述所闻，作《变法通议》，又思发明群义，则理奥例赜，苦不克达。既乃得侯官严君复之治功《天演论》，浏阳谭君嗣同之《仁学》，读之犁然有当于其心。悼天下有志之士，希得闻南海之绪论，见二君之宏著；或闻矣见矣，而莫之解莫之信。乃内演师说，外依两书，发以浅言，证以事实，作《说群》十篇。"①

再次，梁启超核心的新民思想体系，其理论的源头与严复有直接的关联。如前文所述，严复在1895年《原强》中提出民智、民力和民德的概念，将自由作为以上三者发展的手段，最终实现富强。梁启超甚为激赏，来书索稿，严复在复信中说："盖当日无似不揣浅狭，意欲本之格致新理，溯源竟委，发明富强之事，造端于民，以智、德、力三者为之根本，三者诚盛，则富强之效不为而成；三者诚衰，则虽以命世之才，刻意治标，终亦隳废。……是以今日之政，于除旧，宜去其害民之智、德、力；于布新，宜立其益民之智、德、力者。"②

最后，则是保教非所以尊孔的问题。1898年康有为于《保国会章程》中企图实现其仁学体系中尊孔的主张，提出保国保种保教的主张。严复对其进行了批判，连续在《国闻报》发表《有如三保》《保教余义》《保种余义》，并致信梁启超。梁启超在1897年回复严复的信中说："来书又谓教不可保，而亦不必保。又曰保教而进，则又非所保之本教矣。"严复的分析和规劝促使梁启超开始与康有为尊孔的奠基性思想疏离，以此为嫌隙，梁启超开始了背离康有为的思想历程。史华兹甚至认为"有一点是十分清楚的，即严复对于梁启超后来发展的影响远比他的老师康有为对他的影响深刻"③。可以说，严复在梁启超思想的形成、贯穿的框架和思想的转折上，都有着深刻的影响力。

二、激进与保守：谭嗣同对梁启超思想的影响

谭嗣同是梁启超过从极密、心灵契合的生死患难之友，对梁启超早期思想的形成以及戊戌变法后的思想成熟和发展都有着极为深远的影响。与梁启超相

---

① 梁启超.《说群》序[M]//梁启超全集.北京：北京出版社，1999：93.
② 严复.论世变之亟——严复集[M].胡伟希，编注.沈阳：辽宁人民出版社，1994：514-515.
③ 本杰明·史华兹.寻求富强：严复与西方[M].叶凤美，译.南京：江苏人民出版社，1990：76-77.

比，谭嗣同更有充沛的情感与豪迈的气质，一生"好任侠"，具有强烈的正义感和使命感。谭嗣同早年受到湖南王夫之"实学"影响较大，服膺"气体盗用"，追求道德实践与实功实利的结合，强调"治心"是致用的根本。在其最早的一篇文章《治言》中，一方面，是对内忧外患的忧愤、对时局的焦切；另一方面，认为"未有不能知其心，而能治天下者"①。他非常重视心性修养，推崇孟子"养气"之说，认为"以学莫大于养气"，推而广之，他接受了张载的气化论，且吸收了西方天文学知识，很早就形成了自己较为完整的宇宙观。其中尤以元气观统摄其思想核心，他说："元气絪缊，以运为化生者也，而地球又运于气之中，舟车又运于地球之中，人又运于舟车之中，心又运于人身之中。元气一运无不运者，人心一不运，则视不见，听不闻，运者皆废矣。"② 道德实践和宇宙观构成了他具有开放的来自儒家传统天人之际的理论体系。以之为基础，他本人奔放的情感与墨家的"任侠"思想逐渐融合。尤其是谭嗣同幼年丧母且少年连遭亲人逝去带来的生死体验，使他对老子"无"的思想、庄子"万物一体"之"大我"的"破生死""通人我"，从而"于以见大道为公，无容以自私者自囿也"具有深刻的体悟，③ 给予他精神得以解脱的思想出路。同时在常年的游历过程中，他结识了英国学者傅兰雅，从西学和基督教中获得了启发，另外师从当时的佛学大家杨仁山一年，研究了汉传佛教，最终谭嗣同在三十岁左右融汇以上各家（主要是佛教、儒学、道家和基督教），形成了带有形而上学性质的宗教思想。1894年甲午战争爆发，谭嗣同受到极大的刺激。在甲午战争之前，他试图以元气来理解宇宙和世界格局，用佛学和老庄哲学来解脱心灵。甲午战争后，他一变为激进，发挥王夫之道器论，以道德修养引入政治变革。"圣人之道，无可疑也……特所谓道，非空言而已"。"故道，用也，器，体也，体力而用行，器存而道不亡"。④ 谭嗣同所谓器，就是"三代儒者，言道必兼言治法"⑤。也即以"三代古法"之《周礼》，同时"酌取西法"，以"变法图治"。

---

① 蔡尚思，方行. 石菊影庐笔识·思篇［M］//谭嗣同全集. 北京：中华书局，1981：213-218.
② 蔡尚思，方行. 石菊影庐笔识·思篇［M］//谭嗣同全集. 北京：中华书局，1981：247.
③ 张灏. 烈士精神与批判意识：谭嗣同思想的分析［M］. 北京：中央编译出版社，2016：47.
④ 蔡尚思，方行. 石菊影庐笔识·思篇［M］//谭嗣同全集. 北京：中华书局，1981：390.
⑤ 蔡尚思，方行. 石菊影庐笔识·思篇［M］//谭嗣同全集. 北京：中华书局，1981：390.

至此，谭嗣同的变法思想已经基本形成。此年康有为在北京公车上书，次年他慕名往沪拜见而未遇，后至北京结交康有为首徒梁启超，两人相见恨晚。梁启超向谭嗣同完整转授康有为仁学、天元和大同思想，他感到"竟与嗣同冥思者十同八九"①，自称为康的"私淑弟子"。谭嗣同年方而立，已有思想上的建树，为梁启超所激赏。其写信于师盛赞："才识明达，魄力绝伦"，"见未有其比"，"公子之中，此为最矣"，甚至认为是"伯理玺之选"。② 在《清代学术概论》中，梁启超在谈到与谭嗣同的学术渊源时自言：

> 启超屡游京师，渐交当世士大夫，而其讲学最契之友，曰夏曾佑、谭嗣同。曾佑方治龚、刘今文学，每发一义，辄相视莫逆。……嗣同方治王夫之之学，喜谈名理，谈经济，及交梁启超，亦盛言大同，运动尤烈。而启超之学，受夏、谭影响亦至巨。

1896年八月谭嗣同往金陵后补，开始撰写他最重要的学术著作《仁学》。谭嗣同在写作过程中，"间月至上海"，每成一篇，"辄相商榷，相与治佛，复生所以砥砺之者良厚"。③ 梁启超在《仁学·序》中说："每共居，则促膝对坐一榻中，往复上下，穷天人之奥，或彻数日废寝食，论不休。每十日不相见，则论事论学之书盈一箧。"此一时期梁谭思想交流最为深刻和集中。谭嗣同在《仁学》中对"仁"作为人的此在的本质观念，和康有为具有相同的看法，应该是与梁启超思想交流的产物。

1897年10月梁启超受邀担任湖南时务学堂中文总教习，"时公度湖南按察使，复生亦归湘，助乡治，湘中同志称极盛"。时务学堂时期，梁启超和谭嗣同两人相与契合，思想共同进入激进时期。此去湖南，梁启超实已定好改革的宗旨："与同人等商进行之宗旨：一渐进法；二急进法；三以立宪为本位；四以彻底改革，洞开民智，以种族革命为本位。当时任公极力主张第二第四两种宗旨。"④ 在湖南，梁启超和谭嗣同主张建立铁路，联通湘粤，上书请湘独立，并以公羊三世鼓动学生思想，并窃印《明夷待访录》《扬州十日》禁书散布，构成了戊戌维新的思想策源地。

1898年梁启超协助康有为建立保国会，梁启超和谭嗣同同被侍读学士徐致

---

① 谭嗣同.仁学——谭嗣同集[M].加润国，选注.沈阳：辽宁人民出版社，1994：150-151.
② 丁文江，赵丰田.梁启超年谱长编[M].上海：上海人民出版社，1983：47.
③ 丁文江，赵丰田.梁启超年谱长编[M].上海：上海人民出版社，1983：44.
④ 丁文江，赵丰田.梁启超年谱长编[M].上海：上海人民出版社，1983：58.

静所举荐。德宗颁布《明定国是诏》,梁奉诏以六品衔办理译书局事务,谭则以四品卿衔军机章京参与新政。自8月21日谭嗣同进京到9月23日梁启超出逃日本,是梁谭的最后交往时期。百日维新,谭嗣同担任了上下保全、维护维新的角色。然最终所托非人,慈禧政变,谭嗣同力劝梁启超出走,并言:"不有行者,无以图将来;不有死者,无以酬圣主。今南海之生死未可卜,程婴杵曰,月照西乡,吾与足下分任之。"梁启超出走日本,遂以举谭嗣同而鼓动维新,虽然在谭嗣同遗诗及其传记中可能有伪造,但是梁启超在日本《清议报》时期思想与谭嗣同更加接近。① 在百册《清议报》中,自第二期开始连载《仁学》,并陆续登出谭嗣同诗词,《戊戌政变记》《谭嗣同传》等篇章在日本引起极大的同情和轰动。此时梁启超在日本塑造了一个中国第一位维新殉难之英雄形象。

谭嗣同的思想具有强烈的宗教特征和乌托邦色彩,它与康有为的大同观念具有一定的内在联系,然而较康有为更具有哲学的思辨性和激烈的现实指向性。谭嗣同对梁启超的影响主要是其维新思想的激进性和超越性。谭嗣同以"仁"至"通",以"以太"为本体论,将个体、群乃至国家和历史视为具有共同本质的存在,因此并未能超越传统儒家的整体观,即将政治、经济、伦理道德乃至与文化视为同一之物。由此,必然促成谭嗣同激烈的全盘否定以推翻旧统治的激进主义思想。梁启超在其思想生成期阶段,正是借谭嗣同思想与康有为产生了认识论的断裂,从而最终获得思想的独立。

三、现实界的他者:黄遵宪对梁启超思想的影响

如前文在论述清代民间社会变迁时所述,梁启超在其所处历史环境中所得以思想的对象来源有理想界的思辨领域,也有深深地受现实界的直观感受的情感领域的影响。理想界与现实界的张力关系在梁启超思想的解构中占据了重要的结构性关系,以至列文森甚至将情感与理智的抵牾变化作为理解梁启超思想的动机和原因。从情感和理智、理想和现实的思想结构出发,我们显然不得不讨论黄遵宪对梁启超思想在情感和现实这一端的深刻影响。学界所重者在黄遵宪与梁启超的诗文互动关系,诚然这是他们交往过程中最重要的思想内容之一。尤其是梁启超对黄遵宪诗词的推崇以至发起了诗界革命,以黄遵宪为参照描绘一个民族国家诗歌想象的范本。然而在此且从被忽略另一重要维度,即两人思想的同声一气,黄遵宪作为梁启超思想的现实界的他者的地位予以简要梳理,

---

① 关于梁启超伪造遗诗,参见:黄彰健. 论今传谭嗣同狱中题壁诗曾经梁启超改易[M]//戊戌变法史研究. 上海:上海书店出版社,2007:651.

以呈现梁启超思想脉络的另一个互动层面。

黄遵宪与梁启超实为忘年之交，两人交往可分戊戌变法前后两段。戊戌变法之前，两人同为激烈维新，在思想上互为呼应，黄遵宪以一己之能提携并保全梁启超的言论和活动。戊戌变法后，梁启超竭力摆脱康有为尊孔和保皇影响，受日本明治维新刺激以及加深对西学的理解后，走向种族革命，黄遵宪以其殷切瞩望，在民权和民智方面与梁启超反复印证，构成了梁启超在改良和革命思想两极的一个对话的他者。

戊戌变法前，两人1896年初会于《时务报》创办之际，黄遵宪四十八岁，而梁启超不过仅仅二十四岁。黄遵宪对梁启超颇有晚遇知己之感，《中外纪闻》初见维新鼓动之效，旋即被停，加之北京、上海强学会前后被禁，黄遵宪颇为痛惜，"而黄公度倡议续其余绪，开一报馆，以书见招，三月，去京师，至上海，始交公度"①。越年，《时务报》受张之洞弹劾再禁，黄遵宪受翁同龢举荐任湖南盐法道，并署理湖南按察，黄遵宪向湖南巡抚的陈宝箴极荐梁启超，并派梁担任时务学堂总教习。梁启超在此一时期基本形成了维新时期的思想，并找到了此后一生的政治伙伴。黄遵宪以清廷命官且在暮年与一个初露锋芒的青年并肩而行，胆识和勇气在晚清实属少见。以至王先谦、叶德辉斥之曰："自黄公度为湖南盐法道，言于大吏聘康梁之弟子主讲时务学堂，张其师说，衣冠之伦，罔顾名义。"再越年，十月事败，六君子斩于菜市口，梁启超去国逃亡，黄遵宪放归原籍。从此两人再未相见。然而却开始了更加直接的精神对话，书信往来数万言，直到黄遵宪去世。而这一段思想上和情感上的对话，对梁启超的心态和思想的转折影响不可谓不大。1902年，分道经年后，黄遵宪收到梁启超第一封信有遗珠再还的欣喜："风雨鸡鸣守一庐，两年未得故人书；鸿离渔网惊相避，无信凭谁寄与渠。"② 在后一阶段的对话中，有三个主要的话题。一是保教与否。如前所述，康有为的哲学和政治思想建立在尊孔和"仁"的体系上。尊孔到戊戌变法后进一步发展成为保教，梁启超要建立自己的思想路线，首先要摆脱保教的政治路线。严复在这个问题上对梁启超有批评，但是梁启超在《与严幼陵先生书》（1896）中尚有犹豫。一方面，他承认"既已立教，则士人之心思才力，皆为教旨所束缚，不敢做他想，窒闭无新学矣"。另一方面，他又认为"中国今日民智极塞，民情极涣，将欲通之必先合之。合之之术，必择众人目光、心力所最趋注者而举之"。并坦言"此两义于胸中久矣，请先生为我决之"。实际上严复的

---

① 梁启超.三十自述［M］//饮冰室合集（11）.北京：中华书局，2015：17.
② 钱仲联.人境庐诗草笺注［M］.上海：上海古籍出版社，1981：845.

批评性规劝并未触动梁启超，他最终给严复一个两难的反问而驳难之。真正促动梁启超的，是黄遵宪具有学理思辨的讨论。黄遵宪认为儒教千余年来浸染人心，现在虽衰但必不可亡，未来必定可复，因而现在并不必保教。其实他非常敏锐地意识到"儒教"和基督、佛教的根本性区别。"孔子为人极为师表而非教主"。他认为儒教并无明文教义，也没有唯一神，更没有许诺超脱。"而孔子第因人施教，未尝强人以必从也。大哉孔子，修道谓教，无所成名，又何从而保卫之？既无教敌，又不设教规，保之卫之，于何下手？"他对儒教"在千秋万世人人之心，人类不灭，吾道必昌"非常自信。① 同时他对康有为宗教是西方国家现代化的条件的看法表示怀疑。指出"不知崇教之说久成糟粕，近日欧洲如德、如意、如法，法之庚必达，抑教最力，于教徒侵政之权，皆力加裁抑，居今日而袭人唾馀而张吾教，此实误矣"。黄遵宪以其切实的欧洲观察，给梁启超予以可信的论证，对梁启超在保教和合群两者之间的摇摆提供了重要的启发。

梁启超东渡日本横滨，创办《清议报》至1903年新大陆访问归来，是其一生政治思想最为激进的时期。这与黄遵宪早年经历颇为相似。黄遵宪曾先后出使过日本、美国、英国和新加坡，对所访国家做了深入的观察和研究。尤其是所著《日本杂事诗》《日本国志》，较早对日本明治维新深入认识并向国人介绍。因此对日本民权思想和宪政制度颇为认同，在君主立宪、开议会、废八股、新办学校、改革文字开启民智等与梁启超戊戌变法之前恰好不谋而合。然而戊戌变法后，黄遵宪退而反思，在孙中山主导的革命派日渐高涨之时，坚定认为非君主立宪而不能救，尤其是对美国共和制度的政治现实有深刻的体会。当梁启超1903年游历新大陆后，似乎与黄遵宪之感受颇有暗合：

> 明治十二三年，民权之说极盛，初闻颇怪异，既而取卢梭、孟德斯鸠之说读之，心志为之一变，以谓太平世必在民主，然无一人可与言也。及游美洲，见其管理之贪诈，政治之秽浊，工党之横肆，每举总统，则两党相争，大几酿乱，小亦行刺，则又爽然自失，以为文明大国尚如此，况民智未开者乎？又历三四年，复往英伦，乃以为政体必当法英法。②

此看法几乎是梁启超《新大陆游记》的一个侧影。梁启超所认为"美国政治家之贪黩，此地球万国所共闻"，"英国亦有正当，英国政党亦竞争，然其弊步入美国之甚者，何也？……英国政党之战，惟有大将、有参谋、有校尉而已。

---

① 梁启超. 嘉应先生墓志铭［M］//饮冰室合集（11）. 北京：中华书局，2015：427.
② 梁启超. 嘉应先生墓志铭［M］//饮冰室合集（11）. 北京：中华书局，2015：427.

美国政党之战，则并有无量数之兵卒。兵卒者何？即吾前所谓碌碌之中下等人物是也。此辈生计上学业上皆不能树立，而惟以政治为生涯。其尽瘁于党事也，以是为衣食之源泉也。故此辈者实政界之蠹也"①。而与黄遵宪书信对美国共和制的视角和结论，几乎一致。即民众的素养是实现共和的首要条件。相反，在当前情况下"民智未开，民力既壮，或争之而后得，或夺之而后得，民气日张，民权益日必伸，以物竞天择优胜劣败之理，推之其变态，吾不知其结果"。② 黄遵宪对日益蓬勃的革命思潮深感忧虑。认为非但不能实现共和，反而会天下大乱，甚至有亡国危险，因此竭力主张君主立宪。"吾非不知中国专制之害，然专制政体又有其巧妙完美之处"，"考之今日之程度，必以英吉利为师……再厉十年，百余年，或且胥天下天下而变民主，或且天下而戴一共主皆未可知。然中国之进步，必先以民族主义，继以立宪政体，可断言也"③。梁启超自游新大陆后完成的《论私德》《论民气》等，皆可谓与黄遵宪大体一致。甚至梁启超在《中国历史上革命之研究》中，不遗余力地比较中国历史革命时段，考证"中国革命时日之长，真有令人失惊者。且犹有当注意者一事，则旧政府既倒以后，其乱亡之时日，更长于未倒以前是也"④，以论证当前倡导革命，必会引发动乱，给予帝国殖民可乘之机。自此，梁启超在改良的道路上再未有转移，其中受黄遵宪的思想对话关系影响至深矣。

　　康有为、严复、谭嗣同以及黄遵宪对梁启超思想准备时期乃至生成期都形成了最为重要的影响。尤其是在戊戌变法之前梁启超在中国意识的危机之下，试图在西方他者话语下建立中国话语过程中，以上几位对梁启超而言可谓是直接的思想资源。当然这并不是说对于戊戌变法之前的梁启超，其他尚未被述及的同代思想家未对梁启超产生重要作用，而是相对而言。在戊戌变法之后，尤其是东渡日本的十多年逃亡期间，对梁启超产生重要甚至关键性影响的，则不再是中国思想家，而是其身处的明治时代的日本，这在狭间直树等京都学派学者的研究成果中已经有大量的考据和分析，本书在第三章和第四章中亦多有涉及，此处不再赘述。

---

① 梁启超. 新大陆游记 [M] //梁启超全集. 北京：北京出版社，1999：1197.
② 梁启超. 嘉应先生墓志铭 [M] //饮冰室合集（11）. 北京：中华书局，2015：427.
③ 梁启超. 嘉应先生墓志铭 [M] //饮冰室合集（11）. 北京：中华书局，2015：445.
④ 梁启超. 开明专制论 [M] //梁启超全集. 北京：北京出版社，1999：1251.

第二章

从中西到新旧：梁启超的危机意识与中国话语的创建

19世纪最后十年至辛亥革命二十多年时间，处于王朝的末世，万象待更。此阶段，是殖民危机持续加剧，西方思想深层渗透，王朝统治日趋朽滞，士大夫深感惶恐焦虑，普遍关切救亡与富强的时期。在士大夫思想上，自明清以来儒学的向下转移以及经学内部的困境导致的自身解体，都为晚清士大夫们准备好了接受西方理论的民间社会的眼光和理路。儒学在其内在理路的拐点与西方文明迎面相遇。因此，19世纪最后十年的思想史，在内部可以看作是新儒学对西方理论内化的思想时期，其外在的指向即是对当时中国所处的历史境况提出合理的解释，并提出整体的解决方案。无论是严复、康有为、谭嗣同、孙中山、章炳麟抑或梁启超等人，其思想工作基本上无出于此。他们不得不以历史的俘虏的身份，接受明清位移而来的儒学遗产。并以此为思考的框架和平台，竭力寻求重新将已经溢出传统框架的全新历史境况纳入自己的思想体系之中。在产生龃龉之处，他们或者否定自身被迫接受的遗产，以全新的观念体系来应对全面的西化历史，或者积极改造西方理论，使其转化为儒家体系新的构成部分，或者竭力在内化西方理论的过程中，激活失效的儒学。总之，这一时期思想界的根本任务，是针对整体的问题结构，要提出一个合理的民族国家解决方案。

正如在导论中笔者所分析的那样，中国并没有如明治时期的日本那样，在西方突入之时，旋即明确而坚定地廓清历史提出的问题结构，并果断而强力地提出相应的解决方案，从而快速度过张灏所谓的过渡时期，以短短的三十年时间，完成思想的内化和民族国家的建设。对于中国，这一过渡时期漫长而异常痛苦。其内在的原因，研究成果已经浩繁丰硕，但总体上一个一般的前提就是中国数千年悠久的历史和庞大的帝国版图，使得思想家们即便在内在理路与西方渐入恰好相合时，也未能做好充分的准备。此一准备是多方面的，一是对自身思想的较为彻底的清算，二是对西方理论真正的深入学习，三是对变革做出充分的评估和设计。显然以上三点，在晚清时代所能达到者寥寥无几。除了多数研究者所预设的晚清极致的专制，政府的彻底腐败和瘫痪、满汉矛盾的升级、帝国瓜分的步步紧逼等外在原因，导致百年来"救亡"主题一直压倒了"启蒙"，因而未能在思想上实现以上三点基本的反思。就思想本身而言，是什么造成了晚清思想家不能正确地理解历史提出的问题框架，并做出清晰的检讨呢？一个可能的怀疑是，一个更大的思想传统隐含在具体的问题背后，思想家们在其所处的时代，未能意识到这一更深远的背景而做出明确的探讨和反思，从而摆脱它的遮蔽。而这一背景或者思想范式就是沦肌浃髓的儒家文化及其思维惯性。其强劲的内驱力真正驱动了思想的方向，包括最深刻的反思本身。

这个无形的笼罩思想行动的传统背景恰恰应予反思。理由非常简明，正如黄遵宪和严复反对保教的理由那样，儒家文化是维系中国文化绵延数千年未曾断裂和换血的主要根基。它渗透到人们的情感、意志和认知之中，形成了每个时代的生活方式，构成了人们处理个人生命的观念，寻求价值和意义的着眼点，以及处理与家庭、宗族、乡村乃至朝堂关系的原则和方法，是人们俯仰呼吸、坐言起行、喜怒哀乐的基本内容。因此黄遵宪和严复认为孔教无须保，它是构成中国人精神实体的实在，与基督教、佛教、伊斯兰教外在的教条、规训与劝诫的世俗超越是根本不同的信仰。从这一点我们很容易得出一个看法，那就是处于19世纪末中西交界的知识分子，他们无论如孙中山那样激烈地反对传统，寻求彻底地革命，如谭嗣同那样具有烈士精神地要求冲破罗网，破坏一切纲常伦理，抑或如严复、黄遵宪以及康有为那样被视为"落后和反动"的改良派，实际上他们处理自己思想和行动时，所共同分享的都是传统儒家的典范框架。然而我们在这一章将要处理的是，唯有梁启超表现出了不断的徘徊和犹豫，在思想上不断地调适和自我批判。无论已有的分析和解释如何具有充分的考证和论据，都未能从整个儒家思想的背景出发来给出一个宏观的答案，那就是梁启超的流质善变实际上是对抗那个无论是革命还是改良甚至是朝廷保守分子均无一例外地共有的那个无形的儒家典范。

林毓生在试图回答为何五四要全盘彻底否定传统这一"空前的历史现象"的思想根源和性质时所提出的观点，对我们认识19世纪末思想史的惯性传统背景便有类似的启发。林毓生通过对陈独秀、胡适、鲁迅三位五四先驱的政治人格和思想特征的分析来描述五四反传统的思想光谱以及其根本来源。指出"这三人（指陈独秀、胡适、鲁迅——引者注）在性格、政治和思想倾向方面的差异影响了他们反传统主义的特质。但他们却共同得出了一个相同的基本结论：以全盘拒斥中国过去为基础的思想革命和文化革命，是现代社会和政治变革的根本前提"。① 那么何以三者在各方面差异如此之大，但在彻底否定传统上却达成了一致呢？林毓生强调这一问题是"无法从心理学的、政治学的或社会学的一般化概念来加以解释的。这是一个史学问题，必须根据20世纪中国社会和思想的变化及其连续性——这一辩证的、更为广阔的来龙去脉——来进行考察"②。首先，林毓生从五四反偶像崇拜入手，引入"奇理斯玛"（charisma）理论。此概念原指"神圣之天赋"，在韦伯那里指在社会中具有原创能力的特殊素质，因而具有个人魅力之权威。芝加哥大学的社会学家席尔斯（E. Sihls）进一步引申认为"奇理斯玛"不仅指具有神圣创造性的个人素质，而且指能够产生神圣秩序的行为、制度、符号角色及物体。持此论者认为个体的思想和行为必须有所根据，真正的个人自由有赖于强有力的"奇理斯玛"的示范，否则个体必陷于心灵的贫瘠。而一个社会之"奇理斯玛"并非凭空由个别人创造出来，而是来自有机的传统，因此僵化的传统抑或全面的反传统都阻碍着"奇理斯玛"的产生。其次，林毓生引波拉尼（Michael Polanyi）哲学的"支援意识"来解释近代思想界无法产生正确的问题意识之根源。"支援意识"曾是库恩（Thomas Kuhn）"范式"思想的来源，它是指科学由定律、原理、实验工具和方法所形成的科学研究的技术及其价值和信仰体系，从事科学和思想研究的人与这套体系之间产生了"未可言明的知识"（tacit knowledge），这种潜移默化的过程就是"支援意识"。显然林毓生意在指出失去范式的思想无法获得支援意识，因此所谓的"大胆假设"只会造成科学的混乱和崩塌。而支援意识同奇理斯玛一样，只能来自悠久的有机传统。这是全盘反传统导致的中国无法实现真正的民主、自由、科学的原因。但是为何以上三人会一致彻底地反传统呢？林毓生认为"全盘西化""全面反传统"的思想本身，正是中国传统思想方式的表现，也即是说，他们反传统的思想框架恰恰是传统自身在现代历史中的作用结果。那么促使他们无法摆脱的思想框架是什么呢？林毓生认为从商周以来君王奉天命而治世，君王不仅是世俗权威，统治一切，同时也是联系天人的中介，实施着宗教与精神的权威，构成了普遍王权。"由于中国近邻在现代以前从未有一个具有自我认定的文化优越性的普遍国家对中国产生真正的挑战，这一事实增强了中

---

① 林毓生. 中国意识的危机——五四时期激烈的反传统主义［M］. 穆善培，译. 贵阳：贵州人民出版社，1988：7.
② 林毓生. 中国意识的危机——五四时期激烈的反传统主义［M］. 穆善培，译. 贵阳：贵州人民出版社，1988：10.

国人对其王权普遍性的绝对的信服。"① 而儒家思想、帝国的建立则进一步加固了普遍王权的永恒性。由普遍王权作为中国社会—政治秩序与文化—道德秩序整合的链环，成为根深蒂固的为各个思想流派所共同分享的预设。林氏认为自鸦片战争至辛亥革命导致普遍王权的崩溃，产生社会—政治秩序解体，由于王权的解纽，也不可避免地导致文化—道德秩序的破坏。换言之，普遍王权将社会—政治秩序与文化—道德秩序融合成为统一的有机体，促成了中国传统思想一元论的和主知主义（intellectualism）的，即根深蒂固的、为儒家各派所公认的"借思想文化以解决问题"（the cultural intellectualistic approach）的思想模式。即便五四激烈地彻底全盘否定传统，然而他们的思维框架恰恰是一元论和主知主义，即认为思想道德是社会政治秩序的直接基础，对政治秩序的批判和推翻在整体性上和解决途径上具有优先性的是对其文化道德的否定和批判。传统道德文化在整体观上是普遍王权的有机体，在精神价值上作为奇理斯玛权威信仰，其经典、符号以及传统社会中的一切制度设施，都与王权政治秩序有一种必然的有机式因果联系，那么吸纳西方观念，建立新的政治秩序，整体观和主知主义都要求从道德文化思想上着手批判和解决。那么一个显然的结论即可得出，陈独秀等人激烈地反传统，恰恰是因为他们根深蒂固的传统思想框架。

如果说陈独秀、胡适及鲁迅在辛亥革命后所面对的问题结构是重建政治秩序，而他们以反传统文化为根本出路，那么实际上处于19世纪末的最初的启蒙思想家们所受到的儒家传统思想框架则更加得深层。陈独秀他们在清帝逊位、王朝瓦解后所面对的帝国废墟使他们对社会—政治秩序不抱有任何幻想，因而可以毫无负担地、决绝地以主知主义的方案来进行彻底的"扫荡"。而梁启超等人所面临的历史境况相对而言可能更加地复杂和困难。一方面，普遍王权的苟延残喘使得政治与文化的解纽尚未出现，导致他们所深处其中的儒家一元论所发挥的思想作用更具有惯性和强制力。也即说他们在思考中西问题的时候，是将政治与文化融合一体进行考虑的。另一方面，主知主义惯性的人格信念和道德目标又要求"以思想、文化解决问题"，对民主、自由和民族主义国家想象都必须落实到人的问题上。因此，严复以斯宾塞批赫胥黎成社会达尔文主义，强调以人持天，最终形成了现代的"天道"，而穆勒自由论则被演为群己权界说，成现代之絜矩之道；康有为以仁为此在本质，以元、天为绝对理念，构成了仁学宇宙和社会秩序体系；谭嗣同几乎融合了儒释道基督甚至现代天文和物理学，

---

① 林毓生. 中国意识的危机——五四时期激烈的反传统主义 [M]. 穆善培，译. 贵阳：贵州人民出版社，1988：20.

视以太为宇宙本质,强调万物人类平等,要求打破纲常伦理,实现人的大同;梁启超则终生未构成自成一体的思想体系,他始终不断地自我批判和否定,不断地改弦更张。以上这些在前现代建构的思想以及梁启超独特的徘徊现象,显然都共享了一个预设,那就是儒家的政治、文化一元论,以及主知主义将思想文化问题视为解决社会问题的根本路径。

然而,一元论以及"以思想、文化解决问题"的主知主义本身隐含了强烈的乌托邦思想和乐观主义的态度。换言之,一元论和主知主义使得儒家思想带有根深蒂固的乌托邦性质。一元论将政治与道德视为道在制度和人性层面的实现,是天人之际的人间表达。政治的根本目标是实现道统,即政教的合一,以达到二帝三王(尧舜禹周文王武王)以及周公的理想社会。"得君行道"和"回到三代"成为儒家知识分子矢志不渝的坚定信念和行动纲领。不仅"三代之治"是现实的准则和目标,而且也是落实为事实的历史。然而显然这是一种被视为必然实现的乌托邦。朱熹曾悲怆地慨叹:"尧舜、三王、周公,孔子所传之道,未尝一日得行于天地之间也。"黄宗羲更是尖锐地指出:帝王专制"以我之大私为天下之大公"。林毓生认为即便儒家知识分子认识到了他们所信奉和实践的道统一元论是绝无可能实现的,然而他们仍然无法超越并在思想上产生可供替代的系统方案。其根本原因在于儒家思想具有内在超越性,在实践上的延伸即下面要讨论的主知主义,将宇宙、社会和人生问题返诸自身,从自我思想的可能性寻求以实现超越,而非述诸客观对象的物,或者说他们无法建立主客体的世界体系,而是将天、人、道、心、性视为一体,从主体本身来解决全部问题。

内向超越促使儒家将心性也即道德思想看成是决定性的因素,其目标是为帝王师以实现圣王的终极目标。"圣",声入心通,乃听取天命之人,具有超自然的神秘性。成圣是儒家知识分子修养和学术的终极目标,尤其是理学之后被奉为圭臬。与其他宗教的唯一神相比,圣人是现世人间的人性发挥极致的必然结果,无须在人性之上设定一个神的上限,"存天理,灭人性"即可实现。由内向超越的另一个实践层面,是主知主义,与知识分子自身的"圣王"观本质相同,它强调人性完善的功能化和现实性。它首先强调人在历史发展中的决定作用,而人发挥决定性作用的根本在于内向的、返诸己的思想本身。君王能否实现政教合一的道统,在于致君行道的达成,也即君王在人格以及道德上实现人性的极致。社会是否和谐安定,在于对民众的风化和教育。围绕"圣王"的核心,儒家显然拒绝将宗教的彼岸作为超越的目标,否认人的有限性而需要神的救赎。相反,儒家将人性的臻至完善视为历史事实,并试图在主知主义中超越自我，实现人间的解救。相信思想的改造的力量，把崇高的理想视为现实的动力，以人持天，以世俗世界实现大同，都使得儒家具有根深蒂固的乌托邦主义。

梁启超当然无法摆脱儒家传统的思想框架，无论是一元论、主知主义还是更为深远的乌托邦主义。然而梁启超相较于同代的思想家所具有的独特性或者超越性，在于他对儒家范式的敏锐体验，以及超越儒家的乌托邦价值和信仰体系的尝试。梁启超对乌托邦主义的反抗首先来自他对西方民族主义话语的焦虑。当然这种焦虑是那个时代知识分子的普遍心理特征。然而梁启超相比而言，更加具有中国意识的危机感。这迫使他试图通过一种缠绕和往复的方法，用适用于"中等人"的叙事方式，对中国历史展开民族主义的建设工作，也即对中国国族的想象和叙事。总体上的思想趋势是对乌托邦的反抗，然而梁启超的思想并不能轻易达成这一目的。如上所述，儒家范式的强制性力量在19世纪末的政治、经济和社会制度基础上，仍然表现出近乎不可抗性。正如即便最激烈的革命派也只是乌托邦主义的运作那样，梁启超的思想也在整体上表现出了对抗乌托邦的撕扯和矛盾，他徘徊在乌托邦和反乌托邦之间，将自己的思想进行悬置和辩证的转换。在现实的政治道路上，他从康有为的乌托邦主义出发，到达革命的一端，然后再次返回到保守的一端，产生了激烈的思想抗争。在自我上，梁启超在主知主义上，对自我的知识和观念始终抱有怀疑的态度，建立了自我批判的现代人格。然而在那个中西范式激烈碰撞的过渡时代，梁启超在世人眼中，仅仅获得了"摇于时势"的标签。

第一节　他者、危机与乌托邦：梁启超思想的牢笼

同治十一年五月李鸿章在《复议制造轮船未裁撤折》中称："臣窃惟欧洲诸国，百十年来，由印度而南洋，由南洋而中国，闯入边界腹地，凡前史所未载，亘古所未通，无不款关而求互市。我皇上如天之度，概与立约通商，以牢笼之，合地球东西南朔九万里之遥，胥聚于中国，此三千余年一大变局也。"经过两次鸦片战争，在李鸿章的世界观念里，列强由海而聚，强开通商，闯入腹地，仍不过是朝贡体系中出现了野蛮夷狄的大变局而已，因而如天之度，牢笼之即可。去之仅二十三年，梁启超经验的世界是"今有巨厦，更历千岁，瓦墁毁坏，榱栋崩析，非不枵然大也，风雨猝集，则倾圮必矣"①。从梁启超最早的文字中，

---

① 梁启超. 论不变法之害［M］//梁启超全集. 北京：北京出版社，1999：11.

可以强烈地体会到推动他思考的内在焦虑——作为士人对以中国为中心的天人世界的枯朽和坍塌的痛苦和悲怆。自道光《海国图志》(1843)、《瀛寰志略》(1849) 刊布以来，世界概念从以中国中心的帝国体系乃至佛教的精神时空终于落实到了万国并列的地理概念上。在梁启超眼中，中国不再是一个以其为中心透视天下的舆图，目所不及者，被视为教化未播的藩属，而是不得不将中国作为一个具有明确政治地缘边界和主权范围的国家。不唯如此，其命运岌岌可危者，类同印度、突厥、非洲、波兰、中亚西部、越南、缅甸、高丽，它们或守旧夷为英属，或为六大国执其权分其地，或拱手以让强敌，或相约择其肉而食，或今无存矣。世界观念让儒家向后的时间和思想维度被迫进行了空间化的掉转，朝向并置的未来政治秩序。一个静态的天下体系，突变为激烈竞争、生死存亡的向前的时空。目之所及的变化，加剧了梁启超思想的危机意识和焦虑心态。摆在梁启超面前的一个首要问题是，如何将中国叙述为世界，显然这一思想工程是异常艰巨的。它面临如下几个分支问题。一是如何将中国思想成一个可与欧美列强对话的对象。将朝贡体系、天人思想转化为"现代"的国家观念。二是如何确定中国在现代世界中的身份。当"夷夏之辨"失效后，如何看待自己的历史和文化。三是如何解释中国的彻底失败。19 世纪 60 年代至 90 年代末洋务运动三十多年经营与日本明治维新三十年的尖锐对比，使得将中国纳入西方发展的轨道的问题又重新变得迫切而模糊不清。以上问题对于梁启超而言所产生的思想焦虑可能更加强烈。

梁启超首先敏锐地感到了中国如何言说自身的问题，并不是一个单纯矢量性内化的刺激—反应结果，一个完全隶属于中国的绝缘于外部的自我问题。与之相反，他注意到言说中国是一个西方主导的话语机制：

> 西人之侮我甚矣！西人之将灭人国也，则必上之议院，下之于报章，日日言其国政之败坏，纲纪之紊乱，官吏之苛黩。将灭人种也，则必上之议院，下之报章，日日言其种族之犷悍，教化之废坠，风俗之糜烂。使其本国之民士，若邻国之民士，问其言也，仁者愀然，思革其政，以拯其难；鸷者狡焉，思乘其敝以逞其志。夫然后因众人之所欲，一举再举，而墟其国，奴其种，而瞯然犹以仁义之师自居。①

梁启超在其思想的发端之际即深刻敏感到对中国的表述是一个中西交互指认并受到强烈的权力和实际的政治支配的话语场域。西方试图将现代的线性目

---

① 梁启超. 论中国之将强 [M] //梁启超全集. 北京：北京出版社，1999：99.

的论、进化论的历史观念强制地对西方中心之外地区加以命名。中国包括一切非西方地区被构建为落后、野蛮、黑暗的他者被想象和描述,同时不可抗拒的殖民暴力又将这套话语机制安置在非西方国家之上,使得他们也同时以此来衡量和认同自身。这套以现代启蒙历史观为核心的话语产生机制首先是现代性西方知识生产系统的产物,它被认为始于17世纪欧洲哲学对抗科学的形而上学的调和。即从那时起便带有深刻的资本主义世界经济掠夺和控制的霸权底色。杜赞奇(Prasonjit Duara)认为:"虽说此种历史观对于(按:对于殖民地而言)实现某些现代化目标发挥了一定作用,但它为了摧毁和驯化'他者',也带来了极权和封闭。"①启蒙历史观同样源自欧洲哲学的自我合法化的结果,以英国经验哲学和欧洲大陆唯理哲学为基础的哲学,面对科学的挑战而做出形而上学调整,并在18世纪启蒙思想运动后臻至完善。黑格尔在柏林大学的讲演稿《历史哲学》(1822—1825)是现代历史话语知识生产的重要思想基础。黑格尔的宗旨是"哲学用以观察历史的唯一的'思想'便是理性这个简单的概念。'理性'是世界的主宰,世界历史因此是一种合理的过程"②。因此,黑格尔历史哲学不仅是对哲学解释力的辩护,同时也是对普鲁士及欧洲业已蓬勃拓展的世界殖民体系的合法化论证。黑格尔不仅将历史视为理性"在时间中的展开",同时也是精神在空间上的体现。他将世界作为一个整体,从东方到西方由于理念自我实现的程度不同,非洲是"幼年时代的地方,还笼罩在夜的黑幕里,看不到自觉的历史的光明",而中国和印度,虽已经有初步的理性,但是远未实现自觉意识,因而在那里始终只是停留在"非历史的历史"阶段。根据历史的目的在于精神在宗教、法律和国家以及在个人主体意识的展现,黑格尔认为中国国家整体虽具有客观理性,但是作为被统治的子民却处于盲目臣服的不自觉意识之中。而印度由于内在的沉思冥想导致否定现实,从而也否定了作为理性化身的国家与真实的主观自由。黑格尔严厉地对中国与印度的国民性做出批判,认为"这两个民族最显著的特征是他们对于属于精神的一切——心灵、宗教、道德、科学与艺术——均格格不入,他们天生一副奴性和野蛮性,缺乏一种内在人性的自我肯定"③。黑格尔历史哲学是后启蒙时代东方学的源头之一,它通过形而上学的科学精神的调和,将东方作为自身理性知识生产的来源,即西方"靠摄取和扬弃'他者'来生产知识"。然而更加深层的危机是,东方学不仅为西方构筑

---

① 杜赞奇. 从民族国家拯救历史[M]. 南京:江苏人民出版社,2009:17.
② 黑格尔. 历史哲学[M]. 王造时,译. 上海:上海书店出版社,1998:9.
③ 黑格尔. 历史哲学[M]. 王造时,译. 上海:上海书店出版社,1998:25.

了一个作为文化他者的"东方"和言说该"东方"的知识体系，而且作为话语支配着世界现代化进程中东方文化或殖民地文化对自身的反思。①

虽然列维纳斯（Emmanuel Lévinas）批判西方文化在"总体性"和"同一性"的追求中遗忘了"他者"，导致自身的危机。他认为"他者"抵抗扬弃的唯一方式是从历史之外的时间中推演出意义。②事实上直至今日，居于后殖民体系之民族国家根本无法真正逃逸出"历史"，从而寻求自身的发现和表述，再把时间向后推迟至一百多年中西大碰撞的时代，受到西方他者的刺激的程度也就可想而知了。

因此，就身处19世纪末的梁启超而言，不仅西方在理性知识和西方中心的建构上策略性地涂抹中国，"把历史凌驾于其他体验时间和空间的形式之上导致双重封闭，否定了没有历史的人们的可理解性"③。更残酷的是，造成作为他者的梁启超自身因为"没有历史"而丧失理解自身的传统坐标。"作为一个儒教主义的、专制主义的、宗法制的、农业的、朝贡体系的社会"突然打碎并被悬置于虚空之中回望历史，是王朝兴替的循环，是中国这一概念的陌生和所指的缺失。对于梁启超而言，其思想任务的首要工作，就是在一切可资利用的思想材料的基础上，力图将中国纳入现代历史之中，为中国指认出可踏入西方轨道的历史和身份。作为一个前提，它在现实政治上是为维新变法论证祖宗之法何以必变的合法性；在思想体系上，是为"中国"的内涵转换和道路设置建立逻辑的起点。

然而我们看到，处于殖民体系的国家进行自我身份的追认本身也是被殖民的过程。在"文明"与"强权"的物质和精神双向夹击下，殖民地国家别无选择地以他者预设的内在规定性来思想自我。西方在建立他者的同时，将理性的一极树立在西方，"白种人的文化过去被认为是（并且现在仍然被认为是）合法政府、法律、经济、科学、语言、音乐、艺术、文学这些观念的基础。总之，白种人的文化就意味着文明"④，从而促使东方知识分子产生了强烈地认同西方，同时也即认同"他者"（落后的）身份，试图摆脱"无历史"的处境，从而恢复自身悠久历史的身份，并以他者的姿态向西方学习，甚至超越西方。梁

---

① 周宁."被别人表述"：国民性批判的西方话语谱系［J］.文艺理论与批评，2003（5）.
② LEVINAS E. Time and the Other［M］. Pittsburgh：Duquesne University Press, 1987.
③ 杜赞奇. 从民族国家拯救历史［M］. 南京：江苏人民出版社，2009：19.
④ 罗伯特·杨. 牛津通识读本：后殖民主义与世界格局［M］. 南京：译林出版社，2008：9.

启超自然无法站在 20 世纪后殖民主义的角度来去审视自身的东方学覆盖的西方总体性的困境。然而从梁启超的民族国家历史的再造，以及对中国国家主义的想象与叙事来看，梁启超能够超越于同代人的，恰恰在于他对中国"他者"身份的敏感。对"他者"身份的感受构成的焦虑几乎贯穿了他精神生活的全部，促使梁启超不断反视自我，并以他者为可见的唯一尺度来测量和评估中国身份。同时在此过程中，也构成了梁启超式的幽暗批判和话语机制。

如上文引述林毓生对陈独秀等人的分析，五四时期的知识分子在精神上是激进和亢奋的。即便鲁迅意识呈现为"显示的、争辩的层次"和"隐示的、未明言的层次"的复杂性和自我批判性，但是总体上而言，他们的思想目标是非常简化而清晰的，那就是以彻底涤荡传统为目的。然而梁启超在中西碰撞时期，尤其是帝国殖民正在加深和渗透过程中，他还没有可资言说的思想支点。也即是说梁启超相比"五四"，更带有建构话语主体的刚性压迫的焦虑和张力。然而如何建构自我，将自我投射到西方他者预设的思想框架之中，显然在考验着 19 世纪末中国思想界的智慧。笔者认为，也正是在这场历史文化的大考验下，中国儒家的思想框架集中且强力展现出其浸润数千年的惯性，一元论和主知主义的内在超越性，表现为他者话语激化下的乌托邦倾向。乌托邦与反乌托邦之间的张力，恰恰是梁启超中国意识的危机加剧过程中思想冲突的两极。危机—乌托邦，这个由而因、内而外的思想结构，成为梁启超"思想的牢笼"。

第二节　历史、身份及认同：梁启超的中国话语起点

一、一元论下的政教史批判

梁启超对"中国"认同的首要任务是对两千多年的历史进行批判和话语重建。1896—1898 年戊戌政变期间，其历史话语的构建始自对清朝政治的批评，并上溯中国历史寻找积弊之根源，此过程实际上对中国的概念做了一个印象性的整体描述。林毓生所谓的历史文化一元论，即专制政治统治与思想道德教化两者政教合一的儒家观念，既是梁启超的历史批判的对象，同时也是他思考的范式。自西汉董仲舒以"天人感应""天人相与"的天道观和宇宙论建立了政治与天道在基础、根源和目的上的同一性，形成了中国历史的"大一统"观念。道与政在君权神授的天命观中是一而二、二而一地展开，甚至学界认为"天、

道、圣、王四合一构成了中国政治的思维"。① 普遍王权既是政治上授命于天的权威，也是传递天命旨意、风化黎民的道德权威。当王朝腐坏颓圮，政治的合法性遭受明显的破坏时，其所倡导的礼乐制度也同时受到了怀疑。那么反过来，对于梁启超而言，对当前的清朝政治制度的怀疑，以及要求以西方范式来建立中国的历史主体，按照现代政治进行维新改良，其批判的角度也理所应当地从礼乐制度和传统政教史观着手。

1896年《变法通议》中，梁启超深为痛苦于中国之无历史。他将历史区别为"君史"和"民史"，"君史""在一朝一姓兴亡之所由"，而"民史"者"在一城一乡教养之所起"。在梁启超那里，中国之无历史的根本在于历史视角的差异，显然"君史"不能算作代表中国的历史。1897年梁启超在《时务报》刊《续译列国岁计政要叙》。他认为"君史"根本的问题在于对中国视野的覆盖和遮蔽。虽则中国学术几能与西学相提并论的唯有历史，然而围绕君史撰述的历史，恰恰是中国身份的缺席。他批评"君史""不过为一代之主作"谱牒"，"若何而攻城争地，若何而取威定霸，若何而固疆圉，长子孙，如斯而已"，"至求其内政之张弛，民俗之优绌，所谓寖强寖弱，与何以强弱之故者，几靡得而睹焉"。② 在1897年的《湖南时务学堂札记批》中，梁启超更趋于激烈。

教习梁批：

有君史，有国史，有民史。西人近专重民史。中国如九通之类，可以谓之国史矣，然体裁犹未尽善也。若二十四史，则只能谓之廿四家谱耳！无数已往人与骨皆朽化矣，而斤斤记其鸡虫得失，而自夸曰史学，岂不谬哉！③

他认为整个二十四史，不过是百十人的家谱而已。如此之史，与西方近代合理化的民族国家历史相比，当然算是无历史。因而梁启超的他者危机显然极其明显。"惟其文明进步变迁之迹，从未有叙述成史者"，其所谓历史，"知有朝廷而不知有社会，知有权力而不知有文明也"。④ 普遍王权与道统钳制下的历史所记录和构建的主体——朝廷和王权显然与梁启超所欲求认同的西方主体完全

---

① 刘泽华. 论天、道、圣、王四合———中国政治思维的神话逻辑［J］. 南开学报（哲学社会科学版），2013（3）：29.
② 梁启超. 湖南时务学堂札记批［M］//梁启超全集. 北京：北京出版社，1999：109.
③ 梁启超. 湖南时务学堂札记批［M］//梁启超全集. 北京：北京出版社，1999：107.
④ 梁启超. 东籍月旦［M］//梁启超全集. 北京：北京出版社，1999：326.

<<< 第二章 从中西到新旧：梁启超的危机意识与中国话语的创建

背道而驰。其背后所依赖的治史的观念，其所谓的正统则成为梁启超痛加批判之点。

1902年，梁启超不惜再对公羊学进行创造，企图从源头之内部来摧毁那个认识加深后愈发明显的由西方现代观念所反射的旧有自身——作为中国传统史学核心观念的正统论。在《论正统》中，梁启超激烈地抨击道："中国史家之谬，未有过于言正统者也。言正统者，以为天下不可一日无君也，于是乎有统。又以为天无二日、民无二王也，于是乎有正统。统之云者，殆谓天所立而民所宗也。"普遍王权的核心是尊君思想，在康有为思想里，元作为绝对意志表现在自然之天和人伦之道上，而君王则是联系天人之际的受命者。君王之言行牵动天命和世俗兴废，体现元的意志的实现程度，也即道统是否依照阴阳和五行秩序规范人伦世界，因此历史本质上是天道呈现臧否的记录，是对君主的褒扬或者讽喻，记录历史的根本目的在于得君行道。这与西方尤其是17世纪由黑格尔建立的历史哲学几乎是颠倒的。它不仅不存在个体，而且也绝非所谓理性的合理展现。那么中国之历史究竟是否有可能改弦更张，跨向那个向中国侵压同时又诱惑的现代身份呢？梁启超对"正统"做了今文经的公羊学发挥，将康有为乌托邦的三世说，再度向深处推移。他说：

> "统"字之名词何自起乎？殆滥觞于《春秋》。《春秋公羊传》曰："何言乎王正月，大一统也。"此即后儒论正统者所援为依据也。庸讵知《春秋》所谓大一统者，对于三统而言，《春秋》之大义非一，而通三统实为其要端。通三统者，正以明天下为天下人之天下，而非一姓之所得私有，与后儒所谓统者，其本义既适相反对矣。①

如公羊学之近乎观念史的溯源和再阐释那样，梁启超同样企图从中国"正统"的思想源头重建一个指向当下和未来的西方历史框架的概念内涵。这个颠倒在这里就是要将以帝王受天命之名义而体现的历史意志翻转为普遍个人组成的族群进化发展史，从一个静态的天道意志的体现更改为动态通三统。到梁启超对《春秋公羊传》的阐释，可以说达到了对《春秋》阐释的儒家思想的极限。董仲舒、何休等所竭力论证的"《春秋》新王论"与"《春秋》王鲁论""孔子素王说"，乃至康有为的"孔子改制"，都只能在天道一元论下进行。他们试图说明随着历史发展，天道的实现可以因时而异，损益周制，改制而不改道，从而将君权降低在天道之下。而儒家士大夫作为问道而成圣者，则因此可

---

① 梁启超. 论正统 [M] //梁启超全集. 北京：北京出版社，1999：746.

以在限制王权的基础上实现"得君行道"的政治理想。然而在历史意识的真正危机之下，梁启超已经完全不在儒家原则之下进行调整和改造，甚至康有为的仁学体系也无法作为真正的他者而与西方平等地对话，他彻底将天、道、君、人的秩序颠覆为人、君和历史。然而值得注意的是，梁启超为自己颠覆性的立论的支持依据，仍然是从"民贼"失德的角度出发，也即依然从道德出发，他说：

> 故夫统之云者，始于霸者之私天下，而又惧民之不吾认也，乃为是说以钳制之曰：此天之所以与我者，吾生而有特别之权利，非他人所能几也。①

将中国与西方现代的脱轨归之于"霸者"是对真正的天意的僭黩。实际天道从董仲舒的"天人感应"的神秘主义理念，到宋儒期待的"得君行道"之道，已经直接包含了尊君的内涵。王安石说："三德者，君道也。"② 陆九渊说："盖人君代天理物，不敢不重。"③ 当王权与道发生冲突时，也就是说梁启超所言"霸者"私天下时，宋儒所能采取的策略是："主上倚重之厚，庶几行道，道或不行，然后去之可也。"④ 到康有为尊孔保教，仍然未能脱离普遍王权之牢笼，要求保皇立宪。而梁启超与康有为，同样也未能在王权与道发生冲突时给出明确的解决之道。梁启超只能将这一棘手的问题放回断代史的框架内，以王权更迭的合法性取代了天道和皇权的冲突问题，将皇族血胤之"正统"与道统之"正统"做模糊的解说。然而从梁启超所举五代十国杀伐赓续来看，梁氏实际上更有夷夏观下的种族意识。"彼五代抑何足以称代？朱温盗也，李存勖、石敬瑭、刘智远沙陀犬羊之长也。"⑤ 因为无论梁启超如何为中国重建历史叙事，然而客观的事实是，两千多年来社会形态和族群社会生活实质上是停滞的，而可资撰述的，也只有以天道贯彻的王权政治。因此正统问题不可避免或者说可斡旋的范围在客观性上也就被限于皇室之正统、政权之正伪了。因之，梁氏之批判因限于史学的学术之内，最终只能回到主知主义之内，将批判的落脚点又落实到儒家学者的奴性学术。他直言："由于陋儒误解经义，煽扬奴性也。陋儒之说，以为帝王者圣神也。陋儒之意，以为一国之大，不可以一时而无一圣神

---

① 梁启超．论正统［M］//梁启超全集．北京：北京出版社，1999：746．
② 王水照．王安石全集（一）［M］．上海：复旦大学出版社：2016：215
③ 陆九渊．陆九渊集［M］．钟哲，点校．北京：中华书局，1980：431．
④ 黄宗羲．宋元学案［M］．北京：中华书局，1986：344．
⑤ 梁启超．论正统［M］//梁启超全集．北京：北京出版社，1999：748．

焉者，又不可以同时而有两圣神焉者。"① 普遍王权违背"天下为天下人之天下"的天道，其根本原因在于"鄙儒"之思想造就的恶劣结果。那么显然，当今如若改变天道长久以来的歪曲，那么批判儒学的错误思想，使之回归到《春秋》"正统"之真义，则成为最根本也是最直接的方法。同时，即便以普遍王权为统，梁氏认为其名实之间也出现了悖论，起而为寇，一旦夺得大宝，则列为正史，孰正孰非，王权自身成为自己的审判者，自身为自己正名，必然导致其合法性的荒谬。"第一，夷狄不可以为统，则胡元及沙陀三小族在所必摈……第二，篡夺不可以为统，则魏、晋、宋、齐、梁、陈、北齐、北周、隋、后周、宋在所必摈，而唐亦不能免矣。第三，盗贼不可以为统，则后梁与明在所必摈，而汉亦如唯之与阿矣"。② 摆脱这种荒诞性的根本，在于对"正统"的现代性的重新界定。"统也者，在国非在君，在众人非在一人也。舍国而求诸君，舍众人而求诸一人，必无统之可言。更无正之可言。"③ 因此梁启超最终将历史事实与历史观念的悖论的解决方案，确定为认识论问题，也成为在他的历史条件下思想边界的极限。然而从思想推导至实践，从应然到实然，作为梁启超致力于社会创造为目的的理论建设，出现了"休谟峡谷"的难题。尽管他最终显露出真实的意图，即试图将中国历史的改造与现实的西方模式进行嫁接，但是在实践逻辑上仍显得牵强而困难。"则如英、德、日本等立宪君主之国，以宪法而定君位继承之律，其即位也，以敬守宪法之语誓于大众，而民亦公认之，若是者，其犹不谬于得丘民为天子之义，而于正统庶乎近矣。"④ 英德日固然以宪法替代天命王权，然而立宪对于其时而言仍然是清朝政府的权力制度问题。那么从实名的应然到历史的实然，仍旧只能寄望于君王本身的德性和思想能否达到梁启超的认识高度，并且切割一切私天下的直接利益而实现。

二、再创"三世说"：他者目光下的自我重建

如果说在天道一元论的框架下对中国历史身份的话语构建既是梁启超言说的支撑点，同时也是梁启超就言说对象的接受所做的策略性叙事方案，那么可以说在戊戌变法前，梁启超的建构工作主要体现在对康有为"三世说"的再创造上。

---

① 梁启超．论正统[M]//梁启超全集．北京：北京出版社，1999：748．
② 梁启超．论正统[M]//梁启超全集．北京：北京出版社，1999：748．
③ 梁启超．论正统[M]//梁启超全集．北京：北京出版社，1999：748．
④ 梁启超．论正统[M]//梁启超全集．北京：北京出版社，1999：748．

三世说在整个儒家思想体系中具有一个非常清晰的话语构建历史。从《春秋》到《春秋公羊传》乃至今文经发展历程，是一个缓慢的观念化过程，到了清代今文经由常州学派及魏源等在西学东渐的背景下，加快了它的建构步伐。三世说本《春秋》叙事中"讳尊隆恩"与"辟害容身"之策略性视点，对十二公二百四十二年隐含的历史分期，以及根据其距离叙事者（孔子）远近采取的"书法"，被认为是作为隐含作者孔子所持有的一种语态，而其中则包含了作者处理历史材料的道义观念，即恩之深浅及微言大义的批评。因之董仲舒言："于所见微其辞，于所闻痛其祸，于传闻杀其恩，与情俱也。"① 因此在本义上，三世仍是有待说明的孔子一人之态度和写作之方法。既而东汉何休再做发挥，赋予三世说以历史观，"以理人伦、序人类，因制治乱之法"，再赋予治乱之历史以时间观念，"于所传闻之世，见治起于衰乱之中……于所闻之世，见治升平……至所见之世，著治太平，天下远近大小若一"②，同时引"内外之辨"入历史以为政治空间观念。如此将天道的王化呈现为一个纵向上中心扩散、横向上线性深化进步的时空观念。天道与普遍王权从西汉的静态与隐显之间，被构建为动态纵深的时空发展观念，产生了历史的哲学化基础。此处需注意，在何休那里，历史并非隐含现代意义上的"进步"，而是天道在时空上展开和实现的程度，是天命治道对人伦秩序规训与整合其背向的状态。从根本上说何休仍然持天道一元论的宇宙观，只是他呈现了一个更加复杂化的、动态纵横的天道状态。其意在"拨乱世，反之正"，根本上还是发于思想归于思想，是对人的精神世界的改造要求。然而何休对于天道必然大化天下的乌托邦精神，被后继者敏锐地把握并继续予以推动。尤其是乾嘉常州学派、庄存与复兴今文经、刘逢禄抓住三世说之外，又发明"通三统"。综合通三统、张三世，将何休的天道大化具体为政治的合法性和制度革新的必要性，打开了三世说变法观念的端口。而到了龚自珍，认为三世说非独《春秋》之说，而是六经之普遍精神："三世之法谁法也？答：三世非徒《春秋》法也，《洪范》八政配三世，八政又各有三世。愿问八政配三世。曰：食货者，据乱而作；祀也，司徒、司寇、司空也，治升平之事；宾、师乃文致太平之事，孔子之法、箕子之法也。"③ 以此龚自珍强行开启了一个天道在礼乐制度上接近"进化"的观念。三世说开始脱离《春秋公羊

---

① 董仲舒. 春秋繁露·楚庄王 [M]. 北京：中华书局，2012.
② 春秋公羊传注疏 [M]. 何休注，徐彦疏，刁小龙，整理. 上海：上海古籍出版社，2014：25-26，39.
③ 龚自珍. 龚自珍全集（一）[M]. 王佩诤，校. 上海：上海古籍出版社，1999：46.

传》的学术范畴，以为变法而独立，"自古及今，法无不改，势无不积，事例无不变迁，风气无不移易"①。由此三世说获得了自由的话语场域，不再为本义和家法所禁锢。当然龚自珍也因此获得了混淆今古文家法的恶谥。② 三世说与变法、进化的融合经廖平刘歆伪经说的启发，在康有为那里终于得到系统化的建构，成为蔚为大观的独立哲学化体系。康有为所在的19世纪80年代，已经是西学开始从表面认知到深刻内化的阶段。尽管康有为还未读到严复的《天演论》，但相当的西方自然科学和社会知识已经透露出进化论和自由民主的观念。康有为既有刘歆伪经、孔子改制的思想为基础，便已经自由跨越于家法之外。他创造性地将《礼运》"小康""大同"与《春秋》三世说结合在一起，并融汇汉传佛教现世观念，构建出一个宏大的进化论的天道观念，并已经开始萌生出将中国历史身份与西方现代化相并拢的思想。他将升平世和太平世与君主立宪和共和制相对应，因而也将中国历史身份的本源导向了西方现代历史模式之中，企图为维新变法创造历史合理性。然而康有为终究没有跨出天道一元观念，因此他坚持天道对人间社会秩序的统摄作用，并将仁作为人的本质和社会同一的原因。他认为"三世进化"是天道的实现秩序，不可躐级而升。整体而言，康有为将何休天道必然大化天下的乌托邦精神与汉传佛教普度众生的理念推向了极致。

康有为三世说成于长兴草堂时期，是触动梁启超思想起源的主要内核。"其弟子得读《大同书》者，惟陈千秋、梁启超。读则大悦，锐意宣传一部分"。③与康有为坚持小康为中心的三世说不同，梁启超将整个《大同书》的三世推至大同为中心，并对三世说的应然性做了逻辑化的丰富和强化：

> 治天下者有三世：一曰多君为政之世，二曰一君为政之世，三曰民为政之世。多君世之别又有二：一曰酋长之世，二曰封建及世卿之世。一君世之别又有二：一曰君主之世，二曰君民共主之世。民政世之别亦有二：一曰有总统之世，二曰无总统之世。多君者，据乱世之政也；一君者，升平世之政也；民者，太平世之政也。此三世六别者，与地球始有人类以来之年限有相关之理，未及其世，不能躐之；既及其世，不能閟之。④

---

① 龚自珍. 龚自珍全集（五）[M]. 王佩诤，校. 上海：上海古籍出版社，1999：315.
② 蒙文通. 井研廖季平师与近代今文学 [M] // 蒙文通文集·第三卷·经史抉原. 成都：巴蜀书社，1995：105.
③ 梁启超. 清代学术概论 [M] // 梁启超全集. 北京：北京出版社，1999：3152.
④ 梁启超. 论君政民政相嬗之理 [M] // 梁启超全集. 北京：北京出版社，1999：96.

康有为据乱世、升平世和太平世之带有乌托邦色彩的小康和大同，被梁启超替换为政治制度具体的变更，而在儒家思想整体向下位移中，将原本在天道观中被动地处于接受风化的"民"与西方的民主观念相合并，因此三世说的理论结构从元—天—仁—君转化为民—群—君，去除了天道的哲学源头，直接利用三世说形式化的历史进化框架。在此处，展现了梁启超强烈的中国历史的他者转化意识和惊人的创造能力。

他首先将三世说与近代西方尤其是黑格尔历史哲学进行比对，并从自身寻找同一性。"泰西学者，分世界人类为三级：一曰野蛮之人，二曰半开之人，三曰文明之人。其在《春秋》之义，则谓之据乱世，升平世，太平世，皆有阶级顺序而进化之公理。"① 天理与公理在此具有了公约性，弥合了两者之间深刻的鸿沟，而其间的公约数就是进化观。天理之三世的教化与公理的殖民合理化两者之间无论是哲学起源还是伦理目的都是风马牛不相及的，然而这是梁启超当此阶段所能够思想的有限的支撑之一。

既然天理与公理在进化论上达成了同一性，那么梁启超如同康有为那样，必须回到中国思想的源头来进一步再建一个符合西方他者的话语体系，一个在康有为基础上的质的突破。这一工作在梁启超《读〈春秋〉界说》（1898）和《读〈孟子〉界说》（1898）两篇文章里进行了系统性的发展。此两文为其1897年冬在湖南时务学堂讲学所作，虽然主要是为普及和宣传之用，但在其中梁启超一方面进一步简明论证了康有为三世说，另一方面做了自我思想的突破。

《读〈春秋〉界说》共十一条，以问答形式对公羊学说做祛魅式简明解释，使得康有为那种高度混合且玄奥深邃的学说——尤其是《春秋董氏学》（1896）——成为一种斩去枝蔓、省略脉络为直呈结论的一般常识。因其斩钉截铁而带有不容置疑的语态，将一个原本颠覆传统儒学观念的"沿伪袭谬，流为隐怪，几使董生纯儒蒙世诟厉"② 的离经叛道之学，变成不假思索的、自明性的口号。换言之，《读〈春秋〉界说》可视为维新变法的革命宣传册。且梁启超在有限的篇幅里采用三段论的形式逻辑方式，清晰地将康有为《春秋董氏学》《春秋笔削大义微言考》等做了高度的归纳和总结，同时采用问答辩难解疑的方式，又有一扫论战、归于无疑的意图。界说一、二、三、四直接判断《春秋》为孔子改制之书，梁启超将其比为《明夷待访录》《黄书》《校邠庐抗议》，实将孔子描述为处于历史危机中的一位政治激进分子。《春秋》宗旨为新王、改革

---

① 梁启超. 梁启超全集 [M]. 北京：北京出版社，1999：340.
② 苏舆. 自序 [M] //春秋繁露义证. 钟哲, 点校. 北京：中华书局，1992：1-2.

制度，那么其核心是改革的义理，然为"避时难"，既必须托于史实，又借事以"记号"。界说五、六、七、八则阐释康有为《春秋》三书的观念。今文经家认为《春秋》有微言，有大义，①梁启超继承康有为的创造，认为一是有不修之《春秋》，也即原始史料，当然梁启超认为是毫无价值的，比如《左传》；二是记号之《春秋》，是孔子修订的，并且使用特殊"书法"笔削以体现大义，就是现在所见的《春秋》，因"讳尊隆恩"与"辟害容身"，所以"文成数万，其指数千，大义炳炳，然仅二百余，脱略甚矣"②；三是口说之《春秋》，康有为比喻为代数之《春秋》，也即师师口说之传，那就是《春秋公羊传》《谷梁传》《春秋繁露》《公羊·何注》以及其他发掘之义。但口说之经却又众说纷纭，甚而抵牾，梁启超将这一问题描述成孔子真理因先师弟子口诵默记、辗转相授的情形，认为原本翔实但逮及汉代写于竹帛时已有散佚，一个类似释迦牟尼传经的过程。因而梁启超干脆去除芜杂，认为"益知先师所重者在口说，其事与文皆可作筌蹄之弃，故偶有错置之处，而不以为意，但求其义之传于后世而已"。③ 针对普遍对公羊学之"入则诡辞，随其委曲而后得之"的质疑，梁启超争辩为"恐其义不明显，故常变其词变其实以著其义"，而《春秋》之诡，梁启超认为恰如代数式之不定式，以纯粹形式的记号来表达其意涵，且春秋之所以有多种日月、地、书或不书、崩薨卒葬之例，乃是如代数之不定式之多种变量的需要。"算者之立法，所以求数也，使其不变，则无所用其例矣。……算者之立法，所以求数也，既得其数，则例亦筌蹄矣。"④梁启超认为左传家"敝于事"，而公、谷则"敝于例"，而他则要"以检讨对数之法"，采取代数的方式，"将《春秋》所有大义一一条例而出之"，以代数的科学和逻辑性对比《春秋》，源自康有为，但发挥于梁启超，如此不管事或者例如何蒙蔽人们的眼睛，那么《春秋》作为指导变革的纲领，同时天道正统之错误（前文所述《论正统》）也就扫荡而净。界说九、十、十一中尤以界说九是梁启超以西学入中学而有所发明之处。梁启超自我驳难，因康有为三世说隐、桓、庄、闵、僖为所传闻世，即据乱世；文、宣、成、襄为所闻世，也就是升平世；而昭、定、哀为所见世，也即太平世。一个重要的历史观的断裂是，三世说仅仅在十二公之间就结束了，

---

① 微言大义是今文经的一般看法，"所谓大义者，诛讨乱贼以戒后世是也；所谓微言，改立制以治太平是也"。见：皮锡瑞，皮锡瑞. 春秋·经学通论[M]. 北京：华夏出版社，2011：362.
② 康有为. 序[M]//春秋董氏学. 桂林：广西师范大学出版社，2016：2.
③ 梁启超. 读《春秋》界说[M]//梁启超全集. 北京：北京出版社，1999：156.
④ 梁启超. 读《春秋》界说[M]//梁启超全集. 北京：北京出版社，1999：157.

它是一个封闭的自足体系，而无法与西方现代的未来维度相吻合。且"读者疑焉，以为自隐迄哀，鲁滋削，天下滋乱，而谓之升平焉，而谓之太平焉，甚矣，《春秋》之言诬而悖也"①，理论与事实的悖逆，成为三世说应然和实然冲突的内在矛盾。梁启超是如何解决内部矛盾与外部断裂的呢？在此处，梁启超引入了相对的观念，他认为所谓升平、太平，是一个相对于前者而言的进步概念，而非绝对的判断性指称。他引用崭新的自然世界进化图景来对比三世说的线性和开放性。他列举了世界进化从青苔到海绒螺蛤到大草大木到飞鱼飞鼍再到骨节脊袋动物再到立兽最后到人类世界，一个古生物到人类的考古学线索，他认为每一个中间阶段相对于前者是升平，相对于后者是据乱，而终归于人类太平世。相似的，人类社会从石刀期到铜刀期到铁刀期再到打牲期，再继而游牧再到种植最后到工商，梁启超注意到这一时期以生产力为人类社会发展进化史标准的现象，他认为以任何一个中间阶段为视点，其前后都可组成据乱、升平和太平三阶段。因此三世说是一个"如是演之而不可纪极"②的动态开放相对理论。在梁启超那里，三世说更比进化论具有兼容以人为观念中心的自然进化和社会进化的宇宙现象，也即如康有为大同世界观所言，在元作为绝对理念下，天是自然演化的根本，而仁是人间社会进化的本质和规律，元则是天与仁的形而上学基础。那么梁启超则以三世说作为糅合天与仁的整体框架，将两者的现象学存在整合于一个基本规律之内，力图说明三世说作为中国最源头的思想与西方现代宇宙观念和社会发展认识具有本质上的一致性，那么在历史的身份上，获得了归入西方历史轨迹的有效性和合法性。梁启超如同对三世说的政制发展的一君、多君、民君的繁复推演一样，认为三世本身在历史阶段上"有大三世、有小三世、有前三世、有今三世、有后三世"③，总之三世是一个相对理论，它必须被放入到一个进化的并指向未来的线性历史中才可能得以理解。通过去除事与例，将三世说相对化，并作为自然和人类社会发展的一般理解框架，梁启超成功地将三世说转化为一个理性的、系统的科学认识，它脱离了汉代的书法和微言大义，以及乾嘉的经世变法，甚至是康有为的宗教体系，而彻底成为一种与西方现代科学等同的一般认识规律。既然孔子早在两千多年前即"借记号以名义"以"教万世"，那么中国未来走向西方已经呈现的"升平世"甚至"太平世"，不仅对于西方而言具有他者的认同根源，而且在自身文化中也取得

---

① 梁启超.读《春秋》界说 [M] //梁启超全集.北京：北京出版社，1999：157.
② 梁启超.读《春秋》界说 [M] //梁启超全集.北京：北京出版社，1999：157.
③ 梁启超.读《春秋》界说 [M] //梁启超全集.北京：北京出版社，1999：157.

了内在的发展理路和合法性。

然而仍然有一个棘手的明显的诘难,那就是既然孔子早在两千多年前即已经建构了一条两千多年后西方才发现和实践的社会发展道路,为何在此漫长的思想发展过程中,中国不仅没有及时走上正确的"正统",而恰恰相反步入了鸦片战争以来落后挨打的局面呢?恐怕不仅是21世纪的知识分子需要追究这一问题,在当时中西大碰撞的时代,梁启超也必须对这个思想问题做出明确且合于三世说的理论话语构建。这一思考在简短的《读〈孟子〉界说》中得到了简明的解决。该文与《读〈春秋〉界说》先后完成,在理论上具有承接性,后者暗含对西方进化论的横向贯通,而前者是在思想史上的纵向分析。康有为万木草堂授学时期,习于研讨"学术源流",善于从长时段中概括总结中国学术思想的流派和脉络,对梁启超的思想产生了深刻影响。《读〈孟子〉界说》一方面是服务于这一时期亟待解决的梁启超自身话语身份的立足点问题,同时也是初步对中国学术渊源的一个梳理。该文共有十五界说,与《读〈春秋〉界说》的建构方式相同,梁启超不仅将孔子之学传于孟子作为主旨,同时就孟子学说与西方学术做了比较性阐释。

针对中国何以没有发展出孔子真正三世说的"天下人之天下"的大同社会历史形态,而是长期停滞于一君的小康社会而不前,梁启超直接认为罪在荀子。梁启超认为孔子之学并非完整地被继承下来,"孔子之学,至战国时有二大派,一曰孟子,二曰荀卿",孔子传经,六经创作有先后,且奥义深浅不同,孔子因材施教,《诗》《书》《礼》《乐》孔子早年所作,"著为雅言,荀氏一派传之";"《春秋》为获麟以后所作,昌言制作,为后王法,孟氏一派传之"。他巧妙地比喻荀子"为孔门之文学之科",孟子"为孔门之政事之科",荀子以礼法传经,而孟子得孔子真义以经世为要,再传《春秋》。梁启超将孔学分为小康之学和大同之义,小康之学用于治理升平之世,而大同之义"以治今日以后之天下"。荀子传小康之学,而孟子传大同之义。由于孟子大同之义陈义过高,不为时主所悦,未有作为,而荀子自汉兴以后,"十四博士大半属荀子之学",其弟子掌控了思想和政治的全局,强调尊君、拥护普遍王权的正统,注重礼法,排除异见,学术上因循经典,"二千年以来,无有知尊孟子者"。尽管宋儒重视孟学心性之学,但对于孟子经世大义,却几乎毫无认识,"有尊孟学之名,无行孟学之实",因此造成了中国两千多年小康社会的顽固延续。

中国社会的停滞不进乃是囿于荀学,那么改弦更张重回孔子名义,即回到孟子之学,是梁启超全部思想在此一阶段的落脚点。因此他不遗余力地对《孟子》进行经典的再建构,将《孟子》视为对孔子真义的坚持和发展,并在其中发明大同之义。他认为孟子全部学术于六经中实际上建立在《春秋》之上，而孟子的《春秋》又是以大同为核心宗旨。比之当今世界，梁启超认为孟子的学说，"有为今日西人所已行者，有为今日西人所未及行，而可决其他日之必行者"①。孟子所承孔子之学的真理性，未能在中国获得证实，然而却在西方得到了历史的实践。在时务学堂批阅学生札记时，学生质疑滕文公似乎已经采纳了孟子之言，为何"大国五年、小国七年必为政于天下"并未实现，梁启超认为思想的实践必须全面地展开才能达成历史效果。

  教习梁批：

  问得很好。然滕文当时实未尽行孟子之言。凡任一人，举一事，必尽其所长，乃可责其成效。若仅行其一二端，则有时反以生弊而已。今日中国之行西法是也。行之无条理、无片段，而反咎西法之寡效，可乎？观毕战问井田，以后更无下文，则滕当时必未尽行孟子之言明矣。行孟子言者谁乎？今日欧美诸国是也。美国远在西半球，而欧洲之民襁负归之；瑞士弹丸黑子之国，而西国凡有大政事，皆会议于此焉。所谓为政于天下者非耶？②

  此时一元论的整体观在梁启超的思想中占据主要地位，因此他认为实施一种思想，必须全面而整体地展开，仅仅就一二端的局部调整反而会产生制度上的弊端。其明证即为美国是孟子思想的真正全面实践者，而瑞士作为小国可以为政于天下，因此国无大小关键在于所行思想正确与否，也即对中国而言，是荀学与孟学的路线问题。

  在梁启超看来，孟学除了在《春秋》之义上真正继承了孔子大同思想之外，更是对大同思想的系统发展。在界说中梁启超认为孟子学说的宗旨是仁义，其经世宗旨是保民，以仁政实现王政、不忍人之政。仁作为核心，不忍人之心皆是康有为学说的核心，梁启超完全予以接受和继承。此外，孟子在战争上"言无义战"、经济上主张井田、人性论上强调性善，梁启超都认为是大同学说的系统展开。

  将孟子嵌入康有为思想体系，是梁启超在戊戌变法前思想的一个主要生发点。一方面，梁启超康有为三世说的宗教性做了进化论的改造，使其成为具有公理属性的纯粹的一般自然、社会规律，从而在中国思想源头建立与西方观念

---

① 梁启超. 读《春秋》界说 [M] //梁启超全集. 北京：北京出版社，1999：159.
② 梁启超. 读《春秋》界说 [M] //梁启超全集. 北京：北京出版社，1999：163.

的同一性；另一方面，从荀学与孟子的思想路线的区分在学理上解决了思想与实践、应然与实然的断裂问题，也即切实回答了中国何以两千年来停滞于小康而不进，它既是思想导致的结果，同时也是思想才可能解决的问题。实际上梁启超在此问题上是受到了谭嗣同的影响，谭嗣同在《仁学》中亦认为孔学本衍为两支，曾子、子思至孟子以及子夏、田子力至庄子，倡言民主而竟孔子之志，惜皆不传，而荀子冒孔子之名言"有治人，无治法"，阴防后人变法，言礼乐政刑，钳制思想，再传李斯，为祸亦暴于世。与谭嗣同认为"两千年之学，荀学也，皆乡愿也"的激进思想相比，梁启超更为理性，他承认"汉兴诸经皆传自荀卿，其功最高不可诬"，对于梁启超而言，避免偏激与极端，寻求理性的反思是其思想的根本任务。但是我们看到在天道一元的框架下，梁启超实际上是在乌托邦的思维下进行理性的反思和话语的构建，因此其思想的张力也必然随之出现。

从梁启超思想的发展看，以孟学替代康有为大同学说的混杂状态，使它摆脱了汉传佛教、基督教、阳明心学以及公羊学的纠缠，促使梁启超思想初步地理论化和体系化。然而更为重要的是，从荀子"法后王，尊君统"到孟子的民本思想的对立和转化，是梁启超戊戌变法后自由、民主和国家观念的一个主要思想生长点。后文将有详细讨论，此处略做引申。如果说谭嗣同对荀学的批判主要是引申出对尊君和礼教的否定，从而为冲破"罗网"而寻找思想来源，那么梁启超不是仅从儒家思想内部着手展开单纯的批判，这与本章所要讨论的梁启超对中国历史身份的话语建构是一致的，那就是对荀学的批判和对孟学的推崇，在于从孟学中勾连出西方的民主、自由和国家思想。在他戊戌变法后讨论国家民族主义最重要的文章之一《论权利思想》中，认为人生而有权利思想，乃是天赋良知良能，但是其不能得以彰显以至泯灭不齐者，"则常缘其国家之历史政治之浸润以为差"，他引用孟子思想"孟子牛山之喻，先我言之矣。非无萌蘖，牛羊又从而牧之，是以若彼濯濯也。历觉东西古今亡国之史乘，其始非无一二抵抗暴制以求自由者，一锄之，三锄之，四锄之，渐萎废，渐衰颓，渐销铄，久之而猛烈沉浓之权利思想，愈制而愈驯，愈冲而愈淡，乃至回复之望绝，而受羁受轭，以为固然。积之数十年、数百年，每下愈况，而常至澌亡"。[①] 民权因政制而侵蚀消弭，梁启超提出新民，"孟子曰：'子力行之，亦以新子之国。'"[②]

[①] 梁启超. 论权利思想[M]//梁启超全集. 北京：北京出版社，1999：671.
[②] 梁启超. 论新民为今日中国第一急务[M]//梁启超全集. 北京：北京出版社，1999：655.

认为个人是重回"天下乃天下人之天下"的基础。在强权论之下，梁启超竭力推动西方海洋文明中的冒险精神。"惟冒险故。进取冒险之性质何物乎？吾无以名之，名之曰浩然之气。孟子释浩然之气曰：'其为气也，配义与道。无是，馁也。'"① 戊戌后梁启超西学得以有新的突破，试图从中国历史身份中寻找与洛克、穆勒自由主义的吻合框架。他提出自由的两个我，一个是众人之我，一个是身体之我，将孟子的心性和王阳明的心学发挥到自由主体思想中。他以孟子阐释道："孟子曰：'物交物，则引之而已矣。'物者，我之对待也。上物指众生，下物指七尺，（即耳目之官）要之，皆物而非我也。我者何？心之官是已。先立乎其大者，则其小者不能夺也。惟我为大。而两界之物皆小也。小不夺大，则自由之极轨焉矣。"② 因自由有双重主体，一个是主体间之自由的我，一个是个体心性之我，前者产生群己的关系，后者是心性修养的对象。这样梁启超以孟子心性论将欧洲传统自由主义纳入中国一元论的框架体系之中。

三、中国的命名、纪年及世界之中国

三世说的建构来自从西方他者目光的审视中警觉到自我的差异性，并在带有知识的对象化以及殖民话语的评价中对自我采取的一种激烈的带有否定性的建构。梁启超要对两千年以来中国历史的思想源头进行瞄准现代的话语改造，不同于康有为的宗教性话语，也不同于谭嗣同在儒学框架下的激烈全盘否定，梁启超显然进行的是一种思想路线的评估性批判，即对荀学传经与孟学经世对孔子之学的不完全继承，导致与西方现代具有同一性的孔子真义在历史发展中如"牛山之草"一样颓废消失。孟学的振兴向后是对孔子真理的回归，向前则是对中国身份的内在逻辑的必然要求。在戊戌变法后1901年《清议报》上发表的重要论文《中国史叙论》中，梁启超终于在中国历史身份的话语构建上达到了思想上的初步成熟。梁启超写作此文的目的本雄心于中国通史的撰述，一个将中国身份彻底摆脱他者目光而走向西方视点方向的庞大写作计划，尽管最终并未实现，然而这份研究大纲基本将这部通史的思想路径和方法做了清晰的描述。梁启超在绪论中重申他并不是要重新写一部自足的运用新学思想的二十四史，相反他中国历史的写作目的在于将中国历史列入全球史的框架中，将中国的历史与中国的身份联为一体，从而追认中国在19世纪末的世界地位。

梁启超再次流露出西方他者造成中国历史身份缺失的危机和焦虑，黑格尔

---

① 梁启超. 论进取冒险 [M] //梁启超全集. 北京：北京出版社, 1999：667.
② 梁启超. 论自由 [M] //梁启超全集. 北京：北京出版社, 1999：677.

<<< 第二章 从中西到新旧：梁启超的危机意识与中国话语的创建

式地对历史进行哲学思辨而非单纯记录事件的历史成为梁启超亟待改造的目标。他说："近世史家，必探察人间全体之运动进步，即国民全部之经历，及其相互之关系。以此论之，虽谓中国前者未尝有史，殆非为过。"① 与他者作为自我构成的外壳有趣的另一观察视角，是梁启超非常敏锐地觉察到了同处于他者目光下的非西方世界的自我身份建构问题，构成了一个相同语境的互为参照的关系。他将与中国曾有相似历史处境的俄国作为比较，且将俄国置于西方的目光下再从第三者角度观察。他引用法国历史学家波留《俄国通史》："俄罗斯无历史，非无历史也。盖其历史非国民自作之历史，乃受之自他者也，非自动者而他动者也。"② 俄罗斯从13世纪被蒙古占领建立钦察汗国长达两个多世纪，并连续受到欧洲其他国家的侵略，直到17世纪彼得大帝变法改制而重回西方世界跻身帝国之列，并与西方列强屡割胶旅。俄罗斯和日本成为当时在梁启超眼中既曾经有共同的身份，而又成功转入西方并投注他者眼光过来的参照系。这与1898年3月康有为向光绪递呈《俄大彼得变政记》与《日本变政考》，要求光绪"乾纲独断"学习彼得大帝的出发点基本一致。因此在历史叙事中，梁启超在此所提之"他者"虽然没有笔者所言"他者"的现代性基本内涵，但是他已经觉察到历史叙事的他者性，也即历史叙事的根本目的不在于对历史本事记录的内在目的，在当世而言，是列身世界的意义途径。

以此为目的，梁启超首先建立一个类似汤因比的文明形态的世界历史观，并且类似黑格尔历史哲学那样将世界历史的中心放在西方。梁启超此时身处日本，应该已经阅读到了黑格尔的《历史哲学》，他在次年写作的《宗教家与哲学家之长短得失》中提及"而俄罗斯虚无党人亦崇拜黑智儿学说，等于日用饮食"，③ 已经对黑格尔哲学比较熟悉。梁启超对中国历史身份的建立首先是构筑在西方中心的他者知识之中的。他认为："今世之著世界史者，必以泰西各国为中心点，虽日本、俄罗斯之史家（凡著世界史者，日本、俄罗斯皆摈不录），亦无异议焉。"④ 能够理解到西方的东方主义的世界图谱是梁启超超越时人的关键之处，能否发现西方历史，并积极地接受与认同他者，同时采取主动的自我话语建构，是梁启超所处时代为知识分子提出的最为关键的问题结构。显然梁启超不仅处于这个问题的前沿，还是这项工作的首创者。他认为："西人论世界文

---

① 梁启超. 中国史叙论 [M] //梁启超全集. 北京：北京出版社，1999：448.
② 梁启超. 中国史叙论 [M] //梁启超全集. 北京：北京出版社，1999：448.
③ 宗教家与哲学家之长短得失 [N]. 新民丛报，第19号，"宗教"，第3页，光绪二十八年十月初一日.
④ 梁启超. 中国史叙论 [M] //梁启超全集. 北京：北京出版社，1999：448.

明最初发生之地有五：一曰小亚细亚之文明，二曰埃及之文明，三曰中国之文明，四曰印度之文明，五曰中亚美利加之文明。而每两文明地之相遇，则其文明力愈发现。今者左右世界之泰西文明，即融洽小亚细亚与埃及之文明而成者也。而自今以往，实为泰西文明与泰东文明（即中国之文明）相会合之时代。"① 梁启超对中西文明的碰撞采取了积极的态度，并认为中西文明的冲突不仅不会造成中国文明的衰落，相反他认为是新的文明再生的时代。而这一再生需要将中国历史做出泰西所期待的自我身份的创造，以构成文明对话的基础和支点。他认为"故中国文明力未必不可左右世界，即中国史在世界史中当占一强有力之位置也"②，也即梁启超在此明确地将历史与身份、文明与国力做了等量化的甚至是统一的并置。然而梁启超始终保持着冷静的思考，他认为中国能够步入西方历史序列，对于将来而言是必然的，然而"故今日中国史之范围不得不在世界史之外"③。

进而梁启超提出了一个在思想史上仍然占据重要位置的关键问题，即"中国"的命名。汪晖《现代中国思想的兴起》的问题意识即是从如何理解中国认同展开的。他认为近代以来有关中国的历史描述存在着两种中国叙事，作为帝国的中国叙事与作为民族—国家的中国叙事。他认为国家身份是全部思想史的一个根本性的问题，但是并未进行充分的思考，究其根本，"在一定程度上，这是由于中国、中华帝国、民族—国家等概念已经成为一种非常'自然的'范畴，人们无须特别地对这些范畴本身加以界定。然而，中国究竟是一个帝国，还是一个国家，以及如何理解中国认同本身，对于检讨中国与现代性的关系却是一个至关重要的问题"。④ 实际上梁启超在致力于构筑中国他者视域中的自我身份的时候，已经触碰并试图解决这个早已存在于梁启超思想范畴内的重要问题。梁启超认为：

> 吾人所最惭愧者，莫如我国无国名之一事。寻常通称，或曰诸夏，或曰汉人，或曰唐人，皆朝名也。外人所称，或曰震旦，或曰支那，皆非我所自命之名也。以夏、汉、唐等名吾史，则戾尊重国民之宗旨；以震旦、支那等名吾史，则失名从主人之公理。曰中国，曰中华，又未免自尊自大，贻讥旁观。虽然，以一姓之朝代而污我国民，不可也。以外人之假定而诬

---

① 梁启超.中国史叙论 [M] //梁启超全集.北京：北京出版社，1999：449.
② 梁启超.中国史叙论 [M] //梁启超全集.北京：北京出版社，1999：449.
③ 梁启超.中国史叙论 [M] //梁启超全集.北京：北京出版社，1999：449.
④ 汪晖.现代中国思想的兴起（上卷）[M].上海：上海三联书店，2014：2.

第二章 从中西到新旧：梁启超的危机意识与中国话语的创建

我国民，犹之不可也。于三者俱失之中，万无得已，仍用吾人口头所习惯者，称之曰中国史。虽稍骄泰，然民族之各自尊其国，今世界之通义耳。①

梁启超接触到了一个君权天授的普遍王权的政治体制与现代西方历史叙事中的民族—国家的差异，普遍王权以天命和道德伦理作为政权认同的根源，呈现出一个以君王为天人媒介的圆心，以中心圆形态泽被天下的政治格局，它几乎没有边界，仅有因文化主义的夷夏之别。且夷狄一旦被教化即可纳入普遍王权的帝国体系，成为"大小远近若一"之政治，因而中国自古以来是一个开放的以道德文化为认同标准的政治边界。而在梁启超看来，绝对不能接受以朝代而命名之中国，其普遍王权的循环历史身份恰恰与明确边界且进化线性历史身份的西方背道而驰。然而他同样不能接受"被命名"而丧失文化主体性，这与梁启超致力于身份建构同样也是龃龉不合。而传统的"中国"自视为天下之中心的天道思想似乎更为不妥，然而至少在梁启超所处之"革新之际，转巨石于危崖"② 的时代，在其现有观念和思想的资源中，梁启超还未能在中国之外寻找到可以充分建构身份的命名。这是梁启超思想的先锋性也是他的历史局限性所在，他因而只能勉强接受中国作为这个混合着帝国、封建，以及梁启超渴望建构的民族—国家混杂一体的内涵。当然随着梁启超在1903年前后发生巨大转变，从文化主义激进入民族—国家思想，尤其是在《新民丛报》中期以前其自由主义思想高涨期间，中国更被视为是具有民族国家主义的独立整体。然而1903年他旋即又由于幽暗意识再次退回以文化主义为主的保守阶段，其对中国的内涵实际上是发生着连续性的转变的。

随之梁启超转入一个棘手的历史时间观问题，提出了纪年概念。时间在现代性中占据着至关重要的历史作用，本尼迪克特·安德森在其《想象的共同体——民族主义的起源与散布》中对其做了影响较大的分析。他认为民族作为一种集体的想象，时间观念的转换在现代性的民族国家的建立中起到了关键作用。安德森认为在民族国家之前，中世纪的基督教教义强调永恒即将或终将降临，无须区分渺小的、尘世的过去和现在，他们相信时间的尽头是弥赛亚的降临以宣告一切，因此在历史观念上没有过去与现在的断然二分，也并没有历史是一条无尽的因果锁链这样的观念。然而进入现代以后，安德森仍然借用了本雅明（Walter Benjamin）的观念，与弥赛亚时间相反的时间观念被建构起来，即

---

① 梁启超. 中国史叙论 [M] //梁启超全集. 北京：北京出版社，1999：448.
② 梁启超. 十九世纪之欧洲与二十世纪之中国 [M] //梁启超全集（第一卷）. 北京：北京出版社，1999：369.

虚空的共时性时间观念（homogeneous empty time）。一种乌托邦的宗教末世观念的时间被公众化、社群化的世俗生活观念的时间所取代，安德森认为通过近代以来的报纸小说等媒体，形成了一种存在于现在的时间意识，一群人通过共同的想象产生一种抽象的共同经历的共时性，而这种共时性就是通过媒介填塞的虚空的共时性时间所构成的。梁启超在晚清的民族共同体想象起着关键性的作用，在后文亦将有详细的讨论。在此，笔者将梁启超建构国家历史身份过程中对历史时间的反思作为独立的思想问题看待，以观察梁启超如何处理传统天人观念下依据在自然上阴阳交替、四时耕作、甲子循环以及在政治上王朝更替、改朝换代的纪年问题。

梁启超在纪年问题上采取的是非常简明而不容置辩的立场，他认为"吾中国向以帝王称号为纪，一帝王死，辄易其符号。此为最野蛮之法，秦、汉以前各国各以其君主分纪之，尤为野蛮之野蛮"①。作为报章体的言论，梁启超纸面上直言废除帝王纪年的直接原因是"于考史最不方便"。实际上联系前文所述，梁启超接受世界历史的西方中心观念，且竭力将中国身份重新构建为一个转换他者身份的"文明"国家，那么显然他所说的野蛮纪年，绝非仅仅是不便于考史而已。尽管梁启超认为"罗马一教士乃改用耶稣降生为纪元，至今世界各国用之者过半"，然而他在纪年上并不认为宜采纳耶稣纪元。他认为耶稣纪元虽然是世界通行之符号，且从之则与泰西交通便利，但此纪年虽然同行但不及人口三分之一，对于更广大的中国人口而言，梁启超认为在宗教信仰上，"泰东史与耶稣教关系甚浅，用之种种不合"，更为重要的因素是，"且以中国民族固守国粹之性质，欲强使改用耶稣纪年，终属于空言耳"。实际上梁启超在纪元问题上采取了实用主义的，或者甚至是功利主义的态度。从其应该使用哪种纪元的选择上即可见一斑。在最早谈论纪元问题的文章《纪年公理》（1898）中，梁启超认为"纪元必归于一，一者何？必一于教主也"，就是把纪元更加功利主义地等同于直接的民族国家信仰的符号，而非更加间接的西方身份的认同，尽管在梁启超的思想中后者更加重要，但是现实的大众认同的滞后使他采取了曲线渐进的态度。在此文章中，梁启超认为应该采取"以尧舜纪其可也"②，即使用尧纪元，如此可以将孔子以前至今全部历史整合为一个全体观的时间概念。然而在《中国史叙论》第六节"纪年"中，梁启超认为"惟以孔子纪年之一法，为最合于中国。孔子为泰东教主、中国第一之人物，此全国所公认也。而中国史之

---

① 梁启超. 中国史叙论［M］//梁启超全集. 北京：北京出版社，1999：451.
② 梁启超. 纪年公理［M］//梁启超全集. 北京：北京出版社，1999：451.

繁密而可纪者，皆在于孔子以后。故援耶教、回教之例，以孔子为纪，似可至当不易之公典"。在《新史学》(1902)的《论纪年》中，再次重申了以孔子纪年，并附加了"纪之使人其尊崇教主之念，爱国思想亦油然而生"的理由，与此时梁启超强调国家观念具有内在一致性。

梁启超在主张以尧纪年抑或孔子纪年的同时，在他的观念中并非是如表面所显现的依从康有为尊孔和保教的政治路线，相反至迟在《汗漫录》(1899)中梁启超使用了基督纪年的公历。他在游记中以日记之形式每标明公历之日月，因此在整篇游记中，梁启超是站在新旧世纪交替的历史意识中，自觉站在世纪之末对甲午战争以来尤其是"戊戌"后容日的总结和对新世纪的未来进行话语运作的节点之上。在首篇日记中，他写为"西历十二月十九日，即中历十一月十七日（以后所记皆用西历）"，且又以相当篇幅讨论了纪元统一之重要性。他认为国人"皆不可无舍己从人之识量，夫然后可引其线以至于大同也"。①虽然在使用纪元的理由上他仍然仅提"同律度量衡""留其有用之脑筋"之理由，但无疑他把此最终归于实现大同之根本上。梁启超应该是近代中国较早在时间观念上感受到世界性以及东方性的思想家，尽管有学者认为中西时间观念在文化源头即有深刻的差异性，② 近代中国接受西方现代时间观念被认为是中国思想启蒙的关键，梁启超能够首先触动这一第一动力，正如前文所述是他在危机意识下试图构建中国历史身份的思想任务所推动的结果，而时间问题也促使梁启超将自身的思想和实践活动不断地以西方作为历史的参照系，从而以中西为坐标，以现代性的线性发展为维度，把自身的社会改造推进了世界的框架之内。

第三节 从中西到新旧：戊戌叙事的建构与缝合

变法终究失败了，激烈如康梁上下奔走，洋务旧党如张之洞、李鸿章之温和支持，亦有朝中如陈宝箴、黄遵宪之大兴实务，最终百日维新止于六君子喋

---

① 梁启超. 梁启超全集 [M]. 北京：北京出版社，1999：1216.
② 时间被认为有内在的主观经验的时间和外在于人的客观的时间之分。在时间观念的文化差异上，西方的时间观念被认为是在天人分离、主客体二元的基础上产生的，在宗教以及哲学上寻求超越时间的永恒性；而中国在天人合一的观念上，在一元论思想中将时间视为是包括天人秩序兴亡和个人的生死、心性的修养全部在内的整体。详细可参见：何丽野. 时间观：西方的"天人分离"与中国的"天人合一" [J]. 社会科学，2010 (8)：97-104.

血市口，康梁避走东洋。戊戌变法失败使梁启超的中国认同产生了巨大的动摇。

如果说一元论下的天命王权与仁义道德的根弊是思想造成的，那么在《中外纪闻》与《时务报》时期，梁启超先后发表的重量级政论如《变法通议》《古议院考》《论中国积弱由于防弊》《说群》以及旨在中国历史话语构建的学术论文《读〈春秋〉界说》《读〈孟子〉界说》等，包括康有为的《新学伪经考》《仁学》，已经在思想上做了相当的努力，亦起到了巨大的社会效应，然则戊戌政变百日而败，德宗幽于瀛台，六君子被屠，一切新政除京师大学堂外全部被废。戊戌政变成为梁启超国家叙事的一个重要转折。在"戊戌"之前，梁启超多以改造后的三世说以促成变法的内在合法性和外在紧迫性，然而在思想问题以解决的应然建构与事实发展的实然之间终于产生了巨大的断裂。那么梁启超如何解决应然与实然的话语断裂呢？在主知主义立场看来思想上可以解决的问题，在实践上遭遇到了巨大否定性，在将国家身份构建为西方他者的范式的过程中，其话语的有效性的根本究竟在何处？

1898年9月21日政变，梁启超奔日本使馆，恳求解救德宗及康有为，而自己已有意赴死。然而梁启超改变了主意，经伊藤博文和代理领事林权助协助，乔装经天津登上大岛舰于10月16日抵达东京。在惊魂未定、痛彻心扉之际，梁启超写下《去国行》一词。"君恩友仇两未报，死于贼手毋乃非英雄，割慈忍泪出国门，掉头不顾吾其东。"① 应然与实然的尖锐断裂，促使梁启超的情感和心态发生了巨大的变化，心灵的震动和创伤使他产生了强烈的应激反应，谭嗣同的烈士气概更激发了他慷慨悲壮、义无反顾的决绝。然而逃亡日本又增加了一个新的话语空间，即日本这一已经完成新政的比邻之国作为中国的镜像，不仅从其获得已经现成的历史经验，同时在正反之间往返内视自身的历史身份。在悲情之中，梁启超仍然未忘其政治任务，自比申包胥请兵抒国难，"我来欲作秦庭七日哭"，然而两国相形之下胜败强弱如此难堪，"尔来明治新政耀大地，驾欧凌美气葱茏，旁人闻歌岂闻哭，此乃百千志士头颅血泪向苍穹"②，二十六岁的青年在创伤下激发出了苍凉和悲愤之情，逼出他在穷途末路抛开一切的坚定和决绝。戊戌后梁启超思想从冷静、务实而客观的历史身份建构，一跃为激烈的批判和破坏，此心态的变化和现实实然的断裂造成的思想的突变有直接的关系。合于理性地、几乎温和地从历史思想资源的内部寻求向西方转化的合理性与必然性的话语建构，转向严厉的政治批判和对积弊的破坏，其中的跨越是

---

① 丁文江，赵丰田.梁启超年谱长编［M］.上海：上海人民出版社，1983：102-103.
② 丁文江，赵丰田.梁启超年谱长编［M］.上海：上海人民出版社，1983：102-103.

<<< 第二章 从中西到新旧：梁启超的危机意识与中国话语的创建

对戊戌政变的叙事过渡。

因此，无论是梁启超思想的内在连续性还是从温和建构或者激烈破坏，如何对戊戌政变进行策略性的话语构建，缝合戊戌政变之前对中国身份的应然建构与政变导致的实然的尖锐矛盾和断裂，成为梁启超历史话语构建的关键。因此，梁启超抵达东京仅两个月，立即于12月23日在横滨创办《清议报》，在该报创刊号"支那近事"专栏开始刊登了《戊戌政变记》——梁启超对应然与实然做出建构的重要文章，当然这一工作还包括了他对德宗以及谭嗣同的话语构建。在这份重要的历史兼有思想构建的文章里，梁启超是如何通过戊戌政变的话语建构来完成第一次出现的话语危机的呢？

对戊戌变法史的研究从资料发掘到研究成果已经汗牛充栋，然而无论是历史研究还是思想史研究其基本的直接材料都来自梁启超《戊戌政变记》的叙述，在史料上依据《戊戌奏稿》（1911）及《康有为自编年谱》（又名《我史》）。①因此康有为和梁启超成为戊戌变法叙事的主要来源。然而原本对康梁叙事持毫不怀疑的情况渐渐因研究的深入和新的史料的发现变得扑朔迷离。当代史学家台湾语言研究所研究员、院士黄彰健先生以戊戌变法研究而闻名，首开康有为与梁启超在政变后一系列叙事的作伪之说，并在其《戊戌变法史研究》中进行了翔实的论证。黄彰健认为戊戌四月变法以前，康梁本意"保种、保教""保中国不保大清"，谭梁在湖南从事自立民权革命已有声势，不意康有为屡次上书竟然得光绪召见，使得康有为、梁启超、谭嗣同、唐才常决定转凭依光绪实行变法维新，然而光绪受制慈禧，维新不成反帝位不保，连续传密诏杨深秀、杨锐和康有为求得保全。康有为在光绪不知的情况下，授意谭嗣同密访袁世凯，意图突围颐和园实行政变。然袁世凯告密，变法失败后，黄彰健指出："康有为伪造光绪密诏、伪造《戊戌奏稿》、康梁伪造谭嗣同"狱中绝笔"、梁启超《谭嗣同传》隐讳谭嗣同《仁学》之主张排满、隐讳丁酉冬戊戌春谭梁在湖南从事自立民权革命活动等等"②，诸种令人震惊的结论引起学界的注意。随着20世纪80年代故宫博物院发现的一批康有为奏折抄本与进呈书原本，主要是《杰士上书汇录》以及康有为进呈光绪的一批各国变政考史料，黄彰健在有限资料情形

---

① 1958年中国史学会主编的中国近代史资料丛刊第八种《戊戌变法》，将《戊戌奏稿》（1911）中康有为的全部奏折和五篇进呈书序一并辑入，以及1958年国家档案局明清档案馆编辑的《戊戌变法档案史料》（中华书局版）成为戊戌变法史料的基本文献。其他戊戌变法史研究资料参见：茅海建. 从甲午到戊戌：康有为《我史》鉴注 [M]. 北京：生活·读书·新知三联书店，2009：自序2.

② 黄彰健. 论谭嗣同狱中诗——与孔祥吉先生商榷 [J]. 近代史研究，1995 (3).

111

下的大胆判断尽管有个别争议，但基本得到了证实。

现在先看看康有为就戊戌变法所篡改曲折之处，以显现康梁所力图构建的戊戌变法话语旨趣。正如孔吉祥等以《杰士上书汇录》对比康有为《戊戌奏稿》所分析的那样，"可以发现《戊戌奏稿》中所收的大部分奏稿都是戊戌年以后伪造、改篡或补缀的。这些伪件有意加添了不少主张立即立宪法开国会的内容，与康有为当时的真实主张不符，不足为据"①。就目前学界考证的一般看法，康有为于《戊戌奏稿》中篡改的大旨主要有如下。一是于原本中加入了"立行立宪"的主旨。比如《应诏统筹全局折》较原本添加了"开制度局而定宪法"，提高原本中制度局之职能地位"商榷新政，草定宪法"；且在奏本末添加了"近泰西论政，皆言三权：有议政之官，有行政之官，有司法之官。三权立然后政体备"，以详细解释立宪的权力分配制度。而在光绪于仁寿殿召见后呈递的《敬谢天恩并统筹全局折》，在《戊戌奏稿》中也做了篡改，将"重立典法"改为"宪法如何而定"，此外在《进呈突厥削弱记》改有"皇上神圣英武，且决立宪"，在《请告天祖，誓群臣以变法定国是折》亦有"采外国之良规，引宪法之公议"。且在以上改易奏折中，显然将原初恭敬温柔、条理繁杂的建议做了口吻端正、归纳梳理的修改，其崇恩温良的臣子形象亦转而成为帝王师的政治家的姿态形象。二是将原本中的制度局改易为开设国会。制度局在维新前是康梁政治纲领。在戊戌变法的方案中，康有为企图通过设立制度局及十二专局，架空军机处、总理衙门和六部九卿，迫使旧的官僚机构逐步出局，而制度局作为中央的决策机构，是康有为构思未来参议决策掌握变法领导权的重要步骤。而康有为的诸多建议经总理衙门等复议后均得到了施行，唯独制度局及其附属机构"整个政治高层不顾光绪帝的旨意，决计阻挠，成为戊戌变法中政治斗争的核心"②。康有为多次强调"制度局不开，琐碎拾遗，终无当也"③。可是《戊戌奏稿》中，在首次呈献给光绪的《日本变政考》的奏折《进呈日本变政考等书，乞采鉴变法以御侮图存折》中，康有为以局势间不容发，砥砺光绪"假日本为向导，以日本为图样"，"开制度民政之局，拔天下通达之才，大誓群臣以雪国耻"。在奏折中康有为强调日本变法，以民选议院为大纲领，"国会、议院是泰西第一要政"，然而康有为极力劝说光绪勿要操之过急，"惟中国风气

---

① 王晓秋. 戊戌维新期间康有为政治主张的再探讨［J］. 社会科学研究，1984（8）.
② 茅海建. 从甲午到戊戌：康有为《我史》鉴注［M］. 北京：生活·读书·新知三联书店，2009：299.
③ 杨家骆. 戊戌变法文献汇编（第三册）［M］. 台湾：文鼎书局，1973：73.

未开，内外大小多未通达中外之故，惟有乾纲独断，以君权雷厉风行。但当妙选通才，以备顾问"。此论点与梁启超《古议院考》"凡国必风气已开，文学已盛，民智已成，乃可设议院"的主张是一致的。然而在《戊戌奏稿》中显然是以开国会作为维新施政之纲领。在《请定立宪开国会折》中称："臣窃闻东西各国之强，皆以立宪法、开国会之故。国会者，君与国民共议一国之政法也。盖自三极鼎立之说出，以国会立法，以法官司法，以政府行政，而人主总之，立定宪法，同受治焉。人主尊为神圣，不受责任，而政府代之。"而阔普通武《为变法自强，宜仿泰西设议院折》原本却是"拟请设立上下议院，无事讲求时务，有时集群会议，议妥由总理衙门代奏，外省由督抚代奏。可行者，酌用；不可行者，置之。事虽议于下，而可否之权仍操之自上，庶免泰西君民争权之弊"。显然康有为代阔普通武拟写的奏折里，并不是真正的国会制度，本质上是前几奏折里提到的类似制度局的议事机构，与康有为篡改后"不受责任"的虚君和"国会立法"完全是两回事。且康有为在年谱中自言："内阁学士阔普通武尝上疏请开议院，上本欲用之。吾于日本变政考中，力发议院为泰西第一政，而今守旧盈朝，万不可行。"又云："复生、敦谷又欲开议院，吾以旧党盈塞，力止之。"此与所篡改奏折相互抵牾，矛盾已经自显。三是对君权的态度转变。在戊戌变法前康有为五次受困不能直达天听，因此对君王上下壅蔽"人主不患体制之不尊，而患太尊"多有批评，认为君主应该纡尊降贵。而变法期间，受光绪恩遇支持，康有为转而强调以君权变法，君主权威应转弱为强，化衰为盛，强调君权的强化和执行力的高效。而《戊戌奏稿》中不仅添加了一份《请君民合治满汉不分折》，且将其他奏折有关强化君权，推动君权变法的言辞尽行删去，篡改为"兴民权，抑君权"，主张立宪及三权分立。此处稍做总结，康有为在《戊戌奏稿》中的篡改主要是将变法期间的施政纲领制度局改易为开国会，提出立行立宪，从强调君权变法改换为虚君权兴民权。概而论之，康有为所要篡改和构成的戊戌政变的话语，是康有为领导的立宪法、开国会、虚君权、兴民权的上层政治制度改革。其中关键的问题是君权而不是实际的制度局，这就意味着将原本的戊戌变法从清朝高层政治内部的嵌入式改革，通过篡改奏本改造成了以康党为主导的、从清朝政府外部介入性的、以西方或日本君主立宪为政治模式的制度改革。《戊戌奏稿》出版于1911年，正是康梁与孙中山关于辛亥革命期间君主立宪与种族革命大论战时期，将戊戌变法塑造成君主立宪而非封建改良，将康梁的政治主张构建为戊戌变法的延续和发展。章太炎讥笑"阔普通武之请立宪，天下尽笑其愚，岂有立宪而可上书奏请者？"① 正是康梁君主立宪在理论上的应然与历史实践上的实然的关键。而戊戌变法如果恰恰是真正的君主立宪而非封建改良，则康梁的理论即在政治实践上不仅是可行的，而且是实然的。那么即便这场君主立宪的政治改革失败了，那么其失败不是对政治方案的空想和不切实际的怀疑，而是该方案在落实到清朝政治上层时，受到了外部因素的干扰。也即说，君主立宪本身是毫无疑问的真理性政治方案，唯在特殊的历史条件下，该方案受到了破坏，民众无须就是否君主立宪进行合法性的讨论，而是应该就如何排除实践君主立宪的障碍进行群策群力。这应该是康有为不惜冒天下之大不韪而费尽心机篡改奏折、作伪自编年谱等诸多文件的真正政治目的。那么假如我们暂时接受康有为的戊戌叙事，即戊戌变法是一场真正由康有为主导的君主立宪变法，其合法性因在历史中得以实践而毋庸置疑，其失败不在于君主立宪思想的本身而是其外部条件，那么康有为意图将舆论及话语引向的君主立宪的外部因素是什么呢？这就落实到了梁启超话语的戊戌话语构建。

梁启超在政变后几个月就立即着手撰写了《戊戌政变记》，就变法以系统的话语策略构建了与康有为思想密切吻合的历史文本。此文以十二万字左右篇幅，以改革实情、废立始末记、政变前纪、政变正记、殉难六烈士传以及附录改革起源、湖南广东情形以及光绪圣德记五篇三附录的结构构成，实为梁启超历史话语构建的最重要的创造之一。

在该文中，梁启超一方面试图缝合君主立宪的应然与实然的断裂，以符合康梁在政治主张上的合法性和连续性，然而梁启超与康有为的重要区别或者说目标上的差异，在于梁启超不仅要在具体的政治方案上进行话语合理性的建构，同时在思想层面上，不得不继续完成他最初在历史身份危机意识下中国历史身份构建的工作。在《戊戌政变记》中，梁启超不得不面对一个尖锐的问题，那就是如果说中国的未来必须首先获得一个西方他者目光下的身份，并竭力通过自身的竞争性发展而最终取得与西方同等身份和能力的世界地位，梁启超不得不在中国历史源头寻找这种他者身份转化的思想逻辑并予以创建和塑造。然而戊戌政变的失败使得这一思想工作终于获得了一个来自历史实践的反馈和刺激，那就是即便在中国思想源头上即在孔子《春秋》大义上找到了"天下是天下人

---

① 阔普通武上奏的《为变法自强，宜仿泰西设议院折》据康有为称是其代拟。引文见：章太炎. 驳康有为论革命书 [M] //汤志钧. 章太炎政论选集. 北京：中华书局，1997：205.

之天下"的西方未来,即便将中国数千年停滞于小康的罪责归入荀学尊君奉礼的学术败坏,但是在真正改造中国政治、经济社会实践中,这套思想建构不得不将遥遥眺望的目光从中西历史的对比中拉回到中国自身由现在转化到未来的实际进程之中。这个落实的目光与此前眺望的目光的存在一个立场的调换——从一个以进化论为基础的世界主义的三世说的比较视野,转化为以伦理道德为基础的文化主义的民族国家观的主体视野。简而言之,梁启超从广阔的世界身份的焦虑不得不回到中国身份的主体上,为中国身份的框架形式切实地进行内涵的填充,才可能继续推进中国历史身份真正言说的话语内容和权力。这一立场的转化正是在《戊戌政变记》中完成的。

一般学界多从历史学和法学的角度研讨《戊戌政变记》,然而在思想史层面,它是构成梁启超思想立场转化的重要过渡文本。本节重点从梁启超对慈禧恶的塑造、谭嗣同的革命塑造以及清德宗的道德建构,来大致分析《戊戌政变记》是如何完成梁启超的思想立场转化的。

一、从中西到新旧的思想转换

在《戊戌政变记》以前,梁启超对中国历史的批判实际上是积极地迎合他者目光来返视自身的一种想象性审视,也即其批判的内涵和对象始终存在于思想领域之内。无论其《变法通议》中重要的政论还是湖南民权独立革命的活动,基本上是处于思想设计的阶段。因此他思想的对立面,是一个想象的、古老的、停滞的、中国的历史存在,它被视为西方的反面,一个与西方构成镜像的反向形式,这集中体现在前文分析的《读〈春秋〉界说》《读〈孟子〉界说》的讨论之中。因此,在他的思想中,尚未有一个切实的对立面存在,即便《论中国积弱由于防弊》《论湖南应办之事》等非常实际的政论文章对时弊和政治经济问题进行了尖锐的揭露和批评,然而实际上在思想层面它仍然是围绕着西方的镜像展开的话语。或者直言之,梁启超尚未触动到中国政治体制乃至文化价值的真正内核——高层政治和官僚体系,即既是普遍王权的也是道德教化的合一的天命存在。戊戌变法过程中,一个与普遍王权逆向的思想上溯至中国的核心时,才真正开始让一个构想的镜像与实际的对象在形象上真正合一起来,一个主体终于站在了本为它预设的那个镜像之内,那个人形的勾勒与实际的面孔也得以对位和清晰。那么这个真正的实体是何者呢?在梁启超的思想构建和文本叙事中,这个西方反面的镜像得以填补的实体就是慈禧,作为恶的、中国的、旧的、非理性的全部品质的实在,终于得以对象化。梁启超历史身份的焦虑从中西的比较往复的目光终归回到了中国主体自身上,他的焦虑因镜像实体的落实而转变为中国自身的新旧对比，从中西到新旧的跳跃，既是思想的逻辑顺延，也是历史实践的必然。

梁启超不遗余力地创造了康有为作为挽狂澜于危世的改革家的历史形象，以及其与德宗上下呼应、焕然一新的政治气象，并将光绪新政赋予史无前例的政治意义，"皇上虽上制于西后，下壅与大臣，不能有其权，不能行其志。然自四月二十三日以来，三月间，所行新政，涣汗大号，实有足惊者，虽古之号称哲王英君，在位数十年者，其可纪之政迹，尚不能及其一二也"①。梁启超回顾了康有为矢志不渝的五次上书，力陈变法之刻不容缓的救世之任，在康有为的感召下，光绪"毅然有改革之志矣"。在第一章"康有为向用始末"以全文录入了康有为光绪二十三年十二月五日第五次上书，此书六千余字，极言德国占领胶州虽为一个偶然事件，而其背后的世界局势是"故十年前吾幸无事者，泰西专以分非洲为事耳，今非洲剖讫，三年来泰西专以分中国为说，报章议论，公诧义声，其分割之图，传遍大地，擘书详明，绝无隐讳"，形势真正到了亡国灭种的地步，不仅"二万万膏腴之地，四万万秀淑之民，诸国眈眈，朵颐已久，漫藏海盗"，如不立即着手变法，则"且恐皇上与诸臣求为长安布衣而不可得矣"。② 而光绪览之，"肃然动容"，"曰：'非忠肝义胆，不顾死生之人，安敢以此直言陈于朕前乎？'" 梁启超特别强调了光绪与康有为君臣耿介、矢志革新的关系，一个自君权以变法的君臣改革班子，无论在理想、道德还是互信上都达成了前所未有的全新的改革基础。在第二章"新政诏书恭跋"，梁启超择选自四月二十三日至八月一日内 55 份光绪帝上谕，并以"谨案"形式予以分析和评价，构成了一个系统的、全景的君权变法的政治改革图谱。上谕显现光绪哀痛诏谕，决定国是的沉重心态和政治志向，且在一百零三天内连续地实施了一系列政治改革措施。

除了以上着力创造的政治改革的正面形象外，梁启超的历史叙事有以下几点可值得注意。在四月二十三日上谕案语中，梁启超提出了较为引人注目的中国六十年变法四界说。他在身处较近的历史时段以至往往因逼近现实而造成思想短视的情况下，非常敏锐而准确地对近代中国的政治改革的历史做出了至今看来仍然有效的阶段性把握，将中国在西方他者的外部冲击下，自身的内在性建构做了清晰的勾勒。他认为鸦片战争后二十年，魏源著《海国图志》提出师夷长技以制夷，林则徐创译西报，开始瞩目西方世界是变法萌芽的第一阶段，

---

① 梁启超. 戊戌政变记 [M] //梁启超全集. 北京：北京出版社, 1999：190 - 191.
② 梁启超. 戊戌政变记 [M] //梁启超全集. 北京：北京出版社, 1999：182.

<<< 第二章 从中西到新旧：梁启超的危机意识与中国话语的创建

然而此阶段开眼看世界仅属少数知识精英分子，"然此后二十余年，叠经大患，国中一切守旧，实无毫厘变法之说也"。同治初年，由于两次鸦片战争失败的创痛，曾国藩、文祥始洋务运动，此时渐知西人之长，创立制造局"以制器译书"，设方言馆和招商局，派留学生，开始局部变法。然而如梁启超在《变法通议》中叙述了同治初年德相俾斯麦的一段话："三十年后，日本其兴，中国其弱乎？日人游欧洲者讨论学业，讲究官制，归而行之；中人之游欧洲者，询某厂船炮之利，某长价值之廉，购而用之，强弱之源，其在此乎？"且理学家宰相倭仁以死抗议翰林部曹入同文馆学西文，举国守攘夷说，郭嵩焘奉使归国倡言西学，"为朝士所攻，卒罢去"。因此梁启超认为同治初年后二十年，不仅只是器物技术上学习西方，且政治上"朝士耻言西学，有谈者诋为汉奸，不齿士类。盖西法萌芽，而俗尚深恶，是为第二界"①。中法马江海战福建水师全军覆没，梁启超认为此时"识者渐知西法之不能尽拒，谈洋务者亦不以为深耻"，但是高层政治仍然守旧，社会风气依旧未开，制造局译书三十多年，仅售出一万三千本。梁启超认为此一阶段"盖渐知西学，而莫肯讲求，是为第三界"。梁启超总结以上六十年三个阶段的变法，认为对西方的认识不过是"称其船坚炮利制造精奇而已，所采用者，不过炮械军兵而已。无人知有学者，更无人知有政者"，还未真正认识到西方根本上的竞争力何在。那么甲午战败之后，才真正触动朝野，知旧法不可依，变法思想逐步广泛，帝师翁同龢首先讲求，辅导光绪，决意变法。"皇上圣明，日明外事，乙未五月翁同龢拟旨十二道，欲大行变法之事，以恭邸未协而止。"② 光绪亦试图催办铁路、矿物、学堂，但慈禧太后收回大权，"皇上几被废，新政遂止"。但此时《时务报》大开舆论，改革变法的风气已不同于以往。梁启超将光绪锐意变法新政，而慈禧密谋废帝作为近代变法的第四阶段，意味深远。他认为第四阶段的上层政治特征是"明于下而未行于上，新旧相争，大臣多不以为然"，"人心不一，趋向未定，虽云变法，仍是守旧而已"。梁启超将近代八十年变法的四个阶段构建为一个由外而内、最终抵达帝党和后党新旧政治力量的斗争的结局。中国的历史身份被建构成一个明显分裂的新旧之别。

二、慈禧之恶：现实的道德想象文本

显然西太后慈禧成了近代全部变法一个最后的阻挠代表，也即历史的进程

---

① 梁启超. 戊戌政变记 [M] //梁启超全集. 北京：北京出版社，1999：191.
② 梁启超. 戊戌政变记 [M] //梁启超全集. 北京：北京出版社，1999：191.

并非停步在中西文明的分歧之上,而是在重新建构了中国儒家天人思想的内涵后,在落实到实然的层面上时,中国历史身份的矛盾就表现为旧的中国与新的中国的冲突之了。

在四月二十九日上谕的按语中,梁启超充满悲愤地写道:

> 谨案:自四月以来,明昭累下,举行新政,责成督抚,而除湖南巡抚陈宝箴外,寡有能奉行诏书者,上虽谆谕至于三令五申,仍复藐为具文。此先帝时之所无,观历朝圣训可见也。然上虽盛怒,数四严责,终不能去一人,或惩一人者,以督抚皆西后所用,皇上无用舍之权。故督抚皆藐视之,而不奉维新之令也。
> ……
> 自今年四月下诏定国是以来,始为皇上之政,然大举之事,若开制度局派新政使等事,皆不能行,欲去守旧衰谬之臣,不能去,欲用开新通达之才,不能用,则此三月之内,虽圣政维新,然能行皇上之意,以成新政之规模条理者,盖千万而不得一可见矣。①

既然中国历史身份的他者转化的中西矛盾是由于孔学之不传,那么显然可以通过思想重建加以解决,而落实到历史实践上的新旧矛盾,是否是由传统到近代的"新政"所导致的呢?其新旧力量反映在上层政治中的冲突是否是变法带来的呢?梁启超在其戊戌叙事里显然不这么看,也就是说新政不应该也无须担负起新旧矛盾的责任,它不是中国历史身份转换的合法性造成的矛盾。梁启超在四月二十七日的慈禧诏谕二品以上达成谢恩陛见上谕案语中罗列旧势力对新政的一系列剪除措施,在国事诏书刚刚下发后,翁同龢被逐,荣禄在奕䜣死后出任督直隶,统领北洋三军,并预备天津阅兵,梁启超认为新政始于二十八日之后,而慈禧谋行废立则在此之前已经埋伏。因此梁启超断言:

> 外人不谙朝事,或疑因维新之急激,遂以致败。由未知废立之局早定,西后荣禄,预布网罗,听其跳跃,专待天津阅兵以行大事耳。皇上自知之,而翼挽回大局于一二。且翼收人才以救危机,康有为亦明知之,以中国危亡,圣主危险,入天罗地网而思救之,盖皆有万难之苦衷,苟未知西后荣禄之密谋,不能论维新成败之大局也。②

由此,在梁启超的戊戌叙事当中,戊戌变法是已成败局的必败新政,是明

---

① 梁启超. 戊戌政变记 [M] //梁启超全集. 北京:北京出版社,1999:199.
② 梁启超. 戊戌政变记 [M] //梁启超全集. 北京:北京出版社,1999:192.

<<< 第二章 从中西到新旧：梁启超的危机意识与中国话语的创建

知不得而为之的慷慨之举。即便是在当代，仍有思想史家认为维新变法败在过激的言论，而梁启超早已对此论做出预判性的论辩。在他的思想意识中，戊戌叙事的关键不在于讨论推动君权变法的立宪本身的实施方案及其路径选择，相反，光绪立宪开国会不仅在合法性上是不言自明的，其在梁启超已经论证的三世说的思想道路上也是具有严密的合理性的，而且光绪、康有为、梁启超乃至随后发动庚子勤王的唐才常在道义和德性上亦有悲怆的崇高性。

因而，梁启超在第二篇"废立始末"先后以四章详细描述了西后虐待皇上情形、光绪二十年以来废立阴谋、戊戌废立详记，以及论此次乃废立而非训政。不舍其繁地构建了一个贯穿光绪的废立史，将"舍位亡身，以救天下，自古之至仁大慈"的光绪置于以慈禧为符号的旧的中国的黑暗境地，它是自鸦片战争八十年以来中国试图在实践领域转换历史身份所抵达的最后绝境。

梁启超站在舆论的风眼内，从中西的话语跨越开始步入中国主体的内核，通过戊戌叙事"建构起一部道德发展史以对引发历史事件的心理学规律形成一个认识"，以其自身的思想逻辑创造了一个主导民族国家想象的历史话语，而这一话语恰恰是以慈禧之恶为批判符号的道德基础。梁启超在戊戌叙事中并不打算或者也没有意识到以中立的姿态来反思这场对中国历史发展而言非常重大的关键性变法运动，或者说在他思想中并没有一个自我否定的声音来对质他自身任何激烈的判断和分析。恰如他自己在分析鸦片战争八十年以来晚清变法的四个阶段所描述的，实际上晚清上层政治体制是多种矛盾高度复杂的混合体，而慈禧在实质上一方面寻求她自身的贪欲，另一方面也客观地发挥着维持摇摇欲坠的各种矛盾的平衡作用。因此一个试图从君权变法展开的政治改革，它所面对的是全部现存的思想体系、制度设置和阶级格局，而新旧也因此具有高度的相对性。就慈禧而言，辛酉政变后所推行的洋务运动即是在其与奕䜣联合主政时期开始进行的，在1884年奕䜣被罢免后，洋务运动亦未停滞，慈禧实质上是支持和发展洋务事业的。而奕䜣后，慈禧设立海军事务衙门，建立北洋舰队，以及随后晚清开始大兴铁路等，都是在慈禧的授意下进行的。① 1901年庚子拳乱之后，慈禧下诏"新政"，推动如"练新军，废科举，设学部，办学堂，派留学生出洋，设商部，提倡实业，等等"，实际上反而是承认和发展了戊戌维新。因此学界有持论认为："慈禧掌权的一生，是和洋务运动相终始的，洋务运动正

---

① 关于晚清铁路建设，可参见：夏雪. 晚清民国交界时期铁路历史与精神论述[J]. 九江学院学报，2016(1).

是以慈禧为首的晚清政府所奉行的'国策'。"① 尽管梁启超所描述的光绪登基十六年直至于甲午战争前无不逆来顺受、唯命是从，从翰林院侍讲恽毓鼎《澄斋日记》、军机章京许宝蘅的《巢云日记》等确可见一斑。然而在梁启超的《废立始末记》叙事中，慈禧显然在人性上寡情刻毒，人伦尽丧，五岁登基的幼年光绪失绝爱护、孤苦悲凉，更成于淫威之下，以至人格遭受了残酷的摧残。梁启超以其常带感情之笔端描绘出了一个令人切齿的"全民公敌"，构成了一个族群对其混沌不清、屡弱屡败的惨痛根源的高度集中心理体验和观念认同。将慈禧的骄奢淫逸与酷厉残忍形象的重合，置换了中国守旧党对进化的阻挠以及数千年以来专制积习构成的停滞文化，它以令人侧目凝视的方式，通过梁启超个人的舆论力量，在大多数人心目中形成了一个有关西方的鲜活的反面符号。如果本尼迪克特·安德森将语言与媒介作为国族想象的重要构成，那么具体到19世纪的中国，笔者认为一个被人忽略的重要的国族认同就是对慈禧之恶的话语构成与集体认同。与本尼迪克特所分析的东南亚根本的区别是，梁启超眼前的现代思想构成面临着一个世界文明史中所仅有的沉重历史包袱。当梁启超开始踏入思想领域，他立刻警觉到了中国历史身份在西方他者目光下的失语，在中西的交互凝视中，梁启超竭力构建一个中国历史的合理化理路，然而当这套理论落实到政治改革时，其复杂与难度远远超出了思想建构本身。它迫使梁启超不得不转向对自我的否定性批判，一个起于恶的民族想象，与本尼迪克特所阐释的神话构成的民族想象具有两种点差异：一是梁启超所构建的民族想象的文本来自现实而非远古神话，二是并非如斯皮瓦克（Gayatri C. Spivak）在《民族主义与想象》中所阐释的女性的母性的善的情感召唤。②

如果我们承认有关"民族构建"（nation‐building）的有关内涵，那么至少在这个概念之上，梁启超所构建的中国民族的最初鲜活刺激是来自现实政治与道德之恶的综合体，是梁启超将视线在中西的迂回转向中国自身当下的一个实践性的落脚点。回顾梁启超1895—1898年的叙事文本，无论是政论抑或史学、经学或者教育，即便在最激烈的湖南民权独立活动期间的时务学堂中，他始终将批判的对象瞄准中国的远古和中古，其激烈的不满和试图拨乱反正的要点是中国思想源头的偏离和丧失，但是对于身处的现实，却言之甚少，因为在历史

---

① 姜铎. 慈禧与洋务运动 [J]. 历史研究, 1991 (8).
② 斯皮瓦克认为伟大的印度史诗《摩诃婆罗多》中的蒂劳柏迪（Draupadi）在民族情感上起到了至关重要的作用。参见：斯皮瓦克. 民族主义与想象 [J]. 文艺研究, 2007 (2).

身份以及与西方对话的主体尚未建构完成之前，这不是梁启超最关心的问题。然而戊戌政变促使他能够不同于一般的思想家的书斋设想，而是亲手将一套思想落实到现实实践中，他借此触摸到了实然的当下中国最本真的内核。将这个内核构成一个在他的立场的话语并使得普遍意识对之予以认同，是梁启超反思中国主体性的主观要求。以慈禧之恶为符号的"旧中国"成为近代以来的一个民族想象，并持续在20世纪初产生巨大的历史推动力，甚至直到今日亦未完全消退。

梁启超准确而洗练的修辞、亲历者口述史的叙事视角、系统意义结构的安排，使得《戊戌政变记》中的慈禧之恶几乎成为戊戌政变后人们对慈禧最熟悉的印象，也将中国全部与进步相反的因素的集合与慈禧形象进行了合体，对内暴戾、贪婪、刻毒，对外奴颜媚骨、卑躬屈膝，甚至慈禧之恶不断演化和衍生，可以与此后众多的对旧社会的想象达成一种高度的内在重合性。在《清议报》强劲的影响力下，这个最初的来自现实政治与道德之恶的想象文本，从日本的普遍同情传递到了国内的巷议，人们对普遍王权终于产生了一种普遍的注意力。以往民众对于朝廷的存在是融入到一系列的纲常伦理之中的，朝纲政治与民间社会不存在一个中间的空隙，两者之间通过天命道德融入日常生活的精神律令之中。然而梁启超所构成的恶的想象，使得人们的意识中出现了曾经缺席的一个在场——清廷政治乃至旧中国的黑暗与落后。这种影响力当然来自《清议报》本身的传播力量，但另外，作为功利性的农耕社会，现实的恶的想象要远比不切实际的浪漫想象对19世纪民不聊生的中国更具有震撼力和号召力。斯皮瓦克认为："民族主义是对公众领域的直觉的条件和结果。在从最私密的到像现在这样的公众商讨中，作为负载本地文化的承担者，或者作为给予那些需要保护者以关心的人，妇女沦为一种工具，使民族主义得以合法化了。"① 在中国强调夷夏之辨的天人文化中，道德是一切合法性的根本。慈禧不是在政见上而是在道德上的罪恶，乃至一个刻薄残酷的不慈之母形象，彻底取消了站在维新对立面的政治的合法性。它唤起了人们起而行的冲动，试图挽救那个柔弱而睿智、身处水火而令人怜惜的光绪，而这个集体无意识的冲动在德宗形象的建构上获得了加强。

梁启超在《戊戌政变记》中以附录形式撰写了《光绪圣德记》，分为十五章，详尽地构建了一个与慈禧之恶对立的君王之善的话语形象。"我皇上之舍位忘身，以救天下，自古之至仁大慈，岂有过此者哉？"光绪皇帝被定位为"舍位

---

① 斯皮瓦克. 民族主义与想象 [J]. 文艺研究, 2007 (2).

忘身而变法"的悲情明君，一个任何儒家知识分子终身梦寐以求的政治情怀的想象对象。梁启超所叙述的核心——光绪的德性，与慈禧之恶的构建具有相似性。如果说慈禧之恶是将与西方全部的反面的中国集合到了不慈不仁不德的西后形象上，那么光绪的明君形象则是中国历史上对君王德性想象的一切优点的集合。梁启超甚至在1900年的《立宪法议》中油然赞叹："使天下古今之君主，其仁慈睿智，皆如我今上皇帝，则求助于民可也，不求助于民亦可也。"① 当然，他不无清醒地认为禹、汤之圣，难保无子孙桀、纣，故而宪法是必须的。但至少我们可以了解到，光绪在梁启超的叙事话语中始终占据着道德的最高领地。新旧中国在光绪与慈禧德性上的正反得到了恰好的处理，其话语机制的最隐秘之处在于，慈禧之恶是与西方背离的处于晦暗虽凶残但必将老死的过去，而光绪虽然身为数千年专制之君主，但是在公德与私德上却是蕴含着现代的道德楷模。在君主立宪思想下，光绪占据了新旧中国交替的顶端，从自身之旧中吐纳出新的品质和希望。梁启超在情感触动与理性认同上对光绪的德性都至为赞赏，光绪不仅勤勉克己，毅力坚韧，"鸡鸣而起，日晡乃罢"，"退朝则考读西法新政之书，日昃不遑，其勤政如此"②。且光绪求才若渴，用人不惑，不仅在复杂混乱的清廷中无满汉之别，更无士民贵贱之分，唯贤是用，因而也形成了强大的感召力，从善如流，可谓"去数千年之积弊"。而光绪个人道德品性，亦可作为一个民族可资标榜的典范，他俭德谨行，与西后的穷奢极欲形成极端反差，作为皇帝则与庶民生活无别，"御案破而不修"，"不好妃嫔"，"仅珍妃一人"，"绝无他嗜，目不邪视，足不妄行，口无妄言，惟好读书"，"盖俭德端行，出自天性也"。③梁启超详细描述光绪好学强记，读书甚丰时，且加入了一个细节：

> 上退朝之暇，手不释卷，绝无嗜好，即无权则惟以读书为事，故读书极多。昔岁无事，旁及宋元版本，皆置懋勤殿左右，以及汉学经说，并加浏览。及胶旅变后，上怒甚。谓此皆无用之物，命左右焚之，太监诡请不许，大购西人书览之，遂决变政。④

光绪焚书被守旧者诬为过激狂悖，但梁启超恰恰认为"从古英主刚决多如此"，光绪焚书恰恰是中国的政治核心产生西方历史方向的新机。然而这位千古

---

① 梁启超. 立宪法议［M］//梁启超全集. 北京：北京出版社，1999：405.
② 梁启超. 光绪圣德记［M］//梁启超全集. 北京：北京出版社，1999：253.
③ 梁启超. 光绪圣德记［M］//梁启超全集. 北京：北京出版社，1999：255.
④ 梁启超. 光绪圣德记［M］//梁启超全集. 北京：北京出版社，1999：255.

难得且孕育着新中国希望的君王恰恰明珠蒙尘，雪藏于毒妇之后，它昭示着中国在实然的层面生发新的可能性，但也隐喻着突破与变革的重重黑障。梁启超在构建了戊戌叙事后，实现了从中西的身份焦虑到自身主体性的建构的跨越，将中国与西方的区别转化为世界之新旧的差异，将中国之旧作为道德的恶与中国之新作为道德的善进行了隐喻的创造，不仅在自身思想上实现了过渡和转化，而且在社会之民族想象上构建了共同的文本，在对慈禧与光绪的移情想象中，政治开始成为一种民间话题，而国家的未来也由此变成一个公共的议题。

三、两种谭嗣同：梁启超话语构建的最终独立

史学界围绕康梁戊戌叙事多纠结于二人之作伪，争讼不休。① 实际上对于康梁尤其是梁启超而言，于其时之首要任务不在于做一个忠实的史吏，原本地将所闻所见记录下来，恰恰相反，我们必须注意到戊戌叙事是梁启超自我思想建构的重大转折这一问题，理解对真理和历史追求如此严谨之梁启超，何以不惜笔墨地建构康有为在戊戌变法中的精神领袖地位以及慈禧之恶、光绪之善的意图。梁启超在参与政治变革的实践后，不得不对形而上学进行历史化的转化，从中西话语过渡到中国自身主体性的内涵上来，一种新的话语必须接续而生，那么新和旧成为中西乃至进化的内在转化机制。以上所述即本于此意。但是我们还必须提出一个问题，即梁启超的思想大致独立于何时？显然这一问题可能对于任何其他思想家而言都是最重要的话题，然而在梁启超这里，成为一个不容易被引出的问题。因梁启超显著的"流质善变"以及自我申明的"以今日之我攻昨日之我"的解释前提，更为重要的是他一生几乎没有停止地吸收各种思想资源，以不断对自我理论进行调整，那么一个流动的河流潺潺不止，枝蔓庞复，其汪洋之处亦被掩迹于自身的蔓延无碍之中了。实际上从一个隐秘的细微之处，可见梁启超摆脱他人和自我之窠臼，开始思想之独立发展。这个不显见之处，就是梁启超戊戌叙事中如今看来非同寻常的谭嗣同的话语构建。

据狭间直树细密的考证，《谭嗣同传》在戊戌政变后有多个版本。1898年9月28日，谭嗣同等六位未经审讯被杀。此事最早由上海的《亚东时报》于1898年11月15日署名逸史氏的《六士传》刊载，该文以文言文撰写，共计一千三百九十字，逸史氏实为山根虎之助。文章以客观之笔触，以新闻传记的形式对戊戌六君子进行了报道。随后11月27日由东京的《日本报》以日文训读的方

---

① 可参考黄彰健、茅海建、孔吉祥等人著作。

式做了翻译和刊登。12月23日，澳门《知新报》① 以《清国殉难烈士传》为名，为增强其可信度和权威性，声称乃译自东京《日本报》，并做了文辞的删增和修改。全文一千七百二十字，所增加者为谭嗣同致康有为及梁启超的两份绝命书。此绝命书经黄彰健考证为作伪。② 删改处对本书而言值得注意者为两处：一是"把孔子改制孟子民贵之义《知新报》改为保国保教保种之义"，二是"谭嗣同起而和之甚力《知新报》后添加且自居弟子之列"。③ 在这里，谭嗣同的学术来源以及革命目的都被转向了康有为东渡日本后的政治主导方向，也即谭嗣同被康有为政治化了。尤其是《知新报》以翻译《日本报》为名义添加的谭嗣同遗书，共为两份，分别致康有为和梁启超：

> 受衣带诏者六人，我四人必受戮，彼首鼠两端不足与语；千钧一发，惟先生一人而已。天若未绝中国，先生必不死。呜呼，其无使死者徒死而生者徒生也。嗣同为其易，先生为其难。魂当为厉，以助杀贼。裂襟啮血，言尽于斯。

> 八月六日之祸，天地反复，呜呼痛哉！我圣上之命，悬于太后贼臣之手。嗣同死矣！嗣同之事毕矣！天下之大，臣民之众，宁无一二忠臣义士，伤心君父，痛念神州，出而为平勃、敬业之义举乎？果尔，则中国之人真已死尽。强邻分割，即在目前，嗣同不恨先众人而死，而恨后嗣同而死者之虚生也。啮血书此，告我中国臣民，同兴义愤，剪除国贼，保全我圣上。嗣同生不能报国，死而为厉鬼，为海内义师亡助。卓如未死，以此书付之，卓如其必不负嗣同、负皇上也。

至康有为遗书仅为百字，谭嗣同将自身的牺牲与康有为逃生以革命之大义联系起来，赋予康有为东渡日本后壮烈而令人同情的政治高度。且将戊戌维新视为一条漫长的道路，而戊戌政变只是其开端，谭嗣同与康有为各分其责，而"先生为难"则将改造中国、实现维新大业的重任托付给了此时在日本"哭秦庭"的康有为。致梁启超遗书显然更为真情意切，充满了知己之谊，比较与康有为遗书之仅系己命于康有为之大任，在这份遗书中谭嗣同更将一己之牺牲视

---

① 刊于《知新报》第七十五册，清光绪二十四年十一月十一日（一八九八年十二月二十三日）。

② 黄彰健. 康有为衣带诏辨伪 [M]//戊戌变法史研究. 上海：上海书店出版社，2007：528；连燕堂. 谭嗣同狱中绝命书当系伪作 [J]. 读书，1985（5）.

③ 狭间直树. 东亚近代文明史上的梁启超 [M]. 上海：上海世纪出版有限公司，2016：50.

为小我，更图中国之大我的觉悟和行动。他以告国人书的殷切心情，希望革命事业更图深广，而梁启超如能逃生，则"剪除国贼""保全圣上"、兴"海内义师"为其不负之重任。两份遗书思想目标显然重点不一，至康有为者以重康有为之大义重任，至梁启超者在于新民图治，强调保皇兴师。两份遗书已经经过多位史学大家考证为作伪，这似乎已经成为定论，早期汤志钧先生坚持为真遗书的观点也似乎已经站不住脚。在明确由梁启超撰写的发表于1899年1月22日，也即晚于《知新报》一个月左右的《谭嗣同传》中，梁启超只字未提这两份重要的遗书。梁启超作为中国现代史学的开创者，对历史研究的原则、方法和态度都有深入的探讨，前文首先着手从梁启超的历史危机意识探讨其话语构建亦是由此而起，同时梁启超谙熟于人物传记的写作，一生创作出了近人张之洞、康有为、殉难刘烈士传记，古人如袁崇焕、王安石、戴东原、朱启文等人传记，甚至在《中国历史研究法（补编）》中将"人的专史"列为专门史研究之首要。因之可知，梁启超对历史的态度是非常严肃和谨慎的，其早期受学学海堂的考证训练使其对知识抱有求真的态度，并且在真理上往往有为真理而真理的纯粹性，在思想深处拒绝为功利。如果我们大致上接受梁启超所秉持的历史态度和真理观是作如是观的话，返回到谭嗣同传记，可以看到，从《知新报》到《清议报》所存在的两种谭嗣同是处于极大的分裂的。而最终在《清议报》上所呈现的谭嗣同形象是梁启超思想摆脱钳制力量——无论是自我的还是外力的——的最终结果。

　　《知新报》所增删并添加了作伪遗书的谭嗣同是一个封闭的文本，并明确指向了康有为到日本后的政治活动目标。它不仅将谭嗣同一生所学归于康有为思想的延伸，并将谭嗣同自身的烈士精神和牺牲壮举落实到了维新变法真正的精神领袖康有为身上，将康有为推到了中国历史的最前沿，从而为康有为到日本后上书《钦差督办报事工部主事康有为撰奉诏求救文》提供了政治的前提条件。据狭间直树考证，两份遗书正是出于康有为《奉诏求救文》，并且康有为同时还伪造了其他五份诏书，其中作伪的《杨锐带出朱笔密谕》《林旭带出朱笔密谕》其目的与谭嗣同遗书一致，即构成中国政治命运系于康有为动员日本同情并营救光绪帝。向日本上书的求救文显然凸显出了康有为作为政治投机者的"时势"态度，"这里提出的标题是'求救'，即救出光绪帝，但对西太后的丑化却是贯穿始终。全篇充斥了'那拉氏淫乱成性''先帝之遗妾''淫乱之宫妾''异性之淫子''伪主''牝朝'等等的歇斯底里的蔑视女性的粗暴言语"①，显然对于企图赢得最大利益的日本而言，尽管有部分知识精英同情和支持维新变法，但是采取国际交涉乃至军事行动营救光绪，仅凭康有为伪造的诏书和遗书来打动和说服日本官方似乎太显幼稚，甚至带有康有为根深蒂固的乌托邦幻想色彩。实际上康有为到日本后的政治活动基本上未起到明显的效果，甚至在1899年3月22日，康有为在日方的礼貌劝说下离开了日本。

然而在政变逃亡后围绕"营救"的应激刺激的心理反应，梁启超显然受到或者与康有为思想产生了紧密的关系，"他从实现维新的自己这一方面对政变进行了分析，把为拯救皇帝而提出的救援申请看作应对政变的对策"②。梁启超在逃亡的大岛舰上致信伊藤博文和林权助，声称西太后欲刺杀光绪，恳求日本拯救光绪及被押入狱的谭嗣同六人。到日本后他再次致信首相大畏重信《救援大清皇上之请求》，在信中梁启超认为：

> 敝国此次政变，其原因有四端：一曰帝与后之争，二曰新与旧之争，三曰满与汉之争，四曰英与露（俄）之争。然要而论之，实则只有两派而已。盖我皇上之主义在开新，用汉人联日英以图自立；西后之主义在守旧，用满人联露西以求保护。故综此四端，实为帝、后两派而已。③

梁启超延续戊戌叙事之中国的新旧之别，同时进一步在舆论上推论为帝后两派之争，在思想上仍然具有极强的连续性。在这封信中，梁启超在思想上的另一个创造就是试图将中国的戊戌变法与日本的明治维新进行同质性的比较和构建，以期在维新改革的合法性以及国家政治命运上获得日本的理解。他将中国政治改革的情况做了分析比较：

> 敝邦今日情形，实与贵邦安政庆应之时（1854—1868）大略相类，皇上即贵邦之孝明天皇（1846—1868年在位）也，西后即贵邦之大将军也。

整个满族即日本的幕僚，中国也存在"公武合体论者"和"尊王讨幕论者"。但皇上在给康有为的密诏中明确写道："不变法，则祖宗之国不保；若变法，则朕之位不保"，可见"公武合体说"是绝不可能实行的。这与日

---

① 狭间直树. 梁启超笔下的谭嗣同——关于《仁学》的刊行与梁撰《谭嗣同传》[J]. 文史哲, 2004（1）.
② 狭间直树. 东亚近代文明史上的梁启超[M]. 上海: 上海世纪出版有限公司, 2016: 39.
③ 狭间直树. 梁启超对"国家"认知的心路历程[J]. 南国学术, 2016（3）.

第二章 从中西到新旧：梁启超的危机意识与中国话语的创建

本也无法实行是同样的道理。①

但梁启超又清醒地分析了日本明治维新与中国戊戌政变之间历史条件的重大差异，同时也构成了中国改革失败之因：

(1) 皇室与幕府是"君臣之分"，而西太后与皇帝却是"母子之名"。(2) 天皇在京都，将军在江户，不同处一地；而皇帝与西太后在同一宫殿，皇帝无法自由活动。(3) "萨长土佐诸藩"拥有兵权，而"敝邦之长门""湖南"却在"政变数日……一切权柄悉归守旧之徒，无不可用矣"②。

而中国与日本政治改革区别的根本在于明君无权、深陷危机，因此其挽救中国政治改革的要旨在于救光绪于水火。在此基础上，梁启超构建了一个新型的中日国际关系的观念，他认为："'支那之安危，关乎''地球和平争乱之局'。为日本计，日本之安危与'支那'的安危息息相关，而'支那'的安危则取决于'皇上位权之安危'。"③ 那么中国与日本的紧密关系其实在康有为于日本东亚同文会创机关报的刊号《东亚时论》（1898年12月10日）发表的署名更生的《唇齿忧》在政治策略上是一致的。然而与康有为相比，梁启超同时又致信东邦协会副岛种臣和近卫笃麿，并以匿名的《支那志士之愤悱》为题刊登在该会机关报《东邦协会会报》第53号（1898年12月）上④，在其时的思想更多地是建立在理性的政治立场上的自我辩护，同时竭力将中国政治改革纳入包括日本在内的西方合理化的历史路径当中，与康有为一味地保国保教保种以及延续"戊戌"期间的政治投机思想具有根本的区别。尽管此时梁启超受到同道被屠的刺激，与康有为基于"营救"大计，以建立"日本之安危系于支那，支那之安危决于'皇上位权之安危'"的政治策略为目的的话语构建是相同的。

然而在1899年1月22日，也即康有为离开日本前两个月在《清议报》第4册刊登的梁启超署名的《谭嗣同传》，梁启超开始试图切断他伪造遗书时无论是受命于康有为抑或他本人的政治冲动的那个思想歧路。⑤ 这一明显受到康有为

---

① 狭间直树. 梁启超对"国家"认知的心路历程［J］. 南国学术，2016（3）.
② 狭间直树. 梁启超对"国家"认知的心路历程［J］. 南国学术，2016（3）.
③ 狭间直树. 东亚近代文明史上的梁启超［M］. 上海：上海世纪出版有限公司，2016：40.
④ 狭间直树. 梁启超对"国家"认知的心路历程［J］. 南国学术，2016（3）.
⑤ 参见：王照《小航文存》卷三"复江栩云兼谢丁文江书"，于梁氏"立即子横滨创办《清议报》，大放厥词，实多巧为附会"下注曰："如制造谭复生血书一事，余所居仅与隔一纸桐扇，夜中梁与唐才常、毕永年三人谋之，余属耳闻之甚悉，然佯为睡熟，不管他。"参见：连燕堂. 谭嗣同狱中绝命书当系伪作［J］. 读书，1985（5）.

影响的求救思想显然与梁启超正在发展的中国历史主体性背道而驰，因为此版本的《谭嗣同传》，引起日本及国际范围视听震动的谭嗣同遗书被赫然取消了，尽管谭嗣同仍然被强制于康有为思想之下，被描述为"自称私淑弟子，自是学识更日益进"①，并在文内仍旧强调了生死去留的政治大义，"不有行者，无意图将来，不有死者，无以酬圣主。今南海之生死未可卜，程婴杵臼，月照西乡，吾与足下分任之"②，然而梁启超紧接着用"遂相与一抱而被"的刻画，予人强烈的情感震撼与真切的情景感受，在此传记中，梁启超已经尽量洗脱先前急切而功利的政治笔调，回归到情感与理智的合理性，并试图在道德上重新建立谭嗣同的人格高度。程婴杵臼与月照西乡的比喻既立显了两人共同政治理想以及道德上的崇高大义，同时也构建了中国与日本在政治改革上的相似命运，其在话语上的内模仿力量要比康梁在上书各国的拯救请求的比拟和说教更有舆论力度，同时也更令人信服。在谭嗣同的塑造上，显现出梁启超与康有为在思想观念上的深远差异性。一方面，梁启超师从康有为之前沉溺于学海堂，受到了严格而系统的考证学的训练，在少年阶段的知识体系以及建立其上的精神品质，也即对真理的毫无目的性的追求，是难以更易的。而康有为师从朱次琦经世实学，真理并不是其追求的根本目的，相反为实现经世目的，作为手段的工具性是不受限制的，如对孔子改制和刘歆伪经的学说等，因此康有为可以不惜伪造光绪诏书乃至谭嗣同遗书以达到动员日本的目的，而对于谭嗣同究竟其人为何在根本上是完全不予考虑的。因此关于构建或者还原一个什么样的谭嗣同，康梁在求知的问题上发生了根本的分歧。另一方面，康有为的保国保教保种思想自戊戌前到张勋复辟基本没有发生过太大的变化，在天元与仁的思想框架下，康有为的思想体系仍然是建立在传统天人体系之下，并未步出那个与西方截然迥异的中国身份之外。而与之相比较，梁启超从改造康有为三世说开始，就敏锐地觉察到中西历史身份的差异，并竭力创造出一个在西方他者目光下逐步合理化的中国历史身份，并试图将中国列入与西方同等性质的对话序列之中。在戊戌政变之后，他的思想开始从中西历史溯源的往复凝视转入到中国现实的政治实践领域，不得不进行中国历史实践领域的西方他者下的建构。他将中西的差异置换为新旧的差异，他不承认存在中国和西方、中国和日本的对立，他认为就世界范围看，同处于多君时代的乱世，那么中国与世界和日本的区别只有进化上的新旧差异。因此在思想的高度和广度上，梁启超在建构的力度和目标上都

---

① 梁启超. 谭嗣同传 [M] //梁启超全集. 北京：北京出版社，1999：232.
② 梁启超. 谭嗣同传 [M] //梁启超全集. 北京：北京出版社，1999：233.

已经远远超越了1895年前万木草堂时代的康有为。

《清议报》的《谭嗣同传》发表后两个月（1899年3月22日）康有为作为不受欢迎的人被当局劝说离开了日本，紧接着不到一个月，梁启超在《清议报》第11册（1899年4月10日）上发表了重整报纸宗旨的《本报改定章程告白》，依照梁启超自我思想的实现方向对报纸进行了全面的塑造。借此，梁启超的思想建构开始摆脱康有为，同时也从国内的政治思想中蜕变和发展，开启了国家民族主义第二阶段的思想历程。

本章小结

本章试图讨论两个问题，一是梁启超的思想产生的典范是什么，假如我们承认林毓生对"五四"知识分子思想的儒家典范的分析，即天人系统下的普遍王权在政治和道德的一元论以及"通过思想以解决问题"的主知主义是近代中国知识分子无法逃避的思想前提，那么处于19世纪末期中西文明大碰撞时代的梁启超更不可能摆脱这一儒家的学术和信仰的典范。将普遍王权的政治与伦理道德视为一种不可区分的整体，将政治问题与道德问题视为互通的两面，并试图通过思想予以解决，在梁启超的思想建构中是贯穿始终的。梁启超不同于西学东渐阶段中龚自珍、魏源之立足中国睁眼看世界，亦不同于封建王朝崩溃民国建元后五四先驱在传统废墟上站在西方立场的全盘否定，梁启超在过渡的大时代中担负着建构中国话语身份的思想重任，其一肩荷之，有孟子"如欲平治天下，当今之世，舍我其谁也"的思想宏愿。本章要讨论的第二个问题，是梁启超思想的起源及初步成熟。在中西大碰撞之中，自甲午战争以后中国几为全败，社会经济文化几乎全面衰退，中国呈现出一副与世界列强迥异的文明面貌。而自17世纪以来西方以东方为他者建立起现代知识体系。以黑格尔为代表的西方哲学为应对科学发展而建立其历史哲学体系，将东方视为无历史的野蛮落后的历史阶段，成为西方暴力殖民的合法化知识。而线性的历史观念将东方统一为全球同步的发展史之中，不同的文明生态和进程被迫进入唯一的合理化的西方历史之中。中国这一建立在天人系统的普遍王权文明，"人性人伦所以分人禽，社会文化所以分夷夏"，君权天授的王权既是政治的中心，也是教化的中心，构成一个以王权为中心的教化圆圈。中国以此成为一个没有边界、天人循环的文明体系。然而西方历史的暴力殖民将传统的中国文明拖入到一个迥异的历史话语中，近代的民族国家的政治体制和国家观念与传统的"中国"发生了冲突。中国是否可以如同西方那样进入一个富强民主的国家？如何认识中国？如何追认中国的历史身份，它具有何种价值，它是否具有发展为西方的内在可能性？梁启超的思想体系正是开始于在西方他者目光下的中国历史身份的话语建构。在其一系列的历史话语构建文本中，梁启超首先对天道一元论的中国历史进行了严厉的批判，梳理了正统思想内部的名实悖论。进而发展了康有为的三世说，在康有为那里的天命和仁学的宗教体系被转化为与进化论统一的形式化的客观规律，通过对荀学的批判，以孟学替代了康有为大同学说的混杂状态，使原有的三世说摆脱了汉传佛教、基督教、阳明心学以及公羊学的纠缠不清，促使梁启超思想初步地理论化和体系化。以此为基础，梁启超对孔子之学做了追根溯源的思想正名，将"天下乃天下人之天下"作为中国儒家思想的大义，从而将中国的思想根源与西方近代的他者进行了同质化的统一。同时梁启超的历史危机意识也使他意识到纪年与现代时间观念在线性发展与国家形态之间的冲突，这使得他意识到了民族的时空边界的存在。在戊戌变法之前，梁启超从中国历史身份的危机出发，在中西的身份中往复比较，竭力从中国思想源头构建一个与西方同质的内在发展理路，以及将中国从儒家天人历史身份转化为西方他者目光下的现代历史身份，从而构建一个与西方同等的对话基础。

戊戌政变的失败使得梁启超不得不面临中国历史身份话语从应然到实然的断裂问题，思想的建构与历史实践的发展之间存在着巨大的历史鸿沟，这迫使梁启超将目光从中西的往复凝视转入中国历史身份的主体性建构，即对中国现存历史实践进行话语内涵的填充，促使中国能够在实践层面转向西方现代模式。这一思想工作在戊戌叙事中得以展开。通过对在戊戌变法中康有为与光绪进行维新政治改革的描述，梁启超将中西的身份区别置换为中国之新旧的差异。通过对慈禧之恶的现实道德文本的塑造，构成了中国传统缺失的民间政治意识的产生，形成了民族想象的情感认同。同时通过对光绪之善的建构，在中国普遍王权的核心描述出一个新旧更替的、朝向现代发展的内在可能性和合理性。同时在此一阶段，梁启超通过对两种谭嗣同形象的跨越，将从属康有为及其投机政治目的的谭嗣同从自己思想中剥离出去，构建了一个思想独立并与自己思想具有内在情感和理想连续性的谭嗣同，以此为界限，梁启超不仅对康有为万木草堂时期的思想进行了隐含的批判，同时对自身的思想进行了蜕变和推进，梁启超的思想摆脱以往的初步体系，开始了独立和成熟的思想阶段。

梁启超在戊戌政变之前，完成了中国身份的话语构建，建构了一个可以与西方进行对话的思想支点。并通过戊戌叙事将中西的比较焦虑转为中国之新旧更替与改造。东渡日本后，梁启超开始了深刻而广泛的东学与西学的吸收和内化，中国之旧与未来之新成为他思想的两个极为紧张的关系。在初期他对除旧抱有急切的渴望。但是随着西学在他思想的深入内化，来自考据的求真意识以及注重历史实在的幽暗意识，促使他逐步回到了保守改良的一极。然而此时他所倡导的破坏主义已经风卷云涌，于历史，梁启超似乎显得格格不入了。

第三章

政治哲学批判：梁启超的国家话语建构

戊戌叙事的完成是梁启超对第一阶段中国身份的话语建构总结和过渡。西方他者构成了梁启超的历史身份的危机意识，梁启超在戊戌政变之前的思想核心是建立一个与西方现代具有同一性的中国历史身份的内在规定性，从而将中国从一个天下系统崩溃的失语局面拉入到一个能够与西方同等互通与对话的话语语境之中。戊戌政变使得梁启超意识到历史身份的话语建构必须与现存的中国联系起来。戊戌变法的失败在戊戌叙事中被描述为与日本明治维新几乎具有同质的历史经验，他拒绝承认中国与西方乃至与日本本质上的中西差异，他将失败归于中国与世界列强具有同质性的一个共同历史进程基础上的新旧差异。慈禧之恶代表的中国之旧与光绪之善在中国普遍王权核心中的现代可能性，使得梁启超的思想从中西的他者话语构建转入对中国天道一元的新与旧的区分与改造之上。值得注意的是，梁启超仍然处于天道一元的观念之下，并从主知主义上试图对中国之旧予以批判，对中国之新加以建设和推进。在中国之旧的批判上，普遍王权兼具政治与道德的核心，因此对政治的批判与对道德的批判是合一的，正如对慈禧之恶与光绪之善的话语建构那样；而对中国之新的创造，梁启超仍然坚信通过对思想问题的厘清与改造，对于推进中国的民主、自由和国家建设具有根本性的作用。实际上在20世纪初的十年里，梁启超既是中国新旧思想的创造者，同时也是这一思想的代表者。与梁启超同时代的思想界代表，在戊戌政变后基本上或多或少接受了以慈禧为隐喻的、中国与西方的差异不在于种族和文化的野蛮与文明而在于旧的传统与新的文化的区分与建设这一思想。新与旧的思想模式甚至延续到了五四时期对传统文化全盘否定的激进主义思想之中。

对中国历史身份的新旧划分内在地蕴含了两个方面的问题，一方面，中国之新旧既是自身的道德比较，同时也是将中国作为西方他者诸方面比较的结果，也即说中国之新旧不仅是将中国置于现代线性进化上的既有之物与未来预设的构建；另一方面，在外部是由对西方现代政治和社会的理解的结果。但是无论是内还是外的划分，中国之新旧在根本上都是梁启超的一种文本构建，也即萨义德（Edward Wawfie Said）所说的话语的"织品"。首先从对中国内部的新旧划分看，梁启超仍然将普遍王权的政教一元作为整体来看待，那么政治的腐朽和对历史的抗拒的根本在于道德之恶，而无论是君主立宪抑或革命共和都必须建构于道德的基础和目的上，而这一道德被梁启超归于个体的道德，从而产生了他的新民思想。从外部对西方的理解看，梁启超东渡日本后，通过东学来吸收西学，受到了日本意识形态对西方学术的过滤的影响，同时梁启超积极地将戊戌变法与明治维新做合理化的同质性比较，因此日本在梁启超流亡期间同时也被当作一个可供参考的实践对象来看，在这一角度上，梁启超的民族国家政治思想产生。如果说戊戌政变以前梁启超对中西的历史身份比较如上一章所述，采取的是一种历史学的眼光并做一种形而上学的身份构建，戊戌政变后的梁启超迫于应然与实然的断裂开始以旨在促成历史实然为目标的政治哲学的实践性话语构建。

实际上，无论是对中国内部的新旧划分还是外部的西方他者比较，两者都隐含了历史评判的标准，同时这一评判标准也顺延到实现什么样的政治目标与如何实现这一既定的方案之中。这一标准的建立在梁启超的东学与西学的吸收中完成。在《清议报》（1898年12月23日创刊，1901年12月21日停刊，共100册）时期，从戊戌叙事中逐步摆脱了三世说的历史身份框架，而从洛克、霍布斯、斯宾塞、穆勒以及达尔文那里吸收了自由、民主和进化的思想，将中国之新旧置于世界竞争场域的话语中予以讨论。此一阶段，对旧的定义和根除是梁启超思想的转折，他将摆脱他者的视域而从中西比较的自我认同转而回到自身，通过以西方民族主义的进化历程为坐标确定中国的过渡时代特征，为中国的政治进程寻找坐标位置。

第一节　国家意识与政治批判

一、睡狮：在西方话语中构建中国

1899年梁启超在《清议报》上发表了一篇寓言故事《动物谈》，以少有的文趣隐喻了令人印象深刻的国家话语。全文以纪闻逸事的写法描述了四则来自四个人的世界见闻，其中在中国国家形象的塑造上产生了深远影响的则是该文第三个寓言，在此简短数行文字中，梁启超将中国比喻为"睡狮"：

> 吾昔游伦敦博物院，有人制之怪物焉，状若狮子，然偃卧无生动气。或语余曰：子无轻视此物，其内有机焉，一拨捩之，则张牙舞爪，以搏以噬，千人之力，未之敌也。余询其名，其人曰：英语谓之佛兰金仙，昔支那公使曾侯纪泽，译其名之睡狮，又谓之先睡后醒之巨物。①

日本学者石川祯浩对梁启超睡狮观念的由来做了详尽的考证。② 戊戌变法前后，中国知识分子普遍已经从殖民危机的印象中逐渐勾勒出一个由近代西方知识生产的他者形象以及被激烈瓜分之中的中国国家轮廓。显然身处中国历史身份之内的梁启超在戊戌政变之前是瞄准中西差异及其历史身份构建之内的。然而从戊戌叙事的应然与实然之间的断裂中，客居日本的梁启超以心理距离的客观审视，又重新回到中国主体的视野之内，中国与西方的差异不是思想根源上的，或者文明根源上的差异——从三世说的进化论观点看——而只是进化早晚的区别。那么中国从历史身份的内在合理性再到新旧中国的社会实践就实现了思想上的连续性，梁启超也从三世说那种世界主义的思想落实到政治哲学层面的国家主义。国家，梁启超为这一个中国人极其陌生的概念不遗余力地从政治哲学层面予以中国化的解释之前，创造了一个影响中国人的国家观念，一个中国对于世界的崭新的国家形象。

早在 1898 年 4 月 21 日（闰三月初一）戊戌变法前夕，在康有为于北京发起的保国会第二次会议，梁启超在会上做了动员性的演讲：

> 嗟乎，昔曾惠敏作《中国先睡后醒论》，英人乌理西（英之子爵，今任全国陆军统帅）谓中国如佛兰金仙之怪物，纵之卧则安寝无为，警之觉则奋牙张爪，盖皆于吾中国有余望也。③

曾惠敏者乃曾国藩之子曾纪泽，于 1878 年以钦差大臣出使英法，1880 年又兼俄国钦差大臣，至 1886 年返国，驻外达八年之久。其出使期间"障川流而挽既逝之波，探虎口而索已投之食"④，义正词严"凡数十万言"废除崇厚擅订之《里瓦几亚条约》，重订《伊犁条约》，收回大片失地及权力，创晚清绝无仅有的外交胜例，在数十年连续战败求和之丧权辱国中，无意极大地鼓舞了士人气魄，成为中国自我认同的正能量。1886 年曾纪泽以英文在英国《亚洲季刊》

---

① 梁启超. 动物谈 [M] //梁启超全集. 北京：北京出版社, 1999: 261.
② 石川祯浩. 晚清"睡狮"形象探源 [J]. 中山大学学报（社会科学版）, 2009 (5).
③ 丁文江, 赵丰田. 梁启超年谱长编 [M]. 上海：上海人民出版社, 1983: 111.
④ 曾纪泽. 巴黎致总署总办（庚辰正月二十四日）[M] //曾纪泽遗集. 长沙：岳麓书社, 1983: 270.

(*Asiatic Quarterly Review*) 1 月号中发表《中国先睡后醒论》（China, the Sleep and the Awakening），① 此文作于洋务运动顶峰时期，且中法战争后中国似有国力回升之迹，因而在国际上产生了极大的震动。曾纪泽说："愚以为中国不过似人酣睡，固非垂毙也。缘中国之意，以为功业成就，无待图维，故垂拱无为，默想炽昌之盛轨，因而沉酣入梦耳。"② 彼时西方多有"欧洲人遵谓中国即一陵夷衰微，终至败亡之国"之论断，曾氏此作实为回应唱衰中国的西方论断，并坚信洋务运动之船坚炮利可资中国摆脱落后挨打的贫弱局面，他甚至为日后发酵的"中国威胁论"做辩护："或谓中国虽自知有复原之气力，终不欲侵伐他国，兼无须别觅寄居游民之地，故而未必与西国有失和之由，然岂可不畏中国或以前此屡败为耻，欲雪耻而生报复之心乎？……愚以中国虽记其前之屡败，决不愿弃其和好之心。盖中国不似他国，一受灾害，始终切齿。"③ 可以说，曾纪泽此文是较早在国际上塑造中国国家形象的文本，以曾氏外交之奇迹以及言辞之凌然自信地创造了一个中国乃未来之大国的国家想象。

显然梁启超很早就注意到了曾纪泽的文章。因曾纪泽译文至迟到 1901 年才开印，④ 据石川祯浩考证，梁启超应是阅读了天津《国闻报》刊载的王学廉译自英文的《如后患何》（译自英国《国运报》1898 年 1 月 1 日），此文之后附有严复的按语：

> 我英现任陆师大元帅某君，曾于数年前论中国事谓：中国民众四百兆假天生拿破仑于其中，奋其才勇以为之君，振长策以鞭笞宇内，数年之后，欧洲之人将绝迹于亚东而太西种族将为所逼处。（严按语：所谓现任大元帅者盖乌理西子爵，其平居论中国之大可用同此。彼盖得于戈登也。）
>
> 中国既寤之后，则将为佛兰金仙之怪物。斯怪者任其卧则安寝无为，警之觉则大奋爪牙起为人害。……呜呼，佛兰金仙之怪物一机械之巧耳，知之则不足畏。若夫，中国物博人众，用西国之法以困西国之民，其将为欧洲之害，迥非金仙怪物所可比者，是则大可畏也。（严按语：佛兰金仙怪

---

① 钟叔河. 走向世界——近代知识分子考察西方的历史 [M]. 北京：中华书局，1985：305.
② 曾纪泽. 曾纪泽集 [M]. 长沙：岳麓书社，2008：369.
③ 曾纪泽. 曾纪泽集 [M]. 长沙：岳麓书社，2008：371-372.
④ 上海《格致新报》馆于 1901 年出版的何启、胡礼垣的《新政真诊》全本，其初编《曾论书后》一文之后，附录有汉译《曾侯〈中国先睡后醒论〉》全文，译述者署为"古沪颜咏经口译，娄东袁竹一笔述"。参见：刘泱泱. 曾纪泽《中国先睡后醒论》评介 [J]. 史学月刊，1991 (6)：54.

物者,傀儡也,见于英闺秀谐理之小说,傅胶鞔革,挺筋骨以为人,机关怅触,则跳跃杀人,莫之敢当,惟纵其酣卧乃无事。论者以此方中国,盖亦谓吾内力甚大;欧之人所以能称雄宇内者,特以吾之尚睡未醒故耳。)①

梁启超于保国会的演讲几乎直接引用了《如后患何》中关于佛兰金仙怪物的醒觉意象的表述。梁启超显然不愿使用睡龙的文化符号,因龙不仅是普遍王权中君王的化身,与庶民绝缘,同时龙在西方那里已经被漫画化为拖着辫子老态龙钟的恶名之物了。然而狮子实际上本是欧洲的文化符号,在《圣经》中基督被称作犹大之狮,在《启示录》中,鹰、人、牛、狮象征着四福音使徒约翰、马太、路加和马可。尤其对于英国而言,狮子具有英国国家及皇室权威的象征意义。在英语俚语中"twist the lion's tail"意为蔑视英国,侮辱英国;"lion-hearted"即指12世纪的查理一世,他因英勇无畏被称为"狮心查理"。从中世纪亨利二世开始,狮子已经被作为皇家军队的徽章,是英国帝国力量的代表。因此石川祯浩考证最早在日本出现的"睡狮"实质上是指英国,石川祯浩找到了最早使用这一词语的政论文章1898年的《读卖新闻》,其曰:"睡狮醒矣。多年来,人们称英国于东亚沉睡不醒,嘲讽其优柔寡断,责骂其迟钝愚鲁,而今竟猛然松眼圆睁。腊月以来,英国东方舰队调遣骤然活跃,其势恰如猛狮疾驱于旷野。"② 这里我们就会发现一个颇有意味的隐喻转换,一个原本被用来特指英国帝国主义觊觎东方,并将东方纳入自己世界体系的秩序当中的象征符号,被梁启超倒转过来,作为自身被迫接受的他者形象的主体性建构的想象性的实现,成为一个唤醒国民身份及国家意识的重要的集体无意识的精神材料。梁启超在睡狮的话语创造上,不仅积极地认同了他者,且在直观的意象上移植了这一他者作为中国国家人格的内视和确认。无论梁启超将这个话语创造追溯到拿破仑的警告还是俾斯麦的宣称,它都暗含了西方对中国的敬畏,隐藏了中国从一个他者转化为与西方同等的主体身份的内在必然性——一个从西方的他者原生出的话语加强了中国作为国家的身份,并对它的未来做了最具权威的预言。而梁启超将原本作为小说形象的弗兰肯斯坦(Frankenstein)指认为西方工业的产物,将一个对西方工业触怒造物主而产生的愤怒的复仇者与东方的睡狮重叠在一起,对于当时的西方人而言其震撼力量极大而且直触欧美文化的核心。尤其是19世纪的浪漫主义接近尾声,现实主义批判正在勃兴,而现代主义对工业文明的反叛正在萌芽之中。弗兰肯斯坦与中国国家形象在西方要比在中国更具

---

① 石川祯浩. 晚清"睡狮"形象探源 [J]. 中山大学学报 (社会科学版), 2009 (5).
② 石川祯浩. 晚清"睡狮"形象探源 [J]. 中山大学学报 (社会科学版), 2009 (5).

有文化内涵。它为西方人提供了一个全新的想象中国的层面和感受。一个对西方违背造物主意志产生愤怒的古老、神秘而强大的怪物正在准备向他们复仇。

梁启超将曾纪泽的《中国先睡后醒论》、英国海军司令乌理西、玛丽·雪莱的弗兰肯斯坦以及睡狮做了恰如其分的杂糅和创造，构成一束西方折射而来的光，它照亮了这个被孟德斯鸠中国国民性话语所污化的中国形象的面孔，使得它产生了前所未有的、与旧的（隐喻中国封建专制君王的龙的图腾）一切切断的崭新的、与普遍王权剥离的独立的20世纪国家形象。并且这个形象如此地鼓舞人心，内含着曾纪泽的铿锵言辞和不可侵犯的气魄，以及梁启超深具情感慨叹的文笔，以至梁启超在《瓜分危言》中再次谈道：

  其故，"英人"皆坐未深知中国腐败之内情，以为此庞大之睡狮终有撅起之一日也，而不知其一挫再挫，以至于今日。……曾惠敏曾对英人大言曰中国先睡后醒之巨物也。故英人亦有佛兰金仙之喻。①

曾纪泽1890年仅五十一岁去世，他豪迈的宣言很快在甲午战争一战灰飞烟灭，此后短暂的同光中兴重新显现出不可挽回的崩毁迹象，西方对睡狮的意象尽管已经失去了好奇和热情，但是它在中国知识分子中却产生了多米诺骨牌般的集体意识力量。东方睡狮成为20世纪初一个最集中的国家想象，它在邹容和陈天华激烈的革命宣言中得到了再次的升华，在现代印刷传媒中构成了一个贯穿知识界和民间社会的通用词汇，将知识阶层的国家焦虑与底层社会的大众群情做了集体超越性情感的催发。通过对睡狮意象的创造潜在地显示了梁启超正在从中西他者的危机意识转入对中国主体的建构，从将中国置入人类大同的世界主义以获取中国的合法位置，开始强调中国作为独立个体的内涵和社会发展机制，也即转入了以国家主义为思想特征的发展阶段。国家成为梁启超建构话语的一个基本概念和思维框架，围绕国家的产生，梁启超不仅吸收了西方的自由、民主思想，同时将世界重新解读为国家竞争的图谱，并力图将中国推入近代民族国家的轨道。

二、从道德之恶到政治非法：旧中国的国体及政治学批判

睡狮意象重叠着世界主义的中国身份与国家主义的独立内涵，那么戊戌叙事中的中国新旧之区分在梁启超东渡日本后的《清议报》时期开始转变为政治学观察，尤其在延续了对慈禧之恶的民族话语构建之后，梁启超在选择性吸收

---

① 梁启超.动物谈［M］//梁启超全集.北京：北京出版社，1999：360.

了西方政治学理论的基础上，逐步展开了具有细密内涵的话语批判和建构工作。

中国之旧，从道德之恶转变为政治之非法，是梁启超思想的又一个重大转折。此一阶段梁启超开始以西方政治哲学来批判中国之旧——清廷政治，以否定的辩证法来构建他的政治学话语。政治的合法性成为梁启超批判中国之旧的转化。在戊戌叙事中，慈禧作为天人体系中道德的罪恶一极而成为阻碍中国近代化的集中符号。然而在《清议报》上梁启超连续发表《伪政府三大政策》《伪政府立嗣记闻汇记》等文，否认慈禧执掌的清廷为合法政府，在西方政治学意义上宣布其为伪政府。他认为清政府已经无法实现一个对现代国家而言的基本政治功能，完全成为以维持慈禧一己私欲为目的的朽毁的非法组织。在日本广泛的变法过激导致失败的舆论中，梁启超争辩非为变法不能被容忍，指出该组织已经失去政治的正当性。梁启超将清政府置入西方近代国家观念的背景下去考察其旧的本质。

在较早将中国作为国家与西方进行比较的政论《论中国与欧洲国体异同》（1899）一文中，梁启超重新以国家政体的构成为视点进行了进化论的比较。在新民说之前，梁启超的进化观仍然带有三世说的三段论推理结构。他认为中西历史都起源于"以家族为国"的原始社会形态，伴随"强有力者出而威服异种"，并以暴力"合并而隶于己国"，遂成为"酋长时代"。因此与中国夏殷之间其他氏族以种族酋长并立相比，西方的埃及、巴比伦、亚叙利亚、波斯等并无区别。这一同质性到了封建的周代国体与欧洲希腊国体更是"其相同之点最多，即封建时代与贵族政治也"。梁启超认为周代封建制度下各个诸侯由贵族掌握政权，与西方所谓少数共和政体、寡人政体相同，即贵族实际政权高于国君，甚至国君废立亦由贵族政权产生，但是国君作为国家的象征，却对贵族政权构成牵制作用。这种政权不在上，也不在下，而在少数贵族手中，与欧洲的斯巴达政体具有近似性质。梁启超对中国封建时代抱有强烈的赞誉之情，他认为在孔学及正统未被后世篡改之前，周代因少数共和政体尚可"其民亦与国同体"，反而是"民权稍伸时代"。既然从政治起源上看，中西在本质上具有高度的一致性，那么如今的巨大差异起于何处呢？在战国后，秦汉一统中国，而亚历山大建立罗马帝国统一欧洲，以三世说来看，俱进入了小康时代，表面上更加形似，但是实质的差异却由此开始。梁启超认为罗马帝国在漫长的欧洲历史中仅仅是一个短暂的现象，他认为欧洲从整体上看处于"列国竞争"的状态，而中国自两汉以后几乎完全处于统一帝国的政治体制之中。梁启超之所以如此强调列国竞争与帝国统一之间的重大差异，乃是因在其戊戌变法之前既已形成的力本体竞争观念，他认为只有竞争并以强力才可能促进民主自由政治的产生和发展。

在《论近世国民竞争之大势及中国前途》（1899）中，他再次强调19世纪世界发展的动力已经从国家竞争转变为国民竞争。所谓国家竞争乃是以君王意志的实现为目的的战争，而国民竞争在于保障个人自由、权利的基础上形成的民主社会体现出的"国民总意"之间的竞争。显然，欧洲在罗马帝国覆灭后，由于种教各异构成了以种族为基础的列国竞争。反观中国，在秦废封建置郡县以及汉武帝罢黜百家、表彰六艺后，政教合一的天命帝制，以及夷夏教化的天下观念，种族畛域泯灭，国土分久必合，据此形成了中国在牢固的文化体系中的连续性和统一性。列国竞争较之帝国统一表面上似乎因国家竞争常导致百姓惨遭涂炭，但另一方面却迫使一国必须励精图治以图自保，而人民亦不得不同仇敌忾，以图自存。"国政修，民气强"，促进了西方文明的进步。而中国数十代一统，"不复知有世界大局"，"务压制其民，以防乱萌"，统治既久，"以至养成不痛不痒今日之天下"。①

以上从国体的外部构成条件分析了旧中国的帝国专制格局，在内部看，梁启超提出了一种特别的阶级论。他从一个非常理的角度切入中西社会结构，认为中国之所以不能发展出民主社会，乃在于中国没有社会阶级的对立。他认为在普遍王权之下，君主以愚民之术驾驭社会，儒家有教化黎民的功能，且通过科举可使平民认同儒家体系而直入仕途。如此构成了中国社会金字塔式的王权体系，社会以在安民、愚民为政治目的的国家管理以及儒家士人的上升通道下，失去了梁启超认为的那种对立的阶级社会结构。一般人可能认为统一与无阶级是文明所寻求的目标，然而梁启超却于其中看到它是中国进化的障碍。在这点上，梁启超要比铲除社会不均、消除剥削和压迫、消灭阶级分化的激进思想更加冷静和理性。梁启超并不将一个在抽象意义上具有终极意义的概念作为简单而万能的原则来认识和使用，相反他总能够从必要的不完美和黑暗中看到其对于未来文明的价值。梁启超固然认为阶级是社会压迫的根源，"以希腊罗马之文明，而其下级社会之民，被虐待者惨无天日"，"欧洲惟分民为阶级，小数之贵族，对于多数之平民，其惨待不以人理"，然而梁启超认为恰恰是与中国相较更具黑暗性的社会结构，导出了"官民相争之局屡起，民气日昌，民智日开"，"一跃而登于天平仁寿之域"。②梁启超不仅没有盲目地从一般意义上的价值判

---

① 梁启超. 论中国与欧洲国体异同 [M]//梁启超全集. 北京：北京出版社，1999：312-315.
② 梁启超. 论中国与欧洲国体异同 [M]//梁启超全集. 北京：北京出版社，1999：312-315.

断来观察和排斥阶级,相反他认为它恰恰是欧洲进步的根源之一。因此梁启超认为中国国体在春秋以前与西方并无差别,但是两千多年每况愈下,无论是帝国统一还是无分阶级,梁启超最后归根于"民不求自申其权也",因此无论如何无法发展出民选代议的政体,这又回到了梁启超湖南民权运动时期的论调——民权是一切近代化国家政制的基础。

实际上,尽管梁启超试图将中西在国体上做出统一发展史的同等比较,然而他并没有乐观地认为中国与西方相比只是某些元素的缺失。相反,他在总体上并不承认中国具有近代意义上的国家体制:

> 夫古昔之中国者,虽有国之名,而未成国之形也。或为家族之国,或为酋长之国,或为诸侯封建之国,或为一王专制之国,虽种类不一,要之,其于国家之体质也,有其一部而缺其一部。正如婴儿自胚胎以迄成童,其身体之一二官支,先行长成,此外则全体虽粗具,然未能得其用也。
> ……
> 且我中国畴昔,岂尝有国家哉?不过有朝廷耳!我黄帝子孙,聚族而居,立于此地球之上者既数千年,而问其国之为何名,则无有也。夫所谓唐、虞、夏、商、周、秦、汉、魏、晋、宋、齐、梁、陈、隋、唐、宋、元、明、清者,则皆朝名耳。朝也者,一家之私产也。国也者,人民之公产也。①

梁启超之所以比较罕见地对中国国体做总体上的否定,在于他在戊戌叙事后从历史的合理性以及清政府具体的政治失效上对清政府的合法性的彻底否定。

在《论支那独立之实力与日本东方政策》(1899)一文,梁启超并未深恶痛绝地一味否认欧洲与日本对中国的争夺事实,相反,他利用欧日的霸权话语场域,竭力将中国描述为世界的共同目标和亚洲自治的主体,将中国反作为欧日利益的中心,从而为中国对世界格局的重大影响建立了自身的独立地位。"欧洲人之言曰:支那者,世界之天府也。世界之天府,当与世界共之,非一种人之所得私也。亚洲人之言曰:支那者,亚洲之中坚也,亚洲之境壤,当亚洲自治之,非他种人之所得攘也。"② 在弱肉强食的世界秩序中,梁启超在树立中国至关重要的国际地位的同时,他所关注的是,或者说他向世界说明的是,中国是否有独立的历史条件和"势力"。从中国历史看,中国在种族、地势、宗教都

---

① 梁启超. 少年中国说 [M] //梁启超全集. 北京:北京出版社,1999:410.
② 梁启超. 论支那独立之实力与日本东方政策 [M] //梁启超全集. 北京:北京出版社,1999:361.

高度合一，虽有割据纷争，但分久必合，外族侵占亦被同化于被治之人。西方非独一强国以全占中国，因而梁启超认为，无非是瓜分土地或同化文化。那么从瓜分方面看，梁启超认为，在中国种族宗教文化信仰受数千年教化而同一，不同于德意志人与斯拉夫人之分，地势上南北连片；不同于印度，"人欲施瓜分之术于久习统一之人，岂易言哉，岂易言哉？"梁启超认为中西国体比较中的帝国统一的弊端，在此成为难以被瓜分的历史条件。另外，西方可否同化中国呢？从当时的守旧文化占主导地位看，"所积于数千年历史之习惯，浩大而深远"，梁启超认为朝夕间绝无此可能。那么予以种族灭亡的绞杀呢？四亿人口也绝非非洲和南美土著可相比。不可瓜分，不可同化，亦不可灭族，那么结果则势必是中国难以灭亡。梁启超甚至列举出了"皇上英明仁勇"、"民间社会团结"和"海外在留指认，气象雄大，可为宗国之用"三个"潜势力"为中国必有独立的实力。清代晚期帝国行政能力的衰退以及宗法教化体系的解体，导致帝国统治原本就到达不了乡村社会，更由此生成了晚清初步的民间社会，家族、村社、行帮、宗教社团等反而借此形成了更加具有约束和规范的社会组织。梁启超当然注意到了这一底层社会的变动，尤其是他的父亲梁莲涧在茶坑乡担任乡贤主持地方治理时，所凭依的即地方家族与村社的自治力量。梁启超认为民间社会构成了一种相对而言独立于国家政治的自治体系，是中国未来能够实现政治独立的重要社会基础。实际上在湖南民权运动时期，梁启超兴绅权、倡导湖南自治，亦是此思想初步产生的源头。梁启超通过将中西国体在历史进化的线性发展中的比较以及中国在当前阶段的国际秩序中的地位与独立力量的分析，创造了一个具有内外决定要素的、不依据附加条件而存在的国家资格。然而这仅仅是对中国之旧的批判前提，即中国可以而且必然作为独立之国家而存在和发展，但是它又处于一个当前非法的政府的政治控制之下。因此，对中国之独立的先决条件不是怀疑中国的他者身份的内涵以及是否可以独立的实力，而是对目前非法的伪政府的直接批判乃至在实践上的暴力"勤王"。

然而当梁启超远在檀香山时隔一个月始知清政府谋废光绪，诏曰："谨当仰遵慈训，封载漪之子溥儁为皇子，以绵统绪。"[①] 在激愤之中，梁启超作《书十二月二十四日伪上谕后》（1900年3月21日），悲怆号啕逆后贼臣与人民为敌："彼辈于我四万万人何怨何仇，而取其所爱戴之圣主幽之废之，必致于死地而后

[①] 丁文江，赵丰田. 梁启超年谱长编 [M]. 上海：上海人民出版社，1983：126.

已？彼辈与中国何冤何孽，惧其维新自强之机尚有一线之萌蘖"①，梁启超激愤指出慈禧悖逆于立嗣之正统的真正目的是篡统以私一己之专制，而日本普遍所议论变法过激导致维新失败实是蔽于表面之论②，实质上慈禧恰以变法而弄权，"西后于祖宗之法也，其便于己者则守之，其碍于己者则变之。吾于是不能不叹其用心之悍，而操术之狡矣"③。逆后贼臣篡乱皇嗣，垂帘临朝，外戚柄国，奄宦预政，剥膏淫欲，"天下勇于变法者，莫西后若也"④。因此，维新变法的斗争并不是变法与不变法、维新与守旧的冲突，实质上是非法篡权和贼臣互勾与合法维新之间的根本性的政治目标之间的矛盾，是非法与合法之间的矛盾。

  梁启超对在中国之旧的伪政府框架内维新已经彻底绝望，对中国之旧的批判顺延自戊戌叙事，从中国之旧的道德批判发展为合法性批判，随着批判力度与深度的发展，在1900年前后，对中国之旧的批判压倒了对中国之新的建设，以至我们从梁启超外在的政治活动观察会得出明显的激烈的趋势。在此之前，梁启超的思想都是一元论的历史观念，他将中国视为一个整体并与西方进行他者的内在合理性的建构，然而戊戌政变的失败，再加上对慈禧之恶与光绪之善的叙事缝合，使得梁启超逐步在思想上产生了新旧二元论的辩证观念，并在己亥立储上达到了感情与批判激烈的顶点，促成了梁启超一生中短暂的激进阶段。但是我们如果从梁启超历史话语的建构看，实际上梁启超始终在求真意志下承认中国的他者身份和历史境遇，并力图在贫弱与瓜分的语境中重塑中国的历史身份和国体资格。然而当对中国之旧的批判成为其思想逻辑的必然转繁，并在彻底的绝望和悲愤之中使得情感与理智两方面都达到了否定性的制高点时，梁启超被自己的思想推向了激进的边缘。从《清议报》时期围绕的三个历史主题——戊戌变法、己亥立储与庚子勤王看，最后的勤王可以说是梁启超对中国之旧从应然再次落到实然的逻辑路径和实践要求。

---

① 汤志钧. 中国近代思想家文库·梁启超卷 [M]. 北京：中国人民大学出版社，2015：63.
② 梁启超在1898年9月20日致品川弥二郎信中言："近闻贵邦报中议论，颇有目仆等为急激误大事者。" 见：梁启超. 社交书信 [M]//梁启超全集. 北京：北京出版社，1999：5913.
③ 梁启超. 书十二月二十四日伪上谕后 [N]. 清议报，1900-03-21.
④ 梁启超. 书十二月二十四日伪上谕后 [N]. 清议报，1900-03-21.

第二节　中学、东学与西学：梁启超国家话语的初步形成

《清议报》时期梁启超的注意力转入中国主体性内涵的讨论和建构。从中西他者的比较到作为独立于世界秩序的中国身份，从一元论的三世说的普遍王权的正统的合理性到中国新旧的二元批判，从中国历史身份的线性发展与西方的同质性证明到作为近代西方国体的中国的历史条件等，以上话语构建的一个整体性转向的内在逻辑目标都指向了近代国家观念的内核。梁启超思想整体转向国家观念同样经历了儒家传统思想框架内的建构，到对东学的吸收与内化，并在对中国的旧的批判与激进中进行了初步的实践检验。儒家内部的国家观念建构主要形成于《时务报》时期，而对东学的吸收和内化主要完成于《清议报》时期。

一、群学：国家话语的起点

梁启超的国家话语起于儒家传统"群"的观念。如前文所述，晚清社会由于儒学整体的向下位移以及民间社会在宗法制度崩毁的情况下促进新的民间社会的发展，以及清政府政治执行力量的衰竭，都促使中国传统社会中结社和会党在晚清社会重获新机。因此在民间社会以及公私观念的基础上，群学成为晚清思想中的重要议题。在经世实学上受到朱次琦影响并致力于社会改造的康有为对之尤其敏锐，康有为自述其1884年就开始探讨"生物之源，人群之合"，1890年万木草堂讲学"孔子改制之意，仁道合群之原"。① 梁启超在总结康有为《长兴学记》时，指出康有为所谓义理之学、考据之学、经世之学、文字之学四大分类中，群学即是经世之学一科。② 在甲午之后，梁启超如前所论，其关切于中国历史的他者身份问题，在"有君史、有国史、有民史。民史之盛，盛于西国，而中土几绝"的比较中，梁启超将中国儒家思想的君权与民权的偏失作为孔子大义断绝的根本，在批判荀学构成的普遍王权的小康之义的基础上，强调西方的民权政治的大同之义。③ 因此，在此一阶段，梁启超将群学与民权相

---

① 康有为. 康南海自编年谱[M]. 北京：中华书局，2012：12、19.
② 梁启超. 南海康先生传[M]//梁启超全集. 北京：北京出版社，1999：485.
③ 梁启超. 读孟子界说[M]//梁启超全集. 北京：北京出版社，1999：159.

结合，构成了一个特殊的国家观念。他认为"能兴民权，断无可亡之理"，① 甚至认为"西人百年以来，民气大伸，遂尔渤兴，中国苟自今日昌明斯义，则数十年其强亦与西国同在此百年内进于文明耳"②。因此，群学在梁启超乃至康有为、谭嗣同那里，尤其在1896—1897年民权运动时期，在形而上者具有西方民主自由的内涵，在形而下的社会实践上则是中国既有之结社会党的形态，当然它的最终目的是构建西方的议会和政党制度。因此，康有为1895年《上海强学会序》言："夫挽世变在人才，成人才在学术，讲学术在合群"，"尝考泰西所以富强之由，皆由学会讲求之力"。③ 谭嗣同在较为激进的思想下，以佛理入群学，在《壮飞楼治事十篇》第九篇"群学"中将"群"等同于学会，以学会实现"无变法之名而有变法之实"。④ 因此梁启超在《上陈宝箴书湖南应办之事》中，将湖南作为未来可以立据的独立自治省，其首要的政治改革是"欲兴民权，宜先兴绅权；欲兴绅权，宜以学会为起点"，"欲用绅士，必先教绅士，教之维何？惟归之学会而已"。⑤ 梁启超在结社会党上的认知和观察主要受到了康有为的影响，在西方自由民主乃至国家观念上，则直接来自严复对群己的近代民主思想。

严复在1895年发表于天津《直报》的《原强》中将群学与斯宾塞社会达尔文主义并置，认为"斯宾塞尔者……则宗天演之术，以大阐人伦治化之事，号其学曰群学，犹荀卿言人之贵于禽兽者，以其能群也"。⑥ 1897年严复开始翻译《群学肆言》，在1898年以《劝学篇》为名先部分发表在《国闻报》的旬刊《国闻汇编》上，进一步发展了他的群学观念："群学何？用科学之律令，察民情之变端，以明既往、测方来也"，"今夫士之为学，岂徒以弋利禄、钓声誉而已，固将于正德、利用、厚生三者之业有一合焉。群学者，将以明治乱、盛衰之由，而于三者之事操其本耳"。⑦ 然而严复的群学带有明显的社会达尔文主义色彩，强调作为国家有机体的进化——群己在这一框架下的权利平衡。与之相

---

① 翦伯赞，等. 戊戌变法（第二册）时务学堂艺批［M］. 上海：神州国光社，1953：548.
② 梁启超. 于严幼陵先生书［M］//梁启超全集. 北京：北京出版社，1999：71.
③ 汤志钧. 康有为政论集（上册）［M］. 北京：中华书局，1981：169.
④ 蔡尚思，方行. 谭嗣同全集（增订本）［M］. 北京：中华书局，1981：443-444.
⑤ 梁启超. 论湖南应办之事［M］//梁启超全集. 北京：北京出版社，1999：178.
⑥ 严复. 论世变之亟——严复集［M］. 胡伟希，编注. 沈阳：辽宁人民出版社，1994：16-17.
⑦ 严复. 论世变之亟——严复集［M］. 胡伟希，编注. 沈阳：辽宁人民出版社，1994：16-17.

比，梁启超在较为详细阐释群学思想的《说群》政论中，将群学与作为西方观念的独立国家联系起来，试图从群学中构成中国与西方在国家问题上的一致性。

在《〈说群〉序》（1896）中，梁启超承认他的群学起于康有为"以群为体，以变为用"的经世思想，但"又思发明群义，则理奥例赜，苦亟不达"①，显然康有为在传统框架内的结社和会党的群学观无法真正与近代国家学说接续。因此梁启超说："既乃得侯官严复之治功《天演论》，浏阳谭君嗣同之《仁学》，读之犁然有当于其心。"②尽管梁启超自谦"乃内演师说，外依两书，发以浅言，证以实事，作《说群》十篇"，实际上在该政论中，梁启超并没有停留于康有为"敬业乐群、会友辅仁"的民间结社思想，同时在严复初步引介西方自由民主思想的基础上，在中国历史身份构建的思想框架下，初步完成了国家话语的构建基础。在序中，梁启超的"群"有两个内涵。一是孟子意义上的民，梁启超引用《礼记》"能群焉谓之君"，将群视为民的合体，即与君权对立的全体，他认为君王与群的对立与统一，恰恰是升平世与太平世在国家形态上的差别。且世界秩序已经进入以群为国的时代，"今夫千万人群而成国，亿兆京垓人群而成天下者，则岂不以能群乎哉！"二是指近代的民族国家，"己群之败，它群之利也"。群之胜败在于国家权力的运行方式，梁启超认为普遍王权是"独术"，而民主社会是"群术"，"何谓独术？人人皆知有己，不知有天下"，从君王到百姓各私其私，然而世界进化的阶段已经进入了民族国家的阶段，"据乱世之治群多以独，太平世之治群必以群。以独术与独术相遇，尤可以自存，以独术与群术相遇，其亡可翘足而待也"③。显然，在民与民族国家两个观念上，梁启超最终是指向民族国家的，他认为政治改革的根本在于实现民族国家的政治体制，任何表面的变革都是没有抓住民族国家的本质，"今以吾喜独之质点，而效人乐群之行事，……是以万变而万不当也"④。到戊戌政变之前，梁启超的国家话语基本上处于严复斯宾塞国家有机体的观念之内，但他仍然试图勾勒出一个适合中国近代国家体制的框架："有君焉者，有官焉者，有士焉者，有农焉者，有工焉者，有商焉者，有兵焉者，万其目，一其视，万其耳，一其听，万其手，万其足，一其心，一其力，万其力，一其事。其位望之差别也万，其职业之差别也万，而其知此事也一，而其志此事也一，而其治此事也一，心相构，

---

① 梁启超. 《说群》序［M］//梁启超全集. 北京：北京出版社，1999：93.
② 梁启超. 《说群》序［M］//梁启超全集. 北京：北京出版社，1999：93.
③ 梁启超. 《说群》序［M］//梁启超全集. 北京：北京出版社，1999：93.
④ 梁启超. 《说群》序［M］//梁启超全集. 北京：北京出版社，1999：93.

力相摩，点相切，线相交，是之谓万其途，一其归。是之谓国。"① 很明显，君主立宪构成的以群为基础、以君王为权力象征的国家体制，是梁启超在此一时期的国家思想的基本内涵。

但是在东渡日本之前，群这个有限的概念无法承载梁启超近代国家观念的拓展，"因为在这个单一的概念里，他试图解决好几个新的问题，这在过渡的一代是普遍的，他所掌握的词汇和概念往往不足以明确地表达这些新的问题"②。首先，梁启超试图将群视为由个人构成的复数的群体，因而既是权利的主体，又是责任的主体，既是构成国家的内在整合力量，又是参与政治表达民权的主体。其次，在严复思想影响下，群又被看作国家有机体，是政治权力的实体，它有保障个人自由和权利的责任，是近代国家的整体形式。最后，在此一阶段梁启超笃信的三世说进化论，以荀子群学的观念为基础，并受到谭嗣同的影响，将群视为宇宙发展的原则，是事物进化的表现，合群既是原则也是目标，那么于民族国家而言，文明与野蛮的区别正是在于合群程度的发达与落后。③ 总之，梁启超试图在三世说的框架下构建一个突出强调依赖个体以"民智""民力""民德"普遍发展为基础的近代国家。然而以上三者在内涵和外延上多有龃龉之处，因而也形成了东渡之前梁启超以群学为基础的国家观念的模糊不清。

甫渡日本，梁启超旋即展开政治活动，试图营救光绪及被捕六君子，在与日本政府的接触和交涉之中，愈发加深了对国家与国家之间的外交与利益关系的认识，尤其是对列强将中国视为一个需谨慎处理的利益对象有了更深刻的体验和认识，亦促使梁启超产生了更强烈的民族情感和独立富强的愿望。与此同时，梁启超开始了真正深入吸收和借鉴西方理论的时期。早在1896年时，梁启超常有所学不足以经世的紧迫感，在给康有为的信中说"弟子自思所学未足，大有入山数年之志"，他在当时认为他所能够思想的材料已经达到了知识的边界，无法再对中国所面临的问题提出妥善的解决方案。实际上，在主知主义的儒家前提下，梁启超终生在知识和真理上都抱有深刻的危机感，以及对自我的怀疑主义的批判。他将救国经世与对知识和真理的真正掌握视为同一的关系，"且吾不解学问不成者，其将挟何术以救中国也"④。在"戊戌"之前的思想建构和政治活动中，梁启超虽然在构建中国历史身份的话语中，将康有为大同理

---

① 梁启超. 南学会叙［N］. 时务报，1898-01-21（51）：1.
② 张灏. 梁启超与中国思想的过渡（1890—1907）［M］. 北京：中央编译出版社，2016：72.
③ 梁启超. 说群一，群理一［M］//梁启超全集. 北京：北京出版社，1999：94.
④ 丁文江，赵丰田. 梁启超年谱长编［M］. 上海：上海人民出版社，1983：40.

论以及三世说，作为话语的支点，但是又充满了自我理论的怀疑。以至在随后一年《时务报》时期钱塘令吴小村曾愿供梁三年于西湖入山读书，当时梁启超颇为动心："兄顷厌苦此间尘扰，决意与树园（韩文举）先生孺博（麦孟华）及舍弟同遁于西湖，誓学成西文乃始出。"① 对西学的深刻把握是梁启超在中西比较阶段处于世界主义时期的强烈精神需要，也是他思想发展的内在逻辑。因此东渡日本后，梁启超随即进入了一个密集学习的阶段。但梁启超在日本箱根读书期间，他所焦虑的知识危机不再是1896年前后出于中国历史危机意识而寻求对中国思想根源的重新阐释的需要，而是转为以国家为目标的政治哲学的话语实践需要，因此其对西学的吸收借鉴也因这一思想阶段的要求成为目标。另外，已经被很多学者所指出的，梁启超1899年身处的日本，恰处于明治维新的晚期，日本成功实现君主立宪的改革仍然可见，因此日本对西学的翻译、阐释和运用成为梁启超吸收借鉴西学的一个重要来源和参照系。然而我们在随后的分析中可以看到，梁启超一方面深受西方思想的影响，另一方面也受明治维新历史实践的提醒，但是梁启超并没有把一切西学简单地作为西方他者所毋庸置疑的真理而简单地照搬，他本身的知识危机以及自我怀疑精神使他对国家观念的建构充满了深刻的幽暗意识。

二、从东学到西学：国家话语的初步构建

梁启超早年所读西书不出其所编《西政丛书》，在史志、官制、学制、农政、工政、商政、兵政、杂著八类中，与国家学说有关的仅在官制类《德国议院章程》中略有通识性的介绍，在杂著类对康有为的《日本新政考》亦仅是略论。此外梁启超在光绪二十一年至二十二年间担任过李提摩太秘书，协助其翻译《泰西新史揽要》"(Nineteenth Century: A History)"，从那里初步了解了19世纪西方政治历史的基本情况。梁启超在极其有限的西学思想资源下，以及中国历史的危机意识下，对知识的焦虑可想而知。而"戊戌九月至日本……自此居东者一年，稍能读东文，思想为之一变"②。自戊戌政变后十月抵达横滨，梁启超在箱根僻静处读书，在筹办《清议报》直到1901年第100册结束的三年时间里，是梁启超系统而集中地阅读、研究东学和西学的阶段。在此时期，梁启超基于群学的国家思想框架逐步借鉴日本明治维新实践以及西方政治学和哲学思想，完成了国家思想的初步构建。

---

① 丁文江，赵丰田. 梁启超年谱长编［M］. 上海：上海人民出版社，1983：40.
② 梁启超. 三十自述［M］//梁启超全集. 北京：北京出版社，1999：957.

日本明治维新提出"文明开化"之政策，1868年颁布《五条誓文》，"破除旧来之陋习，一本天地之公道；求知识于世界，大振皇国之基础"推动了日本向西方学习的运动。1873年，森有礼为首任社长发起的"明六社"，是日本近代第一个启蒙思想研究的学社，中心会员有福泽谕吉、西周、津田真道、加藤弘之、中村正直、神田孝平等人。明六社的机关刊物先后发表了影响日本民主社会进程的重要译介及论著，尤其以卢梭、边沁、穆勒、斯宾塞、达尔文、孟德斯鸠等人的论著为主。其中以福泽谕吉为启蒙代表，他先后三次出访欧美，对西方社会有深入的观察和研究，对自由民主思想有深刻的领悟，其先后撰写的"《西洋事情》（1847）当时销售20多万册，《劝学篇》（1872—1876）共销售70万册，《文明论概略》（1875）影响巨大"①。且在这一时期，大量政治学经典被翻译进入日本。影响较大的有：1870年英国斯迈尔斯著的《西国立志编》（《自助论》），此书被梁启超以同名《自助论》在《清议报》译介发表；1872年穆勒的《自由之理》；英国历史学家伯克尔的《英国开化史》，影响亦甚巨，日本西学始从兰学（荷兰）过渡到英学。1877年，穆勒的《利学》。1878年，斯宾塞的《斯边撒氏代议政体论》。1881年，斯宾塞的《社会平权论》由松岛刚翻译并至1884年全部出版。同年，达尔文的《人祖论》翻译出版。1882年，卢梭《民约译解》（即《社会契约论》）卷一开始出版。1884年，斯宾塞著的《社会学之原理》出版，同年亚当·斯密的《国富论》亦翻译出版。日本在提出"求知识于世界"的口号短短十多年时间里，基本将西方重要的政治学、经济学经典翻译并系统介绍到了本国。其速度、深度与宏阔之局面，令梁启超颇为震动，他认为："日本自维新三十年来，广求智识于寰宇，其所译所著有用之书，不下数千种，而尤详于政治学、经济学、哲学等，皆开民智强国基之急务也。吾中国之治西学者固微矣，其译出各书，偏重于兵学艺学，而政治资生等本原之学，几无一书焉。"② 在《东籍月旦》中详细删选的重要精良著作，梳理的日本书籍的学科以及读书的门径，实则是梁启超自己在日本阅读的书目大纲。梁启超很清醒地认为"东学之不如西学，夫人而知矣。何也？东学之有学，无一不从西来也"③。但是鉴于"我中国英文英语之见重，既数十年，学而通之者不下数千辈，而除严幼陵外，曾无一人能以其学术思想输入于中国"，而此局

---

① 徐水生. 日译西学与中国哲学的近代转型——以居日期间的梁启超为中心[J]. 武汉大学学报（人文科学版），2010，63（6）.
② 梁启超. 论学日本文之益[M]//梁启超全集. 北京：北京出版社，1999：324.
③ 梁启超. 论学日本文之益[M]//梁启超全集. 北京：北京出版社，1999：325.

面非特数年可以改变。梁启超已经非常清楚通过日本学习西学并非治学之道,"然则求学之正格论之,必当于西而不于东,而急就之法,东固有未可厚非者矣"①。因此通过东学吸纳西学,在梁启超看来亦只是权宜之计,并非如狭间直树等将梁启超在主观上试图对东学本身进行思想吸收和借鉴所强调的那样。如果说梁启超学习东学必然或多或少受到了日本的影响,但在主观动机上,梁启超仍然试图从西方本身的思想根源上来建立自己的思想体系。

《清议报》以"为国民之耳目,作维新之喉舌"为倡导,除"主持清议"对中国之旧展开政治合法性批判外,另一宗旨为"开发新智",辟有"外国近事及外议"专栏,内有"西报译编""东报译编",除译编大量"外国近事及外译"外,还长篇连载了梁启超认为极为重要,当然也对梁启超思想影响极为深刻的重要译著。如伯伦知理的《爱国论》、《国家论》(11、15—19、23、25—31册)及有贺长雄的《社会进化论》。在后期专辟"政治学案",连载有《霍布士学案》(96、97册)、《斯片挪莎学案》(97册)、《卢梭学案》(98、99、100册)。同时梁启超在1899年8月26日至12月23日连续以《自由书(一)》(25—33册)为名在"饮冰室自由书"栏目连载了自己的读书笔记,此后在1900年3月1日、21日刊登了《自由书(二)》(37、39册),在1901年11月1日至12月21日又刊登了《自由书(三)》(96—100册)。以上基本可以显示《清议报》时期,即1899年到1901年三年时间里,梁启超在通过东学对西学选择、接受和研究过程中大致的理论来源。

(一)爱国:创建国家意识

1899年2月20日梁启超开始在《清议报》(6、7、22册)署名哀时客发表的《爱国论》是梁启超开始构建国家话语争论的较早文章,以此文始,梁启超开始接受与形成其国家理论的内在理路。此文可以视为梁启超从群学到国家理论的过渡与融合的思想产物,是梁启超初步接触西方国家理论尤其是伯伦知理的国家学理论后,将民权与国民进行中国化的初步梳理。在此文发表后的两个月,即4月10日,《清议报》第11期开始刊载伯伦知理的《国家论》。然而《爱国论》的重要、独特之意义在于,它并非直接的政治学理论,而是将中国历史身份与国家观念进行融合与渲染的话语建构。梁启超从人性良知入手,讨论中国人为何没有爱国心这一历史现象。梁启超在其游历经验中所见极为尖锐的反差是,在海外各国,爱国几乎融合在百姓日常生活之中,反观中国,不仅西

---

① 梁启超. 论学日本文之益 [M] //梁启超全集. 北京:北京出版社,1999:325.

方人公然谈论瓜分且将之目为当然,视中国兆民如无人,更甚者我中国自己之国民不仅无知有国且对国将行亡而懵然无知。对于建立一个独立的国家话语而言,这是必须予以正视且予以解释和解决的核心问题。梁启超在到达日本后应《大帝国》报约撰文《论中国人种之将来》,因戊戌变法失败,中国将彻底灭亡成为国际舆论的主流,虽然日欧列强已经公然将中国视为囊中之物,但梁启超毅然提出"然中国人种之性质,与其地位,绝非如土耳其、印度、阿非利加之比例"①。为鼓舞民心、重振中国,梁启超在该文中强言中国人种富有自治之特质,有冒险独立之性质,且长于学问,唯泰西之文明自由所赖参政权与自治权二端者,中国人种已居其一,而参政权"可以鼓国民之气,一跃而获之"②。在随后紧接着发表的《国民十大元气论》中,梁启超进而论证:"国所与立者,曰民而已。民所以立者何?曰气而已。"③然而从一般的政治宣传进入严肃的国家话语构建,梁启超不得不正视中国存在的黑暗而残酷的现实。梁启超在面对普遍认为中国人没有爱国意识的问题时,保持客观而冷静的态度,并同样试图从历史和现实两个方面予以解释。与《论中国与欧洲国体异同》观点一致,梁启超认为中国的地理位置与天下体系导致中国没有发展出一个与欧洲相同的列国竞争的国家历史:

> 中国自古一统,环列皆小蛮夷,无有文物,无有政体,不成其为国,吾民亦不以平等之国视之;故吾国数千年来,常处于独立之势,吾民之称禹域也,谓之为天下,而不谓之为国。既无国矣,何爱可云?今夫国也者,以平等而成,爱也者,以对待而起。④

可以说梁启超早在"戊戌"之后就意识到了天下与国家的根本区别,他把根本的观念差异归之于地缘政治,从而认为非中国人种没有国家意识,而是客观历史条件以及在此基础上的价值观念导致中国始终没有一个西方所谓的"国家"概念。当然,不知有西方的那个国家,也不会有因近代民族主义才产生的爱国意识。"率土之滨,莫非王臣",一方土地上的生民,不过是普遍王权治下的私产,共同服从于以君王为代表的天命,在君与民之间,没有一个固定的共同体。因此梁启超观察到两个举证,一是"甲午以前,吾国之士夫,忧国难,谈国事者,几绝焉",然而惨败后"于是慷慨爱国之士渐起,谋保国之策者,所

---

① 梁启超. 论中国人种之将来 [M] //梁启超全集. 北京:北京出版社,1999:259.
② 梁启超. 论中国人种之将来 [M] //梁启超全集. 北京:北京出版社,1999:259.
③ 梁启超. 国民十大元气论 [M] //梁启超全集. 北京:北京出版社,1999:267.
④ 梁启超. 爱国论 [M] //梁启超全集. 北京:北京出版社,1999:270.

在多有，非今优于昔也，昔者不自知其为国，今见败于他国，乃始自知其为国也"。① 二是侨居海外更具有爱国心，道理相同，"蛰居内地者，不知其为国，今远游于他国，乃始自知其为国也"，因此梁启超认为，能够普遍产生爱国良知，根本在于"知其为国"。那么在梁启超那里，何谓爱国呢？他认为东西国之浡然日兴，根本之爱国是"彼其国民，以国为己之国，以国事为己事，以国权为己权，以国耻为己耻，以国荣为己荣"。② 可见梁启超所谓的爱国并非仅仅出于一种超越性的情感，而是具有实质性的民权意识。这与梁启超在此所意识到的国家内涵有直接关系，他认为"不有民，何有国？不有国，何有民？民与国，一而二，二而一者也"③。这样，梁启超实际上已经接受了伯伦知理的国家有机体说，将国家视为国民有机构成的合体。他在作为中国最早的政治学译介的伯伦知理《国家论》（1800年4月起载，《清议报》第11、15—19、23、25—31册，署德国伯伦知理著，饮冰室主人译）中，着重强调了伯伦知理的国家有机体说：

> 以国民为社会，以国家为民人聚成一体，此说由来尚矣，而德国政学家独以新意驳之曰：国家有生气之组织体也。徒涂抹五彩，不得谓之画；徒堆积碎石，不得谓之石偶；徒聚纤维与血球，不得谓之人类。必也彼是相依相待，以成一体者也。故国家者，非徒聚民人之谓也。非徒有制度府库之谓也。国家者，盖有机体也。④

梁启超在"戊戌"之前的群学是基于中国传统仁学的主体间性观念的，而这一思想观念与19世纪德国伯伦知理所代表的源自亚里士多德的有机政治哲学传统相契合。

（二）国家的想象与理解：群学与国家有机论的融合

伯伦知理《国家论》本质上是在卢梭的批判基础上阐释有机论，认为国家不是理性和意志的发明创造，而是"道德—精神的有机体"，国家不是形而上学的理性抽象结果，相反国家具有道德与法律人格属性，他反对霍布斯、卢梭和沃尔夫（Christian Wolff）的社会契约论，反对以自然法—理性法为基础的国家机械论。然而梁启超并未在国家有机体论与国家机械论之间做出学理的比较和分析，而是直接与自己的群学进行了移植和使用。在这里我们同时也必须强调，

---

① 梁启超. 爱国论 [M] //梁启超全集. 北京：北京出版社，1999：270.
② 梁启超. 爱国论 [M] //梁启超全集. 北京：北京出版社，1999：272.
③ 梁启超. 爱国论 [M] //梁启超全集. 北京：北京出版社，1999：272.
④ 伯伦知理. 国家学纲领 [M]. 上海：广智书局，1902：7.

梁启超对伯伦知理国家有机体论的悦纳，更重要的一个原因在于有机体论更容易为梁启超提供一个想象国家的隐喻。实际上作为抽象物的国家在西方那里也无法从其自身得以理解，康德也承认，作为理性概念的例子，"国家概念"只能"象征"地加以理解。① 而国家机械论和国家有机体论恰是西方把握抽象国家概念的一般描述，显然与群学强调作为集体的个人所构成的社党一致，作为有机论社会学集大成者的伯伦知理所提出的国家有机体论为梁启超提供了一个康德所谓的承载近代国家观念的形式。当然，梁启超对伯伦知理的接受还受到了日本的直接影响。一方面，伯伦知理作为19世纪西方著名公法学家，首提"现代国家"这一概念，在19世纪后30年，经过高田早苗、小野塚喜平次、吾妻兵治、加藤弘之等的翻译和研究，成为日本明治维新后建国的官方学理依据。② 另一方面，日本明治维新以及立宪政治的成功为梁启超对未来中国的国家想象提供了真实的他者，伯伦知理作为这一他者的直接理论来源，在梁启超那里显然有足够的理由予以重视和接受。

回到梁启超的爱国话语上，梁启超试图将伯伦知理的国家有机体论融会在国民对国家的态度及其产生的历史起源上，从而在中国的语境中导出一个近代国家的路径。梁启超认为除了在地缘政治上中国没有产生列国竞争的国家历史从而民不知有国外，更重要的是帝国一统构成的专制政体导致民无其国，"是故人苟以国为他人之国，则爱之心必灭"③。在这里，国民处于国家的地位及其自觉的程度成为梁启超话语的关键，他首次提出了国民性问题。他认为比如"凡子弟未有不爱其家者"，"凡奴隶罕有真爱其家者"，④ 因此梁启超认为爱国心是衡量一国国民自治和参政的一个外在的标志。梁启超引伯伦知理近代国家发展理论，认为"国字者家族二字之大书也"，在国家的起源上，"君者家长族长也，民者其家族之子弟也"。梁启超认为中国在"三代"以前不乏爱国之仁人志士，"盖当三代以前，君与民之相处，实如家人妇子焉，依于国家，而各有其所得之权利，故亦对于国家，而各有其应尽之义务"。⑤ 反观他目前面对的中国，"则自后世暴君民贼，私天下为一己之产业"，如此则"三代"前君民的家长与子弟的关系被置换为主人和奴隶的关系，君主与一二私人专断，作为奴隶

---

① 雷勇. 国家比喻的意义转换与现代国家形象——梁启超国家有机体理论的西方背景及思想渊源[J]. 政法论坛, 2010, 28（6）.
② 郑匡民. 梁启超启蒙思想的东学背景[M]. 上海：上海书店出版社, 2003：第6章.
③ 梁启超. 爱国论[M]//梁启超全集. 北京：北京出版社, 1999：270.
④ 梁启超. 爱国论[M]//梁启超全集. 北京：北京出版社, 1999：270.
⑤ 梁启超. 爱国论[M]//梁启超全集. 北京：北京出版社, 1999：270.

的子民只能被置于旁观的地位。在这里梁启超同样接受了穆勒的自由观念。他认为历史造成的国民的奴隶地位是客观的、既有的，然而国民对这一地位的自觉则是历史能动的关键。因此他说："是故人之奴隶我，不足畏也，而莫痛于自奴隶于人；自奴隶于人，犹不足畏也，而莫惨于我奴隶于我。庄子曰：'哀莫大于心死，而身死次之。'"①在此阶段，由于梁启超仍然受保皇思想影响，因此他认为在有圣德光绪的情况下，"夫使吾君以奴隶视我，而我以奴隶自居，犹可言也。今吾君以子弟视我，而我仍以奴隶自居，不可言也"。②这里，梁启超将内在的国民性和外在的民权综合到了国民概念上，也即道德的自觉和代议的国家制度的创建被视为近代国家的本质。因此从国家制度设计而言，民权是根本；从构成国家有机体的国民而言，国民性的道德自觉亦是基础。那么这两者在中国的政治实践的路径关系上是如何的？梁启超认为当自上而下的政制设计无法实现，"朝廷压制不许民伸其权"时，作为国家有机的国民则承担着构建国家的基础的历史责任，他引用卢梭的天赋人权观念，"政府压制民权，政府之罪也。民不求自伸其权，亦民之罪也。盖其损害天赋之人道一也"③。他认为国民在创造国家的进程中承担着去除"自弃其自由权利"之恶的道德和历史责任。

在《爱国论》中，梁启超颇语焉不详地试图区别民权与民主两个概念，少有研究者予以注意。这两个概念是在梁启超试图争辩"尊皇为宗旨，今以民权号召天下，将置皇上于何地矣"的诘难时提出的。梁启超认为民权是天赋人权之利益，是国家之元气，而"民权与民主二者，其训诂绝异"④，梁启超基本上还是在伯伦知理的国家有机体论的理论框架下理解民权，他认为兴民权不仅与保皇不冲突，相反有利于皇权建立。他举例英国、日本与法国在民权意识大炙之时不同的处理路径与最终的君王下场，最终指出："然则保国尊皇之政策，岂有急于与民权者哉，而彼愚而自用之辈，混民权与民主为一途……使不可复救……不知西法而自命维新者也。"⑤ 在这里，梁启超并未对这两个目前在他思想中占据极为重要地位的概念予以清晰的辨析和分析，只是在国家有机体论的框架下，着重强调了民权是国家乃至君主的有机组成部分，它非但不会与君主产生权利的冲突，相反，在有机体论中它反而相互促成了各自的目的。爱国是梁启超国家思想在话语上的起点，其言论的对象实质上是针对广泛的海外华埠。

---

① 梁启超. 论自由 [M] //梁启超全集. 北京：北京出版社，1999：675.
② 梁启超. 爱国论 [M] //梁启超全集. 北京：北京出版社，1999：272.
③ 梁启超. 爱国论 [M] //梁启超全集. 北京：北京出版社，1999：275.
④ 梁启超. 爱国论 [M] //梁启超全集. 北京：北京出版社，1999：275.
⑤ 梁启超. 爱国论 [M] //梁启超全集. 北京：北京出版社，1999：275.

海外华人在梁启超看来更具有异国他乡的他者的日常体验，因而能强烈地感觉到中国作为国家的实体性存在。他认为"然国非能自强也，必民智开，然后能强焉。必民力萃，然后能强焉"，他在有机论观点下认为"合众人之爱国心，则力必大"，因此联合是根本，而爱国必然进而要救国，救国需要人才，因此教育亦另一重要先决条件。他认为"今海外人最知爱国"，他认为海外会馆诚然已经设学堂、兴救国，因弱国而失去保护的商民，应进一步进行大联合，建立具有海外自治功能的商会，"共扶商会，共固国体"，"内之可以张大国权，外之可恶意扩充商利"。① 梁启超与康有为在北美、澳大利亚、南洋（东南亚）都建立了庞大的保皇会，梁启超将国家视为更大、更优、更理想的有机体，是个人的德行和意志的放大。因此他随后撰写了《商会议》《论内地杂居与商务关系》《论商业会议所之益》，将海外华人的合群视为国家的初步集体样板，甚至是梁启超身居于外的国家实验。而梁启超所谓的大教育，特指"政学"。他观察到当时英属香港所开设的大学堂，在殖民的目的下，所设学科偏于语言文学，其目的在于培养殖民地商业化社会所需要的商务人员，"而于政学之大端盖略焉"。梁启超在这里提出一个在1903年构成其思想转换的潜在线索，那就是他认为任何一个国家在历史承接上都具有强烈的连续性，而所谓的经世必须重视接续。"凡每一国，必有其国体之沿革，存于历史，必有其国俗之智惯，存于人群。讲经国之务者，不可不熟察也。"② 他认为英国殖民者绝不在大学堂设中国学，甚至连汉语也不甚了了，具有极大的民智和民德隐患。梁启超所谓的政学，也即"群学、国家学、行政学、资生学、财政学、哲学各事"，同其承接康有为而来的《读书分月课程》（1892）所强调的公羊学，以及《大同书局叙例》（1897）强调的"首译各国变法之事……以备今日取法，译学堂各种功课，以便诵读，译宪法书，以明立国之本。译章程书，以资办事之用。译商务书，以兴中国商学，换回利权"③ 相比，梁启超此时已经非常清楚构建中国国家所需要的理论体系和学科体系。他认为海外华人在爱国心上已经产生了主体的自觉，那么在救国之才略上，"使更深以汉学，进之以政治"，"广编教科书，中西并学，政学兼进"，他认为当全面的维新机遇到来时，海外忠民则可效力于国家，国家亦无乏人才之患。

---

① 梁启超. 爱国论 [M] //梁启超全集. 北京：北京出版社，1999：271.
② 梁启超. 爱国论 [M] //梁启超全集. 北京：北京出版社，1999：271.
③ 梁启超. 大同书局叙 [M] //梁启超全集. 北京：北京出版社，1999：132.

（三）矛盾与均衡：被改造的伯伦知理

《爱国论》开始连载后两个月，1899年4月10日《清议报》第11册开始刊载伯伦知理的《国家论》，这在中国近代思想史上具有极为重要的意义。梁启超成为第一个向中国人系统传播西方近代政治学的思想家，而他自己的国家思想也在向国人译介的过程中，更进一步得以深化和系统化。梁启超首开近代政治学引入之风，既受到日本明治思想的影响，亦有其深远的考虑。我们现在已经非常逼近梁启超从激烈破坏到1903年访美后急剧转入保守的思想关节点，研究界对此已经有颇多专门论述。然而对于梁启超思想的转变在已有的研究之外仍然存在巨大的分析空间。以往以张朋园和张灏所代表的突变说和连续说，都忽略了《清议报》连载《国家论》之于梁启超思想的关键性意义。这一缺失首先被法国国家科学研究院研究员巴斯蒂（Marianne Bastid-Bruguière）在1996年应邀访问中国社会科学院近代史研究所获得的研究成果得以补白。巴斯蒂首先通过版本学进行了溯源考证，弄清楚梁启超译书来源以及与伯伦知理原著进行比较，通过梁启超的删选和意译则可以看到梁启超对伯伦知理理论的接受和内化情况。巴斯蒂断言这份没有署名的译著并不是翻译自1872年加藤弘之翻译的伯伦知理的《公法凡例》，而是直接"抄袭"了1899年东京出版的吾妻兵治以古汉语翻译的《国家论》，而该书译自平田东助日文译的《国家论》，①平田东助翻译的则是伯伦知理1874年出版的通俗读物《为有文化的公众而写的德国政治学》前五卷"普通政治学"部分，原著后四卷"德国国法学"未译。然而吾妻兵治的《国家论》仅仅摘取了平田本第一部分"国家总论"的第一卷"国家之性质与目的"、第三卷"国体"和第四卷"公权及其作用"。梁启超删去了原著第二卷有关民族（Nation）和国民（Volk）在近代国家意识上的区别，巴斯蒂指出梁启超认为该区别"不仅没有意义而且会引起混乱"。②而梁启超删去了第三卷有关君主立宪制和代议共和制的区分部分，则"无疑反映了他当时在选择最合适政治形式这个问题上的犹豫不决"。③巴斯蒂认为梁启超此时正处于听命于康有为而保皇同时密切与孙中山革命派联系的矛盾时期。而1903年访美归日后思想的转折，表现在1903年5月25日在《新民丛报》上发表《政治学大家

---

① 近年来又有学者认为梁启超并非抄袭吾妻兵治，"而是以平田本为底本，参考吾妻本翻译而成"。参见：承红磊．《清议报》所载《国家论》来源考［J］．史林，2015（6）．
② 巴斯蒂．中国近代国家观念溯源——关于伯伦知理《国家论》的翻译［J］．近代史研究，1997（7）：229．
③ 巴斯蒂．中国近代国家观念溯源——关于伯伦知理《国家论》的翻译［J］．近代史研究，1997（7）：229．

伯伦知理之学说》，该文将《国家论》所删去的原著中"有关国家的有机性质、主权、政治制度和司法的论述"重新拾回并着力宣传。① 而 1903 年 10 月 4 日再次刊登了梁启超署名的同名文章，该文重申了伯伦知理的国家有机体论，补充了实际上作为伯伦知理理论核心的国民和民族分析，以及被删去的对共和制的批判，同时对卢梭进行了批判。

在我们进一步分析梁启超对伯伦知理国家学说的接受和改造之前，我们需要先插入一个必要的变量，以帮助我们在梁启超思想内部理解他的内在目标。梁启超在伯伦知理框架中讨论爱国后，既为了以海外华埠作为他的国家有机体理论的一个具体实践和丰富，同时也为庚子勤王聚合海外力量，发表了《商会议》《论内地杂居与商务关系》《论商业会议所之益》，然而关于国家学说的问题就此突然终止，紧接着发表了他具有代表性的政论《瓜分危言》（1899 年 5 月至 8 月，《清议报》15—17、23 册）。甲午战败后世界列强掀起了瓜分中国的狂潮，从德国强占胶州为始，俄国占领旅顺大连、日本占领台湾，到英国占领新界，在租借上，德国据山东，俄国据东北、长城以北及新疆，英国据长江沿岸、西藏，日本据福建，法国据两广、云南，到戊戌前后达到了一个高潮。梁启超对国际局势有深刻的洞察和分析，他认为构建全民的国家意识从而在国民上促成近代国家的建设是关键所在，然而在 1899 年 5 月，他认为中国作为国家的危亡却是另一个迫在眉睫的议题。因此，可以说，戊戌变法失败导致国际方面对中国改革彻底失败的观望造成了西方对中国国家力量的新的评估，世界列强愈加对中国在态度上采取蔑视和侵霸的态度，而变法失败同样也给梁启超带来了巨大的心灵震撼，他意识到促成中国国家的近代化建设要比预想的远为困难，并且也加深了梁启超对中国的危机意识。在戊戌变法之前，梁启超的中国危机意识更多地是思想层面上的中国身份认同问题，而现在，在历史实践上的铩羽让他一方面生成了独立的国家观念，但另一方面也形成了对这一实体本身面临的更加具体的瓜分危机意识。他认为以往国人不知有国，因此国家危机往往成为"老生常谈"，甚至不过是"为危词以耸听耳"，然而当梁启超在他的思想已经强烈地建立了一个国家观念时，一个中国置身列强组成的世界秩序的图谱就清晰地展现在他的眼前。在《瓜分危言》中他用四章数万字充分分析了中国国家之危机所在。他认为中国自鸦片战争数十年残喘至今，是国际局势发展造成的结果。梁启超认为"今日地球之两雄，曰英曰俄……中国命脉，其十分

---

① 巴斯蒂. 中国近代国家观念溯源——关于伯伦知理《国家论》的翻译 [J]. 近代史研究，1997（7）：230.

之九，系于两雄之手"。俄国欲求扩张，西出波罗的海受制于德国，北入北海受制于英国，南出黑海不自由，而跨印度出大洋更非目下所及，梁启超非常敏锐地认为"故俄罗斯者，战国之秦也"，其侵略之本在于"海道不得志"。① 因此俄罗斯"乃不惜腔全国之膏血，以经营万里不毛之西伯利亚铁路"，而铁路一旦建成，则俄罗斯之亡中国必至。因此俄罗斯尚未全面侵吞中国，实因"东方势力未充"。而英国不同于俄罗斯在于扩张领土伸张海道，而是"在商务"。英国着眼于中国的统一市场，因此在外交上转机赢得清政府的信任，忌惮俄人南下因此倾向中国能够保持自存。梁启超认为英国之所以有这样的外交策略，完全是因为不了解中国腐败的实情，以为中国为睡狮，终有崛起之日。但是梁启超认为戊戌政变暴露了中国"维新之望几绝，鱼烂之形久成朽木粪墙"，英国自然"与其瓜分后而争之于强国之市场，何如不瓜分而以屠国为外府乎"。随后梁启超具体分析了甲午战败之后俄、德、意瓜分局势，认为俄国东略势力未充备，英国以施恩转为进取，而列强目前"冲突猜忌，惮于开战"，以此中国尚未完全被瓜分。但是梁启超提出一个更具有近代国家主权意识的观点，即无形之瓜分更甚于有形之瓜分。这恰恰是梁启超在近代国家观念建立后，其中国危机意识的新发展。在他看来，在夷夏的天下体系下，人们往往只能注意到列强对天朝在赔款和土地上的瓜分，但对于一个近代主权国家而言，列强通过修筑铁路、掌控财权，甚至练兵权、用人权等无形之瓜分乃是更加致命地侵入。他反复申述伯伦知理之国家观：

> 一国犹一身也，一身之中，有腹心焉，有骨节焉，有肌肉焉，有脉络焉，有手足焉，有咽喉焉，有皮毛焉。铁路者，国之络脉也。矿务者，国之骨节也。财政者，国之肌肉也。兵矣，国之手足也。港湾要地者，国之咽喉也。而土地者，国之皮毛也。今者脉络已被瓜分矣，骨节已被瓜分矣，肌肉已被瓜分矣，手足已被瓜分矣，咽喉已被瓜分矣，而仅余外观之皮毛，以裹此七尺之躯，安得谓之为完人也哉？②

从伯伦知理的有机体论出发，梁启超所形成的中国危机意识愈加急迫而严重，反过来，正是由于对近代国家意义上的主权丧失的觉察，才更加促使梁启超选择伯伦知理的国家有机体论，将中国视为国民意识和躯体的集合，更易于向国民构建一个危机中的国家话语，一个物化了的大写的人。

---

① 梁启超. 瓜分危言 [M] //梁启超全集. 北京：北京出版社，1999：289.
② 梁启超. 瓜分危言 [M] //梁启超全集. 北京：北京出版社，1999：289.

如果我们承认此时更加深刻的中国危机意识以及"戊戌"后发展出来的国家意识两者相互转化，共同促使梁启超首先选择了伯伦知理的国家有机体论作为自己国家话语构建的理论主体，那么梁启超为何没有完整地接受乃至全盘地予以吸收呢？实际上这个问题不仅是梁启超思想发展的关键，也是当前学界研究梁启超思想转变的关键问题，尤其是巴斯蒂提出《国家论》在梁启超思想转变的重要性之后，围绕于此聚讼颇多。中国社科院近代史研究所郑匡民留日数年，因此能够从中日跨文化比较的视野来关注梁启超所接受的国家学与其来源之间的差异和变化。郑匡民比较关注《国家论》删去了第二卷"国民与国土"，他认为梁启超在 1899 年康有为离开日本后开始与孙中山接触并倾向革命，且在此时对卢梭民约思想发生兴趣，而第二卷恰是伯伦知理对卢梭契约论进行集中批判的章节，而第四卷讨论君主立宪的官制和自治制度的章节，作为最具有可操作性的分析，被完全删去，郑匡民认为主要原因是第 31 册连载待续后发生的大火终止了这个计划。郑匡民认为梁启超在接受伯伦知理的同时，其主要的兴趣却是在卢梭思想上。① 他的证据是 8 月开始连载的《自由书》中《破坏主义》的一句话"欧洲近世医国之手不下数十家。吾师其方最适合今日之中国者，其惟卢梭先生之民约论乎"。② 然而郑匡民虽然全文摘录了该文最后一段，但他没有注意段首这句话之后，梁启超并没有较为清晰和概括地归纳和介绍卢梭的民约论，而是近乎以激进的浪漫主义散文笔调进行呼唤和赞叹："吾道其东，大旗毵毵，大鼓冬冬，大潮汹汹，大风蓬蓬，卷土挟浪，飞沙走石，杂以闪电，趋以万马，尚其来东。呜呼！《民约论》，尚其来东。东方大陆，文明之母，神灵之宫。惟今世纪，地球万国，国国自主，人人独立，尚余此一土以殿诸邦。此土一通，时乃大同。呜呼，《民约论》兮，尚其来东！大同大同兮，时汝之功！"③ 与严肃的译著和有关商会的建设等大篇论著相比，以此短文及其笔调为举证来说明梁启超主要兴趣在卢梭并非有力的佐证，甚至得出"由此可见，梁启超初到日本时，虽受到伯伦知理的影响，但并不是很深刻，还远不及卢梭那种具有浪漫色彩思想对他的影响"④ 这一结论，更不能使人信服。

日本帝塚山大学川尻文彦则认为《国家论》的突然终止连载是因为擅自使用了吾妻兵治的稿本，在该稿本正式出版后，不得已停止。而第二卷被删除，

---

① 郑匡民. 有机国家论与梁启超 [M] //梁启超启蒙思想的东学背景. 上海：上海书店出版社，2003：228 - 269.
② 梁启超. 破坏主义 [M] //梁启超全集. 北京：北京出版社，1999：250.
③ 梁启超. 破坏主义 [M] //梁启超全集. 北京：北京出版社，1999：250.
④ 梁启超. 破坏主义 [M] //梁启超全集. 北京：北京出版社，1999：250.

"可能是因为担心族民、国民、社会等概念会引起中国读者不必要的混乱,因而未予译出"。① 川尻氏以日本明治维新时期立宪过程的国家学为中心视点,观察它在近代向中国知识分子辐射和"受容"的过程,认为梁启超是众多从东学接触并竭力输入近代政治学知识分子中最为重要的一员。他认为梁启超对伯伦知理的接受正如最早从《佐治刍言》开始的吸收东学这一连续过程中的关键点。他偏向关注梁启超在接受伯伦知理后其思想变化中的连续性,认为梁启超从民族主义与民族帝国主义的区分中要求应先实现民族主义,继而强调干涉主义的重要性,最终在《政治学大家伯伦知理论》开始转向,与卢梭主义诀别,而在与革命派论战中达到对伯伦知理国家学笃信的顶点。显然川尻氏是以日本为中心来观察梁启超作为被动的接受者在处理伯伦知理国家学过程中的内在连续性,试图描述一个竭力效法日本但又遵循"合于己用为原则"的思想家的内在张力。但是川尻氏忽略了梁启超并非是一个单纯的政治学家,而是将中国作为自己中心和目的的思想家,日本作为一个西学的媒介,固然对梁启超产生了巨大的影响,日本明治维新的样板也构成了梁启超思考的历史经验,但与欧美民主历史而言,亦仅仅是一个个体的案例。梁启超的现实感和深刻的历史意识早已使他从单纯的理论信仰摆脱出来,而将中国的历史具体条件作为首要原则,因此伯伦知理的理论率先引起梁启超的注意,并在译介中筛选,以及从犹豫不决再到转向坚定,其内在动力的指向不是日本东学而是中国的历史现实。

此外韩国学者李春馥的观点亦有一定的影响。他比较侧重从梁启超著述的文献序列中寻找伯伦知理理论在梁启超思想中的起伏线索,尤其他认为巴斯蒂等学者都忽略了1902年3月到1903年2月赴美之间梁启超对卢梭理论的吸收,并且认为伯伦知理与卢梭在当时梁启超的思想中产生了相当的紧张关系。李春馥认为在梁启超的思想中,如何处理人民、政府与国家三者之间的关系是最核心的问题,而对伯伦知理与卢梭的选择和改造也围绕着这三者关系的不同侧重的改变而发生变化。在1902年前,梁启超只是笼统地在使用"国家"这一概念,关于政府与国家的关系,乃至人民与政府的关系都是模糊不清的。李春馥注意到了梁启超在伯伦知理与卢梭之间的徘徊,《国家思想变迁异同论》(1901年10月)中,梁启超强调人民主权,以卢梭"国家为人民而立者也"为主,李春馥认为梁启超"主张以卢梭为代表的民族主义的观点来抵抗以国家主义为理

---

① 川尻文彦. 梁启超的政治学——以明治日本的国家学和伯伦知理的受容为中心 [J]. 洛阳师范学院学报, 2011 (1).

论根据的帝国主义势力"①。人民在政府与国家之中的最高位置,《卢梭学案》紧接着《国家论》于11、12月之间在《清议报》陆续发表,并在该文强调梁启超接受了康德的价值判断与事实判断的区别,将卢梭民约论视为"民约之非立国之事实,而立国之理论也",并且民约论对于组建政府具有理论价值。但是,仅仅三个月后,1902年2月《新民丛报》1号刊上发表的《论学术之势力左右世界》中,梁启超对伯伦知理在20世纪的重要性又颇为关注。到此为止,李春馥认为梁启超尚未在两种理论中明确其政治立场,他认为梁启超的转变发生在1902年2月至3月《论立法权》和《论政府与人民之权限》两篇政论中,梁启超完全接受了伯伦知理的人格国家和国家有机体观点,将人格国家置于政府和人民之上,国家主权取代了人民主权,从而否定了卢梭的人民即国家的主权观念。梁启超批判了卢梭人民主权的"很大危险性",此后梁启超所谓的民权都不再是卢梭意义上的人民主权,而是相对于政府权力的公民权。不仅如此,李春馥认为梁启超同时有意曲解卢梭的政府观,因为梁启超虽然认为卢梭民约论在国家起源的事实上是谬误的,但是在建立国家的理论价值上是正确的,且梁启超所谓的立国实质上是建立政府,即将卢梭社会契约转变为政府契约以及官民民约。他认为梁启超试图将政府置于人民、国家和政府三者之上,而否定卢梭人民权利不可转让的观点,从而也否定了政府作为人民及其公意的附属地位。非但如此,"梁氏掩盖自己的用意","使人们容易误解梁的宗旨好像是在限制政府的权力滥用而维护人民权利"。② 李春馥认为梁启超曲解卢梭的目的在于"他将朝着政府高于人民的国家思想迈进",另外,梁启超还将卢梭不可动摇的人民主权转变为"随着'民族的文野之差'和人民政治素质的变化而改变的有条件的或随意性的概念"③。除此之外,李春馥另一个论点是,从《新民说》时期梁启超对孟德斯鸠和边沁的批判来分析他的国家主义思想的发展,梁启超对孟德斯鸠三权分立与代议制的批评转化出经过改造的社会契约论,即将人民公意与立宪相结合。他根据梁启超在《卢梭学案》中所言"常有举国投票,改革宪法,亦不外合众民以改其民约而已",以及"非经全国人投票,不得擅行更改宪法",推导出梁启超一个既包含人民主权同时又体现国家主权的立国思想。因此他认为梁启超主张人民公意的主权不可分,同时抛弃了卢梭的直接民主,而代之以孟德斯鸠的代议制民主的技术安排。但由于人民公意的不可分性,因此在梁启

---

① 李春馥. 论梁启超国家主义观点及其转变过程 [J]. 清史研究, 2004 (2).
② 李春馥. 论梁启超国家主义观点及其转变过程 [J]. 清史研究, 2004 (2).
③ 李春馥. 论梁启超国家主义观点及其转变过程 [J]. 清史研究, 2004 (2).

超那里，国家和政府仍然只是"受托"而非"代理"，当人民认为国家和政府不符合公意时，人民可以"举国投票"以"改革宪法"。而以上公选的政治技术仍然归之于孟德斯鸠的议会制度，尤其梁启超所强调的上议院和下议院的功能区别。梁启超正是通过将"契约""民约"曲解为"选举"和"宪法"的概念置换，达到将人民与国家、政府"立于平等地位"的目的。李春馥继续在梁氏理论发展秩序上进行梳理，认为1903年梁启超发表《政治学大家伯伦知理之学说》时，在他的思想中人民主权再次从最初的国家主权中分离出来，再到与政府主权平等地位，最终他接受国家有机体说而将人民主权降于政府主权之下的思想线索。李氏最后总结认为梁启超国家主义思想的形成并非如前人所论是在返美之后，而是在1903年2月即已形成。梁启超之所以从卢梭民主主义大部分思想中退出，并最终选择了伯伦知理，将"代议机构或者君主看作'人格国家'的国家主权实际归属"①，主要根据是20世纪初欧美国家干涉主义的盛行，且以中国为目标，帝国主义加快殖民步伐，在此情况下，梁启超希望"建立一个像西方列强那样强有力的中央政府，提高政府的行政能力和行政效率"，以"有效地抵御西方列强的侵略"②，而赴美只是在观察罗斯福干涉主义与权力集中下的国家和社会状况，此次经历仅仅是强化了梁启超业已形成的国家主义思想而已。就李春馥较为全面地梳理和剖析梁启超政论文献的方法而言，本书持赞同立场，他以周全的阅读为基础，较为完整地勾勒出梁启超国家主义思想在文本中的起伏变化，从而完善了以往学者顾此失彼的文本分析，尤其是对张朋园完全忽略梁启超国家思想的突变说，以及对张灏忽略伯伦知理国家有机体论的渐变说的补充，并且对巴斯蒂从《国家论》到《政治学大家伯伦知理之说》、从1899年到1903年直接的跨越做了详细的填充和爬梳。然而李春馥的分析显然也有明显的不足之处，那就是他几乎是以文本分析的方式寻求梁启超的思想逻辑发展脉络，这一方法固然也是本书的主要方法之一，但是他没有意识到在1899年至1902年期间梁启超思想与频繁的政治活动之间的紧密关系。单纯地从思想层面解读和挖掘梁启超在这一期间内在的逻辑性固然是根本，但是将思想转变的全部原因归于其内部思想的自洽恐怕有失偏颇。尤其在庚子勤王前后及与孙中山从接触到热衷到最后的矛盾和背离等的政治实践的过程，同样深刻影响了他对国家理论的偏向和选择。另外，李春馥过于强调卢梭在梁启超思想中的重要性，以至将梁启超对伯伦知理的接受过程建立在对卢梭的否定和改造基

---

① 李春馥. 论梁启超国家主义观点及其转变过程［J］. 清史研究，2004（2）.
② 李春馥. 论梁启超国家主义观点及其转变过程［J］. 清史研究，2004（2）.

础上，从而描绘出了一个离开卢梭步入伯伦知理的梁启超国家主义路线。实际上如此一来既夸大了卢梭在梁启超思想中的地位，同时也给李春馥自己带来辩解的困难，因为当梁启超已经做出代议立宪的立场时，将它视为对卢梭的否定是强行将卢梭拉入这个观念，实际上梁启超并不是在一个非此即彼的理论信仰的态度下进行思考的，相反，他的着眼或者他的信仰早已从"戊戌"之前的理论应然转入历史实然之中，也即此时的梁启超并不试图在理论中讨论一个"真理"问题，而是寻找切实解决中国当下的政治方案。如果把梁启超的国家思想解读为改造卢梭、否定孟德斯鸠和转入伯伦知理，固然在理论建设上是如此，但是未免将梁启超过于书斋化了。在下一节，作者试图从梁启超思想的内在逻辑与政治实践两方面，也即从理论的应然和历史的实然的张力关系中，观察梁启超思想的紧张和矛盾，并且从中得出梁启超在此过程愈发凸显的危机意识和幽暗意识。

三、勤王与排清之间的国家话语

在政治实践上，从己亥建储到庚子勤王再到与孙中山的亲疏，可以说在短短的三年时间里，梁启超经历了激烈的转折。在思想上，从群学到东渡后由东学吸纳西学，逐步发展出国家主义思想，同样也产生了剧烈的思想变迁。在戊戌叙事中，本书曾提到，梁启超在政变挫败后，意识到了应然与实然的跨越悖论，这也使他在《卢梭学案》中能够非常敏锐地意识到康德对卢梭所做的区分的思想前提："卢梭民约之真意，德国大儒康德解之最明，康氏曰：民约之义，非立国之事实，而立国之理论也。"① 因此在理论价值与现实价值上的区分与朝向，已经构成了梁启超思想非常有力的两个维度。在理论价值上，梁启超从他的考证学知识结构透露出求真意志，他拒绝对任何理论的盲目信仰和信从，即便对其恩师也从不简单地学舌，甚至最终通过戊戌叙事从公羊学剥离出来，形成了自己的独立思想。在现实价值上，梁启超具有深层的危机意识，以及幽暗意识，危机意识来自对中国历史身份丧失的警觉和焦虑，而幽暗意识则来自对人性之恶的承认和对抗，就这两者来说，梁启超更加注重对现实的历史条件的决定性强调。然而1899年到1902年梁启超在理论价值与现实价值之间的徘徊是他一生思想建构的隘口，一个个人思想上的金耀基所谓的"三峡峡谷"。其回旋流转，受到了应然与实然两极的牵扯。在理论上，梁启超渴望尽可能在国家话语的构建上达到真理性的认识和建构，希图为中国设计一个可以开创大同未来

---

① 梁启超. 卢梭学案 [M] //梁启超全集. 北京：北京出版社，1999：503.

的国家机制；在现实上，中国之旧的政治非法，光绪的圣德至善，康有为的保皇宗旨，以及"戊戌"后世界对中国的瓜分狂潮，这些都严重地钳制了梁启超单纯在求真上的趋向，迫使他时刻回顾历史的具体条件，在诸多现实问题中选择最为紧迫的命题。当然，必须予以说明的是，梁启超仍然是以一个思想家的方式介入现实的，他首先是从自己思想的内在逻辑出发构建话语，对现实的观察和对紧迫问题的判断，同样也是在这一思想框架里做出，而忧患意识和幽暗意识又使现实价值不断地冲击和反馈他的思想生发点，迫使他不断地调整自己的思想路线。因而在外在的政论和宣传上，我们才看到一个不断在流转的梁启超。反观同时代的其他思想界代表，尤其是认为已经掌握了确信无疑的"真理"的革命派思想家，他们往往缺乏幽暗意识，即对自己的言论和笃行的理论完全报以乐观态度，持坚信不疑的观点，遑论对自我的怀疑主义否定，因而当然显现为一以贯之的坚定立场。然而对于处于过渡时代的中国，寻求一套真正有效的、在应然的真理性和实然的有效性上都能够尽善尽美的解决方案，同时需要极其警惕这一解决方案带来的深远后果，谨慎的危机意识和幽暗意识恰恰是最宝贵的思想品格。

（一）义和团与代理殖民：帝国主义构成的双重危机

梁启超创办《清议报》即以"主持清议，开发民智"为宗旨，将自己的思想紧密对接到历史发展的事实之上，规避戊戌变法之前思想与现实的脱节。己亥立储促使梁启超对清政府政治的合法性进行思考，同时也使其对君主立宪的政治愿望产生了极大的危机和焦虑感。因此他随即开辟"戒闻录"和"国闻短评"栏目，专门对清廷政治进行批判，前者主述清政府外交上的犬儒态度，甘受瓜分只求自保；后者主述满人争权倾轧，唯汉人为防。与之对照的是，瓜分狂潮达至高峰，梁启超深刻忧虑中国恐失于清廷之手，则即便保皇亦不可得。在梁启超看来，清政府的非法性在于"伪政府不以外患为事，而惟以练兵勒饷为仇民之计"，即清政府的政治完全丧失了保护国家公共安全的基本职能。对内清政府筹措军款、振经讲武，其根本目的在于防范汉人屠戮国人；对外割地赔款无限，仅求保存政权。以至有令人吃惊的政策："醇亲王曰：我国之兵，为防家贼而已，非为御外辱也。"① 这一政治危机在庚子拳乱事变上达到了顶峰。《清议报》开辟论说时事专栏，连续发文《论非皇上复政则同乱不能平定》（第49期）、《论义民与乱民之异》（第52期）、《论中国民气之可用》（第57期）、

---

① 梁启超. 戊戌政变记 [M] //梁启超全集. 北京：北京出版社，1999：181.

《排外平议》(第 68 期)。梁启超对义和团的论述较集中于《灭国新论》(1901年7—8月，第85、86、89册)，不同于一般的政治事变的因由影响之分析，梁启超通过该政治事件敏锐地觉察到了列强侵略和覆灭弱国方式的变化，实际上梁启超已经开始形成民族帝国主义的观念。他在分析埃及衰亡于外债和资本入侵，波兰灭于俄国干涉党争，印度更是灭于"区区七万磅小资本之东印度公司而已"等时，认为在当代产生了新的国家扩张形态，"昔者以国为一人一家之国，故灭人国者必掳其君焉"，而今"苟真欲灭人国者，必灭其全国"，"或以通商灭之，或以放债灭之，或以代练兵灭之，或以设顾问灭之，或以通道路灭之，或以煽党争灭之，或以平内乱灭之，或以助革命灭之"。梁启超观察到了资本主义进入帝国主义阶段后对外侵略扩张的新形态，其根本如他在《瓜分危言》中已经提到的"无形之瓜分"危险远甚于有形的土地割让和赔款勒索。义和团触发了帝国形态的侵略，加深了梁启超对这一新的国家形态的认识和分析。他认为此前帝国主义尚处于抢夺债权、侵占财权、铁路权和用人权阶段，义和团的拳乱导致清政府中央政权的瘫痪，"团匪变起，东南疆臣，有与各国立约互保之举"，帝国趁机以乱渗透地方政治，他认为帝国列强采取缓慢渗透、逐步软化的方式，达到瓦解国人破釜沉舟、独立排外之决心的目的。文中梁启超介绍了"赫德《中国实测论》(Robert Hartas, Esbsayson Thechinese Visitation, 去年西十一月出版，因义和团事而论西人将来待中国之法者也——梁注)"。① 此赫德即英人罗伯特·赫德，1863年始担任中国海关总税务司至其1911年去世，控制中国海关长达半个世纪，他是近代以来较为中立的亲华派西方人士，在该文中以西方视角观察和分析了义和团后中国的国家局势和未来走向。他认为庚子拳乱后八国联军面对中国的最佳策略仍然是扶植清廷，但是"瓜分之事，实无所逃避"。赫德分析："盖中国人数千年在沉睡中，今也大梦将觉，渐有'中国者中国人之中国也'之思想，故义和团之运动，实由其爱国心所发，以强中国拒外人为目的者也。……自今以往，此种精神，必更深入人心，弥漫全国，他日必有义和团之子孙，辇格林之炮，肩毛瑟之枪，以行今日义和团未竟之志者，故为今之计，列国当以瓜分为最后之一定目的，而现时当一面设法，顺中国人之感情，使之渐忘其军事思想，而倾服于我欧人。如是则将来所谓'黄祸'(西人深畏中国人，向有黄祸之语互相警厉者——梁注)可以烟消烬灭矣云云。"② 梁启超认为赫德基本代表了欧洲帝国主义对待中国的一般策略。梁启超从赫德

---

① 梁启超. 灭国新法论［M］//梁启超全集. 北京：北京出版社，1999：472.
② 梁启超. 灭国新法论［M］//梁启超全集. 北京：北京出版社，1999：472.

的"保全中国"观解析出一个西方观念中的民族国家的思想背景,即赫德所忧虑者恰恰是西方国家思想中最具根本性的因素——民众国家意识的普遍觉醒以及对国家安全的国民主张。梁启超同时观察到清政府作为非法政权在帝国主义时期已经蜕变为殖民政府,"征服者,外国之奴隶,而人民之主人也"。① 梁启超认为在正反之间恰显示出帝国主义国家瓜分新的殖民路径就是对殖民地的民族主义扼杀。直接干涉镇压则"民有抗之者,则谓之抗外敌,谓之为义士,为爱国,而镇抚之也无名",但将清政府扶植为殖民的代理政权,"民有抗之者,则谓之为抗政府。谓之为乱民,为叛逆而讨伐之也有辞"。② 梁启超观察到的新的殖民方式的到来,使他深刻地感受到了在中国创建近代民族国家的双重困难。一方面是来自清政府,丧失基本的国家公共安全职能,坐享其殖民代理政权的维持;一方面来自帝国主义国家殖民,采取与历史上迥然不同的间接统治与经济入侵。以上对于民族国家的建设构成了双重矛盾,一个是满汉之间的民族矛盾,另一个是中国与帝国主义国家之间的国家矛盾。"为奴隶则尚或知之,尚或忧之,尚或救之,为奴隶之奴隶,则冥然而罔觉焉,帖然而相安焉,栩然而自得焉。"③ 民族矛盾和国家矛盾成为梁启超国家思想隐含的线索,在庚子拳乱到访问美洲期间发展得非常明显。

(二)国家危机、破坏主义与效仿倒幕

因此,从庚子拳乱出发,梁启超从戊戌叙事的慈禧之恶到东渡日本的清廷政治非法,而今已经发展到帝国殖民的新形态使得清廷已经完全成为代理殖民政权。这种在近代国家观念的基础上构筑的危机意识促成了梁启超对伯伦知理理论的靠近。梁启超竭力将中国视为具有人格的有机体,并且强调国民与国家的有机不可分,其背后恰恰是对帝国殖民新形式的思考和焦虑。与机械论所认为的国家是理性的产物,是各个部分的组合相反,伯伦知理认为"国家绝不是无生命的工具,绝不是死的机器,国家是活的有机体",从而有别于将国家视为"各分子的集合体"。④ 清政府不断地将领土和赔款作为和约所伴随的条件,铁路、财政、税收、内河航运、练兵甚至人事等权利纷纷予以割让,且视之无关宏旨仍可维持政权。梁启超一方面强烈地批判国家作为有机体的不可分割和拆解,另一方面竭力强调国民与国家融人格和意志为一体,将国家视为个体组成

---

① 梁启超. 灭国新法论 [M] //梁启超全集. 北京:北京出版社,1999:473.
② 梁启超. 灭国新法论 [M] //梁启超全集. 北京:北京出版社,1999:473.
③ 梁启超. 灭国新法论 [M] //梁启超全集. 北京:北京出版社,1999:473.
④ BLUNTSCHLI J K. The Theory of the State [M]. Oxford:Clarendon Press,1901:18.

的全体,是相对全体的一个更大的人。清政府不仅以基本的维护国家公共安全和谋求国民福祉为目标的政治功能俱已丧失,并且将作为有机体的国家任意割弃而不顾,梁启超对之已经完全绝望。"今政府者,以顽固为体,以虚诈为用,若欲与之联结以保大局,是犹被文绣于粪壤,蒸沙而欲其成饭也。无论彼之不能革新也,即容忠告之言,兴举一二事,而本原不变,积弊不改,多兴一事,多增一蠹,终归于糜烂而已。"① 因此,伴随着对伯伦知理国家有机体论的初步接受,产生了一个延伸的副产品——破坏主义。

在《十种德性相反相成义》中,他将旧中国视为一个沉疴不起的有机体:

> 今日之中国,又积数千年之沈疴,合四百兆之痼疾,盘踞膏肓,命在旦夕者也。非去其病,则一切调摄、滋补、荣卫之术,皆无所用。故破坏之药,遂成为今日第一要件,遂成为今日第一美德。②

梁启超坦言其所谓破坏主义实源自日本明治维新。"日本明治之初,政府新易,国论纷糅。伊藤博文、大隈重信、井上馨等共主破坏主义,又名突飞主义,务摧倒数千年之旧物,行急激之手段。"③ 梁启超仍然视中国为一病躯"譬之进药于痞痹之夫,将欲施补,必先重泻"。④ 梁启超认为破坏并不必然导致大乱,他认为"当进步之动力既发动之时,则此性质不能遏之,虽稍参用,足以调和而不致暴乱"⑤。在帝国主义与国家殖民之矛盾促成的伯伦知理的有机体论,在强调清政府政治非法性矛盾时,梁启超的国家思想又有新的摆动,他认为:"欧洲近世医国之国手不下数十家。吾视其方最适合于今日之中国者,其惟卢梭先生之《民约论》乎!是方也,当前世纪及今世纪之上半,施之于欧洲全洲而效;当明治六、七年至十五、六年之间,施于日本而效。"⑥ 在梁启超于中国危机意识里强调国家主权的有机不可分而吸收了伯伦知理的同时,在政治实践上又全力推动海外华人的政治总动员的保皇运动。在前文所述爱国意识的话语中,梁启超以海外华人为主建立独立自治的商会等的构想,其内在的理论基础非常偏向于卢梭的民约论,即将人民公意视为不可分割、不可让渡的绝对主权,通过对人民主权的推动以创造政治运动的热情和超越的利群价值,对于他即将要实

---

① 梁启超. 论支那独立之实力与日本东方政策 [M] //梁启超全集. 北京:北京出版社,1999:317.
② 梁启超. 十种德性相反相成义 [M] //梁启超全集. 北京:北京出版社,1999:431.
③ 梁启超. 破坏主义 [M] //梁启超全集. 北京:北京出版社,1999:349.
④ 梁启超. 破坏主义 [M] //梁启超全集. 北京:北京出版社,1999:349.
⑤ 梁启超. 破坏主义 [M] //梁启超全集. 北京:北京出版社,1999:349.
⑥ 梁启超. 破坏主义 [M] //梁启超全集. 北京:北京出版社,1999:350.

施的庚子勤王来说是非常恰如其分的理论话语。1899年康有为被日本礼貌地劝离西行加拿大，所至维多利亚、温哥华、渥太华等华埠受到热烈的拥护。梁启超认为此爱国心恰是建国的最佳基础：

> 惟昨日忽接先生来一书，极言美洲各埠同乡人人忠愤，相待极厚，大有可为……广东人在海外者五百余万人，人人有忠愤之心，视我等如神明，如父母，若能联络之，则虽一小国不是过矣。今欲开一商会，凡入会者每人课两元，若入会者有一半，则可得五百万元矣。以此办事，何事不成……此事为中国存亡一大关键，故我不辞劳苦以办之。①

此年7月20日保皇会成立，"专以救皇上，以变法救中国救黄种为主"②。保皇会明揭旗帜，以武装勤王为政治动员目标，梁启超似有秘密举事之议，对于尚未谋而号已宣颇有忧虑和忌惮，"欲谋人而使人知之"，"最足以误事"，③然而破坏主义的激进以及倾向卢梭对民权主张的峻急都使得梁启超在思想上放弃了对最坏打算的估计。除吸收华商以筹集大量钱款外，梁启超甚至在檀香山期间网罗主要以底层民众为主的激进团体致公堂，以期加快勤王举事。④ 在与孙中山革命派的接触和并行中，檀香山羁旅的梁启超以保皇会之名凭借"惟保救光绪复辟，始能据御外侮"之口号对华人亦有政治热情的鼓动作用，⑤ 以"举光绪为总统"对革命派进行调和甚至融合。此时保皇抑或革命的问题并未构成他思想的一对矛盾，相反，在对帝国主义殖民的认识以及对寻求扫除非法政权的话语中，在伯伦知理国权与卢梭民权的双向追求上，保皇和革命这一矛盾体在他那里和谐地共处了。"夫倒满洲以兴民政，公议也；而借勤王以兴民政，则今日之时势最相宜者也。"⑥ 保皇会的海外华人政治总动员是梁启超戊戌叙事话语、国家主义话语的共同结果，从1899年7月到1900年勤王一年多时间，"势力及于五大洲，遍布世界各地170余埠，拥会众数十万，俨然气势煊赫的一

---

① 丁文江，赵丰田. 与慈仙书 [M] //梁启超年谱长编. 上海：上海人民出版社，1983：87-88.
② 关于会名曾有讨论，康有为认为亦可命名保国会，后几经商定，确定为保皇会。见：汤志钧. 康有为政论集 [M]. 北京：中华书局，1998：415，447.
③ 丁文江，赵丰田. 致雪兄书 [M] //梁启超年谱长编. 上海：上海人民出版社，1983：87-88，121.
④ 丁文江，赵丰田. 与知新同人书 [M] //梁启超年谱长编. 上海：上海人民出版社，1983：121.
⑤ 冯自由. 革命逸史（上）[M]. 北京：中华书局，1981：16.
⑥ 丁文江，赵丰田. 致孙逸仙书 [M] //梁启超年谱长编. 上海：上海人民出版社，2009：168.

大政党"①。1900年唐才常在上海创立正气会，后改为自立军，康梁分任正副会长，意图"效日本覆幕举动，以保皇上复权"②。庚子勤王的指导思想就是效仿日本明治维新倒幕，实行君主立宪。梁启超明确认为慈禧太后类同日本的"大将军"，其"幕吏"则是"满洲全族"。③ 学者多有议论庚子勤王是梁启超受到康有为的意志影响的政治实践，如果观照梁启超在保皇和革命之间的政治徘徊期间的国家思想的变化以及其政治活动言论，则不难发现，非但如一般认为梁启超试图革命而迫于康有为压力而最终倒向改良，亦非梁启超根本是表面革命实则改良，在根本上，梁启超此时的思想受到国家矛盾和民族矛盾的双向结构制约，因此其思想和行动随着时势的变化、矛盾主次的位移，发生着明显的摇摆。

第三节　在卢梭的分界线上

从1899年4月梁启超与孙中山接触到11月受命被迫前往檀香山期间，梁启超在著述上主要发表的有2月至7月的《爱国论》、4月至10月的《国家论》、5月至8月的《瓜分危言》、6月和9月的《论中国与欧洲国体异同》、6月的《论中国人种之将来》、6月和7月的《论支那宗教改革》、8月至12月底的《自由书》28篇短论、9月的《论支那独立之实力与日本东方政策》、10月的《论近世国民竞争之大势及中国前途》等，此后则是12月到1900年1月的《夏威夷游记》。而在此一系列文章的背后，是梁启超复杂的保皇与革命频繁而密集的政治活动。如果将以上政论按照时间顺序与梁启超的政治活动大致做关联性的对照，即可观察到梁启超在思想上是如何与实践建立关系，并且透视出其思想在双重矛盾中的连续性。

一、梁启超与孙中山在卢梭思想上的交集

在戊戌政变之后，康梁与孙中山逐渐成为较有影响力的政治人物，双方在各自的阵线和路径中均处于摸索和初步发展阶段。同声相应，同气相求，双方

---

① 陈长年. 庚子勤王运动的几个问题[J]. 近代史研究, 1994 (7).
② 冯自由. 革命逸史（下）[M]. 北京：中华书局, 1981: 27.
③ 清国戊戌政变卜亡命政客渡來ノ件[M]//日本外交文书：31卷, 第1册. 1954: 697.

俱受清廷缉拿流亡海外,① 寻求交流甚至合作是顺理成章的。尤其康有为、孙中山、梁启超同为广东人,康、孙年龄相差八岁,在乡情上更易于联结。然而康有为却表现出了强烈的排斥和拒绝态度,这在梁启超思想上产生了一个由外而内的情理反应。实际上康、孙在思想上有相当的合集之处。早年孙中山游檀香山萌生救国之念,康有为"薄游香港","涉猎西书",批判新政,主张维新改良。两人都走过上书请命的政治道路。康有为从1888年开始先后五次上书,孙中山1890年致书同籍退职官僚郑藻如请求兴农会、戒鸦片、设学校。1895年康有为发动公车上书时,孙中山亦上书李鸿章:"窃尝深维欧洲富强之本,不尽在于船坚炮利,垒固兵强,而在于人能尽其才,地能尽其利,物能尽其用,货能畅其流。此四事者,富强之大经,治国之大本也。"② 康、孙都是在洋务运动的基础上接受西学,同时提出改造国家的具体方案,但显然两人的社会身份和地位差异巨大。康有为1895年公车上书之年中乙未科第二甲48名进士,而孙中山除幼年受私塾外,少年游学檀香山、香港,最后毕业于香港西医书院,从未系统学习过经史子集,更未进身科第,在晚清社会的知识分子眼中当然是末流。因此康有为直接受光绪垂青,在维新中康有为亦自视为帝王师,且康梁在维新运动中所交接者皆是清廷高层政治人物,甚至对张之洞、李鸿章等人不愿拉拢。而孙中山自第一次广州起义败露逃亡日本后,始终处于中国政治的边缘,尽管名列清廷通缉要犯之列,但是在社会中尚未造成巨大的影响。因此,1899年犬养毅邀约康、梁、孙、陈会晤,康有为拒绝出面,"康自称奉清帝衣带诏,不便与革命党往还,竟托故不见"③。然而正是康、孙出世道路的不同,导致他们思想在戊戌政变之后的迥异发展。康有为始终以帝师自居,寻求自上而下的制度设计,推动渐进改良道路。而孙中山浸淫西学,身处政治外缘,更多经历了海外华人的屈辱,注重下层群众和集结会党力量,因此对民族主义有深刻的体悟,他在《孙文学说》中即言:"予自乙酉中法战争之年,始决倾复清廷、创建民国之志。"因此从身份到思想,康、孙都代表着中国知识分子以及政治改造的两极。

梁启超与坚守身份和路线的老师不同。在最初的接触中并无成见,"惟务求

---

① 1894年11月24日,孙中山在檀香山创立兴中会,1895年2月21日,兴中会总部于香港成立,骨干成员有陆皓东、郑士良、陈少白、杨鹤龄、杨衢云、黄咏商等。1895年农历九月初九,孙中山发起乙未广州起义,消息泄露,起义未举即遭抓捕,孙中山受清廷通缉,东渡日本,后辗转夏威夷、美国、英国。
② 孙中山. 上李鸿章书[M]//孙中山全集(第一卷). 北京:中华书局,1985:8.
③ 冯自由. 革命逸史(第一册)[M]. 北京:新星出版社,2009:49.

国之独立而已。若其方略，则随时变通，但可以救我国民者，则倾心助之，初无存心也"①。因此梁、孙最初交往甚洽，"在横滨吉亭相晤，三更深夜，拥被长谈"②。梁启超与孙中山的交往，自1899年康有为离开日本后开始逐步走向公开和亲密。而就在1899年6月，梁启超与李敬通、欧榘甲、梁启田、罗润楠、张学璟、梁炳光、陈国镛、麦仲华、谭锡镛、黄为之在日本江之岛金龟楼做了著名的江岛之盟，不仅以《清议报》重刊为标志与康有为思想分离独立，同时在政治上也开始与之分裂。江岛之盟的组建以及与革命派的联系都反映了梁启超在这一阶段思想上的双重矛盾，即国家矛盾与民族矛盾交织之下的思想焦虑，同时在外部亦受到乃师作为传统良知道德的情感牵制的影响。康有为与孙中山有思想发生的相似，但身份与路径却大相径庭，而梁启超与孙中山却在思想上有相当的契合。可以说孙中山的民族主义革命与梁启超对帝国主义的观察、与清政府作为代理殖民政权的思考具有极大的契合性。孙中山早年接受卢梭的民约论，受到了人民主权思想的深刻影响，在其思想背景中有较深的卢梭印记。③孙中山在1898年积极宣传革命时所宣讲的文本之一是邹容的《革命军》，而邹容是坚定的卢梭主义者。邹容将卢梭看作是包治百病的灵药："夫卢梭诸大哲之微言大义，为起死回生之灵药，返魄还魂之宝方，金丹换骨，刀圭奏效，法、美文明之胚胎，皆基于是。"④ 同盟会的机关报《民报》的政治立场的基础之一同样也是卢梭，在其创刊号封面内页的插图印有卢梭的画像，并题词"世界之第一民权主义大家"。在《民报》发刊词中，孙中山反复申义"民权主义，就是政治革命的根本"的观点。1899年4月至10月梁启超与孙中山过往从密期间，一方面是梁启超通过《国家论》逐步深入伯伦知理的过程，但另一方面又是他发表《自由书》的思想激烈过程。因此，梁启超与孙中山在思想上的契合点主要在于对卢梭思想的趋近。尽管从1899年8月在《清议报》连载《自由书》到1901年末发表《卢梭学案》之前，梁启超并没有专文集中讨论卢梭，但并不代表他没有关注或接纳卢梭思想。

在《自由书》序言中，梁启超引《庄子·人间世》"我朝受命而夕饮冰，我其内热欤"以自明，暗示了他急切于国事的焦躁和迫切心态。与之相应，鼓动性的自由思想自然成为这种心理所渴求与呼应的对象。他认为："西儒穆勒·

---

① 冯自由. 中华民国开国前革命史［M］. 桂林：广西师范大学出版社，2001：44.
② 梁启超. 杂答某报［N］. 新民丛报，1906（86）：36.
③ 关于孙中山受卢梭思想影响，可参考尚明轩. 孙中山传［M］. 北京：北京出版社，1981：46.
④ 邹容. 革命军［M］. 北京：华夏出版社，2002：10.

约翰曰：'人群之进化，莫要于思想自由，言论自由，出版自由。'三大自由皆备于我焉，以名吾书。"① 显然这句话并非穆勒的原话，因"人群之进化"明显来自社会达尔文主义的立场，但是梁启超把它与穆勒的自由主义合并在一起，显示了他是从国家矛盾的角度来吸收自由主义的。因为在此之前发表的《论近世国民竞争之大势及中国前途》中，梁启超将西方民族国家的世界秩序分为两种竞争关系："有国家之竞争，有国民之竞争。国家竞争者国君糜烂其民以与他国争者也。国民竞争者，一国之人各自为其性命财产之关系而与他国争者也。"② 梁启超准确地抓住了西方民族国家的国际秩序的关键，他认为世界秩序的"原动力乃起于国民之争自存……故其争也，非属于国家之事，而属于人群之事，非属于君相之事，而属于民间之事。非属于政治之事，而属于经济之事。……今则人人为其性命财产而争，万众如一心焉"。③ 以一国之私人的独裁者的统治意志与已经跨入民族国家的万众一心的公意相对抗，其长短胜败在梁启超看来已经无须估算。他忧心于"今也在国民竞争最烈之时，其将何以堪之？"④ 在他看来，帝国主义摧折中国恰好是从非国民国家之处入手，"国事非民所能过问。民无爱国心，虽摧辱其国而莫予愤也。……知政府不爱民，虽侵之而必不足以动其心"。⑤ 因此帝国主义通过"铁路、矿务、关税、租借、传教之事"以清廷为代理殖民政权，其本质恰是要"尽寄其力于今日之政府与各省官吏，挟之以钤压我国民，于是我国民永无觉悟之时，国民之力永无发达之时，然后彼之所谓生产过度、皇皇然争自存者，乃得长以我国为外府，而无复忧矣，此欧洲人之志也"。⑥ 事实已经非常清楚，再也不是"戊戌"之前形而上的中国历史身份的焦虑，而是切实的国际政治与殖民危机，则归于一根本，"在国民力"，进而如何获取国民力？梁启超显然转入了卢梭的天赋人权思想，他认为：

---

① 梁启超. 自由书 [M] //梁启超全集. 北京：北京出版社，1999：336.
② 梁启超. 论近世国民竞争之大势及中国前途 [M] //梁启超全集. 北京：北京出版社，1999：309.
③ 梁启超. 论近世国民竞争之大势及中国前途 [M] //梁启超全集. 北京：北京出版社，1999：310.
④ 梁启超. 论近世国民竞争之大势及中国前途 [M] //梁启超全集. 北京：北京出版社，1999：311.
⑤ 梁启超. 论近世国民竞争之大势及中国前途 [M] //梁启超全集. 北京：北京出版社，1999：311.
⑥ 梁启超. 论近世国民竞争之大势及中国前途 [M] //梁启超全集. 北京：北京出版社，1999：311.

"我自有之而自伸之,自求之而自得之者也。"① 因此,《自由书》集中转入自由的思想,正是在国家话语之下对民族国家的国际竞争本质的思考结果。

当然正如梁启超将斯宾塞的进化观引入穆勒的自由思想那样,自由的终极是国民竞争的"民力"来源,自由被梁启超的国家框架所笼罩着。因此,他对穆勒的自由观念也主要是侧重于人的思想自由的层面。穆勒在《论自由》中提出的自由还包括"品位和追求的自由"(liberty of tastes and pursuits)和"个人合群的自由"(the liberty of combination among individuals)。此自我价值的实现与集会结党自由在穆勒看来恰恰是推动政治改革的关键,但暂时被梁启超忽略了。在普遍国家意识尚未觉醒的时刻,梁启超更加关注思想自由对批判"腐败或暴政"(corrupt and tyrannical government)的启蒙作用,对公共政治批判的自由和参与政治的权利更加紧迫。② 由穆勒的思想自由,梁启超进而强调卢梭的天赋人权观念,在转载深山虎太郎刊登于《亚东时报》的文章《草茅危言》(1899年9月)中,梁启超借此向中国民众详细介绍了卢梭的"天赋民权"观念③,在其中的《民权篇》中直言:"民受生于天,天赋之以能力,使之博硕丰大,以遂厥生,于是有民权焉。"④ 前面已经提过在同年2月的《爱国论》里,梁启超将民权与人道相等同,他认为"侵犯"他人的"自由权利"和放弃自己的"自由权利"同样"损害天赋之人道",而深山虎太郎举证柳宗元"吏于上者,民之役而非役民而已"与西人谚语"官吏者天下之公仆也"相比较,从而证明天赋人权是"盖公理无东西,而大道无古今"的普适真理。该文特别强调了民权与政府之间的先在性关系,"民与权俱起,其源在乎政府以前",并且由于国民"各有生产作业,不能亲政",因此"立贤者,以为之王,以为之辅相,假之以柄,以整齐天下",实际上就是卢梭的契约论的内涵。有趣的是,深山虎太郎将尧舜禅让与美国公举总统、汤武伐纣与欧洲民权运动相类比,认为孔子仁政和孟子民本与三代之治本质上相通于泰西的民权思想,他批评中国"大道晦冥"从而导致如今"上有背天之政府,而无顺天之君,下有弃天之人,而无敬天之民",他希望能够"举秦汉以来积敝,摧陷而廓清之,以举自强维新之政,则必恢复民权始"。⑤ 梁启超的人道和他所赞赏的深山虎太郎的"三代之治"都不约

---

① 梁启超. 论近世国民竞争之大势及中国前途 [M] //梁启超全集. 北京:北京出版社,1999:311.
② John Stuart Mill. On Liberty [M]. New York:Appleton Century Crofts, Inc., 1947:15.
③ "天赋人权"首先由加藤弘之翻译 natural right 而创造。
④ 梁启超. 草茅危言 [M] //梁启超全集. 北京:北京出版社,1999:342.
⑤ 梁启超. 草茅危言 [M] //梁启超全集. 北京:北京出版社,1999:342.

而同地将民权与天人相联系,从而在中国儒家体系中为民权创造其话语的根据及源生性的合法性。如此,在穆勒和卢梭那里纯粹的自由权力带上了天人的道德体系背景,"由上天所赋予并根植于人性的自由和权利不能不是高尚的,而不可局限于满足个人私利和物欲。自由和权利必须包含一种转化性的力量,一种道德的力量,可以超越个体,服务人群,小到贡献国家,大到造福全人类"①。因此,在梁启超那里,天赋人权在其内涵上更倾向于政治自由,即梁启超更倾向于卢梭以利群为实践目的的社会自由和政治权利,而非卢梭人权思想同时还包括的自然权利和自然自由。②但加藤弘之所创造的"天赋人权"在字面意义上更强调卢梭的自然权利。卢梭认为人性本善,但是在从自然状态进入社会状态后,人的本性之善开始异化和退化,社会造成了人的邪恶和不平等,人民通过缔结契约产生国家,其构建的目的正是要建立一个公正、合理的社会秩序,保障人民的自由平等的权利,并恢复人们自然状态的本性,因此国家就是道德的共同体,而其来源是人的绝对的自然权利。但是当政治权利不能保障人的政治权利和自由时,人民可以选择与腐败或暴政决裂,并重新恢复自然权利,回到无政府的自然状态或者重新组建理想政治。当然在《草茅危言》时的梁启超还没有从卢梭的政治自由和权利走向自然权利,他更多地在天人体系中强调卢梭的思想自由,进而唤醒国民的自觉从而参与西方构建的国际竞争秩序,产生真正的中国民力。

二、多重矛盾中的卢梭思想

与孙中山的深入接触,促使梁启超在卢梭的思想上开始滑向更加深入的境地。从革命派的言论中可知孙中山对梁启超的思想方面的影响:

> 尔之与孙君缔交之颠末,则吾知之矣。尔本不知有民族主义。从中国来,与孙君游数月,乃大为所动,几尽弃所学,由是乃高谈破坏。③

革命派言辞偏激而夸张,但也显现出孙中山的民族主义给梁启超带来了较深的体会,尤其是孙中山从卢梭那里汲取的革命观念,给梁启超带来了新的思

---

① 范广欣. 超越暴力革命:梁启超有关卢梭论述对自由和权利的探讨(1899—1901)[J]. 天府新论,2015(5).
② 梁启超认为放任主义即"凡百皆听民间自择焉自治焉自进焉。所重在自由",同时认为"中世纪之时,无所谓政治上自由也。及南欧市府勃兴,独立自治之风略起"。见:梁启超. 干涉与放任论[M]//梁启超全集. 北京:北京出版社,1999:383.
③ 陈红民,方勇. 斥新民丛报之谬妄[M]//中国近代思想家文库:胡汉民卷. 北京:中国人民大学出版社,2014:67.

想动因。梁启超受此影响最激烈的表现并非是政论中对破坏主义的倾心，而是致书乃师劝其息影归山。此事于梁启超的人格精神而言不啻为一件大事。梁启超终身恪守儒家的人格修养的原则，甚至视曾国藩为道德楷模①，师道尊严是士人基本的人伦。尽管在江岛之盟上梁启超已经有了组建自己政治实践的独立行动，然而此次与康有为属于公开的决裂，不能说没有受到孙中山民族革命的巨大影响。他在信中说：

> 国事败坏至此，非庶政公开，改造共和政体，不能挽救危局。今上贤明，举国共悉，将来革命成功之日，倘民心爱戴，亦可举为总统。吾师春秋已高，大可息影林泉，自娱晚景，启超等自当继往开来，以报师恩。②

此时的梁启超在思想上的张力已经达到极致，在国家危机与民族矛盾、伯伦知理与卢梭、干涉与放任、保皇与革命、君主立宪与立宪共和、温和改良与暴力革命之间不断地激荡徘徊；甚至在政治实践上也充斥着似乎不可调和的冲突，他仍然支持勤王运动，但是却批判清廷政治的彻底非法，他举旗保皇却接受排清革命，他身处康党但结盟江岛，敬重康师却劝其息影。在以上交织纠缠的矛盾之中，梁启超不断地在调适他的思想路向，寻求最理想的解决方案，因为他对任何一种宣称是独一无二的救国理论和方案都抱着极大的警惕态度，将其可能带来的黑暗后果放在优先考虑的位置。因此即便在一年后的1900年，他被勒令离开日本前往檀香山时，仍然致信康有为争辩自由主义，但更像是对自我矛盾思想的辩论。在1900年四月一日的信件中，梁启超一方面深刻忏悔"弟子前此种种疑嫉肆谬，今皆省之（此字除出诸自由不服罪外，余皆自知）"。③梁启超所谓除自由不服罪，即对自由思想的坚定。另一方面，梁启超为自己做了辩护。康有为对梁启超所持卢梭的自由言论"深恶而痛绝之"，然而梁启超直言"弟子始终不欲弃此义"。④ 他认为中国走到今日亡国灭种，究其根本在于中国人之奴隶性，而在国民竞争的时代，不除此性不能立于强权世界。梁启超同时认识到了卢梭的自然权利和自然自由导致暴力革命的危险，他认为法国大革命的暴力流血带来的社会灾难是不言而喻的，但从历史的具体条件看，"中国与

---

① 梁启超认为曾国藩在立德立功立言上三不朽："曾文正者，岂惟近代，盖有史以来不一二睹之大人也已；岂惟我国，抑全世界不一二睹之大人也已。"参见：梁启超. 曾文正公嘉言钞·序［M］. 北京：商务印书馆，1925：1-2.
② 冯自由. 革命逸史（第二册）［M］. 北京：中华书局，1981：94-97.
③ 丁文江，赵丰田. 梁启超年谱长编［M］. 上海：上海人民出版社，1983：151.
④ 丁文江，赵丰田. 梁启超年谱长编［M］. 上海：上海人民出版社，1983：153.

法国民情最相反，法国之民最好动，无一时而能静；中国之民最好静，经千年而不动。故路梭诸贤之论，施之于法国，诚为取乱之具，而施之于中国，适于兴治之机"，他在此时坚定地认为"今日非施此药，万不能愈此病"。① 同时他认为法国大革命的灾难根源不在于自由本身，而在于领导政治运动的人。况且自由造成的惨祸并不烈于不自由的惨祸，以文明进步为代价完全可以接受。当然，梁启超对卢梭、穆勒等人的自由做了自己的解释，他并没有将自由指向个人，而是作为对集权政治的反抗要求，"要之，言自由者无他，不过使之得全其为人资格而已。质而论之，即不受三纲五常之压制而已，不受古人束缚而已"。② 梁启超批判其师"但当言开明智，不当言兴民权"的观点，认为民权在逻辑上和政治实践上都是民智的先决条件，他举从西方新教和天主教的比较看，前者所赋予的自由多数导致国民"智而富"，而后者则"愚而弱"。实际上康有为的民智在民权之先的观点在当时具有相当的代表性，严复等多数保守分子都持有这种看法。但在梁启超看来，以中国思想禁锢之深之久，其危害之重使得自由已经是最紧迫之问题，并且反过来看这个条件，虽然自由主义是"搅其久伏之脑筋，而使大动而发狂"的危险思想，"然弟子敢断言中国之必不能沸，必不能狂也"。③ 将守旧不看作阻挠而是作为民主自由的平衡力量看待，是梁启超多元化思想的一个创建。这一思想与托克维尔将贵族阶层看作是对民主自由无限制发展的有益限制基本类同。④

为防卢梭式的自由主义导致无政府主义的动乱，梁启超甚至在字源上考虑应该将"自由"易为"自主"或"自治"，认为自由除了"不受治于他人"和"真能治自己"二义之外，是不够的，必须在个人绝对不可侵犯之权利之外加上伯伦知理的国家权利的制约，即法律对人的限制，才可能避免"法国托名肆虐之事"。⑤ 在这里，他将自由最终归于法律的精神，或者在梁启超的设想中法律作为体现公意的依据，既可以作为自由精神的保障，也是以自由之名行暴虐之实的防范。这与卢梭关于自由与法律的看法基本相似。卢梭在《论人类不平等的起源与基础》中认为人在进步名义下打破了自然状态中人的怜悯之心，陷入

---

① 丁文江，赵丰田. 梁启超年谱长编 [M]. 上海：上海人民出版社，1983：153.
② 丁文江，赵丰田. 梁启超年谱长编 [M]. 上海：上海人民出版社，1983：154.
③ 丁文江，赵丰田. 梁启超年谱长编 [M]. 上海：上海人民出版社，1983：154.
④ Alexis de Tocqueville. Democracy in America [M]. Chicago & London：The University of Chicago Press，2000.
⑤ Alexis de Tocqueville. Democracy in America [M]. Chicago & London：The University of Chicago Press，2000：155.

道德沦丧和政治压迫，摆脱人类的宿命首先应该避免以暴力为基础获取的私人利益政治，代之以契约为基础建立的道德共同体，个体将自身权利托付给集体，通过公意来统治每一个个体，那么法律就是最后的行动准绳。他在《忏悔录》中说：

> 我发现，一切都从根本上与政治相联系；不管你怎样做，任何一国的人民都只能是他们政府的性质将他们造成的那样；因此，"什么是可能的最好的政府"这个大问题，在我看来，只是这样一个问题：什么样的政府能造就出最有道德、最开朗、最聪慧，总之是最好的人民？——这里"最好"这个词就其最广泛的意义而言的。我又看出，这个问题又极接近于这样一个问题（即使两个问题不是相同的）：哪种政府在性质上最接近于法呢？由此便产生：什么是法？以及一连串与此同样重要的问题。①

虽然梁启超并没有涉及卢梭更为关注的问题，即将法律之正义建立在何种基础之上的问题（上帝、理性或者公意），②但是梁启超已经接受了卢梭关于法律的正义性，"但使有丝毫不服从法律，则必侵人自由，盖法律者，除保护人自由权之外，无他掌也"③。然而梁启超在这里似乎只是单纯地讨论自由与法律问题，他设想的人民、政府与国家三者的统摄关系在此并没有做出全盘的概括。但是对卢梭自由观的笃信在这一阶段推动着他开始趋向孙中山的革命道路。

在梁启超被勒令离开日本之前，他与革命路线的合作达到了高峰。1899年9月梁启超在东京创立大同学校，重新聚拢了曾经时务学堂的弟子如蔡锷、唐才常等，同年3月原由兴中会举办并与康党合作的横滨大同学校学生也纷纷转入梁启超门下，如冯自由、政贯一等人，一时间大批有革命志向的青年会聚一起，梁启超俨然成为当时青年革命的思想导师。④他采用时务学堂的教学模式，讲授英法自由平等以及天赋人权的学说，他对学生课业的札记艺批多数都是鼓吹自由、推翻清政，并多数都在《清议报》刊登，一时营造了浓烈的革命氛围。以梁启超的革命思想鼓动为中心，唐才常、章炳麟等与孙中山相识，形成了当时中国青年精英会集的形势，甚至在日北洋官费留学生也甘冒风险，直言革

---

① 卢梭. 忏悔录 [M]. 北京：人民文学出版社，1992：382.
② 卢梭. 社会契约论 [M]. 北京：商务印书馆，1980：140.
③ 丁文江，赵丰田. 梁启超年谱长编 [M]. 上海：上海人民出版社，1983：155.
④ 康梁与孙中山最早的合作开始于横滨大同学校的建设，参见：中村聪，马燕. 日本横滨大同学校之创立 [J]. 东方论坛，2008（10）.

命。① 梁启超与孙中山的交集的核心最后落在勤王运动的实际行动上，体现在政治行动上是梁启超与孙中山共同支持唐才常归国组建正气会，最终将梁启超对卢梭自由思想逼迫至付诸现实实然的政治运动之中。当然，庚子勤王实际上酝酿接近两年时间，由于清廷加紧搜捕保皇会成员及其家属，并先后于1899年12月20日和1900年2月4日悬赏十万金缉拿康梁，加之1900年1月24日宣布立新储，这些都导致康有为与梁启超认为与清政府已经到了不可调和的生死对立的政治局面，必须借助勤王于光绪调动海外政治支持发动政变，才可能挽危于一线。因此庚子勤王虽是康梁戊戌政变之后的思想延续，但在梁启超那里却额外地加入了自由主义革命的思想成分，从而使得勤王不仅仅是一场保皇军事行动，同时带有强烈的民族革命色彩。

然而在庚子勤王筹备的关键时刻，梁启超的革命倾向引起康有为的极大不满和愤怒，同时保皇会内部的保守派也完全站在梁启超的对立面，徐勤等人即反对梁启超和麦孟华与孙中山合作，就在梁启超认为两党合作时机成熟，并委派徐勤作为代表前往香港起草与革命党合作章程时，徐勤已经向康有为告变："谓卓如渐入行者圈套，非速设法解救不可。"② 梁启超一方面发表破坏主义、自由学说，自比"嘉福洱"，认为"故英雄之能事，以用时势为起点，以造时势为究竟"，③ 暗示出随机应变、改弦更张的意图；另一方面竟然大胆劝解康有为退休山林，而今已经要与孙中山起草两党合作章程，这一切都让康有为感觉到梁启超思想正在发生对他而言极其危险的蜕变，有可能将康党引向革命党的道路。他立刻委派叶觉迈勒令梁启超马上离开日本前往檀香山办理保皇事务。康有为对梁启超思想趋向自由主义的激进方向深有觉察，产生了极深的不信任感，这在庚子勤王的前期军事筹备过程中非常明显地表露出来。即便梁启超反复申述澳门总部"散漫异常"，"未有人克称其职"，在即将发动军事政变的前夕，竟然到了"有事欲与总会相商，不知相商何人乃有力量"的境地，④ "鉴于澳门同门无一可以主持大事之人"，他主动请缨，"以阅历稍多，似胜于诸同门"，要求前往前阵主持大局，但是康有为认为他"颇有轻听人言，因人之短而轻信之

---

① 张朋园. 梁启超与清季革命[M]. 上海：上海三联书店，2003：86.
② 冯自由. 中华民国开国前革命史[M]. 桂林：广西师范大学出版社，2001：44.
③ 梁启超. 英雄与时势梁启超[M]//梁启超全集. 北京：北京出版社，1999：341.
④ 丁文江，赵丰田. 致南海夫子大人书[M]//梁启超年谱长编. 上海：上海人民出版社，1983：150.

弊"，① 不予同意。身处海外，而国内局势正一触即发，梁启超心急如焚，不断飞书提出各种意见和建议，并对举事中诸种问题逐一分析，但康有为对此置若罔闻，一概未有反应。当然，勤王是在康门弟子下主持发动，桑兵认为是"秀才用兵"②，存在准备不足、权责不明、军事目标模糊、党羽混杂等致命问题，但是康有为对梁启超的忌惮和怀疑已经非常明显，以至宁可将梁启超闲置于檀香山，也不愿意用其于关键之处。究其根本所在，正是梁启超在此阶段对卢梭自由思想的热衷以及趋向革命的政治倾向，与康有为保皇目标已经大相径庭。

三、1900年：回到形而上学

梁启超对卢梭思想的政治热情的转向正是从不得不遵从师命离开日本开始。1899年12月19日，梁启超乘船驶往夏威夷，"任公去后，由于往来疏阔，加上其他种种因素，联合关系便消沉下去了"③。虽则如此，政治路线的戛然而止并不与思想的转向同步，要之，思想有其内在的脉络和前行逻辑。梁启超初登檀香山之都受感于华人政治之热情、爱国之炙热，他仍然认为法国大革命对于开启民智和民德具有根本性的作用。

> 中国人旅居此岛者，凡二万人之间。而热心国事，好谈时局者，殆十而七八。风气之开，冠于海外各埠。余推原其所以能致此者，盖亦有故。盖此岛虽小，昔固俨然一国也。而今华人所居号称正埠者，则其国度也。（都名汉娜路卢）此都十年以来，经三次倡革命，卒倒旧朝，兴新政府。其事历历接于吾邦人之眼帘，印于吾邦人之脑膜。故政治思想，比他处人为优焉。观于此而知法国大革命之风潮，其影响所及，披靡全欧者数十年，绝非无故也。观于此而可识铸国民脑质之法矣。重学之公例曰，凡物有永静性者，非加以他力使之动，则虽历千万年不能动焉。吾国民之永静也久矣。虽然，其中非无有能动之性质存，特视乎转捩之外力何如耳。④

这是梁启超首次对西方政治的现实观察，他对于中国国民守旧喜静的政治惰性在夏威夷俨然小国的政治环境中的改变的认知，与他在此前对卢梭自由民主思想的坚持产生了高度的吻合性。那就是法国大革命被人诟病的社会暴乱的

---

① 为1900年11月26日，《康有为致邱菽园书》内容。见：杜迈之，刘泱泱，李龙如，辑. 自立会史料集 [M]. 长沙：岳麓书社，1983：331.
② 桑兵. 庚子勤王与晚清政局 [M]. 北京：北京大学出版社，2004：80-86.
③ 张朋园. 梁启超与清季革命 [M]. 上海：上海三联书店，2003：87.
④ 梁启超. 夏威夷游记梁启超 [M] //梁启超全集. 北京：北京出版社，1999：1220.

危人耸听之后果，在中国数千年静态的天人体系的政治条件下，不会产生与法国类似的社会后果，相反，与惰性的国民性的抵消结果是触发人的政治自由的觉醒，以及对基于国民竞争的世界秩序的认知从而产生国家意识和爱国情感。

然而一个明显的跌落是1900年梁启超著述突然陷于停顿状态，当然从现实客观条件看，一方面由于康有为命令梁启超交出《清议报》并将其支离到檀香山，另一方面由于在檀香山梁启超因鼠疫陷入被隔离的状态，这些都导致在近一年时间里，梁启超远离了政论的前沿阵地，思想上没有直接参与时局的舆论。当然在政治实践上，1900年三四月开始，梁启超倡导的保皇党和革命党的合作开始破裂，梁启超在政治上失去了革命运动的途径，勤王失败后又于八月往澳洲游历，于次年四月方返日本。① 因此有学者将梁启超的檀香山之行看作"思想上的还原的过程"，② 这一看法虽明显有本质主义的倾向，不免将梁启超的思想视为具有静态和自足的内核的危险，但是也在表象上抓住了梁启超在1900年思想的过渡特征。在罕见的流亡著述空白期，次于日志性的《夏威夷游记》而作的《国民十大元气论》（1899年12月23日《清议报》第33册，署名哀时客），与此年持续讨论的国家、宪法、国体以及帝国主义瓜分等政治话语迥然不同的是，该文显然与以上政论失去了较为直接的连续性，它转入了一个相对形而上学的抽象话语之中。在绪论中，梁启超劈头而来"爱有大物，听之无声，视之无形，不可以假借，不可以强取"，并宣称"人有之则生，无之则死；国有之则存，无之则亡"，如此玄而又玄之物是什么呢？"斯物也，无以名之，名之曰元气"。③ 梁启超将西方文明区分出物质的和精神的两个方面，他认为"然则真文明者，只有精神而已"④。值得注意的是，在此他将物质文明亦做了形质和精神两方面的区分，他认为："自衣服、饮食、器械、宫室，乃至政治法律，皆耳目之所得闻见者也，故皆谓之形质，……故衣服器械者，可谓形质之形质，而政治法律者，可谓形质之精神也。"⑤ 因此，梁启超所谓的"元气"就是指"精神之精神"的文明。以上观点并未超出他在戊戌之前对洋务运动的观察和批判，在三年前的《论变法不知本原之害》他批判新党不知泰西列强愚利中国的方略，疾刺"若乃科举、学校、官制、工艺、农事、商务等，斯乃立国之元气，

---

① 梁启超在合作上最后提出举光绪为皇帝作为最后的调和的方针。参见：丁文江，赵丰田. 梁启超至孙中山书[M]//梁启超年谱长编. 上海：上海人民出版社，1983：163.
② 刘福祥，赵矢元. 论梁启超戊戌后思想上的两次反覆[J]. 学术月刊，1983（10）.
③ 梁启超. 国民十大元气论[M]//梁启超全集. 北京：北京出版社，1999：267.
④ 梁启超. 国民十大元气论[M]//梁启超全集. 北京：北京出版社，1999：267.
⑤ 梁启超. 国民十大元气论[M]//梁启超全集. 北京：北京出版社，1999：267.

而致强之本原也"①。即便在戊戌政变之后，梁启超反思戊戌变法的历史贡献时，对于变法所着重于精神文明的路径仍然非常坚定，但当时显然是将政治和法律作为其中的要点看待的。② 但是此时一个显著的变化是，梁启超将他在国家话语推至极高位置的政治和法律看作形质之文明，其最多也只是形质之精神，现在他要超越这个形质的精神，而要将他的思想再次腾挪到精神之精神的内核追求之中了。在他被康有为放逐到檀香山后，他的思想方向受到外力的制约后的自我内化和转化，即从实际的历史条件的政治哲学再次转入到了理想的思想条件的形而上学的方向。

庚子勤王给梁启超的打击不次于戊戌政变，使他对于中国的政治变革的失望又进一步加深了。在1899年底发表的《独立论》中，他将目光从国家意识、国体和政体的国家主义上又回到了国民的问题上，他认为独立是为人为国的根本，甚至激愤地将国人不能独立称为"奴隶根性"，认为"若夫以有灵觉之人类，以有血性之男子，而其实乃不免为畜犬、游妓之所为，举国如是，犹谓之有人焉，不可得也"。③ 可以看出，梁启超再次将注意力放在了民权最基本的层面，即国民的自觉上，勤王失败使他认识到无论是国家意识还是爱国意识乃至民权自由等基本问题似乎已经远远超出了中国国民素养的现状，其最切合实际的问题层面仍然停留在国民的独立意识、自我意识之上。无论在政治上仰庇于普遍王权，还是在文化意识上"不敢为天下先"，在人身关系上"一曰望人之助者，二曰仰人之庇者"，都使得梁启超对中国国民的现状有了更加深刻的悲观认识，他不禁悲叹："今之论者，动曰西人将以我为牛马为奴隶，吾以为特患同胞自为牛马，自为奴隶而已。"④ 从纠缠于现实的政治路线摆脱出来后，梁启超在卢梭的思想自由和政治自由的路径中逐步消退下来，重新认识了中国国民的真实现状，幽暗意识使他对现存的历史条件有了更切实的把握，他的思想也再次从具体的政治问题回到了形而上学的政治哲学的讨论。下文我们继续讨论的梁启超在1901—1903年期间国家话语构建的再次转向即是在这一背景下进行的。

---

① 梁启超．论变法不知本原之害［M］//梁启超全集．北京：北京出版社，1999：16．
② 梁启超《戊戌政变记》中对光绪四月二十三日关于"采西学之切于时务者"以设立京师大学堂的上谕的按语，对六十年变法的分析，其观点与元气论基本相同。
③ 梁启超．独立论［M］//梁启超全集．北京：北京出版社，1999：269．
④ 梁启超．独立论［M］//梁启超全集．北京：北京出版社，1999：269．

第四节　从卢梭到伯伦知理：重返国家话语的思想构建

　　1899年11月17日梁启超被迫离开了他日趋激烈的政治策源地日本，到1900年7月前后庚子勤王失败，梁启超取消美洲筹款的计划火速赶往上海却已无可补救，遂往新加坡谒见康有为，8月"自印度楞伽岛乘英国轮船，为澳洲游"，① 1901年4月返回日本。是年冬，《清议报》因火灾停刊，1902年，"正月（2月8日初一——梁注），《新民丛报》出版。十月，《新小说报》出版"②。正如上文所述，1900年是一个研究者容易忽视的梁启超思想阶段，虽然正如前文已经讨论的，梁启超在此一年左右时间里，几乎处于创作的停顿状态，但是在为数不多的几篇政论之中，梁启超思想呈现出了重回形而上学的趋势，试图重新建构他的以国家为内核的思想体系。③ 从1901年到1903年，梁启超从对卢梭式的政治运动的热情中返回到他的思想领域，接续1899年4月至10月《国家论》由伯伦知理开启的国家话语的思想体系。正如围绕勤王的政治实践是以对卢梭自由思想的肯定展开的那样，在回到思想领域的建构上，梁启超仍然是基于卢梭的逻辑开始他的探讨，尽管与政治运动相比是逐步误读、改造和远离的反向过程。

一、对卢梭的辩护：重返国家话语

　　经过近一年的沉淀，1901年10月，在《清议报》第94、95册，梁启超就国家话语发表《国家思想变迁异同论》，该文是梁启超首次正面讨论1899年4月《国家论》中伯伦知理国家理论。在该文首句，梁启超说："思想者，事实之母也。欲构造何等之事实，必先养成何等之思想。"④ 此言也印证了梁启超回到形而上学的思想构建的趋向，那么我们可以推断的是，梁启超的国家主义话语是在思想层面的讨论，或者进一步而言，是在联结戊戌叙事以来的话语构建的

---

① 丁文江，赵丰田. 梁启超年谱长编 [M]. 上海：上海人民出版社，1983：169.
② 丁文江，赵丰田. 梁启超年谱长编 [M]. 上海：上海人民出版社，1983：179.
③ 1899年11月至1901年4月，梁启超重要的作品有《夏威夷游记》《国民十大元气论》《少年中国说》《自由书》，此外就是少有的诗词创作密集期。在《自由书》中，通过《惟心》《慧观》《志士箴言》可以看到梁启超又重视心学和佛学，在思想上上升到了形而上学的层面。参见：李国俊. 梁启超著述系年 [M]. 上海：复旦大学出版社，1986：55-61.
④ 梁启超. 国家思想变迁异同论 [M] // 梁启超全集. 北京：北京出版社，1999：455.

体系之中进行的。梁启超在该文中首先回到了中国儒家主知主义的传统框架，他肯定了思想作为历史发展的主导地位，他认为国家之所以是近代的产物，在于"世界之有完全国家也，自近世始也，前者曷为无完全国家，以其国家思想不完全也"①。其次在进化论的框架下，梁启超将国家的发展看成国家思想的演进过程，因此他认为"使国民比较而自省"，则"将欧洲中世与近世国家思想之变迁"做出大概的梳理是非常便捷和必要的。② 梁启超非常善于以表格、统计的方法来精练他的主要观点，在此文他将伯伦知理《国家论》之中世和近世的变迁比较制为表格，同时他自己将欧洲、中国新旧思想的变迁比较亦制为表格，两个表格俱按照进化论的时间顺序，分门别类地对比国家观念的进程，其中前者主要着眼于西方国家思想的内在比较，后者着重中西新旧的比较。

在欧洲中世与近世国家思想变迁中，引起梁启超注意的要点主要有以下几点：一是国家的来源，前者是上帝而后者是国民；二是国家的构成，前者是神权与王权的统一，后者是"同一之国民，自然发生之团体也"；三是国家的合法性前者是君权神授，后者是立宪公法。总之梁启超把握住了伯伦知理有机论的精髓，即"国家自有精神（国民之元气——梁注）有形体（宪制）而成一法人（法人者谓自法律上视之与一个人同例）"③。那么从梁启超的分析所列出的中西国家思想的比较看，他认为的关键性要点有如下几个：一是欧洲中世纪国家主体为神，中国则君主为国家主体，而欧洲近代以人民为国家主体，梁启超在此稍做说明，认为19世纪下半叶"国家主义亦颇言人民为国家而立"；④ 二是中国国家为一人私物，国家与人民分离，而欧洲古代城邦部分人民与国家有关，近代国家与人民一体；三是在政权合法性上，梁启超认为古代欧洲君权与神权合一，中国则"帝王非天之代理者，而天之所委任者，故帝王对于天而负责任"，近代欧洲则是帝国及其政权是民之代理、民之委任。在一系列的对比中，梁启超另一个创见认为，中国君主立于法律之上，其余皆受法律而一切平等，且中国幅员辽阔，政权由其薄弱而使得"人民常意外得无限之自由（亦意外得无限之不自由——梁注）"，与之比较是欧洲近代君主亦受制于法律，人民委托权力于政府，"故政府统治之权甚大，而人民得有限之自由"。⑤ 在总结欧洲国家思想进化历史的基础上，梁启超提出一个"民族帝国主义"的概念，其实早

---

① 梁启超. 国家思想变迁异同论 [M] //梁启超全集. 北京：北京出版社，1999：455.
② 梁启超. 国家思想变迁异同论 [M] //梁启超全集. 北京：北京出版社，1999：455.
③ 梁启超. 国家思想变迁异同论 [M] //梁启超全集. 北京：北京出版社，1999：456.
④ 梁启超. 国家思想变迁异同论 [M] //梁启超全集. 北京：北京出版社，1999：457.
⑤ 梁启超. 国家思想变迁异同论 [M] //梁启超全集. 北京：北京出版社，1999：458.

在两个月前发表的《灭国新法论》(1901年7月至8月,《清议报》第85、86、89册)对民族帝国主义已经做了详尽阐释,前文就义和团问题亦已做了讨论。而在此处梁启超将其纳入到他的欧洲国家思想变迁的体系中,他认为国家思想过去可分为家族主义、酋长主义、帝国主义三个时代,而现在则分为民族主义、民族帝国主义两个时代,未来梁启超仍然坚信人类必然朝向万国大同主义时代。那么这个划分的应用,梁启超认为欧洲显然处于从民族主义向民族帝国主义过渡的阶段,而中国的历史任务则是应立即着手从帝国主义向民族主义转化。就民族帝国主义而言,梁启超认为它是民族主义发展的上升阶段,"民族主义发达之既极,其所以求增进本族之幸福者,无有厌足,内力既充,而不得不思伸之于外"。① 也就是说,民族帝国主义即处于殖民主义阶段的资本主义,且梁启超在他处于中国历史身份的危机意识阶段就已经意识到了殖民主义作为西方知识生产的作用,在此文他又强调:"彼之言曰:'世界之大部分,被掌握于无智无能之民族,此等民族,不能发达其天然力(如矿地山林等),以使此劣等民族,受优等民族之指挥监督,务令适宜之政治,普遍于全世界。'"② 基于以上之事实,梁启超认为目前欧洲在民族主义与民族帝国主义两种国家形态并存过渡期间,则在国家思想上亦分别对应两种,"一曰平权派,卢梭之徒为民约论者代表之。二曰强权派,斯宾塞之徒为进化论者代表之"。③ 对于两者的内涵梁启超应该说已经抓住了理论精髓:

  平权派之言曰:人权者出于天授者也。故人人皆有自主之权,人人皆平等。国家者由人民之合意结契约而成立者,故人民当有无限之权,而政府不可不顺从民意,此即民族主义之原动力也。其为效也,能增个人强力之气,以助人群之进步;及其弊也,陷于无政府之党,以坏国家之秩序。强权派之言曰:天下无天授之权利,惟有强者之权利而已,故众生有天然之不平等,自主之权,当以血汗而获得之。国家者由竞争淘汰不得已而合群以对外敌者也,故政府当有无限之权,而人民不可不服从其义务。是即新帝国主义之原动力也。其为效也,能确立法治之主格,以保团体之利益。及其弊也,陷于侵略主义,蹂躏世界之和平。④

人民具有无限权利,政府由民意缔结契约而成,当政府失去其合法性则人

---

① 梁启超. 国家思想变迁异同论 [M]//梁启超全集. 北京:北京出版社,1999:459.
② 梁启超. 国家思想变迁异同论 [M]//梁启超全集. 北京:北京出版社,1999:459.
③ 梁启超. 国家思想变迁异同论 [M]//梁启超全集. 北京:北京出版社,1999:458.
④ 梁启超. 国家思想变迁异同论 [M]//梁启超全集. 北京:北京出版社,1999:458.

民可根据公意收回其权利,梁启超认为这是构成民族主义的核心动力,也是法国大革命带给欧洲最具历史价值的思想,他认为"十八、十九两世纪之交,民族主义飞跃之时代也。法国大革命,开前古以来之伟业"①,当然他对于其可能造成的社会暴动和灾难有清醒的认识,在上文讨论梁启超致康有为书中所坚持的卢梭自由主义思想已经表现出来。但在此文中,梁启超分析了民族帝国主义在本质上是民族主义国家,它与18世纪之前的帝国主义有着本质的区别。因此两种形态的国家思想也有颠倒之别,"盖民族主义者,谓国家恃人民而存立者也,故宁牺牲凡百利以为人民;帝国主义者,言人民恃国家而存立者也,故宁牺牲凡百利以为国家"②。由于帝国殖民需要一致的国家意志和高效的国家运转机制,因此梁启超认为政府万能论已经成为当时欧美的发展趋势,以至"人权民约论之旧论,几于萧条门巷无人问矣"③。

因此根据他构建起来的欧洲国家思想进化史的图谱,既然民族主义是民族帝国主义的在先阶段,民族帝国主义是民族主义的发展阶段,④ 那么"凡国而未经过民族主义之阶级者,不得谓之为国"⑤。根据他的国家思想进化史观,显然中国处于从欧洲18世纪的帝国主义过渡到19世纪上半叶的民族主义的历史阶段,因此在国家思想上应该按照历史发展的进化要求,切实地走民族主义国家建设的轨道,从而在国家思想上显然赞成卢梭的民约论。在此文最后,梁启超的幽暗意识表现出两种忧虑,一是守旧者拒绝中国过渡民族种族主义国家的历史进化要求,二是"尤恐乎他日之所谓政治学者,耳食新说,不审地位,贸然以十九世纪末之思想为措治之极则。谓欧洲各国既行之而效矣,而遂欲以政府万能之说,移植于中国,则吾国将永无成国之日矣"⑥。梁启超对中国现实的观察和逐步深刻的悲观主义态度,使他非常坚定历史进程的先后环节的必然性,因此他更加担忧国人因卢梭对欧洲而言已成"旧论"而要跨越这一中国必然的发展阶段。这显然是1906年梁启超形成开明专制思想且与革命派进行论战的思想萌芽所在。然而在现阶段,梁启超关注的焦点是中国建设民族主义国家所承担的国家危亡的历史任务,如何"速养成我所固有之民族主义以抵制之"。

---

① 梁启超. 国家思想变迁异同论 [M] //梁启超全集. 北京:北京出版社,1999:459.
② 梁启超. 国家思想变迁异同论 [M] //梁启超全集. 北京:北京出版社,1999:460.
③ 梁启超. 国家思想变迁异同论 [M] //梁启超全集. 北京:北京出版社,1999:460.
④ 狭间直树认为梁启超"此处所用的帝国主义与后来列宁所提出的带有否定意义的帝国主义不同,表示的是历史发展的正常方向"。参见:狭间直树. 东亚文明史上的梁启超 [M]. 上海:上海世纪出版有限公司,2016:78.
⑤ 狭间直树. 东亚文明史上的梁启超 [M]. 上海:上海世纪出版有限公司,2016:78.
⑥ 狭间直树. 东亚文明史上的梁启超 [M]. 上海:上海世纪出版有限公司,2016:78.

一个月后，梁启超紧接着于1901年11、12月之间在《清议报》第98、99、100册上发表了《卢梭学案》，再次通过卢梭思想对中国构建民族主义国家的意义进行辩护。如上文所揭示，梁启超思想开始重新步入形而上学领域，因此该学案的主旨是对卢梭理论价值的争论，"今欲详解卢氏民约之旨，使无遗憾，必当明立国之事实与立国之理义分别之点"①，他认为，将卢梭普遍视为隐含社会动乱的危险理论是未能将价值判断和事实判断区别开来造成的误解。他指出，"卢梭民约论之说，非指建邦之实迹而言，特以为其理不可不如是云尔，而后世学者排挤之论，往往不察作者本旨所在"②。梁启超认为卢梭民约论本意不在描述国家起源的历史事实，而是从人的自由本性出发解释国家形成的内在原因和可能。然而梁启超首要关注的是卢梭天赋自由的绝对性，既是个人的权利更是责任，并且梁启超将自由看作是道德的基础，"且自由权又道德之本也，人若无此权，则善恶皆非己出，是人而非人也"③。这一思想线索在《新民说》中最终发展为他所讨论的公德和私德区分以及对国民道德的无限强调。然而在这里，梁启超还是主要关注自由作为责任的一面，即在"苟有一人敢统御重任而役使之，则其民约非复真契约"的情况下，国民所应承担的反抗暴政的历史责任和任务。在中国则是自由为个人不可剥夺之权利，他人既无法"预约代捐"，具有超越三纲五常的绝对性，同时自身也不可捐弃其权利。梁启超批判了霍布斯的"民约既成，众人皆当捐弃己之权利而托诸一人或数人之手"的观点，他赞同卢梭契约是众人与国家所立，因此对卢梭的民约理论进行了粗略的梳理，从其着重论证之点，可以看出梁启超的兴趣所在。他认为卢梭理论在三点上尤为重要。一是民约不是对个人自由的剥削，实是"增长坚立各人之自由权为目的"，不仅如此，同时也是"平等主义之根本"，从而促成道德之平等。二是主权不在一人而在公意，梁启超认为其权利结构是"质而言之，则主权者，邦国之所有，邦国者，众人之所有，主权之形所发于外者，则众人共同制定之法律是也"④。公意不仅是全员之同意，并且公意只适用于"现时国人之所欲"，不适用后人，甚至个人不可以以他人未来之欲为欲，否则"是谓我侵我之自由权"。⑤ 三是公意是体而非用，即公意是应然，体现在实然则是全体以公益为目的的法律，因此梁启超认为"卢梭之意，以为公意，体也；法律，用也；公意无形也；法律有

---

① 梁启超. 卢梭学案 [M]//梁启超全集. 北京：北京出版社，1999：504.
② 梁启超. 卢梭学案 [M]//梁启超全集. 北京：北京出版社，1999：504.
③ 梁启超. 卢梭学案 [M]//梁启超全集. 北京：北京出版社，1999：505.
④ 梁启超. 卢梭学案 [M]//梁启超全集. 北京：北京出版社，1999：506.
⑤ 梁启超. 卢梭学案 [M]//梁启超全集. 北京：北京出版社，1999：506.

形也。公意不可见，而国人公认以为公意之所存者，夫是之谓法律。惟然，故公意虽常良善，而法律必不能常良善"①。在这里梁启超争辩颇多，着重之处在于体与用、应然与实然，认为卢梭强调人人良善只是天命和自然之公理，但现实是人人未必能从，则必然有契约，产生法律。如此梁启超为卢梭的民约理论找到了它的现实基础，但他的根本目的还是在于民约论的基础，即自由权利的绝对性，以及公意在否决"腐败暴政"的正当性。至于具体的建国技术性问题并不是他最为关注的焦点。仅仅在国民与政府的关系上，梁启超注意到必须在现阶段对两者的地位进行某种预设，他认为："卢梭以前诸学者，往往以国民之主权与政府之主权混淆为一。及卢梭出，始别白之。以为主权者，惟国民独掌之，若政府不过承国民之命以行其意欲之委员耳。"② 这是梁启超较早具体讨论国民和政府关系的论述，虽然主权归属于民始终是梁启超非常强调的国家思想，但目前来看，他仍然是站在对政治合法性的反抗角度来阐释这个有着特殊内涵的"主权"，他认为："夫政府之为物，既不过受民之委托以施行其公意之一机关……故无论何种政体，苟使国民不能自行其现时之意欲与将来之意欲者，皆谓之不正。"③ 可见，梁启超在此并不关心具体的政体和组建政府的方法，以及国民在其中的权利与地位问题，他接受卢梭"政体种类之差别，不过因施法权之分配"的不同而不同，因此在他的思想里，重点仍然是针对清政府非法政权的批判，以及强调持有这种批判和反抗的自由权利。或者说梁启超更看重的是民主国体，至于"施法权分配"的不同产生的"君主政体、少数政体、民主政体……皆不过一时偶受委托"，由国民自由权利构成的公意对主权的所有才是梁启超关心的重点。而卢梭对于民约于大国而必托诸代人的难题的解决路径在于"是故欲行真民主之政，非众小邦相联结不可"的观点颇为梁启超赞赏，他认为中国"民间自治之风最盛"，如果省府州县"各为团体，因其地宜以立法律，从其民欲以施政令，则成就一卢梭心目中所想望之国家，其路为最近，而其事为最易焉"④，然而此何尝不是梁启超最强烈之愿望，甚而他渴望"果尔，则吾中国之政体，行将为万国师矣"⑤。通过卢梭的民约理论走联邦民主制，在梁启超看来是缝合卢梭民约思想与中国历史现实的最佳途径。

---

① 梁启超. 卢梭学案 [M] //梁启超全集. 北京：北京出版社，1999：507.
② 梁启超. 卢梭学案 [M] //梁启超全集. 北京：北京出版社，1999：508.
③ 梁启超. 卢梭学案 [M] //梁启超全集. 北京：北京出版社，1999：508.
④ 梁启超. 卢梭学案 [M] //梁启超全集. 北京：北京出版社，1999：509.
⑤ 梁启超. 卢梭学案 [M] //梁启超全集. 北京：北京出版社，1999：509.

二、政府、个人与国家：对卢梭与伯伦知理的调和

几个月后，1902年2月《新民丛报》第1号上，梁启超发表《论学术之势力左右世界》一文，再次重申形而上学对于推动历史前进的重要作用。在列举影响西方历史进程的十大思想家中（梁启超将弗兰克令、瓦特也列入其中），梁启超再次提到卢梭，同时着重并置讨论了孟德斯鸠和伯伦知理。正如梁启超在《国家思想变迁异同论》中对国家思想的进化史观梳理从而将中国厘定为在帝国主义向民族主义过渡的阶段那样，在此文中梁启超同样将卢梭与伯伦知理放在进化的序列中去衡量，他认为"卢氏立于十八世纪，而为十九世纪之母，伯氏立于十九世纪而为二十世纪之母"，他认为伯伦知理确定了国家的概念和性质，促成了"国家主义"思想的兴盛，也造成了民族帝国主义的产生，"前之所谓国家为人民而生者，今则转而云人民为国家而生焉，使人民皆爱国为第一之义务，而盛强之国乃立"①。因此从进化的阶段看，伯伦知理不仅是欧美当前的过渡理论和未来方向，同样是民族主义向民族帝国主义进化的必然内在规律。

从历史进化的进程出发，梁启超将中国确定为从帝国主义向民族主义过渡，则卢梭的民约论主导的平权派亦先于对应于民族帝国主义的强权派而被优先采纳，同时从理论的应然取向，卢梭的主权在民的思想构成了梁启超发起民族国家的思想起点。此后，梁启超试图进一步就国家、国民与政府三者之关系做出区分，以明确自己国家思想的具体内涵。于是在1902年2、3月梁启超陆续发表《论立法权》《论政府与人民之权限》两篇政论。

当梁启超从抽象层面讨论国家思想时，正如前文所论，他非常强调将中国放置于西方近代历史的进化过程去考察，从而确定中国所处的历史阶段，因此在一个进化的谱系中，在中国构建民族主义显然是进化的当务之急，因此作为对应的国家思想，卢梭成为他极为关注的首要选择。但是在此试图构建国家话语的内涵时出现了一个断裂——一旦他具体而微地在自己的思想框架下建立一个具有充实内容的、条分缕析的国家体系时，也即当他必须将国民、政府、国家以及立法、行政和司法进行确切的规定时，他显然又滑向了伯伦知理的范畴之中，在以上诸要素的关系中，梁启超更强调国家的主体地位，而伯伦知理的国家有机体论替代了卢梭的民约地位，成为他丰富国家思想的理论工具。因此在讨论立法权时，梁启超将其固定在一个国家有机体的机能位置上，从而确定它与其他国家行为之间的关系。他认为："国家者人格也。（有人之资格谓之人

---

① 梁启超.论学术之势力左右世界［M］//梁启超全集.北京：北京出版社，1999：558.

格——梁注）……国家之行为何？行政是也。国家之意志何？立法是已。"① 这里产生了与《卢梭学案》明显相悖的论点，在学案中，他支持卢梭国民即主权、人民即国家的观点，将政府视为"受民之委托以施行其公意之一机关"，那么国民主权高于政府和国家。但现在，梁启超将国家视为人格化的有机体，体现国民主权的立法、行政则全部归属于国家主权，很明显，卢梭所强调的人民主权（有形表现即立法权）在这里已经被降低到国家主权之下的肢体功能的地位。

国家主权的提高促使梁启超重视立法，他认为"夫立法者国家之意志也"，立法在此处的根本目的在于对国家主权的建立，而非卢梭所认为的是对民意的实现，因此他才断言立法是中国变法成败的关键，"近年以来，吾中国变法之议屡兴，而效不睹者，无立法部故也"②。换言之，立法是建立民主国家主权的关键。在赞同孟德斯鸠分权思想的基础上，梁启超认为中国之所以没有近代意义上的国家，在于自古就没有独立的立法权。无论汉代议郎博士、宋代条例三司还是唐代给事中"其立法部不过政府之所设，为行政官之附庸"，③ 虽然中国古来善于防弊，但掣肘有余而权责不清，导致国家终归于王权专制。梁启超在国家主权的框架下对立法的建国作用的强烈关注，使得他彻底否定了儒家传统思想中的圣王和求贤以治的思想。他认为"夫利己者人之性也"，谁人掌握立法权则所立之法必然利于其人，他认为这是不可变更的"理势"。梁启超在这里超越了中国的主知主义，即那种试图通过改变人的思想以求得对历史目的达成的观念，因此数千年来中国"以一二人操立法权，亦岂必无贤君哲相，忘私利而求国民之公益者"④，将国家主权和法律正义置于这种痴心幻想之上无疑是不可信的，显而易见，梁启超认为"恃此千载一遇之贤君哲相，其不如民之自恃也明矣"⑤，得君行道和求贤而治的儒家乌托邦幻想在此终于被彻底地抛弃了。梁启超的国家主权思想使得他能够克服主知主义的儒家有关治国思想的国家乌托邦的典范，从而纯粹地以现实的理性来建构他的国家话语。这一思想的内在线索在他后来的有关"开明专制"的思想成果之中卓然可见。

但是正如上述所提到的，梁启超强调立法权已经走出了卢梭的人民主权论体系，立法的根本在于国家主权的建立。他开宗明义地宣称："且立法权属于

---

① 梁启超. 论立法权 [M] //梁启超全集. 北京：北京出版社，1999：795.
② 梁启超. 论立法权 [M] //梁启超全集. 北京：北京出版社，1999：796.
③ 梁启超. 论立法权 [M] //梁启超全集. 北京：北京出版社，1999：796.
④ 梁启超. 论立法权 [M] //梁启超全集. 北京：北京出版社，1999：796.
⑤ 梁启超. 论立法权 [M] //梁启超全集. 北京：北京出版社，1999：796.

民，非徒为国民个人之利益而已，而实为国家本体之利益。"① 这里需要辨析的是他所谓的"国民个人利益"明显是指构成国民的个体，也即个人主义的权利，因此梁启超所谓的"国家本体"是由个人组成的国民整体，国民即国家，一个有机的不可还原的整体。由此，立法的题中之义在于保障人民的权利，但是根本的目的在于有利于国家的发展。伯伦知理所认为的国家是由个人组成的更大的人的观念落实在了梁启超的立法思想之中。

立法权归于国家，立法的根本在于保障国家主权，那么国家主权如何行使法权，政府如何运行，来自卢梭那里的人民主权如何放置？在《论政府与人民之权限》中，梁启超做了较为详细的检讨。正如上文讨论的，梁启超一旦涉及国家具体内涵之时，就滑向了国家有机体论的一端。因此在该文他非常清楚地总括而论："政府与人民，皆构造国家之要具也。故政府为人民所有也，不可；谓人民为政府所有也，尤不可。盖政府、人民之上，别有所谓人格（人格之义屡见别篇——梁注）之国家者，以团以统之。国家握独一最高之主权，而政府、人民皆生息于其下者也。"② 梁启超试图在卢梭与伯伦知理理论之间寻求某种中和，"重视人民者……其说之极端，使人民之权无限，其弊也，陷于无政府党，率国民而复归于野蛮。重政府者……其说之极端，使政府之权无限，其弊也，陷于专制主义，困国民永不得进于文明"③。在调和两个理论的矛盾的过程中，不可避免地发生了理论的"曲解"和再阐释的问题，也即梁启超对两种理论尤其是卢梭理论的改写。

从巴斯蒂的研究看，伯伦知理是明确反对卢梭契约论的，但是梁启超显然没有接受伯伦知理对卢梭的批判，但是他又没有直接采纳卢梭的社会契约论，因为"政府为人民所有也不可"与卢梭的契约论直接对立。那么梁启超所坚持的契约论则更接近洛克的双重契约理论④。梁启超对契约论的取舍之中，显现了在他思想内部的某些变迁和趋向，因此有关梁启超对卢梭的契约论的解读，在这里有必要再做一简要的辨析，以期明晰梁启超在主动误读卢梭的目的背后的思想的理路。社会契约论在西方自古希腊智者学派即有持论，近代代表有卢梭、霍布斯和洛克，梁启超在讨论国家理论时对卢梭等三者已经较为熟悉和深

---

① 梁启超. 论立法权［M］//梁启超全集. 北京：北京出版社，1999：796.
② 梁启超. 论政府与人民之权限［M］//梁启超全集. 北京：北京出版社，1999：881.
③ 梁启超. 论政府与人民之权限［M］//梁启超全集. 北京：北京出版社，1999：881.
④ 洛克的契约论在理论界仍然有所争议，一般认为洛克契约论建立了"委托"政府，包含中世纪的统治契约思想，同时又建立了现代民主国家的社会契约。参见：迈克尔·莱斯诺夫. 社会契约论［M］. 刘训练，译. 南京：江苏人民出版社，2006.

度理解。契约论被认为是从人的自然状态的权利出发,推演国家和社会的建立,"契约社会是一个人造物,其根基在于个人意志"①。因此,按照学理对契约论的一般理解,究其根本无非是授权、订约和主权者三个关键要素构成契约论的主体。对梁启超而言三者并无明显的分歧,其根本主旨是人如何从自然状态由于进化而"从独到群"地进入政治社会的问题。梁启超所主动误读的地方最为明显的应该是三者在社会契约与政府契约的迥异看法。由于卢梭和霍布斯强调个人应该将自然状态的全部权利毫无保留地转让给国家,而洛克则认为人们交出的权利仅限于执行自然状态的自然法和保护人们在自然状态下已经清晰的所有物——生命、自由和财产——而人们对所有物的权利是不可转让的。在此基础上,卢梭认为订立社会契约是一次性完成的过程,"只是一瞬间,这一结合行为就产生了一个道德的与集体的共同体"②,因此卢梭批判存在社会契约又有政府契约的双重契约观点,他认为"创设政府的行为乃是人民与他们给自己所加上的首领之间的一项契约"是违背逻辑的,一是"一个国家中只能有一个契约,那就是结合的契约;而这个契约本身就排斥了其他一切契约"③;二是卢梭同霍布斯都认为契约是"每一个人都与每一个其他人订立信约"④,因此只存在个人与每个人签订的建立国家以形成政治社会的契约,不存在一个与人民签订契约的主权者。然而洛克由于持非绝对授权的观点,因此他认为在社会契约上建立国家后,还需要进一步由政府契约建立主权者,人民将自然权利全部转交给作为主权者的政府,由政府承担自然权利的责任,保护人民的生命、自由和财产权利。卢梭之所以批判洛克的双重契约论,在于他试图坚持将全体人民视为主权者,因此立法及行政属于人民主权的直接实施行为,无须再对任何人签订契约。而洛克受英国政治现实的影响,在他那里并没有人民主权的观念,他将立法权视为主权者,而持有立法权的政府必须得到授权才可以成立。卢梭强调人民主权公意的背后,在梁启超看来是人民对自然权利的绝对性,即人民始终持有回到自然状态的平等权利,正如卢梭所言当腐败、暴政和不平等达到极致时,人民"以绞杀或废除暴君为结局的起义行动,与暴君前一日任意处理臣民生命财产的行为是同样合法"⑤。

---

① 陈涛. 自我保存与公意 [J]. 政治思想史, 2012 (3).
② 卢梭. 社会契约论 (第一卷) [M]. 何兆武, 译. 北京:商务印书馆, 1980:23.
③ 卢梭. 社会契约论 (第三卷) [M]. 何兆武, 译. 北京:商务印书馆, 1980:129.
④ 卢梭. 社会契约论 (第三卷) [M]. 何兆武, 译. 北京:商务印书馆, 1980:129.
⑤ 卢梭. 论人类不平等的起源和基础 [M]. 李常山, 译. 北京:商务印书馆, 1962:145-146.

人民可以在国家违背公意的情况下，解散国家重新建国，卢梭在这一观点上的绝对而不可置疑的人民主权观念，对于唤醒中国人民反抗清政府的非法政权的自由权利而言，是非常契合的，因此在解散旧的非法政权的国家、重建新中国上，梁启超显然是卢梭主义者；但是在涉及建国方案，具体到政府与人民关系的时候，卢梭为防止政府篡夺主权而发展的"主权者行动"理论，要求全体人民出场，进行"固定的、按期的、绝对不能取消或延期的集会"① 对梁启超而言又是极为忌惮与忧虑的。但是梁启超在辨明政府之成立时，并没有区分卢梭、洛克乃至霍布斯的不同，而是直接将卢梭的社会契约改造为洛克的政府契约。② 他直言："政府之所以成立，其原理何在乎？曰：在民约（民约之义，法国硕儒卢梭倡之；近儒每驳其误，但谓此义为反于国家起源之历史则可，谓其谬于国家成立则不可。虽憎卢梭者，亦无以难也——梁注）。"③ 梁启超实际上将洛克的双重契约融入到卢梭的理论中，一方面强调人民权利，但另一方面更强调国家权利。因此卢梭的社会契约在讨论政府权限时变成了洛克的政府契约，他认为人超越动物之处在于"一面为独立自营之个人，一面为通力合作之群体"，独和群是人在政治社会中的双重属性，因此在自营基本的生存权利时，"人人皆费其时与力于群务，则其自营之道必有所不及"，由此人民再与政府再次发生契约关系，"吾无宁于吾群中所选若干人而一以托之焉。斯政府之义也。政府者，代民以任群治者也"④。因此在政府的职责上，梁启超基本是接纳了洛克的政府理论⑤，"政府之义务虽千端万绪，要可以扩以两言：一曰助人民自营力所不逮，二曰防人民自由权之被侵而已"⑥，即对人民的自然权利负责的责任政府。

---

① 卢梭. 社会契约论（第三卷）[M]. 何兆武，译. 北京：商务印书馆，1980：134.
② 由于霍布斯在自然律"寻求和平，信守和平"的信条下，要求人民放弃全部权利和力量而托付于君主，即使这位君主成为暴君亦不可反抗，因为武力反抗则违背自然律而进入战争状态，与契约目的相悖。梁启超显然不可能在此阶段接受霍布斯的忍耐和承受暴政的观点。参见：霍布斯. 利维坦[M]. 黎思复，黎廷弼，译. 北京：商务印书馆，1985：131.
③ 梁启超. 论政府与人民之权限[M]//梁启超全集. 北京：北京出版社，1999：881.
④ 梁启超. 论政府与人民之权限[M]//梁启超全集. 北京：北京出版社，1999：881.
⑤ 洛克是民主政府理论的奠基人，他在《政府论》中详尽考察了政府权力的四个来源，从而论证建立政府权力来自人民的契约的合理性，与卢梭的社会契约观下的政府观有较大的区别。参见：胡云乔. 洛克和卢梭的契约政府理论比较[J]. 北京大学学报（哲学社会科学版），2001（6）.
⑥ 梁启超. 论政府与人民之权限[M]//梁启超全集. 北京：北京出版社，1999：881.

三、以洛克为中心：梁启超的契约思想

梁启超有关政府的权限的分析并非是纯粹理性的界定，而仍是回到了进化论的历史分析之中。他认为"政府之正鹄不变者也，至其权限则随民族文野至变而差"①。仔细阅读洛克《政府论》会发现，梁启超所论述的民族文化程度使得政府"譬诸父兄之于子弟"的权力来源和权限，恰是洛克所分析的政府权力的来源——教权、传统权力（如父亲对儿子的权力、主人对仆人的权力、丈夫对妻子的权力、贵族对奴隶的权力）、暴力及契约四者之一。梁启超认为人民如子弟，当其幼儿时期，父兄权限极大，否则人民不能成长；子弟逐渐成长，智德才力增加，父兄权力随年而减，到了弱冠强仕之年，则父兄不能一一干涉。这与洛克在批判政府权力来自父权所持的"年龄带来自由，同时也带来理性"从而父权是暂时的观点几乎如出一辙。因此梁启超在洛克的政府契约论下接受了立法权作为国家主权的观念，在《论立法》中详尽地分析了立法权是国家的意志的体现，在讨论政府权限时，他显然坚持把立法权归属于国家主权，并强调依法治国，法律至上，"私法公法，皆以一国之主权而制定者也。（主权或在君或在民，或君民皆同有。以其国体何所属而生差别。）"② 因此可以说，在进入国家的内部时，梁启超通过用洛克政府契约论来改造卢梭社会契约论来实现他的国家建设话语。梁启超之所以要在他的国家话语中设置政府契约论，在于他需要建立一个依据进化观发展的灵活的政府形式。

> 当人群幼稚时代，其民之力未能自营，非有以督之，则散漫无纪，而利用厚生之道不兴也；其民之德未能自治，非有以钳之，则互相侵越，而欺凌杀夺之祸无穷也。当其时也，政府之权限不可不强且大……故政府之权限，与人民之进化成反比例……政府依人民之富以为富，依人民之强以为强，依人民之利以为利，依人民之权以为权。彼文明国政府，对于其本国人民之权，虽日有让步，然与野蛮国之政府比较，其尊严荣光，则过之万万也。③

"政府之权限与人民之进化成反比"构成了梁启超国家观念的一种重要的内在理路，使得在强调国家的主权时，政府的组成形式可以看作必须依据历史条件而灵活辩证的技术环节，是可以按照洛克所认为的采取实行双重契约那样，

---

① 梁启超. 论政府与人民之权限 [M] //梁启超全集. 北京：北京出版社，1999：881.
② 梁启超. 论政府与人民之权限 [M] //梁启超全集. 北京：北京出版社，1999：882.
③ 梁启超. 论政府与人民之权限 [M] //梁启超全集. 北京：北京出版社，1999：882.

在保障国家的民主体制的框架下,政府的具体权利方案作为第二性的问题被推后。根据他的看法,民德、民智、民力的发展水平决定了政府权限的大小,而不是反过来由卢梭绝对化的人民主权抑或由洛克所限定的部分责任政府那样,因此梁启超仍然是站在历史主义的视角去构建国家、政府与人民的关系及其组建路径,他并不试图从理论上的自洽来完成一套严密而逻辑化的理论体系。因此他终于还是立足于构建一套适合中国现实,且能够尽快促成中国摆脱旧的中国的非法政权,从而在万国竞争的时代组建一个民族国家,至于在此内部如何运行政府,实际上他仍然是较为模糊不清的,或者说这并不是这一时期梁启超思想的焦点。

另外梁启超在此无论是误读抑或是改造,他所坚持的是洛克的政府契约论与卢梭的社会契约论的融合,在总体上契约论都是认为社会不是一种自然现象而是一种人造物,是在外部偶然因素作用下源自人的自然本性的产物,因此在卢梭等人看来,在人类世界中唯有个人是实在的,而社会只是个人自然状态的推演。正如涂尔干对社会契约论的批判所言,"如果像从卢梭、孟德斯鸠到孔德(甚至斯宾塞也陷入了这种传统上的混乱状态——涂尔干注)几乎所有的思想家所假设的那样,自然的终点是个人,那么超越个人的所有事物必然是人为的"[①]。梁启超在其国家话语构建中很明显是坚持将个人视为唯一的实在,而将社会作为人的道德本性的推演的结果,社会的根基在于个人意志,是在意志同意基础上的"人为的实体",因此社会不具有依赖自身而存在的自足与正当性。契约论对个人实在性的强调和意志同意的产物的看法,很容易让人们产生社会"仅仅是人为的(artificielles),某种程度是任意的(arbitraires)结合"[②]的幻觉,因此社会契约论奠基在自然状态之上的人为性和任意性,使得人们失去了对社会事实的基本尊重和认可,一旦人们对一个社会丧失了信心,甚至将国家及其政治的不合理归于社会,人们很容易产生全盘否定社会、退回自然状态的激进态度。另外,契约论暗含的唯意志论与中国儒家传统的主知主义产生了内在结合的可能,认为人可以通过道德修养和科学认识把握现实,一旦掌握了这样的"真理"就获得了绝对的自由和无限的权力,就获得了全盘改造社会的正当性和合法性。在梁启超所处的历史阶段,他坚持契约论的背后是对中国民族

---

① 涂尔干. 孟德斯鸠与卢梭 [M]. 李鲁宁,赵立玮,付德根,译. 上海:上海人民出版社,2003:61.

② DURKHEIM. The rules of sociological Method [M]. London & Basingstoke:The Macmillan Press,1982:63.

国家建设的热切期盼，在内是对旧的中国的非法政权的否定和反抗的自由的强调，在外则是对万国竞争时代民族帝国主义的西方他者的忧患。在契约论的唯意志论基础上，梁启超将社会的基础归入人的自然本性，因此他进一步在《新民说》等一系列后续的工作中展开了围绕建设民族国家所需要的人性道德的思想建构。但是在梁启超之后，社会契约论的思想逐步跨出了梁启超设定的安全阈值，与他倡导的破坏主义相伴随，对社会的全盘改造成了自梁启超之后的中国主导思想，那么认为掌握真理就可以跨越从应然到实然的改天换地的激进思想，贯穿了从辛亥革命直到五四运动之后的思想领域。

尽管在涂尔干等人看来"社会生活只要是正常的，它就是自发的"，现实中并不存在根据人们的意志创造出的社会，但对梁启超而言，契约论是他构建国家话语内涵的基本思想资源和路径。对卢梭契约论的改造使它更适合于国家主义框架下的个体实在论和唯意志论的主权形式，他对洛克政府契约论的坚持，使得他在继续拓展国家思想的道路上，开始对孟德斯鸠的三权分立进行批判，并开始逐步向伯伦知理倾斜，以加强国家主义的理论支撑。在1902年3月，梁启超继续发表《法理学大家孟德斯鸠之学说》《乐利主义泰斗边沁之学说》《政治学学理摭言》，在政府契约论基础上，他试图朝责任政府和国家主义方向发展下去。梁启超进一步构建自己的国家思想则无法回避孟德斯鸠的三权分立，但是他没有直接予以接受，而是用被洛克改造的卢梭来批判地分析孟德斯鸠，他认为孟德斯鸠的三权分立不能够理解民主的真正内涵：

> 三权之所以设立者，盖出于官民之互相契约，一则托以自由之权，一则受之，此其故孟氏实未之知。故其所论之旨趣，不能出代议政体之外。盖在代议政体，则任此三权者，实代民而任之者也，故必设法以防制之者，势也。若夫民主国，则任此三权者，不过受百姓一时之托，苟有不满于民者，则罢黜之而已。
>
> 孟氏又谓，自由之国，其国人苟有精神之自由者，则国人皆可以自治，而不必庇于人，故国人相聚为一，据立法之权自守之可也。然此事颇难施行，在大国必不可行，在小国亦不免流弊，故必举若干人以代理之云云。
>
> 观孟氏此言，其意盖在代议政体，而未知民主之真精神也。卢梭驳之曰：所谓代理人者，将乘国人之信己，而藉口于代理国人，以肆行无忌，是犹画押于纸以授之也。夫官民之交涉，契约而已，故任立法之权者，止可

云受托者而已，未可谓代理人也。①

梁启超认为孟德斯鸠的代议政体之所以未明民主之真义，在于孟德斯鸠对国家主权代理的观念。他认为卢梭所担忧的签订契约后代理人一旦掌握权力，由于"夫官民之交涉，契约而已"，那么国民势必丧失主权而处于实际的无权地位。梁启超引卢梭而批判孟德斯鸠，意在构建一个他理想中的代议制的间接民主政体，但是在这里他并没有清晰地表达完整，究竟"民主之真精神"的代议政体应该是何物。但是比较明显的一个思想进路是，梁启超将洛克的政府契约论转换为"官民契约"的公民选举以及其议会机制，早在《卢梭学案》中他已经萌生出"常有举国投票，改革宪法，亦不外合众民以改其民约而已"之思想，在《立宪法议》中亦强调选举对于宪法合法性的关键性作用："非经全国人投票，不得擅行更改宪法。"实际上梁启超之所以批判孟德斯鸠，其根本目的仍然是坚持洛克的权力划分方法，即将国家权力分为立法权、执行权（还有对外权）。② 与孟德斯鸠的立法权、司法权、行政权不同，洛克的分权理论基本受英国的历史影响，强调立法权的支配地位。

> 在一切场合，只要政府存在，立法权是最高的权力，因为谁能够对另一个人订定法律就必须是在他之上。而且，立法权之所以是社会的立法权，既然是因为它有权为社会的一切部分和每个成员制定法律，制定他们的行动的准则，并在法律被违反时授权加以执行，那么立法权就必须是最高的权力，社会的任何成员或社会的任何部分所有的其他一切权力，都是从它获得和隶属于它的。

> 如果同一批人同时拥有制定和执行法律的权力，这就会给人们的弱点以绝大诱惑，使他们动辄要攫取权力，借以使他们自己免于服从他们所制定的法律，并且在制定和执行法律时，使法律适合于他们自己的私人利益。③

洛克与孟德斯鸠的分权思想最大的区别是如何看待权力的本体问题。孟德斯鸠的三权是平等的，它们相互制衡和限制，而洛克认为立法权是最高权力，其他执行权和对外权均来自立法权，且对外权和执行权均基于自然法，是平等而分离的。同样由于洛克的契约论来自个体自然状态的自然法，因此司法权被

---

① 梁启超. 法理学大家孟德斯鸠之学说 [M] //梁启超全集. 北京：北京出版社，1999：1042.
② 洛克. 政府论 [M]. 叶启芳，瞿菊农，译. 北京：商务印书馆，2009：91-92.
③ 钱承旦，许洁明. 英国通史 [M]. 上海：上海社会科学院出版社，2007：60.

认为是立法权的应有之义，其核心是围绕个人自然权利的"信托观念"建立的自然法体系，因此被包含在立法权内通过设立独立的法官而实体化。实际上洛克的分权理论直接脱胎于英国历史现实，并经历宗教改革，通过 1549 年和 1552 年的"宗教划一法"构成了议会对教会、王权乃至所有国家机构的最高权威的地位。① 宗教改革使得英国下议院急剧膨胀，到 1640 年资产阶级革命时期，议会达到了权力的顶峰位置。"英国议会是包括上至国王，下至最底层的人在内的所有阶层的英国人民，或者亲自出席，或者委托代理人出席的整个国家意志的体现。议会的意见来自每一个人的意见，因而具有最高和绝对的权威。"② 同时英国相对于王权的司法独立传统以及实施的普通法，内在地蕴含了司法的独立性和客观性（将法律视为历史，依据普通法的案例进行判决，具有任何人不可更改的历史性），都使得洛克将司法权不作为特别强调的分权。而与英国王室的势微和贵族的强大相比，议会的最高地位以及司法独立都恰恰是法国在同一历史阶段所没有的。与之相反，立法权正是法国国王实行专制的有力武器。因此孟德斯鸠所提出的立法权、司法权和行政权的三权分立与制衡，与法国国家历史同样有直接关系。如此则可以明显看出，梁启超在国家话语上是不断倾向于英国国家思想的，尽管在呼吁民权和批判非法政治上是从卢梭开始的——那个梁启超始终赞赏的法国大革命所开创的民主价值。

回到梁启超对孟德斯鸠的批判，梁启超此时的国家话语更强调民族国家的构建，以及在此框架下人民主权的根基，但是孟德斯鸠所倡导的三权分立却是强调对国家权力的划分和制衡，这是梁启超在此阶段所要避免的。实际上梁启超对 16 世纪意大利的国家思想并不陌生，当时讨论的焦点就是如何处理共和国与君主制相调和的问题，与梁启超此时的思想核心具有很大的相似性。③ 在当时主要的思想代表，如马基雅维利主张建立专制君主制以统一意大利，而奎齐亚底尼（Francesco Guicciardini）、帕特里奇（Francesco Patrizi）等认为混合性的共和政体更能保护和促进公益，其中托马斯·史密斯爵士（Sir Thomas Smith）借鉴公元前 1 世纪罗马共和国遭遇同样的局面时西塞罗的观点，认为："所谓共和国是'由正义与公益团结起来的公民社会'，是否成为共和国与政府形式无

---

① 苏凯. 洛克分权理论研究——与孟德斯鸠三权分立理论之比较［J］. 河南科技大学学报，2009（3）.
② 参见：托马斯·史密斯. 论英吉利共和国［M］//郭方. 英国近代国家的形成. 北京：商务印书馆，2007：94，107.
③ 梁启超 1902 年 6—12 月在《新民丛报》连载《意大利建国三杰传》，是对 19 世纪意大利民族独立运动的英雄传记。

<<< 第三章 政治哲学批判：梁启超的国家话语建构

关，君主制、贵族制和平民制都适用于共和国；只要以正义和公益作为政府统治的目标和价值观，即使帝制国家也是共和国，政制更替并不影响共和国的判断标准。"① 梁启超未必直接了解托马斯·史密斯爵士对公元前1世纪罗马共和国衰亡带来共和制与新出现的单主统治的历史的借鉴，以解决16世纪意大利的共和问题，但是梁启超的选择路径与欧洲的历史经验显然有非常强烈的关联性，以至在解决中国的民族国家、立宪与君主之间的关系时，他也首先考虑的是国家形式，而将政体放在第二位。因此在孟德斯鸠的三权分立观点上，他额外提出的批判并非针对孟德斯鸠的民主精神之不明，实际上是提醒中国的建国过程中，应该更强调民权的统一及其不可分割与转让，以及国家主权的有机统一与独立。②

故此，梁启超对洛克政府契约论尤其是强调议会作用的接纳就显而易见了。在他的观念中，宪法的合法性及其最高权力与选举密切相关，而民约则体现于选举是否反映民意。因此"故任立法之权者，止可云受托者而已"以及"未可谓代理人也"等观点在梁启超那里都完全走向了洛克。因为按照卢梭人民主权及其公意不可被代表更不可被委托来看，其明显与梁启超"受托者"直接矛盾。但是在此处，梁启超已经模糊了卢梭与洛克的界限和冲突，将两者进行了完全的重构和组合。现在梁启超一方面批判孟德斯鸠代议政体"未知民主之精神"可能导致主权者"籍口于代理国人"而"肆行无忌"，导致人民主权的实际丧失，另一方面又强调立法权的支配地位是通过"受托者"代议制定，尽管是"受托"而非"代理"。梁启超在坚持人民主权的同时，放弃了卢梭的直接民主，而采纳了洛克间接民主的代议议会制度。人民主权通过议会选举体现公意，并且人民将立法权转托议会制定宪法，代议机构，"立宪国之法律，无不经国会议定者"③。不仅体现最高主权的立法权来自议会，并且由于提升议会在国家制度中的作用而造成了国体性质的新的划分。"惟有议院之国所定之国典乃称为宪法……但就其名而言之，则共和国不与立宪国同类。就其实而言之，则今日之共

---

① 殷宏. 托马斯·史密斯爵士与都铎英国的共和主义思想 [J]. 青海师范大学学报（哲学社会科学版），2010（2）. 西塞罗原文参见：CICERO M. De Republica [M]. Cambridge, Massachusetts: Harvard University Press, Loeb Classical Library, 1928：64 – 67，218 – 223.

② 《在各国宪法异同论》中，梁启超引布龙哲批判孟德斯鸠三权分立之害，言："有硕学布龙哲驳其说，以为三权全分离，则国家将有不能统一之患，故三权绝不可分，而亦不可不分，惟于统一之下而歧分之，最为完善云。"见：梁启超. 梁启超全集（第二卷）[M]. 北京：北京出版社，1999：319.

③ 梁启超. 各国宪法异同论 [M] //梁启超全集. 北京：北京出版社，1999：319.

和国，皆有议院之国也。故通称之为立宪政体，无不可也"。特别是对于梁启超而言，有可能保留了贵族代议的议会，从而将体现民意归于下议院则担负了立法权的人民主权的国家功能，"无论君主国、共和国，虽国体大异，其制皆如出一辙，皆由人民之公举，为人民之代表"。正如洛克从英国历史现实所受到的影响那样，梁启超将英国的议会代议制作为现实的已经实现的民主制度，而将欧洲其他地区的共和思想视为"纸上谈兵"，同样他也将议会提到了至高地位，因此政府的组织和产生同样也来自议会。"政府之所以成立，其原理何在乎？曰：在民约……吾无宁于吾群中公选若干人而一以托焉，斯则政府之义也。政府者，代民以任群治者也。"①

在贬低孟德斯鸠而凸显出的民权代议制的形式下，梁启超仍然在君主立宪与共和立宪之间徘徊。他对于通过体现人民主权的间接民主选举出君主还是总统有些犹豫不决，一方面他许诺"草创既定，举皇上为总统"，另一方面他又向往"今者民政渐昌，一国之元首（元首者，兼君主国之君主、民主国之大统领而言。——梁注）殆皆由人民公选而推戴之者。"他对孟德斯鸠保留贵族议会的君主混合政体有清醒的认识："……此孟氏论立君政体之大略也。约而言之，则强暴之威力，与一定之规则，相混合而已。然则此政体者，亦专制共和两政间之过渡时代也。"他认为孟德斯鸠的三权分立是建立在具有一定妥协基础上的君主混合政体，并非完善的民主制度，而是"过渡时代"的产物。但是他很快就向着这个混合政体倾斜，将中国的过渡时代与孟德斯鸠与洛克的英国君主立宪的议会制度相重合，将中国的国家话语引向了更强调中国历史客观条件的方向。几个月后，在1902年9、10月期间先后发表的《政治学学理摭言》《乐利主义泰斗边沁之学说》政论中，梁启超认为君主责任内阁的议会制优越于总统共和制，尤其对英国内阁制大为赞赏。

细读文本可以得出一个基本的结论，那就是梁启超在极力寻求一条平稳过渡的符合中国历史现实和政治条件的国家路线。首先，他认为君主立宪使得君王在国家政制中发挥了虚位无责的作用，而首相负责的内阁则可以专任其职。法律由议会制定，且多数党的首相组织内阁向下议院负责。君主立宪的内阁制体现出梁启超对中国政治前途的多重顾虑的调和和安置，虚君可以为光绪为首的维新皇室提供一条合适的政治出路，而议会占据最高权力则能够保障人民主权的可靠。君主从政治的具体责任中解放出来，享有至高的神性供奉，能够确保君王的明君荣誉，而不至诸般政治责任都追究于君主一己之身。"夫所谓君主之

---

① 梁启超. 论政府与人民之权限 [M] //梁启超全集. 北京：北京出版社, 1999: 881.

恶者，则任用不孚民望之大臣以病民一也，民所欲之善政而不举二也，民所恶之秕政而强行三也。"①并且梁启超始终将人性善恶并存作为基本的人性论出发点，他认为君主本身的人性并不可靠，"夫君主亦犹为人耳，人性而可使为不善也"②，而立宪内阁制度可将君主之恶的风险交由内阁和议会以承担，如此"恶则归大臣，善则归其君耳"，中国的现有政治体制在此改革路径中则可以达到过渡时代的完善。其次，他坦言将议会作为最高权力机构的根本目的在于防范暴力革命："君主所以必使之无责任者何？曰：避革命也。"③梁启超引孟子残贼的观念认为儒家设计的理想君王实质处于有限责任的两难境地，④因此他认为走上洛克和孟德斯鸠的议会责任内阁既有历史基础，又可以最终完善儒家的君王理想，从而彻底解决中国历史频发暴乱和革命的问题。终其根源，他认为爆发革命是由君主的责任与权力之间实质性的不对称造成的："重视君主，则不可不牺牲责任，重视责任，又不可不牺牲君主。而孔孟乃欲两利而俱存之，此所以中国数千年君主，有责任之名，无责任之实，而革命之祸，亦不绝于历史也。"⑤由此，政治责任由内阁政府组织各级政府分担，议会则"立于监督之地位"对政府追责，权责清晰，因此政治代价不再是追溯到君主一人，那么人民也就无须再通过革命来重组社会和政府以改朝换代。梁启超甚至以少有的乐观认为他找到了一个处于从帝国主义向民主主义过渡时代的中国最佳的政治体制。他指出："凡立宪君主国之宪法，皆特著一条曰：君主无责任，君主神圣不可侵犯。此其义何？曰：此过渡时代之绝妙法门也，此防杜革命之第一要著也。"⑥因此在1902年底，梁启超已经基本形成了君主立宪制下的责任内阁优于共和政体的思想，"况责任大臣之制，有时固更优于民主者乎！"⑦以至在《乐利主义泰斗边沁之学说》中，梁启超不惜以批判边沁来巩固君主立宪的合理性。他反对边沁民选行政长官的观点，认为边沁"无论何种政体，其掌行政之大权者，不可不自人民出身。苟非尔者，必为人民之敌。专制君主固敌也，立宪君主亦不免于敌"之观点，"或有疑于此说，谓如今日英国，号称政体最美之国，是边

---

① 梁启超．政治学学理摭言［M］//梁启超全集．北京：北京出版社，1999：916.
② 梁启超．政治学学理摭言［M］//梁启超全集．北京：北京出版社，1999：916.
③ 梁启超．政治学学理摭言［M］//梁启超全集．北京：北京出版社，1999：917.
④ 梁启超所引孟子曰："贼仁者，谓之贼；贼义者，谓之残。残贼之人，谓之一夫。闻诛一夫纣矣，未闻弑君也。"（《梁惠王》下）
⑤ 梁启超．政治学学理摭言［M］//梁启超全集．北京：北京出版社，1999：917.
⑥ 梁启超．政治学学理摭言［M］//梁启超全集．北京：北京出版社，1999：916.
⑦ 梁启超．政治学学理摭言［M］//梁启超全集．北京：北京出版社，1999：918.

氏之论,得毋太酷"。① 君主无责任构成了梁启超国家话语的最后一个逻辑点。

分析至此可以断言,梁启超的国家思想重新转向伯伦知理的重要契机是对以君主立宪为责任内阁政府的高度重视和推崇。他的思想经历了对卢梭、洛克的融合和对孟德斯鸠的批判,推导出一个根据中国过渡时代的历史条件而构想的完善化的政治体制。从他对议会和政府的地位不断向国家和人民三者关系中逐步凸显来看,他回到了1902年初《论政府与人民之权限》对国家主义者所持的"国家主权"观点。即"政府者国家之代表也,活用国家之意志而使现诸实者也,故国家之主权,即在政府"②。而他对边沁国家主权的赞同清晰地表明梁启超所以提高政府的支配地位,乃在于将议会及其代议制度作为国家主权的整合枢纽。他说:"边氏谓当有'政本'以总此三权,其理固不可易。盖苟鼎立而不相统,则易陷于政权分裂之弊,而危及国家前途不少也。"③ 梁启超非常认同边沁"政本"的观点。即区分主权与政权,在三权之政权之上再设有主权。边沁认为政权三分实疏漏了议会选举和解散之权,而将此关系政本之权归于行政长官并被视为"琐事",在国家主权的根源上埋伏了危机,因此应该将政本设立实体之职,以保证国家主权"为最大多数人之幸福"的根本目的。但是梁启超并没有接触到边沁有关政本之职的进一步论述。他推测:"若此政本权者,将以何局院代表之耶?边氏既谓此权在国民,然今日之国,必非能如畴昔之雅典、斯巴达,集全国市民于一场也,其势不得不选举代议者,若是则亦与下议院之性质,有何差别?徒添出一议院,而于边氏所谓政本之意乃无当也。(又按:余未能得边氏原著之书尽读之,不过据译本及他书所引耳。窃意边氏必当有说以处此,故列所疑以俟考。)"④ 实际上边沁是明确的反契约论者,他认为社会契约论是一种虚构,主权只是政治社会中一种"服从习惯"的结果。边沁作为功利主义者明确提出:"真正的政治纽带是维持一个政府会给人们带来的巨大利益

---

① 梁启超. 乐利主义泰斗边沁之学说 [M]//梁启超全集. 北京:北京出版社,1999:1046.
② 梁启超. 论政府与人民之权限梁启超 [M]//梁启超全集. 北京:北京出版社,1999:881.
③ 梁启超. 乐利主义泰斗边沁之学说 [M]//梁启超全集. 北京:北京出版社,1999:1050. 政本,李春馥认为指 Supreme power,或者 Sovereign-state(国家主权),不是指卢梭所说 Sovereign-people(主权在民)。参见:李春馥. 论梁启超国家主义观点及其转变过程 [J]. 清史研究,2004 (2):55.
④ 梁启超. 乐利主义泰斗边沁之学说 [M]//梁启超全集. 北京:北京出版社,1999:1051.

……我们应在这一事实中寻找政府的基础和理由,不论他们的基础和起源如何。"① 早期边沁是意志论者,他说"我所说的主权者,是指一个政治共同体的全体都被认为具有服从其意志之性情(disposition)的任何个人或个人的集合体,并且该人的意志优先于其他任何人"②,法律则是"主权者的意志"。边沁中后期思想开始走向激进,梁启超所熟知的边沁思想应该是他的《宪法典》,在该著作中边沁提出"主权的归属"问题,指出:"主权属于人民。主权由人民保留,并且是为了人民。它通过构成权(the Constitutive Authority)的运作而行使。"③ 这个构成权就是梁启超所赞同的边沁国家理论的关键。在边沁那里,他把主权归于人民,人民作为主权的所有者拥有构成权,构成权之下有立法权、行政权、司法权。其中立法权从属于构成权,行政权和司法权从属于立法权,行政权和司法权合称为最高执行权,立法权和执行权合称为最高运行权。④ 实际上,边沁所谓的人民是指具有选民资格的人,构成权就是选民拥有的权利,而主权即此最高的构成权。这与梁启超极力提高选举与议会的思想非常匹配。"边沁为人民主权的实现设置了具体的制度:立法会议和公共舆论法庭。通过前者,人民选举代理人(deputy)而不是代表(representative)组成立法会议,立法会议经选举任命委任首相和法官,首相任命各部部长,部长任命下级官员,以此类推,上级权力主体可以剥夺下级权力主体的权力;通过后者,人民可以对公共权力的行使进行监督和制约,这是对公共权力的行使者从道德方面施加的影响,以防止他们在行使权力时的腐败,从而使他们的权力行使能与公共利益相一致"⑤。尽管梁启超赞同边沁的"政本"(即其所谓的"构成权"),但是他对于边沁对自然权利的批判以及对契约论的否定保持着怀疑。当然对边沁的"政本"的激进的主权思想也保有质疑。但是梁启超显然对边沁"最大多数之最大幸福"的乐利主义具有极大的兴趣。他甚至认为"近百年来,于社会上,有最有力之一语,曰'最大多数之最大幸福。'其影响于一切学理,殆与'物竞天择,优胜劣败'之语,同一价值","于是乎乐利主义(Utilitarianism)遂为近世欧美开一新天地"。⑥ 寻求功利主义的现实性,以及要求体现人民主权的构成

---

① 边沁. 立法理论 [M]. 李贵方, 译. 北京:中国人民公安大学出版社, 2004:91-96.
② 边沁. 论一般法律 [M]. 毛国权, 译. 上海:上海三联书店, 2008:23.
③ BENTHAM J. Constitutional Code (Volume 1) [M] //ROSEN F and BURNS J H, ed. The Collected Works of Jeremy Bentham. Oxford:Oxford Press, 1983:25.
④ 李燕涛. 边沁主权思想的发展及其内在逻辑 [J]. 求索, 2012 (12).
⑤ 李燕涛. 边沁主权思想的发展及其内在逻辑 [J]. 求索, 2012 (12).
⑥ 梁启超. 乐利主义泰斗边沁之学说 [M] //梁启超全集. 北京:北京出版社, 1999:1045.

权，其实与梁启超在1902年对洛克政府契约论的偏向具有内在一致性。洛克和边沁都强调"只要政府存在，立法权是最高的权力"，同时对孟德斯鸠的三权分立进行批判，拒绝承认三权是平等、独立和制衡的关系。尽管在具体的理论见解上两者不尽相同，但是对于梁启超而言，调和洛克与边沁，并将两者再建筑于卢梭的契约论基础之上，显然已经构成了梁启超自己独特的有关中国的国家话语。

值得予以注意而恰被学界忽略的一篇重要文章——1903年12月2日发表的《记斯宾塞论日本宪法语》一文，是对日本《太阳》杂志一篇文章的转载。金子坚太郎在坚守斯宾塞有生之年不得公开的承诺下，于斯宾塞去世四十天后，公布了1892年8月23日斯宾塞关于日本宪法的看法和建议的信件。此文从侧面反映出梁启超试图将日本明治的历史经验以及斯宾塞有机进化的立场作为中国国家话语构建的维度。该文是斯宾塞对日本宪法实施的具体分析，实际上在梁启超看来更是对后发的中国构建民族国家的有效论证。斯宾塞的根本观点是"余以为一国之宪法及其附属法律，必须与本国之历史及国体有同一之精神，同一之性质，苟不尔者，则当其宪法法律实施之时，其困难必不可思议，终不能达立宪之目的而已"①。斯宾塞将国家视为一个处于进化过程中的有机体，那么宪法作为国家精神的一部分，必与本国之国体及其发展阶段相符合，采取"渐进保守主义"。② 在梁启超看来，斯宾塞氏建议日本"以本国之历史习惯为基础，而旁采欧美各国之所长，使日本遗传之政体与欧美立宪主义相调和"③，实是同样适用于中国立宪的基本原则。宪法如同植物一般，不可直接移植，必须"各各因其国体历史及习惯而成立"，斯宾塞盛赞日本宪法"本于日本古来之历史，以渐进保守为宗"，几乎在理论和实践两个方面都证实了梁启超一直关切的中国近代国家的历史条件问题。梁启超深为赞同者，乃是宪法的制定和实施是截然不同的两个问题，制定宪法"少数人士之精勤而可以成就"。然而实施宪法，则是"国民全体之大事业"，应然和实然也正是在制定和实施两个层面被区分开了，而两者的同一就回到了进化论的框架。具体而言，建立何种政府，斯宾塞的根本观点为：

> 故论政府权利范围之广狭，必使国民人人皆养成自立自动之精神，无须政府之诱导，而自能各守其义务，又无需政府之禁遏，而自能不侵他人

---

① 梁启超. 记斯宾塞论日本宪法语 [M] //梁启超全集. 北京：北京出版社，1999：391.
② 梁启超. 记斯宾塞论日本宪法语 [M] //梁启超全集. 北京：北京出版社，1999：391.
③ 梁启超. 记斯宾塞论日本宪法语 [M] //梁启超全集. 北京：北京出版社，1999：391.

之权利，不害社会之安定。

则未开化国之政府，犹塔之初阶也，余所主张放任主义之政府，犹塔之绝顶也。政治之进路，由初阶渐次以达绝顶，其进步程度，一依其国民智德力之程度以为定。

故吾所望于贵国政府者，依此学理而熟察日本国现时之地位，在金字塔之第几级，据现在所立之地而渐升焉，苟欲为躐等之进步，不特宪法之实行，诸多窒碍，其不利于国家及国民者，更远且大也。①

从一个西方经典理论家的角度为东亚后发地区开出一味疗治野蛮与落后的良方，是梁启超梦寐以求的，如此则不仅是梁启超的竭力摆脱他者眼光的自说自话，而是从西方主体突破民族国家的障碍，为中国的国家话语提供纯粹的真理性的发展原则和路径。显然梁启超此后全部的国家理论的思想背景便是建基于斯的，并在1905—1907年于革命派大辩论中得到了深化和加强，最终促使梁启超生成了中国近代思想史上一支基于历史幽暗意识的调和、保守的国家话语脉络。

本章小结

总体而言，梁启超在契约论上有明确而稳固的立场，② 从庚子勤王后离开政治运动的实践后，他重返形而上学领域，接续他自戊戌政变后的国家话语的构建。从中国历史身份的他者转向对中国之旧的批判、对清廷政治的非法性的否定，以及民族帝国主义对中国瓜分的深刻化的国际观察，都促使他走向卢梭的人民主权激进道路。但是与孙中山革命党的合作及庚子勤王的失败，使他再次认识到了在中国一蹴而就地造就民族国家更深层的困难。同时民族帝国主义从暴力殖民到代理殖民的渗透式瓜分，也加深了梁启超国家危机的紧迫感，促使他更加担忧革命导致中国被彻底瓜分和分裂的客观后果。从激烈的政治运动

---

① 梁启超.记斯宾塞论日本宪法语［M］//梁启超全集.北京：北京出版社，1999：391.
② 《法理学大家孟德斯鸠之学说》和《乐利主义泰斗边沁之学说》之中间，梁启超在1902年6、7月《新民丛报》第11、12号上登载《民约论巨子卢梭之学说》一文，而该文仅仅是1901年末《清议报》所发表《卢梭学案》的重载，除了文章题目做了修改外，其他一字未动。这一较为出乎常理的现象引起学界不少争论，然在笔者看来，它无非表现出梁启超对社会契约论的重视和重申，或进一步引申的话，可以较为明确地显现出梁启超是一位契约论者。

退出后，他在思想上继续沿着卢梭的社会契约论前进，虽然卢梭的人民主权思想是他所坚持并希图以此唤醒国民批判现有政治的力量，但是他也同样看到了卢梭人民主权的直接民主可能导致的社会暴动的革命后果。因此在社会契约论的论述中，他逐步以洛克的政府契约论的双重契约替换卢梭的社会契约论的单一契约思想，并进一步对孟德斯鸠的三权分立思想进行批判。对孟德斯鸠的三权的批判与对边沁的功利主义与"政本"观念的接受实际上合为一体。在整个过程中，梁启超重点要处理的就是人民主权的实然性归属问题。通过对洛克政府契约论的接受，他将"官民相约"看成人民主权的代理过程，将民约转化为选举，并将议会及其立法权推至最高权力地位，国民逐步从卢梭的最高主权者不断地被置换为议会、政府。因此可以说，在梁启超那里，其思想结构一个将人民与政府颠倒但仍然坚守着卢梭自然权利观念的契约思想。

第四章

幽暗意识：梁启超的国民性批判

从1899年11月17日梁启超被迫离开日本，经历1900年7月前后庚子勤王失败，1901年4月返回日本，到是年冬《清议报》被停刊，是梁启超思想剧烈变动的时期。而1902年，"正月初一（2月8日），《新民丛报》出版。十月，《新小说报》出版"①，如前所论，是梁启超开始转入形而上学、重回国家话语的新阶段。尤其是为《新民丛报》发刊而作的《新民说》，是梁启超从其已经完善的国家理论体系的基础上，进入自我思想的深化阶段。

梁启超自中国身份到戊戌叙事最后进入形而上学的国家话语建构，最终成为一个契约论的国家理论者。契约论所强调的个体的唯一实在性，与戊戌叙事后对中国新旧的区分和批判——由于对旧的界定被等同于对国民的品质的评价——在作为个体的国民性的决定性作用的看法上达成了观念的一致和回拢，将国家的构建与政治制度的形成与否取决于国民性是否与之相吻合，因此对人的本质的追究成为国家话语之后的思想落脚点。实际上西方从柏拉图到马基雅维利再到霍布斯同样经历过对政治材质——作为政治的人的条件——的讨论。然而梁启超在对中国进行人性讨论时，与马基雅维利等相比较，却并非处于一个单纯的话语环境中。在梁启超着手进行分析和研究之前，在西方将中国作为他者发掘为现代知识再生产的对象时，就已形成了对中国国民性既定的形象话语。梁启超对中国国民性的批判不可能也无法不陷入一个西方为中国预设的他者位置，以及那个从孟德斯鸠《论法的精神》、黑格尔《历史哲学》、休谟及赫尔德的《人类历史哲学的观念》等18世纪以来重要思想家及其作品所塑造的中国国民性的知识体系，甚至越过梁启超到晚清对鲁迅影响较深的明恩溥牧师的《中国人的性格》等经典，构成了对中国国民性的话语霸权的界定。然而从历史总结的角度看，梁启超并没有如鲁迅那样受国民性话语的深刻影响而走上对国民性彻底的悲观和批判，相反，梁启超尽管同样接受了国民性话语，但是他却

---

① 梁启超. 民约论巨子卢梭之学说［M］//梁启超全集. 北京：北京出版社，1999：179.

试图摆脱西方的话语控制，竭力抗拒他者的场域，将国民性放入民族国家的政治制度的辩证条件里去讨论，显示出梁启超在幽暗意识上避免偏激与抽象否定的深刻性。

尽管从1899年康有为被迫离开日本、梁启超重整《清议报》到1903年大陆返回日本之前，梁启超在面对新旧两方面的思想焦点时，其更多强调对旧的处理，即采取破坏主义的方案予以根除。而这一破坏主义并非单纯的政治口号抑或政治投机的宣传，梁启超把他的破坏主义建立在理性的国民性批判之上——他接受了西方对中国国民性的预设，但是并非完全接受，而是依据中国的仁的道德规范予以批判和建设。但是我们也要看到，对中国国民性的认识、理解和评判，本质上一方面是对普遍人性的理解，另一方面是对中国他者身份下的差异化文明形态中的独特性判读。本章我们将着力对梁启超人性观念的来源、建构以及与作为他者的中国历史之新旧话语的交互关系进行讨论。同时在此基础上，我们可以看到梁启超一个潜在的观念，即本章标题所列的"幽暗意识"，即基于人性的认知——尽管对中国的国民性更多的本身也是一个他者话语的接受——对历史实践和政治制度采取危机和谨慎的态度，与以孙中山为代表的革命共和所采取的乐观主义和激进态度形成鲜明的对比。诚如黄克武将梁启超的这种幽暗意识称作调适思想那样，梁启超通过对西方话语明显更加精深和求真的态度，对社会改造的话语做出了最大努力，拒绝中国儒家传统典范在一元论和主知主义下的乌托邦政治思想的典范。

梁启超的幽暗意识摆脱的儒家内在超越与一元论的全盘否定的乌托邦政治思想，通过症候阅读的方式仔细研究《新民说》，我们会发现，在该文本中1903年前后有着潜在的断裂，然而在此从激进到保守的断裂中，却有幽暗意识的连续性。随后的《释革》《保教非所以尊孔论》《论政府与人民之权限》《论民族竞争之大势》延续了他在湖南时务学堂时的民权论。在1902—1903年，梁启超集中对西方政治哲学进行了系统的吸收，对希腊古代学术、颉德、亚里士多德、培根、笛卡尔、达尔文、孟德斯鸠、边沁、康德、伯伦知理等做了详细的学案。到1903年《开明专制论》最终形成梁启超对人性乃至中国国民性的基本认识，并在此基础上构建了自由主义及政治体制话语。

伴随着对梁启超新一轮话语的构建过程，笔者试图对其思想特征进行归纳性的描述和分析，即试图显现在20世纪初中国知识分子伴随西学的进一步深化和系统的学习与理解后，梁启超与多数其他知识分子所采取的不同立场和态度，本章将"幽暗意识"作为一个贯穿全文的理论框架，对梁启超努力于求真与理性价值予以注意，尤其是从《清议报》致力于批判中国之旧到《新民说》系统建构民族国家思想过程中，梁启超对西方自由主义思想以及宪政国家思想都采取了极为谨慎而保守的态度，与同代多数更不自觉地服膺于儒家乐观主义和乌托邦的激进态度形成了鲜明的对比。

所谓"幽暗意识"，张灏认为："就是发自对人性中或宇宙中与始俱来的种种黑暗势力的正视和省悟；因为这些黑暗势力根深蒂固，这个世界才有缺陷，才不能圆满，而人的生命才有种种的丑恶，种种的遗憾。"① 张灏之"幽暗意识"显然与徐复观之"忧患意识"具有某些重合，他们共同注意到了传统儒家对人性与现实政治的危机，但是张灏更受到了西方人性论的直接影响，比如当代基督教现实主义思想家雷茵霍尔德·尼布尔有关西方近代人性思想几乎成为其人性论的源头，尼布尔的著名论断"人行正义的本能使得民主成为可能，人行不义的本能使得民主成为必需"②，使得张灏将人性不完美看作是永恒的。"我是在徐复观先生的著作里发现'忧患意识'这个观念的。由此我开始知道了儒家，基于道德理想主义的反照，常常对现实世界有很多的遗憾感和疏离感，认为这世界是不圆满的，随时都有忧患隐伏。就此而言，忧患意识是与幽暗意识有相当的契合，因为幽暗意识对人世有同样的警觉。至于对忧患根源的解释，忧患意识与幽暗意识则有契合也有重要的分歧。二者都相信人世的忧患与人内在的阴暗面是分不开的。但儒家相信人性的阴暗，透过个人的精神修养可以根除，而幽暗意识则认为人性中的阴暗面是无法根除的，永远潜伏的。"③ 也即是说，张灏的幽暗意识主要是来自英美传统自由主义者的人性观，一种源自尼布尔所谓的基督教的人性论，即人与上帝之区隔的不完整性，认为人永恒地处于自然与神性之间并趋向罪恶与堕落的危险之中。而徐复观所谓的忧患意识仍然处于儒家天人之际的框架下，试图讨论人在天命的绝对意志中，能否顺应天意而承受主体责任，是人在天人感应之间的历史责任与积极能动的表现，也即是说徐复观仍然坚信人可以通过积极的内在人性的超越而趋向于天道，从而实现道德和人格的完善以成圣。④ 因此，张灏的幽暗意识是对人性的根本怀疑与"戒慎恐惧"，而徐复观的忧患意识仍然是传统儒家典范内对人性的乐观主义的成圣乌托邦意识。

---

① 张灏．张灏自选集［M］．上海：上海教育出版社，2002：80.
② 张灏．幽暗意识与时代探索［M］．广州：广东人民出版社，2016：65.
③ 张灏．张灏自选集［M］．上海：上海教育出版社，2002：7.
④ 有关徐复观的忧患意识论，可参见：徐复观．中国人性论史（先秦篇）［M］．上海：三联书店，2001．相关研究亦可以参考：李维武．徐复观与中国文化［M］．武汉：湖北人民出版社，1997.

梁启超作为西学东渐之过渡时代人物，作为知识分子对西方他者构成的现代性世界秩序造成的中国历史身份认同的巨大危机，正是来自传统儒家的忧患意识。同那个时代的其他思想家一样，梁启超试图为中国历史身份寻找西方历史哲学话语体系中的合理性。然而从中西比较的立场出发，那种所谓"天下兴亡，匹夫有责"的"得君行道"之忧虑和抱负，在戊戌政变之后使得梁启超对中国之新旧的尖锐矛盾有了直接的历史经验，忧患已经不足以在旧的历史意识和思想框架下挽救危局。庚子勤王之后梁启超进入国家话语的建设，对西学和东学的吸收使他深入国民、社会与国家的理论体系之中，同时也迫使他深入西方的自由、民主和国家理论中，卢梭、洛克、斯宾塞、孟德斯鸠、边沁、康德等人的思想构成了梁启超的哲学基础，尤其是卢梭、洛克的契约论以及穆勒的自由主义。这些促成了梁启超抵制儒家试图从人性的内在超越来实现政治和国家的合理化，并以此为基础，始终坚持克制主知主义企图全盘对人性和思想做改造以实现彻底社会变革的冲动。尽管梁启超并非那个时代唯一的保守派，但是同其他改良主义者，如黄遵宪、严复、康有为等相比，他又并非是简单地站在儒家文化的立场上否定革命，而是在深刻地洞察到人性的复杂以及对政治和国家制度、对个体权利乃至民主社会的高度警惕基础上，对革命保持着危机意识。本章就《新民丛报》及《新小说报》时期，在回答梁启超国民性话语是如何构建的同时，试图分析构成梁启超幽暗意识的内在思想张力及其来源。梁启超的幽暗意识不仅在辛亥革命到五四运动期间越演越烈的激进主义的革命话语下显现出它的可贵价值，而且其思想运作范式更给我们当代以深刻启发和暗示。

第一节　人种、人性与新民：个人实在的决定论

一、主知主义与契约论的伏线：梁启超的个人实在论

尽管梁启超的国家思想直接来自日本明治时期的国家理论，但是究其根本，梁启超仍然试图通过日本追溯西方国家思想的起源及其变革，从近代国家的发源以及未来趋势去构建一条真正适合中国现实的国家道路。在这个过程中，卢梭、霍布斯、伯伦知理、孟德斯鸠、洛克、边沁、斯宾塞等人的思想成为梁启超国家理论的真正源头。然而以卢梭、霍布斯、洛克为代表的社会契约论，在处理个人与社会的关系及其性质时，总体上都把社会作为一种人造物，其本质

"来源于人的意志所设计的某种契约性安排"①。甚至与契约论相对的孔德或斯宾塞等将社会作为自发产生的自然物的学派,正如涂尔干所揭示的那样,"斯宾塞并没有把社会看作一个真正的实在,借助专门的和必然的原因凭借自己存在"②,他们依旧将社会作为自然人性的派生物,"一种个人创建的安排,以便拓展人类生活的跨度和视野"③。由于斯宾塞等也将人是唯一的实在作为理论的基础,所以同契约论那样,没有将社会当作具有自身内在规律的客观存在,他们同样以人的此在产物方式来认识社会,因此涂尔干说:"如果像从卢梭、孟德斯鸠到孔德(甚至斯宾塞也陷入了这种传统上的混乱状态)几乎所有的思想家所假设的那样,自然的终点是个人,那么超越个人的所有事物必然是人为的。"④ 社会在卢梭到斯宾塞那里在根本上作为一种人的意识的产生物,此一个人实在论的观念,与梁启超原有的儒家思想的内在契合与深度结合,构成了梁氏影响深远的哲学基础。

从西方政治学发展历史看,涂尔干批判地将社会看作是人造物的契约论,恰是近代以来有关社会的唯名论与唯实论两种观念的争辩的延续。基本上霍布斯、亚当斯密作为英国功利主义者,主张契约论,他们将个人视为实体,注重个人及其权利的重要性,因此社会仅仅是一个虚构的抽象物的名称。而欧陆理性主义者斯宾诺莎、孟德斯鸠和黑格尔则认为个人一旦构成社会,则社会便具有了个人所不具有的"突生性质"(emergent property),社会因此是一个实体。而唯实论与唯名论又与社会有机体论和契约论相联系。比如唯实论的代表孔德就认为社会是由众多部分组成的相互依赖的有机体,每一部分都为维持整体的稳定和实现社会的功能而发挥作用,而社会的、道德的、知识的混乱会造成的暂时性混乱会严重威胁和破坏社会的秩序,但是由于社会是独立的有机体,所以最终其秩序又会重新建立起来。所以唯实论认为社会不是单纯个人的简单集合,反对将个人作为社会的基本单位,"因为每一个体系必须由性质相同的成分构成,所以科学精神禁止我们将社会视为由个人组成的。真正的社会单位一定

---

① DURKHEIM. The Rules of Sociological Method [M]. Trans. by W. D. Halls. London & Basingstoke: The Macmillan Press, 1982: 143.
② DURKHEIM. The Rules of Sociological Method [M]. Trans. by W. D. Halls. London & Basingstoke: The Macmillan Press, 1982: 281.
③ DURKHEIM. The Rules of Sociological Method [M]. Trans. by W. D. Halls. London & Basingstoke: The Macmillan Press, 1982: 281.
④ 涂尔干. 孟德斯鸠与卢梭[M]. 李鲁宁,赵立玮,付德根,译. 上海:上海人民出版社,2003:61.

是家庭——如果需要的话,还可以解析为构成家庭基础的夫妇"①。因此唯实论者着眼点是社会,以孔德的社会静力学而言,其关切的是社会的秩序、组织以及和谐等问题。而唯名论者如斯宾塞等人则持原子论的立场,其着眼点是个人,认为不仅个人决定了社会的起源和性质,而且社会也被看作个人谋取利益和幸福的工具。因此可以说卢梭、洛克和斯宾塞等唯名论者在根本上是生物还原主义,因而"它认为社会性质反映的是组成社会的个人的性质"②。如果说社会有机论隐含了一种结构主义的立场,试图从整体上把握社会的内在规律和功能,那么契约论则将个人看作社会的分子,决定着社会的结构和系统性质,斯宾塞就认为:"除了研究组成社会的个人的性质,我们无法建立一种真实的社会理论……我们很快就会发现,人类集合体表现出来的任何一种现象,最初都源于人自身的某种性质。"③ 因此他断言"个体的性质决定了集合体的性质"④。从逻辑论证的角度看,斯宾塞等人反对伯伦知理等人的社会有机体理论,主要在于他们拒绝承认社会有机体等同于生物有机体,在个人作为自足的有机体之上的社会不具备生物意义上的神经和意识,因此也就不能享有生物意义上的幸福,"在生物有机体中,意识集中在集合体的一个很小的部分;而在社会有机体中,意识则散布于整个集合体,它的所有个体都具备喜怒哀乐的能力。由于社会没有神经中枢,所以无法追求脱离个体幸福的集合体的幸福"⑤。因此在唯名论看来,舍弃个体的幸福而追求所谓的社会幸福在根本上是一种虚妄的幻想,因为它根本不是一个实体,反过来,追求个人幸福恰恰是实实在在的,而社会之存在也正因个体幸福而存在,并为实现之工具。

由以上简略比较可见,梁启超由于从根本上站在契约论的立场上建立了他的国家话语,因此也可以大致地将他归于社会唯名论的范畴来分析他的国家思想。如此就大有豁然开阔的感觉,那就是梁启超始终将个人看作决定社会性质的根本所在,个人的性质决定了社会的性质。因此梁启超可能从具体的国家机构的组成上将国家视为一个有机体,但是他并不同时将社会看作一个等同于生物有机体的存在物,社会是实现个人幸福的途径和工具,因此是由人的意志决

---

① COTE A. The Positive Philosophy of August Comte(Vol.2)[M]. London: George Bell & Sons, 1896: 281.
② 珀杜, 等. 西方社会学: 人物·学派·思想[M]. 石家庄: 河北人民出版社, 1992: 71.
③ SPENCER H. Social Statics[M]. New York: Robert Schalkenbach Foundation, 1954: 17.
④ SPENCER H. The Study of Sociology[M]. New York: Appleton, 1891: 52.
⑤ SPENCER H. The Man Verses the State[M]. New York: Appleton, 1892: 479.

定的产物。反过来说，社会性质乃至国家性质取决于每个个体的属性，虽然梁启超并未公开使用或者承认"个人主义"或者"生物还原论"的概念，但是显然梁启超是同意斯宾塞唯名论的——"它认为社会性质反映的是组成社会的个人的性质"①。在本节中，将从梁启超在人种和人性两个方面对中国人的分析，来观察梁启超是如何将个体实在的决定性作用联系到民族国家的创造，并最终返回到个体道德的话语基础之上的。这样的思想回路，从中国历史身份、中国新旧的政治学批判、国家话语的构建到"发明一种新道德"，其思想逻辑的一个跳板是国家话语的契约论基础所包含的社会唯名论及个体实在论，使得梁启超的国家话语最终回到了道德话语的层面，实际上也接驳了传统儒家的个人道德修养的古老话题。尽管本章稍后还要证明梁启超绝非单纯地从儒家修身和主知主义的乌托邦幻想的范式中联结个体实在论，但由于他对人性的看法受穆勒、洛克等英国自由主义的思想影响，构成了深刻的幽暗意识，因而对孟子和荀子的人性论做了改造，也因此他的人性论具有自由主义的成分，其道德观念也有了创造和发展。但是在此还要稍做一个回溯性的讨论，那就是梁启超接受契约论所包含的个体实在论，一方面来自西方国家理论资源，另一方面来自儒家传统思想的主知主义提供的基础性传统范式。

  重视个体的性质，尤其是将个体的道德和精神品质看作决定性的因素，所谓的个体实在的决定论在梁启超的思想中并不是完全来自契约论。或者说，梁启超能够自然地接受卢梭、洛克和斯宾塞的契约论思想，并将社会唯名论作为基本的观察个人和社会关系的框架，毋宁说是他的儒家传统根源提供了这种思想对接的基础。再进一步引申，与契约论的契合并非思想上的偶然，而恰恰同中国儒家传统中的主知主义具有内在的一致性。林毓生先生所主张的主知主义主要在于指出近代中国思想中的一个基本范式，即相信通过对人的世界观的改造，推动由"符号、价值和信仰体系"构成的政治、经济及社会的变革。同时中国儒家知行的同一观念，也加深了思想对人的行动的决定性作用的信念，由于悠久的精英文化建立的牧民思想的延续，近代思想家更加坚信对人民思想的

---

① 珀杜，等. 西方社会学：人物·学派·思想 [M]. 石家庄：河北人民出版社，1992：71.

改造可以彻底改变其文化素养以促成现代公民行为的产生。① 主知主义同样带有一定的唯意志论色彩，强调"通过思想解决人类问题"的自我改造的内在超越性，而契约论恰恰是以个体为唯一的实在，将社会作为个体意志的结果，认为可以通过个体的集合改造社会性质。② 个体实在论所表现出来的主知主义倾向在近代思想的明显表现并非仅有梁启超。严复在 1895 年极力强调民智对于民主的决定性作用的思想，与梁启超《新民说》的个体唯实论具有本质的一致性。严复在《原强》中表示：

> 夫所谓富强云者，质而言之，不外利民云尔。然政欲利民，必自民各能自利始，民各能自利，又必自皆得自由始，欲听其皆得自由，尤必自其各能自治始，反是且乱，顾彼民之能自治而自由者，皆其力其智其德诚优者也，是以今日要政，统于三端：一曰鼓民力，二曰开民智，三曰新民德。③

梁启超早在《古议院考》中断言："曰：未也，凡国必风气已开，文学已盛，民智已成，乃可设议院。今日而开议院，取乱之道也，故强国以议院为本，议院以学校为本。"④ 其将思想及其普遍的社会风气看作社会政治和文化进程的根本性决定因素，严复在《中俄交谊论》中同样指出："夫君权之重轻，与民智之浅深为比例，论者动言中国宜减君权兴议院，嗟乎！以今日民智未开之中国，而欲效泰西君民共主之美治，是大乱之道也。"⑤ 其将民智看作决定政治制度的基础与梁启超观点基本相同。保守主义如此，革命派实际上也共享了个体实在论的思想基础，孙中山所谓"革命必先革心"的观念几乎是将个体实在论演化为革命的基本动力和目标，"思想贯通以后便起信仰，有了信仰，就生出力量"，将人的思想和精神作为社会革命的根本与梁启超基于契约论之上的个人实在论

---

① 关于主知主义，林毓生将近代中国知识分子强调思想和文化的改革优先于政治、社会和经济的改革，希望借思想文化以解决问题的途径的思想范式称为主知主义（intellectualism）。参见：林毓生. 中国意识的危机——五四时期激烈的反传统主义 [M]. 穆善培，译. 贵阳：贵州人民出版社，1988：43-81. 本书所使用的主知主义主要依据林毓生的概念。
② 林毓生. 中国意识的危机——五四时期激烈的反传统主义 [M]. 穆善培，译. 贵阳：贵州人民出版社，1988：81.
③ 严复. 论世变之亟——严复集 [M]. 胡伟希，编注. 沈阳：辽宁人民出版社，1994：1-54.
④ 梁启超. 古议院考 [M]//梁启超全集. 北京：北京出版社，1999：62.
⑤ 严复. 中俄交谊论 [M]//论世变之亟——严复集. 胡伟希，编注. 沈阳：辽宁人民出版社，1994：475.

并无二致。同样,思想和精神作为解决社会和国家问题的决定性因素,在诸多社会问题中亦是最难改造的,因此严复才断言中国图谋富强的根本方法"一曰鼓民力,二曰开民智,三曰新民德",而民德"尤为三者之最难"。反过来,中国之所以积弱以至不能开出西方的民主宪政,其根结也正在于思想和精神受到了钳制,梁启超即认为"昔之欲抑民权,必以害民智为第一要义,今日欲伸民权,必以广民智为第一义"①,民智与民德,无论从智慧还是道德,都被当时思想界普遍看作是中国历史发展的根本,当然也是实现政治民主宪政的决定性条件。

如果将中国近代知识分子经世思想再做一些回溯以及再向"五四"做一些延伸,就可以发现基于个体实在以强调思想和道德的决定性作用几乎可以看作儒家主知主义在近代思想的一个延续,林毓生甚至将主知主义作为贯穿19世纪中叶到20世纪初中国思想界的主要线索,以回答"五四"全盘性反传统主义的根源,他认为"在十九世纪九十年代的中国第一代知识分子同第二代知识分子之间,尽管存在着许多差异,但这两代知识分子中大多数人专心致志的却是一个有共同特点的课题,那就是要振兴腐败没落的中国,只能从彻底转变中国人的世界观和完全重建中国人的思想意识着手。如果没有能适应现代化的新的世界观和新的思想意识,以前所实行的全部改革终将徒劳无益,无济于事"②。正如林毓生所揭示的那样,与一般地将政治制度、社会条件或者生产方式看作社会发展的推动力和决定要素完全不同,近代中国思想家将思想和文化作为根本的决定力量,对思想和文化的改造也优先于政治、经济和社会的改革,"文化改革为其他一切必要改革的基础。进一步设想,实现文化改革——符号、价值和信仰体系的改革——的最好途径是改变人的思想,改变人对宇宙和人生现实所持的整个观点,以及改变对宇宙和人生现实之间的关系所持的全部概念,即改变人的世界观"③。主知主义作为传统儒家的思想范式,它与西方现代文明的接榫,既是对已有的传统思想体系不自觉的继承,也同时是自觉地选择可以接驳的西学内容以进一步地创造传统,从而可能在不偏离传统的历史条件下产生新的解释力。

除了梁启超创造性地以契约论建立中国国家话语,进而回到儒家主知主义

---

① 梁启超. 古议院考梁启超[M]//梁启超全集. 北京:北京出版社,1999:62.
② 林毓生. 中国意识的危机——五四时期激烈的反传统主义[M]. 穆善培,译. 贵阳:贵州人民出版社,1988:43.
③ 林毓生. 中国意识的危机——五四时期激烈的反传统主义[M]. 穆善培,译. 贵阳:贵州人民出版社,1988:44.

范畴讨论民德的决定性价值之外，另一个显著的思想创造来自严复。史华兹认为严复思想主要来自斯宾塞，因为严复认为斯宾塞是西方文明的能动性根源。斯宾塞的社会达尔文主义普遍被认为是从自然进化的思维中延伸出的客观决定论，美国史学家理查德·霍夫斯塔特在其《美国思想中的社会达尔文主义》（Social Darwinism in American Thought）中认为斯宾塞社会达尔文主义学说实际上就是试图将达尔文的生物进化理论应用于人类社会之中的理论成果。① 然而将生物学规律无条件应用于人类社会实际上恰是赫胥黎所反对的，因此严复在其《天演论》中恰引斯宾塞以抵赫胥黎，将赫胥黎转化为斯宾塞的社会达尔文主义。然而实际上严复并未止于此，正如上文刚刚讨论的，斯宾塞是将社会作为自发产生的自然物的学派，因此在斯宾塞那里，虽然他将社会发展视为生物进化的过程，但是他仍然遵守自然物的客观性，服从自然对人的决定性作用。然而严复坚持的主知主义恰要将斯宾塞作为自然派背后隐藏的个体实在论发掘出来，因此严复进一步将斯宾塞的客观决定论主动误读为唯意志决定论，以民力、民智和民德作为社会进化的根本基础。因此严复所要揭示的不是一个由西方已经验证并迫使非西方的后发地区必须俯首待命的客观历史规律，而是一个由主观能动性可以推动和超越的有关社会发展的一般方法和路径（仅就中国而言）。无怪乎史华兹发现"把教育本身视为'福音'非斯宾塞之原意。斯宾塞并未将推动进化过程的物力论的特殊作用归诸教育或思想。确切地说，进化论是推动人类文化各个方面向前发展的整个过程"②。然而就严复所区分的"根本改革"和"外部改革"来看，显然他将斯宾塞的进化论导入了他认为的"根本改革"——人才之培养和习俗之改变，而此项"根本性改革"最终归于教育，以实现对中国人传统世界观和精神世界的整体性改造，他深信精神的改进可以促成社会和国家的进化和发展，从而彻底解决中国的民族危机。

实际上整个保皇派都不出严复与梁启超对于主知主义的思想范畴。从康有为最早的著作《康子内外篇》（1886—1887）到《孔子改制考》（1896），其根本目的在于重新改造儒学思想及其传统观念，也可以说，康有为认为维新的真正动力首先在于修正经学遭受的误读，其次才是贫弱和灭亡的危机。欧榘甲在为康有为辩护从思想文化及学术的改造以实现政治维新的方针："中国之衰微，

---

① 理查德·霍夫斯塔特. 美国思想中的社会达尔文主义［M］. 郭正昭，译. 上海：上海古籍出版社，1981：45 - 57.
② 本杰明·史华兹. 寻求富强：严父与西方［M］. 叶凤美，译. 南京：江苏人民出版社，1990：76 - 77.

究其由来则为人心之衰微。夫人心之愚昧,盖因学入歧途;而学入歧途乃因六经之真意受蒙蔽。若六经之光不复照耀,则改良无奏效之方也。"① 与康有为企图恢复儒学、尊孔保教看似相反的谭嗣同——激烈地反对儒家思想及其礼教网罗,以新的内涵来替代"仁"的内涵——实际上仍然坚信重建一套新的价值和信仰体系,糅合了汉传佛教、墨子、王阳明、进化论乃至近代科学的新思想。

与以上诸家处于同一传统思想的范式之内,梁启超《新民说》的形而上学动力,来自以契约论的个人实在性观念为基础的社会唯名论思想,在历史实践的层面上则具有强烈的连续性,正如他自《变法通议》开始观察泰西民族主义国家所得出的一系列重要结论:爱国心、国家意识、民权意识、武士精神乃至他以之作为万国竞争的铁律——"动"的国民精神,他认为是拯救中国、促成民族国家主义的关键。实际上《新民说》正是在以上历史意识的基础上通过契约论的个人实在观念的进一步加强,促成了梁启超的国家话语理论最终落实在国民性之上,那就是造就新的道德精神以塑造出新的国民。

二、新民作为总体性的根本问题

从以上分析可以得出一个基本讨论前提,那就是无论是从西学的契约论所内蕴的个体实在论,还是中学中传统儒家思想范式的主知主义框架,都促使梁启超此前的全部思想最终落实到了"新民"这一思想基点上。梁启超在《新民说》(1902)开宗明义地宣称"新民为今日中国第一急务"②。梁启超的新民话语与民族国家话语之间几乎无须任何过渡性说明即可构成其自洽的理论延续,个体实在论以及主知主义的内外融合构成了关键性的内在理路。无论梁启超如何试图通过洛克的双重契约去改造卢梭的人民主权,如何通过对孟德斯鸠的批判来推动国家主权,以及将议会与宪法作为人民主权的代理来实现卢梭的民意,从而在契约论的基础上调和国家、人民和政府,这一切不过归于理想的制度设计,无论是戊戌政变还是庚子勤王的失败乃至义和团的动乱,都严重影响了梁启超对上层建筑建设的估价和信心。国家理论在梁启超那里一个重要的翻转正如前章所述,并不是如同日本加藤弘之、福泽谕吉及中村正直等倒幕之后可以视国家理论为建国理论,梁启超在庚子勤王之后被迫离开激进的日本,对于中国乃至保皇派、革命派得以更加远距离地旁观,使其对制度设计和上层改造的可能性有了更深刻的认识,因此 1901—1903 年的国家话语本质上是梁启超思想

---

① 欧榘甲. 论中国变法必自发明经学始[N]. 知新报, 1897(38).
② 梁启超. 新民说[M]//梁启超全集. 北京:北京出版社, 1999:655.

中的形而上学建设。因此在进入国民性讨论时，他仍然是将一种抽象的人置入其话语的框架之内，也即梁启超所强调的新民是伦理学的理想型的道德实践者。因此当他将契约论内涵之中的个人实在论与儒家主知主义所强调的"以思想、文化解决问题的方法"相结合时，对"个人"做了伦理学的改造。

梁启超对个人实在论的"个人"所做的伦理学改造，其理论动力来自他的国家思想的内在线索。如前章所论，从1899年《国家论》到1902年2月至3月《论立法权》和《论政府与人民之权限》两篇政论，梁启超接受了伯伦知理的人格国家和国家有机体的观点，将人格国家置于政府和人民之上，国家主权取代了人民主权，从而改造了卢梭的人民即国家的主权观念。从1903年开始，梁启超尽管仍然是坚定的契约论者，但是在干涉和平权之间，尤其是对帝国民族主义的深刻焦虑，使他更加强调国家主权的完整和独立，以及渴望能够促使中国尽快完成国家主权的重建，从而在新兴的帝国殖民秩序中保证国家的独立和平等。因此在基于契约论对于民族主义建立的巨大的自由主义思想启蒙作用之上，梁启超同时又靠近了伯伦知理对国家有机论的主权完整和独立。对于政府、国家和人民而言，政府的主权地位不断超越人民和国家，但是政府同时又被视为是国家有机体的部分而存在。受此影响，在新民话语之中，梁启超所说的个体实在论，实际上已经将契约论所强调的作为权利主体的个人转变成由个人构成的有机群体，个体实在论现在在梁启超那里仍然是将个人视为唯一的实在，是决定社会性质和状态的来源，但是这个个人已经不是卢梭和洛克所讨论的处于自然状态之中的权利个体，而是强调群体本位的个人。因此在《新民说》绪论中开篇并不是立论于个人自由和权利的起源和保障，相反他首先讨论的是国家，似乎与他的主要论点新民并无直接的关联。在绪论中，他关切于国家在万国竞争时代的存亡和强弱的激烈变革，他追问国家兴亡的根本之道何在？尽管梁启超并未真正从政治、经济、军事和文化诸多方面做科学的论证，但是在地利和英雄两个简单的设问被否定之后，他直接引出了他的观点，那就是伯伦知理国家有机论的主要观点——"国也者，积民而成，国之有民，犹身之有四肢、五脏、筋脉、血轮也"①。既然国家生存竞争的根源在于人民，那么在20世纪初期的国际竞争的复杂问题被明显简化，以至被还原为人的决定性作用，"欲其国之安富尊荣，则新民之道不可不讲"②。因此，如果说前章不避冗长所讨论的梁启超的国家话语仅仅是就该主题而言从被迫叫停的激进政治实践转入形而上

---

① 梁启超. 新民说 [M] //梁启超全集. 北京：北京出版社，1999：655.
② 梁启超. 新民说 [M] //梁启超全集. 北京：北京出版社，1999：655.

学建构,那么新民话语亦是这一形而上学的逻辑延续。因为国家理论并不能直接作为中国历史实践的指导思想,中国并不存在如日本明治维新的历史条件和契机,那么国家理论话语所延续的新民话语实际上也只能停留在话语领域。所以梁启超在《新民议》(1902)中宣称新民说乃是"理论之理论",他认为一般而言民智尚低则事实理论在前而理论之理论在后,民智稍进则相反,今中国"皆为最狭隘最混杂最谬误的种种'事实之理论'"①,而两种理论并无优劣,"非有事实之理论,则无以施诸用","然非有理论之理论,则无以衡其真",在进化观下他认为"抑以我国民今日未足以语于事实界也",这促使他不得不回到形而上学的理论之理论。尽管他自谦道"余为新民说,欲以探求我国民腐败堕落之根源,而以他国所以发达进步者比较之,使国民知所受病所在,以自警自策进,实理论之理论最粗浅最空衍者也",但是梁启超内心实际上对于仅仅停留于理论之理论既感觉必要,同时深觉焦虑急切,甚至为之烦恼不堪,"虽然,为理论者,终不可不求其果于实事。而无实事之理论,则实事终不可得见。今徒痛恨于我国之腐败堕落,而所以救而治之者,其道何由?徒羡慕他国之发达进步,而所以躐而齐之者,其道何由?"②因此,新民话语实际上是梁启超在无法进入实践价值之后痛苦退守的结果,带有深刻的幽暗意识:"以鄙人之末学寡识,于中外各大哲高尚闳博之理论,未窥万一,加以中国地大物博,国民性质之复杂,历史遗传之繁远,外界感受之日日变异,而中国复无统计,无比例,今乃欲取一群中种种问题而研究之论定之,谈何容易!谈何容易!"③梁启超并非在一种理论的雄心上,抑或在哲学的系统自足上走上了新民话语之路,相反,他冷静地观察到中国并未具备事实理论的历史条件,甚至他对自身的新民话语本身亦保持了清醒的警惕,中国国民性之复杂是在他思考的范畴之内的,因此他也没有将中国国民性当作一个抽象的一般对象来看待,也即是说没有将国民性作为一个纯粹伦理学的概念来分析。从新民说理论的幽暗意识的起点可以了解到,为何1903年梁启超在新民说内部就国民性发生了一百八十度的转折,亦正是他未将国民作为抽象概念来讨论,而是始终对自身理论及其概念保持了慎重的幽暗态度。

因此,从新民说的话语起点我们会发现,尽管梁启超的国家话语的内涵及其内在线索极其复杂,但是它最终的落脚点却是在还原论色彩中被直接简化为

---

① 梁启超. 新民议 [M] //梁启超全集. 北京:北京出版社,1999:620.
② 梁启超. 新民议 [M] //梁启超全集. 北京:北京出版社,1999:621.
③ 梁启超. 新民议 [M] //梁启超全集. 北京:北京出版社,1999:621.

人的决定论。如果我们跳出梁启超的思想体系去观察，会不得不认为将帝国殖民时代国家竞争的关键仅仅归结于人的素养似乎过于偏离科学理性，但是如果回到梁启超思想发展的内在理论之中，似乎又是极其合情合理的。另外，梁启超始终带有主知主义之一元论的认知痕迹，他认为中国纷繁复杂又百试皆爽的问题是具有总体性的根本问题，而这一根本性问题的发现和解决可以有助于其他全部问题的破冰。所以他说:"今日中国群治之现象，殆无一不当从根柢处摧陷廓清，除旧而布新者也。"① 在梁启超看来，就政治、经济、文化、社会各方面皆可追究今日国家千疮百孔的原因，"其所以致衰弱者，原因复杂而非一途。故所以为救治者，亦万药繁重而非一术。呜呼，此岂可以专责一二人，专求一二事云尔哉!"② 那么这个万法莫衷且藏于其后的总体性的根本问题是什么呢? 梁启超认为就是新民。

但是我们必须要追问，梁启超为何认为新民不仅是形而上学之必要，是中国总体性的根本之问题，又何以确信新民是今日中国第一急务呢? 实际上，从梁启超在批判洋务运动到推动维新变法以来，一以贯之地认为国民的思想改造对于无论是器物、技术、军事、政治制度乃至传统文化各方面而言最为根本，也是最为紧迫的社会改造工程。可以说这同时也是梁启超经过国家理论的自我完善后的一个基本结论，借此他高度概括当前有关中国救亡图存的理论不外内治和外交两类，因问题繁杂所以"天下政术者多矣"，无论中国积弊归之于何者，他认为不出乎民，"国民之与人民，犹寒暑表之与空气也"③。简而言之，"国民之文明程度"决定了官吏的廉腐，政治的新进与落后，都直接取决于人的文明进化水平。由此，梁启超几乎是为自1840年鸦片战争以来近六十年中国维新改革做了一个一言以蔽之的总结:"然则苟有新民，何患无新制度? 无新政府? 无新国家? 非尔者，则虽今日变一法，明日易一人，东涂西抹，学步效颦，吾未见其能济也。夫吾国言新法数十年而见效不睹者，何也? 则于新民之道未有留意焉者也。"④ 在两年前的《戊戌政变记》中梁启超在德宗下诏的按语中对六十多年变法做了批判，然而当时梁启超还停留在抽象层面的精神文明的概念阶段。稍后，梁启超明确地将中西的差距区别为物质文明和精神文明，甚至在物质上区分出"衣服器械者，可谓形质之形质，而政治法律者，可谓形质之精

---

① 梁启超. 新民议 [M] //梁启超全集. 北京: 北京出版社，1999: 621.
② 梁启超. 新民议 [M] //梁启超全集. 北京: 北京出版社，1999: 621.
③ 梁启超. 新民议 [M] //梁启超全集. 北京: 北京出版社，1999: 621.
④ 梁启超. 新民议 [M] //梁启超全集. 北京: 北京出版社，1999: 621.

神也",① 他认为"人有之则生，无之则死；国有之则存，无之则亡"的"元气",②实则乃指"精神之精神"的文明。但是在《新民说》中，他已经远远超出他在戊戌维新之前对洋务运动的观察和批判，即在《论变法不知本原之害》中批判新党不知泰西列强愚利中国的方略，将中国政治改革归于抽象的精神。现今他已经经过了国家理论的建构和完善，将精神文明落实到了国民的文明之上。然而梁启超对新民话语的必要性论证实际上并未超出伯伦知理国家有机论和契约论的个体还原论之外。甚至新民观点亦非梁启超之独见，有关民智民力民德严复已有论述，而国民素养则为日本福泽谕吉与中村正直所极言，两人都认为西方之所以进步在于其国民有特殊的品格，而觉醒的人民是建立民主自由国家的根本，然而梁启超所言的新民既是对严复以及明治国家思想的吸收，又是自身思想内在发展的结果，因而也有特殊的内涵和外延。

梁启超认为新民之重大和紧急，是对民族主义国家有机发展的要求以及民族帝国主义侵略和竞争的危急两个内外形势的分析结果。他一贯地认为民族主义的根本就是"积民成国"，西方民族主义体现出强烈的社会和国家的有机性——大到一省、一市、一村落"俨然一国也"，小到一党会、一公司、一学校"俨然一国也"，甚至微观到一人，"亦俨然一国也"，个体主权的完整性和独立性与群体高度的国民整合性、一致性，乃至国民与国家的自治性，都促使西方近代国家内部具有强烈的社会力量。而梁启超认为"责望于贤君相深，则自责望者必浅，而此责人不责己，望人不望己之恶习，即中国所以不能维新之大原",③ 由于个体主权不完整而不能独立，导致群体缺乏集体意志和目标，因此也必然缺乏统一的社会力量。同理，在国内构成的统一的社会力量不仅产生向内的政治改革运动的基础，而且在向外的国家竞争上亦体现出了群体的统一，产生了国家主权意志，形成了梁启超所谓的"民族帝国主义"的世界新潮流。中国所处的紧急性危机，一方面，来自梁启超仍然坚持他在《瓜分危言》中所认为的中国成为民族帝国主义最后争夺的对象。另一方面，梁启超再次强调《灭国新法论》（1901）的核心观点，民族帝国主义与帝国主义在国民意志与独夫意志之间的本质不同，造成民族帝国主义更加持久有续的强大侵略力量，而以上可谓陷中国于空前的灭亡危险之中。民族帝国主义是深刻的外患根源，但

---

① 梁启超. 国民十大元气论［M］//梁启超全集. 北京：北京出版社，1999：267.
② 梁启超. 国民十大元气论［M］//梁启超全集. 北京：北京出版社，1999：267.
③ 梁启超. 新民说［M］//梁启超全集. 北京：北京出版社，1999：656.

梁启超认为从根本上而言，"吾以为患之有无，不在外而在内"，① 在国家有机论的观念下，他以一国如一人，外邪入侵在于身体气血亏虚，"不自摄生，而怨风雪暴暵波涛瘴疠之无情，非直彼不任受，而我亦岂以善怨而获免耶?"②以国家为有机主体而言，个体构成的国民是其存亡的决定要素；就中国身处的帝国秩序而言，梁启超认为民族帝国主义将世界带入不可抗拒的"时势"之内，而此"时势"由民族帝国主义之合群之力外溢而生，因此应对这样的"时势"，"非合民族全体之能力，必无抵制也"③。且由于此"时势"非个人独夫之意志造成，因此必将是世界秩序的长期状态，中国必须以持久的可发展性方案来应对危机。梁启超认为："故今欲抵挡列强之民族帝国主义，以挽救浩劫而拯生灵，惟有我行我民族主义之一策。而实行民族主义于中国，舍新民未由。"④ 由此出发，新民成为梁启超新的思想内核，也构成了梁启超1902年之后思想的主要脉络。

三、从人种到人性：新民的人类学基础

一个赫然的事实是，梁启超的新民话语并非是对决定中国未来理想型社会及国家之国民性的一种想象性的形而上学设计，相反，他的新民实际上仍然是基于进化论之上的西方现代化历史经验的观察和总结，也即是说新民说来自西方的"事实的理论"，再转入中国的"理论之理论"。从梁启超思想最初发轫于西方他者对中国历史身份的焦虑，到戊戌叙事转入中国新旧的比较和批判，再从政治批判转入国家话语构建，这一漫长的思想脉络无一不是在西方他者的影响焦虑中拓展和生长，现在步入国民性话语，仍然不能离开这个思想的参照系统。直接的推理来自梁启超的国民与国家的有机构成论，"在民族主义立国之今日，民弱者国弱，民强者国强"⑤，国民的强弱在结果上当然体现在道德和思想之上，然而对梁启超而言，其比较的标准不是抽象的智力和德性，而是从智力与德性的结果——万国竞争的结果——返溯体质人类学的进化史，从人种的发展史中寻找民族强弱的客观性依据。从世界历史的发展结果看，民族强弱的比较已经显而易见，"凡地球民族之大别五，闻其最有势力於今世者谁乎? 白种人

---

① 梁启超. 新民说 [M] //梁启超全集. 北京：北京出版社，1999：657.
② 梁启超. 新民说 [M] //梁启超全集. 北京：北京出版社，1999：657.
③ 梁启超. 新民说 [M] //梁启超全集. 北京：北京出版社，1999：657.
④ 梁启超. 新民说 [M] //梁启超全集. 北京：北京出版社，1999：657.
⑤ 梁启超. 新民说 [M] //梁启超全集. 北京：北京出版社，1999：658.

是也。"① 梁启超将"地球民族"分为黑色、红色、棕色、黄色和白色五种人种，其中白色民族又分"拉丁民族、斯拉夫民族和条顿民族"，而条顿民族又再分"日耳曼民族、盎格鲁－撒克逊民族"，他认为"五色人相比较，白人最优。以白人相比较，条顿人最优。以条顿人相比较，盎格鲁－撒克逊人最优"②。五色人种的优劣排序乃至盎格鲁－撒克逊人种位居阶层的顶端，仍然来自社会达尔文主义观念下的以优胜劣汰为根本的世界丛林法则，崇尚强力，认同竞争的正义是新民思想的话语背景，不仅体现在五色人种之淘汰，且体现在白人自身之竞争，甚至于今日"是条顿人蕾全世界之主人翁也。而条顿人之中，又以盎格鲁－撒克逊人为主中之主，强中之强。今日地球陆地四分之一以上，被其占领，人类四分之一以上，受其统制"③。由于盎格鲁－撒克逊人有"骎骎然遂有吞全球括四海之势"，体现出"天演界无可逃避之公例"④，因此此人种最优无可置疑。除了历史事实上的优胜劣汰外，那么白人尤其是盎格鲁－撒克逊人之优越还体现在何处呢？总结梁启超的观点，白人"好动""不辞竞争""进取"，具有"勇猛、果敢、活泼、宏伟之气"特点，而条顿人优于白人，则在于"政治能力甚强"，然而希腊人虽然能够实现城邦民主制，但在梁启超看来不能扩充至近代民主国家以及真正实现全体民意，因此"有三缺点，人民之权利不完，一也。团体与团体之间，不相联属，二也。无防御外敌之力，三也"⑤。对希腊城邦制度的批判实际上与梁启超的国家思想内涵完全一致，卢梭的人民主权、洛克的双重契约以及伯伦知理的国家有机体论，被创造性地改造为一体，然而城邦制美则美矣，但并不是梁启超的乌托邦寄托之所在，相反他认为其美中不足，甚至有重大的缺憾。因此，从历史进化看，城邦制无法实现国家主权也是必然的结果。显然，民主和自由的根本体现为个体实在的完善，"积民成国"进而合国民之力而充溢于外，进而构成强大和统一的国家主权才是梁启超评估一个政治体制的终极标准。因此斯拉夫人柔弱，迦特族分裂，而拉丁人"务张国力而不养人格"，蹂躏人权和无自治，因此最终腐卑衰落。与其他白人相比，条顿人出于日耳曼森林之蛮族，先天具有"强立自由之气概"，加之"罗马文化"，形成了独特的代议制度的民主政体：

---

① 梁启超. 新民说 [M] //梁启超全集. 北京：北京出版社，1999：658.
② 梁启超. 新民说 [M] //梁启超全集. 北京：北京出版社，1999：659.
③ 梁启超. 新民说 [M] //梁启超全集. 北京：北京出版社，1999：659.
④ 梁启超. 新民说 [M] //梁启超全集. 北京：北京出版社，1999：659.
⑤ 梁启超. 新民说 [M] //梁启超全集. 北京：北京出版社，1999：659.

National state 创代议制度，使人民皆得参预政权，集人民之意为公意，合人民之权为国权，又能定团体与个人之权限，定中央政府与地方自治之权限，各不相侵，民族全体得应于时变，以滋长发达。故条顿人今遂优于天下，非天幸也，其民族之优胜实然也。①

条顿人的民族性质决定了他们的政治制度的优越，恰是个体实在决定论在人类学上的直接应用，甚至是社会达尔文主义在当时西方亦甚为流行的观点，梁启超并未将他的认识仅限于对欧美殖民话语生产隐含的霸权性的揭示和批判，相反他把它当作一般的真理性规律来分析欧洲民族及其政治制度沿革，试图找到可以指引中国跨入民族国家所需要补充的国民性素养。因此梁启超近乎以科学主义的观念来条分缕析地解析西方民族性，在条顿人之中再次区分出最优的盎格鲁-撒克逊人，他认为盎格鲁-撒克逊人更优于条顿人之处，在于"其独立自助之风最盛"，"其守纪律循秩序之念最厚，其常识（Common sense）最富"，"其权利思想最强"，"其体力最壮"，"其性质最坚忍"，最后"其保守之性质亦最多"，在历史进化上"故能以区区北极三孤岛，而孳殖其种于北亚美利加、澳大利亚两大陆，扬其国旗于日所出入处，巩其权力于五洲四海冲要咽喉之地，而天下莫之能敌也"②。无论是实证的历史结果还是功利主义的现实利用，盎格鲁-撒克逊人的民族性及其政治制度都被梁启超列于人类种族和文明的最高阶层，构成梁启超对中国国民性想象的一个他者。

然而盎格鲁-撒克逊人之优等品性并不能以一种现象性描述作为中国国民性的参照体系，梁启超必须将它归至一个本质还原的根本性要素上来，才可能从对他者的凝视转移到自身的自我建构。梁启超如何将白人乃至其优中之优的盎格鲁-撒克逊人之优越性进行根本性的提炼，并返诸中国国民性之上，可以从他在另一篇政论《论中国国民之品格》（1903 年 3 月 12 日，《新民》第 27 号）中得到反推的路径。在该文中，梁启超仍然坚持在《新民议》中将世界秩序置换为民族及国家的等级秩序。

国有三等，一曰受人尊敬之国。其教化政治卓然冠绝于与环球，其生命文物，灿然震眩于耳目，一切举动，悉循公理，不必夸耀威力，而邻国莫不爱之重之。次曰受人威慑之国。教化政治非必其卓绝也，声明文物非

---

① 梁启超. 新民说 [M] //梁启超全集. 北京：北京出版社，1999：660.
② 梁启超. 新民说 [M] //梁启超全集. 北京：北京出版社，1999：660.

<<< 第四章 幽暗意识：梁启超的国民性批判

必其震眩也，然挟莫强之兵力，虽行以无道，犹足以鞭笞群雄，而横绝地球，若是者邻国虽疾视不平，亦且侧目重足，动色而群相震慑。至其下者，则苶然不足以自立，坐听他人之蹴踏操纵，有他动而无自动，其在世界，若存亡矣。若是者曰受人轻侮之国。①

显然，这样一种世界秩序的图谱将人种优劣的人类学分析导入到现实的以民族国家为分类单位的国民性比较之中，中国之国民性获得了动态历史延展的横向配置比较的参照系。梁启超在1899年《论近世国民竞争之大势及中国前途》《论中国与欧洲国体异同》，乃至1901年《灭国新法论》思想中所构建的基于殖民主义的民族主义、帝国民族主义的世界图谱，现在被置换为以文化主义为基础的民族主义、帝国主义秩序。在梁启超的视野中，第一等国家"以文明表著如美者也"，第二等国家则纯以"武力雄视如俄者也"，当然第三等国则是那些在近代发展中败下阵的"文明武功皆无足道"者。与印度、越南、朝鲜这些在历史上始终处于弱势地位的国家不同，中国作为"文明之鼻祖"，"二千年来，制度文物，灿然照耀于大地"，是"东西人所不能不色然以惊者"的帝国，然而"昔之浴我文化者，今乃诋为野蛮半化矣。昔之慑我强盗者，今乃诋为东方病夫矣"，数百年来"文明日见退化，五口通商而后，武力且不足以攘外"，其根本原因何在呢？如今梁启超从庚子阶段的国家思想的上层建筑体系已经转入底层社会的视角，他在没有做任何额外声明的情况下，直接将中国被列入三等国家的原因做出干脆利落的——当然仍然是带着强烈的国家有机体论色彩的国家与个体的比喻——判断："人之见礼于人也，不视其人之衣服文采，而视其人之品格。国之见重于人也，亦不视其国土之大小，人口之众寡，而视其国民之品格。"② 如果中国从昔日的帝国"自第一第二之位置，颓然堕落于三等"坐实于中国人近代以来的品格之上，那么这种品格当然只能是"一埃及印度之品格也"，也即是说一等国家的品格假如是可以归纳的话，那么同样处于三等序列的国民的品格也可以视为具有同一的内质。

将国家与人的有机思想还原为人的品格的同一性，既有儒家悠久的修身成圣思想的脉络，当然也受到西方他者对文明进化话语的深刻影响，在后文将做详细的论证，以讨论梁启超是如何从被动影响转为积极创造地"发明一新道德"来改造国人的"公民精神"。梁启超在此提出了中国国民性的四大缺点，"爱国心之薄弱""独立性之柔脆""公共心之缺乏""自治力之欠阙"。如果将这四大

---

① 梁启超. 论中国国民之品格［M］//梁启超全集. 北京：北京出版社，1999：1077.
② 梁启超. 论中国国民之品格［M］//梁启超全集. 北京：北京出版社，1999：1077.

"非人非国"之"禽兽不若"的"劣下之根性"与四年前刚刚东渡以寻求政治救援而发表的《论中国人种之未来》做比较,从梁启超反击"中国必亡"论所提出的四大条件——"富于自治之力""冒险独立之性质""长于学问""民人众多"来看,其中"独立""自治"恰恰是他坚持的正反两面的焦点。在坚信"吾中国则数千年来有自治之特质"的观念中,梁启超的论据所在是中国数千年来形成的乡社行会的宗族制度,尤其是民间的宗祠所实际构成的自治会议的社会功能,在此之下形成的义学、保里等机构产生了族、乡、堡、市、坊、行等层层自立独立的民间社会管理体系,"人民之居于其间,苟非富贵利达及犯大罪,则与地方有司,绝无关涉事件"①。而梁启超申辩的"冒险独立之性质"则主要指"自殖"世界各地"垦而居之"的海外华侨,并非对普遍国民品质的概括。当梁启超寄望于数百万华侨支持的庚子勤王惨败之后,他对自己尽管是作为外交策略的政论观点开始全面地批判。在强调中国人富于自治力时,梁启超留下了日后批判的线索。他指出中国人的自治力是由于"中国之地太大,人太众。历代君相,皆苟且小就,无大略,不能尽力民事"②,因此造成了中国民间社会非自觉的"自生自养"的生存状态,社会内部形成了层层独立的宗法结构,然而正是由于其不自觉因此其自治也就无法自为,与欧美国民相比,不乏自在的自治力,但缺国家观念与爱国心,由于国家与国民的天然隔离,国家几易异族而国民"不变其性俗",甚至能够同化"统治中国之异种"。梁启超对农耕文明的国民自在性在当时采取了乐观的辩护立场,他认为自在一般地被视为顽固与冷漠,但是"凡人之性质与力量,只有一源,因其所发所施而异其效用。坚守旧物固恶也,然善用之即独立不羁之根源矣"③。在急于建立戊戌叙事并试图寻求戊戌变法的后续行动中,梁启超并没有意识到他所辩护的国民性仅仅是戊戌政变中揭开的一个缝隙,他尚未来得及全面辨识以及遭遇更加沉重的挫折。

然而在截然对立的立场转换焦点之余,梁启超对"长于学问"的判断也悄悄地嵌入他幽暗意识的思想之内。尽管他试图从人类学方面重新梳理中国人种乃至中国在世界民族国家中的进化优劣的事实依据,但他从未如直接否定"自治力"和"独立性"那样否定中国人"长于学问"的国民能力。对中国的智识历史,梁启超尤为自信他甚至将周秦视为西方希腊,将两千年中央集权比作欧洲黑暗时代,而将中国的"今日时局"看作是欧洲文艺复兴时代,并坚信"自

---

① 梁启超. 论中国人种之将来 [M] //梁启超全集. 北京:北京出版社,1999:259.
② 梁启超. 论中国人种之将来 [M] //梁启超全集. 北京:北京出版社,1999:260.
③ 梁启超. 论中国人种之将来 [M] //梁启超全集. 北京:北京出版社,1999:260.

今已往，我国民思想之突飞，必有不可思议者"。① 以上显然是他对中国国民之民智的某种民族自信，但现在这种"长于学问"的信心正逐步被凸显的民德思想推入他的理论背景之后，梁启超对中国国民品质乃至历史地位与条件的思考已经开始融入他逐步展开的对人性的全面正视之中，乃至融入以此为基础对中国作为民族国家发展道路的审慎与忧虑之内。

第二节 梁启超与近代国民性话语

在梁启超从国家话语所建立的有机论、契约论和个体实在论调适的创造性转化后，在社会唯名论与个体实在论的视角下他终于将国家话语的逻辑导入了个体决定的层面，从而在庚子勤王后的形而上学构建中转入了人性的讨论，而他的幽暗意识也得以在此获得最充分的发展。尽管在此之前他的幽暗意识还主要体现在对中国身份的焦虑、中国历史的重建、中西的比较乃至中国自身新旧的改革甚至革命之上，然而他始终未能从根本上予以阐发。他对中国自始至终抱有深刻的怀疑、自省，即便在最激烈的破坏主义时期也常常对自我的思想产生强烈的批判意识。尤其是在庚子勤王期间与孙中山思想的交汇与分流，在调适与转化、改良与革命、保守与激进之间的思想向度中使得他的思想获得了在地语境的参照系——在戊戌时期他积极创建的中国历史身份的重述与保皇立宪的政治路线，在与慈禧旧党的对峙与冲突中并没有清晰地划出自身思想的界限，它被笼统地包含在新旧的话语之中，然而新旧，实际上仍然是在旧的基础上的一种反向的想象。现如今，梁启超在另一种中国道路的思想体系里，在具有充分的对象性的思想一极中，得以更深刻地组织他的思想基础，从单纯对旧的批判中解脱出来，为纯粹的"应然"构建合理的逻辑体系。

一、国民与国民性

梁启超与同时代的思想界代表最显在的区别是他的思想从最开始就强烈地感受到西方他者给中国话语造成的焦虑（这个焦虑与初遇康有为遭受的"大海潮音、当头棒喝"的自觉具有心理和思想的统一性）——不仅西方以非西方为知识对象生产近代文明谱系的话语，同时西方所构成的文明样式也对中国未来道路带来了复杂的暗示和重影。梁启超思想的动力核心不是如康有为那样试图

---

① 梁启超. 论中国人种之将来[M]//梁启超全集. 北京：北京出版社，1999：261.

在传统资源里重新寻找近代的动力,也不是如严复那样单纯将国家富强作为终极的单一目标,更与孙中山等的革命派激烈地否定传统、强调先民族革命再共和革命的简化道路大异其趣,梁启超更关注中国如何解决自身已经存在的历史继续在"万国竞争"的民族主义世界中表述自我、认同自我,并竭力将这种表述纳入可以与西方比照和对话的可能。因此如果说梁启超"新民"所要构建的是从"国家主义返回文化主义",大概描述出了梁启超思想上一个模糊的方向的话,那么这种判断显然从根本上忽视了梁启超思想在根本上的特质和内涵。当梁启超在1899年倡言破坏主义(《自由书·破坏主义》,1899年10月15日)从而引起愈演愈烈的激进的反传统浪潮时,却在构建国家话语之后,转入了由他而起的思想界局面不相容融的思想方向,以更明显的幽暗意识,从基本的人性论建构创造性转化的过敏性话语。尽管有关国民、国民性,乃至民智民德民力并非由梁启超最早提出,但是梁启超是近世中国思想界最早也是最系统构建中国国民性话语的人。

"国民"这一词语最早应追至《周礼·春官·墓大夫》:"令国民族葬。"《左传·昭公十三年》亦有"先神命之,国民信之",此外《史记》《汉书》亦偶有出现,① 显然以上"国民"两字应被看作与民单音词的复义组合词。国,先秦主要指王、侯封地,国民也即封地内的人。中国古语之国民也显现出梁启超所一贯批判的中国自古以来的自然状态,即缺乏权利主体意识的个人观念。李端棻于光绪二十二年《请推广学校折》中较早在近代意义上使用了"中国民众"这个概念:"夫以中国民众数万万其为士者十数万而人才之绝至于如是非天之不生才也教之之道未尽也。"② 但此奏折可能系出于梁启超之手③,盖因1896年梁启超已在《变法通议》的《论科举》中最早提出国民一词:"夫人才者,国民之本,学校者人才之本。兴学所以安国而长民也欤。"④ 康有为1898年呈光绪皇帝的《请开学校折》中,提出两个全新的概念"国民学"和"国民",所

---

① 《史记·东越列传》:"威行于国,国民多属,窃自立为王。"《汉书·王子侯表下》:"藉阳侯显,坐恐猲国民取财物,免。"
② 参见《皇朝经世文新编》(卷五上学校),麦仲华编,1901年。但梁景和考证由康有为于1898年《请开学校折》首先提出,似有错误。参见:梁景和. 清末国民意识与参政意识研究 [M]. 长沙:湖南教育出版社,1999:9.
③ 罗惇曧《京师大学堂成立记》中载:"梁启超为侍郎李端棻草奏,请立大学堂于京师。"见:王晓秋. 戊戌维新与京师大学堂 [J]. 北京大学学报(哲学社会科学版),1998(2):77.
④ 梁启超. 变法通议 [M]//梁启超全集. 北京:北京出版社,1999:23.

谓"国民学","教所以为国民,以为己国之用,皆人民之普通学也",① 由于康有为将国民与欧美近代教育直接关联,因此赋予国民以真正的近代西方民族国家的意涵。然而此处国民与梁启超所用仍然主要只是一般性地代指百姓、人民之义。在戊戌变法之前的康梁都还未能就国家话语进行系统的构建,梁启超还处于康有为今文经"三世说"及保皇话语的主导影响下。既然近代意义的国民观念尚未建立,当然就国民本身的考察也无法达成。尽管梁启超在时务学堂前后对中国现状有激烈的批判,强烈倡言变法之根本,试图以《公羊》三世来论证变法之历史合理性及其途径,但《说群序》(1897年5月17日《知新报》第18册)中他对中国国民已经以"据乱世之治群多以独,太平世之治群必以群"的进化判断,认为国人"人人皆知有己,不知有天下",导致"以故为民四万万,则为国四万万,夫是之谓无国"的困境。他在《说动》(1898年2月11日《知新报》第43册)中敏锐地捕捉到了学术思想的变迁导致群己观念在国人中的蜕变。他认为宇宙万物内在规律是动,从中西人的比较上看"西人以动力横绝五洲",而中国恰恰处于不动的停滞状态,梁启超心急如焚:"嗟乎!以全球之极热极涨极速,以新其动力,而吾士夫方面鬃壁,坐漆室,丧灵魂,尸躯壳,忽悠终年。"梁启超认为如此的国民状态根本在于"私"。梁启超认为孔子本强调"逝者如斯夫,不舍昼夜"的宇宙观念,以及肯定人的"吾见其进也,未见其止也"的知性实践。但老庄"言静戒动",为天子士大夫诸侯之治术,政治、学术、道德上寻求无为,进而曲为"卒使数千年来,成乎似忠信似廉洁,一无刺无非之乡愿"。如此无为进而无是非原则最后堕落为保守的道德与人格,梁启超认为本有佛教以动普度"相诋",产生了动静的辩证性。然而国人保守堕落的根本在于杨朱之学的贻害。

> 杨氏述老氏者也,其意专主于为我。夫孔氏戒我,而杨氏为我,此仁不仁之判也。乃今天下营营于科目,孳孳于权利,伈伈俔俔于豆剖瓜分之日,不过"我"之一字,横梗胸臆。而于一二任侠之士,思合大群,联大力,血泪孤心,议更庶政,以拯时艰,则必以喜事多事诋之,以曲利其守旧不变之私。此真老杨之嫡派,孔孟之蟊贼,释氏之罪人,充其柔静之祸,以戕种类毁世界有余矣。其可为太息痛恨者,孰有过于斯乎?②

梁启超在此首次将中国人的守旧与私的观念联系起来,他敏锐地将中国思

---

① 汤志钧. 请开学校折[M]//康有为政论选(上册). 北京:中华书局,1981:306.
② 梁启超. 说动[M]//梁启超全集. 北京:北京出版社,1999:175.

想的公私之辨导入国民品质与道德的话语体系之中。孟子有关"距杨墨"之辩显现出"周秦之变"之际公私观念大变革的深刻转化,梁启超在此试图由此发掘他所观察时人的人格与道德与中国思想文化变迁的渊源与脉络之间的关联性。孟子尽管在"距杨墨"思想中,似乎对墨子的批判更强于对杨朱。杨朱为我,与孔子为君相左("杨氏为我,是无君也");但墨子兼爱,与孔子为父相抵("墨氏兼爱,是无父也")。两者相较,以"小共同体本位"为伦理基本的孔孟当然更尖锐地批判墨子违背为父之大逆不道的伦理道德。① 但是"杨子取为我,拔一毛而利天下,不为也。墨子兼爱,摩顶放踵利天下,为之。子莫执中。执中为近之。执中无权,犹执一也。所恶执一者,为其贼道也,举一而废百也"。杨朱以唯我为根本,从而导致了追求私利,拒绝群己之间的责任与义务,因此孟子认为对于杨墨并不能采取"执中"的平均立场,因为他们造成的道德后果是同样"贼道"的恶果。因此梁启超认为国人守旧根本原因在于"曲利守旧不变之私",对于民族危亡恍然不觉,只求一己蝇头私利,其思想的根源起于杨朱之学。对于距杨墨乃至公私之辩,梁启超在新民中从此又有阐释,后文将在对他的人性思想进行辨析时再勾连此处继续讨论。

　　由于是从变法的政治目的角度进行直砭时弊的讨论,梁启超在此尚只能从大概的学术变迁的角度做粗略的比较和引申。到1899年戊戌政变流亡日本始后,梁启超开始真正从日本明治维新吸收新的思想资源,对国民进行直接的明确定义。梁启超在《论近世国民竞争之大势及中国前途》(1899年10月25日《清议报》第30册)中将国家与国民作为对应的两个范畴以划分中国历史与西方他者之间的比较关系。梁启超将他在此两个月前发表的《论中国与欧洲国体异同论》中所引发的对中国君主专制政体的思考带入了进一步讨论国家与国民的两分思想之中。在前者中梁启超产生了一个正视自身但又保持强烈批判的理论角度。正如在前文已经讨论过的,梁启超一方面认为从文明进化角度看,在汉代以前中国就实现了对欧洲的超越,实现了没有分裂、没有奴隶阶级的国家。然而另一方面正是这一文明进程的前后不同,使得中国以及中国人环视无敌失去国家竞争意识。而国人没有强烈的不平等焦虑,受制于间接统治与愚民治术而不觉自身的权力,两方面使得在近代欧洲一跃从封建制步入民主社会,而中国文明顿时失去了它的先进性。

　　故论安民之政,则列国比不如统一,斯固然也。虽然,列国并立者,

---

① 秦晖."杨近墨远"与"为父绝君":古儒的国—家观及其演变[J]. 人文杂志,2006 (5).

以有所竞争，故其政府不能不励精图治，以谋国家之进步，求足与他国相角，而不至堕落，如是则国政必修。……若我中国以数十代一统之故，其执政者栩然自大，冥然罔觉，不复知有世界大局，惟弥缝苟且以偷一日之安，务压制其民，以防乱萌，而国政之败坏萎弱，遂至不可收拾。其国民受压既久，消磨其敌忾之心，荡尽其独立不羁之气，以至养成不痛不痒今日之天下，此则二千年一统之国势所影响也。……无阶级之国民，一般享受幸福，固为文明进化之一征验矣。……若我中国人，则非受直接之暴虐，而常受间接之压制。人人天赋之权，虽未尝尽失，而常不完全，被民贼暗中侵夺，而不自知。①

有人试图描述出梁启超"爱国主义的精神分裂症"——一方面寻求西方富强，另一方面却肯定中国文化价值的思想冲突——而将梁启超对中国统一而无阶级残虐的历史观念归于他的文化"虚荣心"。② 显然这种强调主观情结的心理描述舍弃了梁启超整个思想理路呈现的一个明显的幽暗意识，而仅仅将其归之于作为中国人的文化身份认同。梁启超既非像守旧派那样排斥西方价值，顺从儒家的乌托邦价值，从而寻求儒家的内在超越而实现大同的世界主义。同时也并未如革命派那样全盘否定传统价值，走向全盘西化的道路。甚至他也不同于似乎属同一阵营的黄遵宪、严复、改良派的一般性调和。梁启超是在肯定中西两种价值的基础上，从人的一般发展的角度观察历史条件的不同导致的人的伦理道德与思想基础的差异，以及在此之上产生的国家和社会形态的历史境况的迥异。在这点上，梁启超已经开始产生了中国自由主义思想的倾向。

接续梁启超对中国历史进程的冷静观察，可以理解在《论近世国民竞争之大势及中国前途》中，梁启超赫然将国家与国民作为两个历史内涵对立的概念来说明中国的国民内涵。国家与国民的区别虽然被摆在思考的首位，但是并不是作为单纯的政治学或者此前国家话语阶段的形而上学问题，而是被赋予了对中国国家历史批判的意义。梁启超将国家界定为"国家者，以国为一家私产之称也"③，即在没有明显限定的前提下，梁启超在此将"国家"界定为"中国的国家"，也就是他在《各国宪法异同论》（1899年4月《清议报》第12、13册）中所区分的，"然按今日之各国，是实不外君主国与共和国之二大类而已。其中

---

① 梁启超. 瓜分危言 [M] //梁启超全集. 北京：北京出版社，1999：314 - 315.
② 约瑟夫·列文森. 梁启超与中国近代思想 [M]. 成都：四川人民出版社，1986：184 - 185.
③ 梁启超. 瓜分危言 [M] //梁启超全集. 北京：北京出版社，1999：309.

君主国之内，又分为专制君主立宪君主之二小类"，由此梁启超将国家等同于专制君主国，而将立宪君主与共和制国都归为国民国，因此国民不再是一个近代民族国家的人民的内涵，而是"以国为人民公产之称也。国者积民而成，舍民之外，则无国。以一国之民，治一国之事，定一国之法，谋一国之利，捍一国之患，其民不可得而侮，其国不可得而亡，是谓国民"①。从梁启超对国民概念的界定可以看到，国民在他那里其实仍然是从《左传》"先神命之，国民信之"出发，将国与家置于"伦理本位"或"关系本位"，以国与民的关系范式去容纳立宪共和国家内涵。从这一个隐秘的转换，梁启超很自洽地将民族国家的性质转化为国家与人民的关系本位来考察，从而将国家话语连接到国民话语之上，乃至国民性的决定性基础之上。

在此需要特别说明的是，梁启超在国家话语构建的通过洛克改造的卢梭契约论以及个体实在论基础上，将国民视为国和民的关系本位的方式，将国民对国家的决定关系确定下来，他是通过具有连续性的思想脉络的发展走到这一步的。其系统的话语建构与同时代思想家具有根本的区别。但是我们不能忽略，国民决定国家的观念在当时思想界是一种相当的普遍认识，无论革命派还是立宪派——尽管他们对国民性的判断以及培养何种国民有激烈的论争——都将国民的品质看作是决定国家性质的根本要素。②

二、晚清社会心态的转变与国民性焦虑

自梁启超、康有为先后提出国民概念后，在20世纪初国民不仅成为中国思想界的普遍关注问题、政治运动的核心话题之一，甚至成为当时新闻媒体的流行性用语。不仅有以之命名的著名报纸《国民报》(1901)、《国民日日报》(1904)，并且国民也已经成为民众（主要是知识分子）初步接受了的启蒙词汇。③尽管有康梁政论造势，但国民、国民性之所以能够快速在晚清得到知识分子乃至大众的接受，直接原因在于晚清社会已经逐步形成和累积的危机意识与救亡焦虑心理，以及在总体性构成的可以称为"国民性焦虑"的士人心理。

（一）从变局到危局的晚清社会心态

晚清的国民性焦虑首先来自鸦片战争以来社会心理的巨大变动。如梁启超

---

① 梁启超. 瓜分危言[M]//梁启超全集. 北京：北京出版社，1999：309.
② 廖大伟. 国民意识与清末革命进程[J]. 近代中国辑刊，2004(8)：192-194.
③ 杨联芬. 晚清与五四文学的国民性焦虑（一）：梁启超及晚清启蒙论者的国民性批判[J]. 鲁迅研究月刊，2003(10)：57.

《新政诏书恭跋》将六十余年变法分为四个阶段所显示的，清廷内部产生的"洋患"焦虑由外而内渐次加深。1840—1842年中英签《南京条约》，割香港始，天朝首遭挫辱。乾隆"十全武功"背后滋生的王朝重重危机经鸦片战争败势一泻如注，嘉道开始由盛急剧转衰。清朝帝国体制全面的锈蚀，外有殖民侵蚀，内则白莲教、太平天国此起彼伏，"清势日陵替，坚冰乍解，根蘖重萌，士大夫乃稍稍发舒为政论焉"①，经世之学开始在改良的思想中逐渐萌生，士人亦开始借此议政，因而嘉道亦是士人心态开始变化的转繁。少数激进派经世学派最早产生改良思想，如龚自珍、魏源倡"师夷长技以制夷"，林则徐则以主战立场同时引介西学。由于鸦片战争两次全败，加之英法联军攻破北京的奇耻大辱，"洋患"焦虑顿深。同治中兴，由于李鸿章、左宗棠于太平天国运动中因受援枪炮轮船而制胜，直接的经验使得他们的洋务运动仅限于军事和经济。对于李鸿章"中国文物制度，事事远出西人之上，独火器万不能及"的洋务宗旨，郭嵩焘在1877年致其书中即已警觉中日学习西方在技艺与制度上的歧路。然而纯以师夷技艺，仍然遭到倭仁等人"夷人吾仇也"的抵制，以至有购拆淞沪铁路、马拉火车之奇闻，清廷整体上"办理洋务三十年，疆吏全无知晓"②，守旧派以言西学、办洋务为不齿。中法一战马尾舰队半毁，危机更进一步，促使朝廷整体开始转向洋务。然而如梁启超说言："然尽此六十年中，朝士即有言西法者，不过称其船坚炮利制造精奇而已，所采用者，不过炮械军兵而已。无人知有学者，更无人知有政者。"③真正震撼清廷以至普遍产生危机焦虑的是1895年的甲午战争，"当时世界第八位的现代海军——北洋舰队"经过四个半小时黄海血战最终被"一举轻掷"，清廷自海及陆一溃千里，李鸿章所信奉的"固圉基于勿坏"、"转弱为强之道，全由于仿习机器"④的大梦最终破灭。甲午战争真正暴露出清廷的颓败恰恰是"文物制度"，而"外洋獉狉"所横行者恰恰不仅仅是"船坚炮利"，如果说洋务运动仍然是基于对道统王治的信心的最后一搏，那么此次挫败则将清廷以及士大夫们最后一点希望和幻梦也残酷地击碎了，那种从根基和内里的崩溃和沮丧终于使士人从鸦片战争之"变局"堕入最后的"危局"之内。以往的"借法"固本所依据的体用、本末、道器的思想基础彻底被打散了，"借法"尚有自我和他者的转换关系，甲午战败后，终于从"借法"

---

① 钱穆.中国近三百年学术史（上册）[M].北京：中华书局，1997：592.
② 梁启超.戊戌政变记[M]//梁启超全集.北京：北京出版社，1999：191.
③ 梁启超.戊戌政变记[M]//梁启超全集.北京：北京出版社，1999：191.
④ 李鸿章奏请设立姜楠楠机器制造局折[M]//李剑农.中国近百年政治史.上海：复旦大学出版社，2007：115.

沦为"变法",中国的自我形象终于崩塌。① 梁启超的中国历史叙事也正是从这个崩塌的中国自我开始的。

洋务运动"师夷长技以制夷"的思想意识是以中国为本位的夷夏观念,它的思想视点并不是内视自省的,而是指向他者的,因此它无法超越性地观察自我。然而甲午战争后,局势急转而下,海防塞防尽失,已无任何自卫之力,中国几成坦肉任割之态,各国以最惠国待遇享日本在中国任意开设工厂、自由出入口权利,加之两亿两白银赔款,日本之残酷凶悍,终于摧倒中国的经济支柱,社会民生已经濒临绝境,诚如浙江学政徐致祥所奏:"往岁英法犯阙,不过赔千余万两,添设通商口岸二三而已,未闻割地以求成也,今倭一海岛小国,以中国之全力受困东隅,国将何以为国?"② 中英鸦片战争、中法战争、甲午战争,两次驰援藩属俱以惨败告终,天朝上国已经成为国际笑话。而日本成为当下中国一个可资最直接审视自我的对象。犹如黑格尔的"主奴辩证法"(dialectics of master and slave)所寓言的认知自我必须依赖他者,在梁启超所记中国"数千年一统,俄变为并立矣"的万国竞争时代,日本的崛起才真正给中国得以认知自我形象提供了最深刻的他者对象。1895年1月23日日本海军总司令官伊东佑亨致劝降书于被围威海卫准备自杀的丁汝昌:

> 至清国而有今日之败者,固非君相一己之罪,盖其默守常经,不谙通变之致也。……前三十载,日本之国事,遭若何等之辛酸,厥能免于垂危者,度阁下之所深悉也。当此之时,我国实以急去旧治,因时制宜,更张新政,以为国可存立之一大要图。今贵国亦不可不去旧谋新为当务之急,亟从更张。苟其遵之,则国可相安;不然,岂能免于败亡之数乎?③

此劝降书犹如五雷轰顶,对朝廷及士人的心理底线的重创无疑是致命的,此后对中国自身的反思、批判几乎成了思想的基本出发点,中国自古以来的自我形象终于彻底崩溃,一个新的自我在日本以及欧美林立的他者之中终于要等待被构建、被叙述,从而为创造一个新的国民及其想象的共同体而准备。然而对未来的想象首先是建立在对时局的绝望与对未来存续的普遍惶恐之上的。《马关条约》签订之日,张之洞致电莱州李抚台:"闻议和已定,种种可骇,从此中

---

① 杨国强. 近代中国的两个观念及其通贯百年的历史因果 [J]. 学术月刊,2012 (9):132-143.
② 光绪朝朱批奏折(第一百二十辑) [M]. 北京:中华书局,1996:643.
③ 唐德刚. 从晚清到民国 [M]. 北京:中国文史出版社,2015:154.

国不能自立，实属痛恨。"① 中国存亡已经不是对于是否能够"制夷"的一种结果的预判，而是铁血的现实，如郑孝胥所悲痛欲绝"闻之（议和）心胆欲腐，举朝皆亡国之臣，天下事岂复可问？惨哉"，此绝非情绪化宣泄。处于朝廷政权之官员的悲观痛苦之情状如此，在野士人更是痛彻心扉，谭嗣同悲歌："世间无物抵春愁，合向沧冥一哭休。四万万人齐下泪，天涯何处是神州。"②

（二）绝望中的国民性批判

中国的自我形象完全粉碎，对未来的想象失去了根本的依据，"何处是神州"的呼唤恰是甲午战败后维新的一种基本焦虑，从儒家范式破裂而出的道统与王治方案促成借西学以整饬中国未来的急切愿望，成为此后思想界的一种基调。这种焦虑激烈转化为康梁的公车上书式的呼吁："下诏鼓天下之气，迁都定天下之本，练兵强天下之势，变法成天下之治。"而如孙中山志士化的民间知识分子，于甲午前原企图上书李鸿章而遭拒绝，旋即催生出"知清政府积弊重重，无可救药，非彻底改造决不足以救亡"③ 的决绝之念。而此时更深刻的变化是底层社会，明清儒学向下位移正基于底层社会形成独立的结构。而甲午战败带来的灾难性后果导致底层社会生态的毁灭性摧残，前有白莲教、太平天国，此后更激烈的民间组织愈禁愈烈，大刀会、哥老会、义和拳等，虽仍锢于官逼民反的旧路，但是对国运与局势的解读亦在甲午战争之后的焦虑之中。

而一般士人则将这种绝望惶恐归咎于梁启超提出的国民的根本："中国而有国民也，则二十世纪之中国，将气凌欧美，雄长地球，固可跷足而待也。中国而无国民也，则二十世纪之中国，将为牛为马为奴为隶，所谓万劫不复者也。"④ 国民性问题似乎为上自朝廷、中至士人、下到底层社会漫无边际的悲观找到了一个理性讨论的出口，但是随之而来的也正是国民性的普遍焦虑。

甲午战败后首先对中国溃败进行系统清算并对国民性进行反思者，严复乃较突出的士人之一。他对洋务运动的错误路线以及军事上的不堪一击造成的惨痛后果进行了尖锐的指责："日本以寥寥数舰之舟师，区区数万人之众，一战而剪我最亲之藩属，再战而陪京戒严，三战而夺我最坚之堡垒，四战而覆我海

---

① 中国史学会. 中日战争（五）[M]. 上海：上海人民出版社，上海书店出版社，1957：103.
② 谭嗣同. 谭嗣同全集 [M]. 北京：中华书局，1981：542.
③ 冯自由. 革命逸史（第三册）[M]. 北京：新星出版社，2009：2-3.
④ 佚名. 说国民 [N]. 国民报，1901-06-10（2）.

军。"① 如此不堪之结局，显然不在器物技术，而是民族精神的衰败，上自官吏贪腐营私，下至百姓昏聩麻木，他认为国民目前"民智已下矣，民德已衰矣，民力已困矣"②。严复将洋务之败归于民智、民德、民力，尤其民德是中国应对日欧、实现富强的根本。他悲痛地指出："嗟乎！外洋之物，其来中土而蔓延日广者，独鸦片一端耳。何以故？针芥水乳，吾民之性，固有与之相召相合而不可解者也。"自严复之后，甲午战败造成中国亡国的绝望与惶恐被转换到国民性的批判与重建之上，开民智、厚民力、明民德是"今日至切之务"成为改良派和革命派的普遍共识。

较为系统地以中西比较的视野进行国民性批判的，恐怕亦首以严复的对比最为著名：

> 中国最重三纲，而西人首倡平等；中国亲亲，而西人尚贤；中国以孝治天下，而西人以公治天下；中国尊主，而西人隆民；中国贵一道而同风，而西人喜党居而州处；中国多忌讳，而西人众讥评。其于财用也，中国重节流，而西人重开源；中国追淳朴，而西人求欢虞。其接物也，中国美廉屈，而西人务发舒；中国尚节文，而西人乐简易。其于为学也，中国夸多识，而西人尊新知。其于灾祸也，中国委天数，而西人恃人力。③

严复对中国国民性的分析最深刻的影响并非是最具理性洞察力的批判和构建，相反从他在多个著述中很容易发现他对国民性的批评停留于现象性的比较和描述，他并没有试图从历史文化所塑造的中国人的具体人性的哲学返照中讨论其历史发展性以及内在规定性，甚至他对中国国民性所提出的要求亦呈现要素性的零散状态，那就是在中西比较中于斯宾塞进化论框架下的比对和褒贬中完成国民性差异化叙事。因此严复的国民性思想对后来的影响不是启蒙理性的，而是叙事方式的，他开创了近代中国国民性批判的一个典范，那就是在创伤应激的条件下，在中国自我形象破碎的基础上与西方他者的比较与想象。这显然并非是严复厚此薄彼地有意为之，而是中国的国民性启蒙实在是在非常的条件下启动的，甚至梁启超也未能超越这种历史限制。

---

① 严复. 论世变之亟——严复集 [M]. 胡伟希，编注. 沈阳：辽宁人民出版社，1994：14.

② 严复. 论事变之亟——严复集 [M]. 胡伟希，编注. 沈阳：辽宁人民出版社，1994：13.

③ 严复. 论事变之亟——严复集 [M]. 胡伟希，编注. 沈阳：辽宁人民出版社，1994：3.

（三）文明与野蛮的调转与接受

与西方人性启蒙是在宗教改革与自由市场完整发展的累积基础上相比较，中国19世纪末的国民性启蒙有几个明显的不同。

一是国民性反思是在连续的帝国殖民的抵抗失败与屈辱中开始的，乃至帝国侵略步步深入、国家机器和社会民生濒临崩溃的边界，从师夷长技以制夷的自我肯定急剧地调转为"举一国之人而无一不为奴隶，即举一国之人而无一可为国民"①的自我哀悼和埋葬。因此，国民性的焦虑是在创伤应激后的强烈焦虑与惶恐之上的条件反射，是在民族心理被贯穿性毁灭的自我否定、自我诀别的痛定思痛。因此，如果说欧洲启蒙主义是对人性的积极发现和肯定，那么晚清国民性焦虑则是对自我的消极认识和否定。

二是晚清的国民性启蒙是在夷夏的对象转换中完成的。如牟宗三等争辩的，将晚清以来儒家思想归于儒学发展的"第三期"——"此特殊性之规定，大端可指目者，有二义。一，以往之儒学，乃纯以道德形式而表现，今则复其转进至以国家形式而表现。二，以往之道德形式与天下观念相应和，今则复需一形式与国家观念相应和。唯有此特殊之认识与决定乃能尽创制建国之责任。政制既创，国家既建，然后政治之现代化可期"。尽管儒学必须面临新的与国家主义相符的历史使命，然而在晚清的过渡时代，正如在政治上，"在近代外交意识萌生以前，中国人对付非我族类者只有攘类与抚夷两种古法"②。与在外交与军事上形而下对应的，士人们思想范式仍然处于夷夏之中，如牟中三所言"人性人伦所以辨人禽，历史文化所以辨夷夏。此两义最为儒学之本质"，晚清自我觉醒是在夷夏的观念框架中激烈斗争和最终全盘否定以完成的。一方面，由于英人远渡重洋不择手段肆意侵越，以恶毒之鸦片丧尽天良唯利是图，与我国"君子喻于义，小人喻于利"的义利观直接冲突，很容易给士人直接造成洋人不知礼乐、野蛮禽兽的印象。另一方面，由于儒学乃是中国的"常道"，仁义被作为人生的根本精神价值，由孟子、宋明儒者等几经周转，两千多年来已经构成了中国人的民族心理与情感基础，加之六经已经如牟宗三所谓的"理性之客观化"（他又成为"客观精神之表现"），因此夷夏观念不仅作为天下体系的世界观念，同时也根深蒂固地维持于中国人在晚清面对帝国主义列强的民族情感。甲午战争前后，无论攘夷、抚夷抑或防夷者，基本都将西方视为"逆夷性同犬羊"，即便求和如琦善者虽屈膝于强力，但夷夏之别并非轻易可以动摇，"蛮夷之国，犬

---
① 佚名.说国民[N].国民报，1901-06-10（2）.
② 杨国强.鸦片战争时期的士大夫群体意识[J].史林，1990（4）：11.

羊之性，初未知礼义廉耻，又安知君臣上下"①。因此在甲午战争之前，实质上中西双方在心理上都处于文化的优越地位，西方的优越心理建立在对启蒙运动的东方文化的观念，以及殖民运动中对中国落后的农业社会以及腐败无能的政府的观察，而中国人的优越则在夷夏"常道"观念以及对洋人的臆想之上。甚至如林则徐等率先睁眼看世界的人，亦如琦善等人认为"造物予中土以制外夷之权"，"至茶叶、大黄两项，臣等悉心查访，实为外夷所必需，且夷商购买出洋，分售各路岛夷，获利尤厚，果然悉行断绝，固可制死命而收利权"。② 而著有《瀛寰志略》的徐继畬竟然附会英人生理之弱点："至于登陆步战，则非彼之所长，其人两腿僵直，跳走不灵，所用者自来火之小枪，不过能四十步，此外则短刀而已。我兵之排枪、弓箭、长矛等器，彼皆无之。"③ 然而在近代科技的祛魅（Disenchantment）下，中国人对西方的蛮夷和妖魔化想象一触即溃，双方的各自优势心态很快转化为西方对中国的进一步蔑视和鄙夷，而中国的文化优越坍塌为彻底的自我怀疑和否定，并继而从西方那里认识了那个被否定的自我形象，并从他者关照到的自我来反观自身，并以此来批判和塑造国民及其国民性。

伴随着甲午战败后中国人对西方魅化想象的崩溃，夷夏观念也随之解体。中国与西方的夏与夷的文化地位发生了戏剧性的调转，中国在对自我进行否定的过程中，接受了西方对中国想象的他者形象，中国成为西方的蛮夷。正如梁启超在《〈春秋中国夷狄辨〉序》对中国历史身份的重新辨识的那样，在张"三世"的历史进化中，中国与夷狄已是"天下远近若一"。如果说"天下为公，选贤与能，讲信修睦，禁攻寝兵，勤政爱民，劝商惠工，土地辟，田野治，学校昌"能够作为"三代"的文明标准，以此"谓之中国，反乎此者谓之夷狄。然则曷为不使中国主之，中国亦新夷狄矣"。④ 在进化论的全球史观中，夷夏已经从以中国为文明的轴心时代转化为万国竞争的时代，进化使得夷夏之间产生了平行的比较和相对性。

从在戊戌之前梁启超力图扭转夷夏的思想范式来看，对于梁启超而言可能这种夷夏观念的调转感更加强烈，不仅仅是他逃亡日本后面临正处于鼎盛期的明治维新产生的感性冲击，更由于庚子勤王接续戊戌变法的失败，使他对中国

---

① 筹办夷务始末（道光卷十五）[M].上海：上海古籍出版社，2007：7.
② 中国史学会.鸦片战争（第二册）[M].上海：神州国光社，1954：97.
③ 中国史学会.鸦片战争[Z].上海：神州国光社，1954：597.
④ 梁启超.《春秋中国夷狄辨》序[M]//梁启超全集.北京：北京出版社，1999：124.

之旧彻底绝望,梁启超的国民性批判不仅是在晚清社会整体的悲观心态的基础上产生的,同时也是调和西方与日本对中国国民性的他者观察的结果。梁启超访澳末期完成的《中国积弱溯源论》(1901年4月29至7月6日《清议报》第77—84册),基本上可以看作是西方对中国国民性的殖民知识的吸收,同时也是对当时日本国民性思潮的采纳。然而梁启超对国民性焦虑的回应以及讨论,与众多国民性,乃至在他之后直至"五四"的国民性批判相较,有其独特性乃至明显走在另一条道路之上,其根本在于梁启超完成了独立而系统的带有近代自由主义传统的人性思想建构。

三、梁启超调和的国民性话语

梁启超所展开的国民性批判不仅是在晚清社会危局的总体性话语环境中产生的,并且更为艰难的是,梁启超的国民性批判是在西方18世纪以来已经预设和既成的话语体系中进行的,他一方面无可抵制地受到危机焦虑而被迫接受自身认知的调转,另一方面对那个先在的中国国民性的他者形象进行凝视和再认知,其国民性的构建和塑造是在否定自我以及比较他者之间的往复审视,以及在总体性的民族国家目标下,调和既有的他者与自我形象的创造。

(一)西方中心及文明的宿命

梁启超所要面对的中国国民性思想资源,首先是作为近代西方自文艺复兴以来以自身为中心、以启蒙主义理性为原则划分的世界秩序中的他者。西方对中国的想象由来已久,从文艺复兴的地理大发现到启蒙运动的文化大发现,欧洲逐步建构了以西方为中心的全球历史秩序。由于罗马文化的衰亡以及"工作就是祈祷"促成的经济复兴,从9世纪开始复兴古典文化以寻求对天主教以及经院哲学的反动——人本主义——构成欧洲持续不断的文化运动,① 9世纪的加洛林文艺复兴、10世纪的奥托文艺复兴、12世纪的文艺复兴,直至14世纪由"人的发现"和"世界的发现",坚定了"人靠自己的力量就能够达到最高的优越境界,塑造自己的生活,以自己的成就赢得名声"的人本主义观念。② 人取代上帝成为世界的中心,在对古典知识进行发掘和利用的同时,文艺复兴开启了对人的知识的探究,到14世纪意大利文艺复兴将人作为衡量一切的标准,从

---

① 何平,刘永志. 文艺复兴运动起源和意义的再反思[J]. 贵州社会科学,2016 (6): 28.
② 阿伦·布洛克. 西方人文主义传统[M]. 董乐山,译. 上海:上海三联书店,1997: 36.

而以此作为理性基础来讨论人与上帝、人的自由意志以及人对自然的决定。13世纪末马可·波罗出版的《马可·波罗游记》(1295年亦名《东方见闻录》)在欧洲掀起的中国想象狂潮,正是与人本主义的同步崛起。在对"忽必烈大汗彪炳的功业和显赫的权威"大肆渲染中,东方帝国世俗生活的富裕舒适、帝国经济的发达、科技与金融的先进以及帝王的文武功德,成为欧洲文艺复兴的人本主义他者。同时马可·波罗以自由研究的态度、以详尽而带有探索趣味的笔端,引发了延续至启蒙运动的以探索人类社会文明成败原因为主旨的人类学趣味。以人作为他所塑造的生活的根本要素的观念,以及乐观的进步观念,在启蒙运动的欧洲中心知识生产中,成为西方理性建立世界文明秩序的基本思想范式。当然,同样在这个范式下,中国在马可·波罗人本主义下的热切渴望的世俗帝国形象陡然转变为落后野蛮的半开化的文明地带——"1750年前后,西方的中国形象发生了大转折"①。

　　18世纪科学技术的突破性进展促使欧洲乐观主义极大地高涨,显微镜、望远镜和地心说、血液循环,乃至科学方法论刺激的科学哲学,构成了近代西方的科学认识论。文艺复兴的人本主义遗产通过笛卡尔、培根、霍布斯、洛克等将原子论、个人主义发展成为近代以欧洲为中心的进化的世界观——科学公理观,这一认识原则不仅是人探索自然和宇宙的认识原则,而且还以此发展出一套以理性为准则和基础的道德原则,"对所有理性的和反思性的存在物,不管其文化传统、宗教背景、政治秩序或道德结构的特殊性质如何,都是同样有效和同样具有制约力的。这个企图在政治上体现在美国革命和法国革命的主要宣言中。在哲学家中,休谟、狄德罗、边沁和康德都企图从理论上阐述这些原则"②。同时18世纪英法战争推动了两国民族意识的觉醒和民族国家制度建构的发展,科学公理观在民族观念内构成了对不同"文化传统、宗教背景、政治秩序或道德结构"地理大发现的文化大发现,也即展开了对世界民族以理性程度为基准的文明秩序的建构。"欧洲的旅行者们越洋过漠,如果仅为了测量山川之高低、描绘河流与瀑布、或历数各国之物产,那么这些发现也许只可使商人和地理学家获益。"他们更"渴望了解人类心灵,希望揭开不同的气候、宗教、

---

① 周宁. 天朝遥远:西方的中国形象研究(上卷)[M]. 北京:北京大学出版社,2006:7.
② A. 麦金泰尔. 德性之后[M]. 龚群,戴杨毅,等译. 北京:中国社会科学出版社,1995:1.

教育、偏见和喜好对不同人性形成的影响与作用"。① 国民性由此成为欧洲用于认识和理解自身理性程度与世界其他地区文明差异的关键性概念,它既包含了文艺复兴对人的决定性作用的人本主义内涵,同时也带有启蒙主义理性集中的科学公理观及其进化观念。因此,18世纪晚期开始出现了大批著作,中国从马可·波罗人本主义他者调转为理性主义的他者,从文艺复兴所追求的世俗帝国蜕变为启蒙运动建构的"野蛮民族"。这类作品同样以马可·波罗自由研究的方式和趣味,并同样以探究人类文明成败的根本原因的实证态度,建立了一套叙述文明从野蛮、半野蛮到文明的世界民族图景。这种以欧洲为中心的世界空间以及以公理为无限进化的时间,建立了世界文明测量的标准范式,"民族所处的自然环境及该民族对此环境所提出的挑战的反映,民智的发展程度及知识的积累,民主政治的进步等。从总体上看,在追求人民所渴望的进步及良好的国民性的过程中,上述文化标志在很大因素上取决于自由的程度,而这种自由的增加(或减少)应不受实际的或精神的权威的干预"②。欧洲的理性自信与强烈的乐观情绪使他们相信通过公理的普遍法则,他们必然可以而且已经掌握文明和进步的密码,已经控制自然和社会的通则,他们用这样的眼光再次投射和凝视东方世界。

梁启超至为推崇的"法理学大家"孟德斯鸠较先开启理性主义的东方想象典范。在其《论法的精神》(1748)中,启蒙运动对东方想象的三种宏大叙事编织:进步叙事中的"停滞的帝国"、自由大叙事中的"专制的帝国"以及文明大叙事中的"野蛮的帝国"。东方帝国的形象以及中国国民的性质被构造为符合进化的公理观以及近代民族国家制度的科学知识系统,而作为遥远远东的他者,这一"严肃研究"的逻辑和理性基础建立在地理决定论以及国民性理论之上,并在此基础上发现决定人类社会文明程度的内在规律。"每个国家将在这本书里找到自己的准则所以建立的理由"③,孟德斯鸠以巨大的理性自信及责任去探讨世界上不同地区不同民族的自然条件、精神素养与国家制度之间的决定关系。

---

① GOLDPSMITH O. The Works of Oliver Goldsmith [M]. London: Cassell, Petter and Galpin, 1896: 18.
② 鲍绍霖,王宪明,高曼. 欧洲、日本、中国的国民性研究:西学东渐的三部曲[J]. 近代史研究,1992(1).
③ 孟德斯鸠. 论法的精神[M]. 张雁深,译. 北京:商务印书馆,1994:38.

孟氏受到希波克拉底的影响，坚信地理决定了国民品性，① "炎热国家的人民，就像老头子一样怯懦；寒冷国家的人民，则像青年人一样勇敢"。这与梁启超的观点如出一辙，他在《地理与文明之关系》（1902）中即区别了人与其他生物的受地理影响之差别，他认为相对动植物而言，南方更适宜生存，因此南半球生物繁盛，但是人类却与此相反：

> 故物类之争生存也，惟在热度之强度，营养之足用而已。人则不然，恒视其智识道德，以为优劣胜败之差。人物所循天演之轨道各自不同，盖以此也。夫酷热之时，使人精神昏沉，欲与天然力相争而不可；严寒之时，使人精神憔悴，与自然力相抵大剧，而更余力以及他。②

梁启超在此注意到了人受地理决定的不是生物学意义上的，而是精神和道德层面的影响，此与孟德斯鸠所强调的完全一致。孟德斯鸠相比梁启超更带有浪漫主义的情感臆想，他认为北方极寒导致人身体强壮，动作粗放，情感坚韧而迟钝，因此北方人则情感深厚长久，性情敦稳恒久，并且18世纪乐观主义品质也被先天地赋予了北方人，"对一切可以使精神焕发的东西都感到快乐"，并且文艺复兴以来欧洲对人的道德追求也同样成了北方民族国民性的特征，他们"邪恶少、品德多、极诚恳而坦白"。与之截然相反，南方人则因气候炎热而体质纤细，因此情感也脆弱而敏感。由于性情浅薄而善变，南方人没有真正的爱情而只有放纵的情欲与享乐，由此南方民族"邪恶多，品德少"，"已完全离开了道德的边界"。③ 那么这种判若两极的南北道德世界实际上也就是指地球的东西，包括中国、印度、埃及、波斯以及小亚细亚都被划入了这个因炎热的地理气候而处于文明的堕落、混乱与晦暗的道德之地。实际上这种地理决定论传统可追溯至亚里士多德《政治学》，亚氏认为："寒带国家的人民，特别是那些欧巴罗民族富于勇敢精神，但缺少技巧和智谋；这就是为什么他们至今仍是比较自由，但没有自己的政治组织，也没有表现出统治别的民族的能力。亚洲民族则富有技巧和智谋，但性格卑怯；这就是为什么他们仍处于从属和被奴役的状态。位于中间的地理位置上的希腊民族则兼备以上两种民族的品质。它既富于

---

① 希波克拉底（Hippokrates，约前460—前377）在其著作《论空气、水和地方》里这样论述人类与环境的关系："居住在酷热气候里的人们比北方人活泼和健壮，声音较清明、性格较温和、智慧较敏锐。"参见：希波克拉底. 希波克拉底文集［M］. 北京：中国中医药出版社，2007.
② 梁启超. 地理与文明之关系［M］//梁启超全集. 北京：北京出版社，1999：943.
③ 孟德斯鸠. 论法的精神［M］. 张雁深，译. 北京：商务印书馆，1994：227-230.

勇敢精神又有智谋：前者使他们成为自由人；而后者则使他们成为治理得最好的民族，而且只有它一旦能完成政治统一，它就有能力统治。"① 同时亚里士多德在讨论五种王制时，激烈批判其中的蛮族王制和绝对权力王制，以其自信而骄傲的"西方中心"立场，将东方的波斯与西方的希腊从军事与政治的差异上升至奴役与自由的文化品性上来。蛮族王制简而言之就是主人对奴隶的统治，而其永久的稳定性，则来自蛮族人天生具有奴性，只能适于专制。孟德斯鸠一方面继承了"整个希腊世界对东方的集体共识"②，所不同者进一步强调了18世纪民族国家的自由观念及其政治制度，同时将其推衍至世界范围，也即在地理决定论之上推导出民族国家观念下的国民性属性。在这一框架下，中国人被孟氏认为先天带有顺从专制统治的奴性，在其"民事奴隶制的法律和气候的性质的关系"一章中，孟氏即将古希腊的专制与民主的二元关系，扩展为东方与西方、野蛮与文明以及文明对野蛮征服的文化秩序。因此孟德斯鸠不仅继承了亚氏的东方专制想象，同时试图如牛顿发现的自然法（Natural Law）那样，为人类建立文明社会的历史法则。他的三权分立思想的背景恰恰建立在地理决定论下的文明秩序，那就是西方必然能够实现民主、自由的民族国家政治体制，这种激动人心的乐观信念是建立在对东方必然专制的审判之上的："一种奴隶的思想统治着亚洲，而且从来没有离开亚洲。在那个地方的一切历史里，是连一段表现自由精神的记录都不可能找到的。那里，除了极端的奴役而外，我们将永远看不见任何其他东西。"③

讨论"法的精神"与最优良的政体之间的关系，是孟德斯鸠理论的核心问题，因此在政体和精神之间具有互为决定和显现的关系。根据地理决定论，孟德斯鸠划分的共和政体、君主政体和专制政体三种政体模式在梁启超的国家理论中亦留有深刻的痕迹。而一般研究者所忽略的是，孟德斯鸠的三种政体所建立的三种精神特质，恰恰对梁启超的影响更加深远，直接达至于梁启超的新民思想。孟德斯鸠将法视为"由事物的性质产生出来的必然关系"，他认为存在一种"根本理性"，而"法就是这个根本理性和各种存在物之间的关系，同时也是存在物彼此之间的关系"④，而其存在的最重要的则是政体的性质和原则。孟德斯鸠区分了三种政体："共和体制就是全体人民或部分拥有最高权力的政体，君

---

① 亚里士多德. 政治学 [M]. 吴寿彭，译. 北京：商务印书馆，1997：143.
② 常保国. 西方历史语境中的"东方专制主义" [J]. 政治学研究，2009 (5).
③ 孟德斯鸠. 论法的精神 [M]. 张雁深，译. 北京：商务印书馆，1994：278-279.
④ 孟德斯鸠. 论法的精神 [M]. 张雁深，译. 北京：商务印书馆，1994：1.

主政体意味着只有一个人统治国家,只不过遵循业已建立和确定的法律;至于专制政体非但毫无法律与规章,而且由独自一人按照自己的意志以及变化无常的性情领导国家的一切"①,相较前人,孟德斯鸠以理性原则推衍出了政体的原则及其精神,他认为共和政体以"品德"为原则,君主政体以"荣誉"为原则,而专制政体则以"恐怖"为原则,进一步而言,政体的原则规定了法律的精神。以此孟德斯鸠将中国置入了东方专制帝国的研究框架之内,拼接出了"停滞衰败的帝国、东方专制的帝国、野蛮或半野蛮的帝国"② 的近代西方眼中的中国形象。孟德斯鸠完全否定了此前传教士认为中国兼有专制、君主和共和的政体之观点,认为中国政体的德性完全是"恐怖",因此不遗余力地从气候、地理、社会结构、宗教、伦理和风俗各方面予以论证。疆土的辽阔适宜凶暴的专制,炎热的气候使中国人"像老头子一样怯懦"而生成奴性,因而中国人的精神充满"邪恶的情欲,完全离开了道德的边界,要么是萎靡颓废,完全失去了好奇心和高尚的进取心"③,由于道德的缺乏和奴性的顽固,东方专制帝国只能停滞于野蛮文明之中:"由于器官的纤弱使东方人能从外界接受最强烈的印象。身体的懒惰自然与思想上的懒惰联系在一起。身体的懒惰使思想上不能有任何动作、任何努力、任何争论。因此,你就会从中懂得,思想上一旦接受了某种印象,就不能再改变了。所以东方今天的法律、风俗、习惯,甚至那些无关紧要的习惯,如衣服的样式和一千年前没有什么两样。"④ 恐怖的东方专制政体造成一种孟氏所谓的"政治奴隶制",不同于古希腊、罗马的"民事奴隶制",后者以公民和奴隶并存,"奴隶制不仅违背自然法,而且也同样违背民法。奴隶并不是社会的一员,所以和任何民事法规都没有关系",⑤ 而以中国为代表的前者,则根本不存在中间阶层,因此"就没有一个人是公民;人人都认为上级对下级没有任何义务"⑥。"人人都是平等的,没有人认为自己比别人优越;在那里,人人都是奴隶,已经没有谁可以和自己比较一下优越了。"⑦

人人是平等的奴隶,给近代中国知识分子对中国国民及其性质留下了深刻的烙印,"在共和国,人人平等是因为每一个人'什么都是',在专制国家,人

---

① 孟德斯鸠.论法的精神[M].张雁深,译.北京:商务印书馆,1994:8.
② 周宁.天朝遥远:西方的中国形象研究(上卷)[M].北京:北京大学出版社,2006:9.
③ 孟德斯鸠.论法的精神[M].张雁深,译.北京:商务印书馆,1994:230.
④ 孟德斯鸠.论法的精神[M].张雁深,译.北京:商务印书馆,1994:231.
⑤ 孟德斯鸠.论法的精神[M].张雁深,译.北京:商务印书馆,1994:242.
⑥ 孟德斯鸠.论法的精神[M].张雁深,译.北京:商务印书馆,1994:67.
⑦ 孟德斯鸠.论法的精神[M].张雁深,译.北京:商务印书馆,1994:25.

人平等是因为每一个人'什么都不是'"①，该论断几乎成为梁启超对旧的中国政治批判的一个基本判断，甚至是五四新文化运动鲁迅、陈独秀等人激烈全盘否定传统的基调。因人人平等的"政治奴隶制"的法律精神有混淆风俗、习惯、伦理、道德界限的倾向，造成专制渗透于日常的社会生活状态："中国的立法者把宗教、法律、风俗、礼仪都混在一起。所有这些东西都是道德，都是品德。而这四者的箴规就是所谓礼教。"② 而由于礼教是混淆法律边界以渗透专制恐怖的产物，因此孟氏认为"礼教里面没有什么精神性的东西"。③ 庞大的领土只能适宜恐怖的暴政，政治奴隶制造成人人平等的奴隶身份和顺从的奴隶性，因此中国被认为上至皇帝下至百姓根本不存在道德，因为那只存在于共和政体之中。而中国国民性最典型的特征是将狡诈与勤劳结合在一起，"中国人的生活完全以礼为指南，但他们却是地球上最会骗人的民族。……中国的立法者们有两个目的。他们要老百姓服从安静，又要老百姓勤劳刻苦。……由于需要或者也由于气候性质的关系，中国人贪利之心是不可想象的，但法律并没想去加以限制。一切用暴行获得的东西都是禁止的；一切用术数或狡诈取得的东西都是许可的。……在拉栖代孟，偷窃是准许的；在中国，欺骗是准许的"④。孟氏从"小国适宜建立共和体制，中等大小的国家由君主治理较为妥当，庞大的帝国则更适合于专制君主统治"⑤ 出发，将其试图构建的科学公理建立在地理决定论。梁启超接受了孟德斯鸠的地理气候说，乃至洛克地理与历史说，两者"一如肉体之于精神。有健全之肉体，然后活泼精神生焉；有适宜之地理，然后文明之历史出焉"⑥，然而梁启超扭转了孟德斯鸠以欧洲中心为视角的地理决定论，从生物进化角度出发，认为"动植物往往自南北极而进于中带，自中带而进于热带，愈进而愈繁殖"⑦，但是人却相反，因为人的进化不同于动植物，"恒视其智识道德，以为优劣胜败之差"⑧。因此酷热和严寒都不适宜文明的产生，因此梁启超认为欧洲"比诸亚洲美洲之同维度者，寒温迥殊。要之，其地势与地气，皆非能自造文明者，惟受之于他方而自播殖之，发挥之，光大之，是其所长

---

① 孟德斯鸠. 论法的精神 [M]. 张雁深，译. 北京：商务印书馆，1994：76.
② 孟德斯鸠. 论法的精神 [M]. 张雁深，译. 北京：商务印书馆，1994：313.
③ 孟德斯鸠. 论法的精神 [M]. 张雁深，译. 北京：商务印书馆，1994：313.
④ 孟德斯鸠. 论法的精神 [M]. 张雁深，译. 北京：商务印书馆，1994：316.
⑤ 孟德斯鸠. 论法的精神 [M]. 张雁深，译. 北京：商务印书馆，1994：126.
⑥ 梁启超. 地理与文明之关系 [M] //梁启超全集. 北京：北京出版社，1999：943.
⑦ 梁启超. 地理与文明之关系 [M] //梁启超全集. 北京：北京出版社，1999：943.
⑧ 梁启超. 地理与文明之关系 [M] //梁启超全集. 北京：北京出版社，1999：943.

耳"①。梁启超从文明的发生学角度重新诠释了地理气候的决定论，他既没有全盘接受孟德斯鸠的欧洲中心视角，亦未逃避否认，而是从中国历史身份的认同出发肯定自我。因此孟德斯鸠的文明"宿命论"在梁启超那里被冷静地推翻了。因此梁启超以充分的历史主体意识认为：

> 虽然，无亚细亚之文明，则欧罗巴之文明不可得现。欧人忘其本而漫然讥讪亚人，非所宜也。欧人动曰：亚细亚者，神权政治之巢穴，专制主义之地狱也。以此向诋，未免失所当。《记》不云乎："物有本末，事有终始。知所先后，则近道矣。"凡人群之初起也，必有一种野蛮的自由，政治之第一级，在使人脱离此等蛮性蛮习。故彼时之国家，不可不首立政府，定法律，以维持一群之平和秩序，不可不巩固主权，以御外侮而弭内乱。然而非用强力而权威，安能至此。夫恶法律虽不及善法律，然犹愈于无法律；恶政府虽不及善政府，然犹愈于无政府，故当人群进化之第一期，但求有法律有政府而已，至其善恶优劣，暂可不问。此古今中外之所同也，欧人岂得独非笑之。②

梁启超将孟德斯鸠所描述的东方专制帝国确定为人群进化之第一期，认为此为人类进化的一般规律。而近代欧洲中心的文明亦被梁启超以之破碎了其神话性，"欧人脱神权专制之轭，行人民自由之始，亦不过在十八世纪之末，十九世纪之初，距今百年间耳"③。在进化论的公理中，孟德斯鸠的西方中心在梁启超的思想中得到了清醒的批判和清理，在梁启超看来，中国的国民性既不是一种文明的"宿命"结果，也并不是可以逃避的无关问题，当然更不是全盘放弃，彻底否定自我的放纵。它必须一方面确定中国历史身份的恰当地位，另一方面冷静分析和构建，如此才可能恰当地完成国民性的命题。

（二）国民性：梁启超所面对的他者

尽管梁启超从文化主义的立场抵抗了孟德斯鸠的地理气候决定论的文明"宿命论"，然而国民性在孟德斯鸠之后已经在西方中心的话语体系中完成了系统而庞大的知识建构，成为梁启超必须内化与调和的他者。实际上，在甲午战争之后晚清社会心态发生崩塌式巨变，导致知识分子传统夷夏观念的调转之前，在西方同样经历了启蒙运动以来对中国他者形象的翻转。

---

① 梁启超. 地理与文明之关系 [M] //梁启超全集. 北京：北京出版社，1999：945.
② 梁启超. 地理与文明之关系 [M] //梁启超全集. 北京：北京出版社，1999：947.
③ 梁启超. 地理与文明之关系 [M] //梁启超全集. 北京：北京出版社，1999：947.

以中国国民性为西方中心知识生产的他者,约翰·戈特弗里德·赫尔德可以被视为最重要的思想源头,在其未完成的作于1784年的《关于人类历史哲学的思想》中,将孟德斯鸠的地理气候决定论进一步推至国民性的人种遗传性。赫尔德的启蒙主义历史哲学是以等级优劣的民族秩序为基础的,而中国则是启蒙的反面。作为"中国式奴隶制文化的蒙古人后裔"①,在人种上,"中国人终究是中国人,这个民族天生眼睛小、鼻梁矮、额头低、胡须稀、耳朵大、肚子大"②。与其人种相符合的是具有永恒遗传性的国民性,作为蒙古人种,中国人敏锐的听觉发展出了复杂的文字和语言;在大事上缺乏创造力,但精于雕虫小技;繁复浮华的礼仪追求声色之乐,使其丧失对自然关系的获得,失去人的真正感受,无法理解内在的宁静、美和尊严;擅长投机专营却在艺术与科学上愚昧无知。"大自然毫不吝啬地赋予他们小眼睛、圆滑世故、狡猾的钻营和精明以及对凡是于他们的贪婪有利的便进行仿造的艺术才能。为了获利和忠于职守,他们终日不停地忙忙碌碌,永不停息地奔波。"③ 赫尔德不仅将国民性视为人种的自然遗传,同样将其视为亘古不化的社会教化产物——在赫尔德看来,自然状态就是社会本身——"肤色与秉赋,即那种根深蒂固的种族特征,是难以改变的。因此,这个东北部蒙古人种民族不论何种人为的方式,也都很难变更自己的那种延续了几千年的自然教化"④。由蒙古游牧的传统发展出的"孩童般的服从"教化造成中国人道德品质的虚伪。成年人被迫如孩童般服从,养成了怯懦却狡诈、色仁而狠毒、谨慎却贪婪的虚假人性,因此中国人在理智上是顺从的蠢驴、在品质上是狡猾的狐狸。

梁启超曾经热切追随的卢梭亦是中国国民性他者的生产者,在其《论科学与艺术》(1750)中,中国成为科学与艺术无益于教化的典型:"在亚洲就有一个广阔无垠的国家,在那里文章得到荣誉就足以导致国家的最高禄位。如果各种科学可以敦风化俗,如果它能教导人们为祖国而流血,如果它们能鼓舞人们的勇气,那么中国人民就应该是聪明、自由而又不可征服的了。然而,如果没有一种邪恶未曾统治过他们,如果没有一种罪行他们不会熟悉,而且无论是大

---

① 赫尔德. 中国 [M] //夏瑞春. 德国思想家论中国. 南京:江苏人民出版社,1995:87.
② 赫尔德. 中国 [M] //夏瑞春. 德国思想家论中国. 南京:江苏人民出版社,1995:85.
③ 赫尔德. 中国 [M] //夏瑞春. 德国思想家论中国. 南京:江苏人民出版社,1995:87.
④ 赫尔德. 中国 [M] //夏瑞春. 德国思想家论中国. 南京:江苏人民出版社,1995:87.

臣们的见识，还是法律所号称的睿智，还是那个广大帝国的众多居民，都不能保障他们免于愚昧而又野蛮的鞑靼人的羁轭的话，那么，他们那些文人学士又有什么用处呢？他们所满载的那些荣誉又能得到什么结果呢？结果不是充斥着奴隶和为非作歹的人们吗？"[1] 卢梭将中国作为奴隶性以及智性的停滞的最典型，其厌恶与鄙薄之情难以抑制，在其《新爱洛伊丝》中他尖刻地批评道："越过大洋之后，我在另一个大陆上看到另一种情形。我发现：世界上人数最多和最文化昌明的民族，却被一小撮强盗所统治。我详细地观察了这个著名的民族，我吃惊地发现他们全是奴隶。他们屡遭进攻，屡次被人征服，他们历来是捷足先登的人的猎获物；这种情况，也许还要延续好多个世纪。我认为，他们活该如此，因为他们连哼一声的勇气都没有。他们书卷气十足，生活散漫，表里不一，十分虚伪；他们的话说得很多，但没有实际内容；他们的心眼很多，但没有什么天才；他们虚有其表，思想极为贫乏。他们对人有礼貌，也很殷勤；他们处世很圆滑、很奸诈；他们把做人的义务挂在口头上，装出一副很有道德的样子；他们的所谓人情味，只不过是对人打个招呼，行个礼而已。"[2]

与卢梭将中国作为其民权的反面教材相似的是亚当·斯密，对后者而言，中国恰是其经济学的反面案例。由严复翻译的《原富》（1901）对梁启超经济学思想影响甚著，在梁氏作为西方经济学概论性的著作《生计学学说沿革小史》（1902）中，热切赞扬斯密："吾乃始惊二百年来欧美各国以富力霸天下，举环球九万里为白种人一大'玛杰'，而其推波助其澜者，乃在一眇眇之学士。"[3] 斯密对中国廉价劳工以及他们赤贫的境况抱有同情之心"中国耕作者终日劳作，所得报酬若够购买少量稻米，也就觉得满足。技工的状况就更恶劣。欧洲技工总是漫无所事地在自己工场内等候顾客，中国技工却是随身携带器具，为搜寻，或者说，为乞求工作，而不断在街市东奔西走"，"结婚，在中国是受到了奖励的，但这并不是由于生儿育女有出息，而是由于有杀害儿童的自由。在各大都市，每夜总有若干婴孩被委弃街头巷尾，或者像小狗一样投在水里"，由于对劳动力的浪费和无知，他认为"中国下层人民的贫困程度，远远超过欧洲最贫乏国民的贫困程度"。[4] 劳动的廉价及其效能的低下背后是弱民与重农抑商的政策："中国一向是世界上最富的国家，就是说，土地最肥沃，耕作最精细，人民

---

[1] 卢梭. 论科学与艺术[M]. 何兆武,译. 北京：商务印书馆,1959：13-14.
[2] 卢梭. 新爱洛伊丝[M]. 李平沤,何三雅,译. 南京：译林出版社,1993：426.
[3] 梁启超. 生计学学说沿革小史[M]//梁启超全集. 北京：北京出版社,1999：997.
[4] 亚达·斯密. 国民财富的性质和原因的研究[M]. 郭大力,王亚南,译. 北京：商务印书馆,1972：65-66.

最多而且最勤勉的国家。然而，许久以来，它似乎就停滞于静止状态了。今日旅行家关于中国耕作、勤劳及人口稠密状况的报告，与五百年前视察该国的马哥·孛罗的记述比较，几乎没有什么区别。也许在马哥·孛罗时代以前好久，中国的财富就已完全达到了该国法律制度所允许的发展程度。"① 重农抑商不仅导致这个曾经富饶强大的帝国终于处于停滞的静止状态，在自由贸易的时代尤现出其闭关锁国的愚昧与无知。

实际上，自孟德斯鸠至斯密所根据资料皆来自传教士以及冒险家、商人的描述。18世纪末中西两个世界终于产生了实际的碰撞，传教士及商人频繁接触调转了13世纪到16世纪由葡萄牙、西班牙传教士尤其以利玛窦为代表描述的东方世界的天启形象，伏尔泰与莱布尼茨在欧洲凋敝时代孕育启蒙的愿望在19世纪殖民浪潮中发展成为西方霸权对中国的恶意和蔑视。对卢梭和斯密影响较大的乔治·安逊（George Anson）的《安逊环球航行记》，即大肆描述中国人阳奉阴违，从官吏到百姓全是骗子、盗贼。② 中国国民性的他者想象到1894年马戛尔尼（George Macartney）使团访华终于在"朝见礼仪之争"以及通商使命彻底失败之后，在近代西方世界固定下来。中国被描述为如群蚁般为生计而忙碌，他们衣着褴褛、面无表情，男女无别地毫无个性，如同奴隶般麻木顺从。不道德是中国人的普遍品质，"在中国，商人欺骗，农民偷窃，官吏则敲诈勒索他人钱财"，肮脏、欺诈、狡猾、迷信、好赌等形象彻底占据了西方人的想象领地。③ 马戛尔尼甚至在当时认定中国已经濒临摇摇欲坠，不仅无望向欧洲现代看齐，而且已经经不起任何改革的变动，"从奴役到自由、从依附到独立的变革，如果不以牺牲成千上万人的生命为代价，是不可能完成的。因此，中国的变革必须循序渐进地完成"④。马戛尔尼访华恰逢中西在现代拐点上的实际接触，"英国使团所反映的对中国的看法预示着西方在19世纪对中国的态度，马戛尔尼使团在西方与远东的关系中是个转折点。它既是一个终点，又是一个起点。它结束了一个世纪来的外交与商业上的接近；它在西方人中开始了对中国形象的一个修正阶段。"⑤ 马戛尔尼返英之时，青年黑格尔刚刚从图宾根大学毕

---

① 亚达·斯密. 国民财富的性质和原因的研究［M］. 郭大力，王亚南，译. 北京：商务印书馆，1972：65-66.
② SPENCE J D. The Chan's Great Continent［M］. New York：W. W. Norton & Company, 1998：146.
③ 斯当东. 英使谒见乾隆纪实［M］. 叶笃义，译. 北京：商务印书馆，1963：245.
④ BARROW J. Travels in China［M］. London：T. Cadell and W. Davies, 1804：415-417.
⑤ 佩雷菲特. 停滞的帝国：两个世界的撞击［M］. 王国卿，等译. 北京：生活·读书·新知三联书店，1993：562.

业，其试图将其理念世界贯彻于世界民族秩序之中，以自由意志在各个民族显现的程度为标准衡量世界文明的历史。在他的自由意识理念中，中国以及印度停滞在自由意识的起点，中国仍然处于"幼年文化"阶段。中国的民族精神不存在任何自由因素，本质上是一种东方特有的专制与奴役精神，且从绝对理念的辩证看，东方帝国必然被已经实现自由意志的欧洲文明所征服。从孟德斯鸠到黑格尔，启蒙运动以来以中国为他者进行话语生产完成于历史哲学的形而上学之中，既作为西方现代性知识生产的他者，同时为帝国殖民扩张创造合法性的世界秩序和历史观念，关于中国的国民性的意义体系大体成型。

在西方围绕中国建构以自身为中心的现代性知识时，以上西方对中国国民性想象的知识生产者，无论是正面的赞美还是反面的丑化，其根本都是以东方来发现自我的过程，"东方代表着与西方自我身份认同相异的他者，实际上只是西方自我理解过程中的概念性存在"①。王立新教授将这种他者知识视为自传性的生产，对应于欧美自由民主的不同阶段而生。因此他者本身的客观并不会被追究，重要的是他者凸显的欧美自身的认同和中心地位。② 18世纪晚期欧洲在竭力生产他者知识的背后，亦在从中找出自己成功的秘诀及其他民族落后的原因。大批的学者及其著述为此以东方为他者进行分析和归纳各民族的文明进程，除了孟德斯鸠环境气候论所开辟的文明公理观念外，民智发展的程度、知识积累的阶段、民主政治实现的多少成为西方开掘自由民主政治的实证研究内容，而归根结底，以上文明决定论是以黑格尔集大成的历史哲学为根本，即文明的程度取决于自由的程度。欧洲在寻求文明进步的思想热潮中，同时在他者的认识和知识生产过程中，越来越关心国民性的问题，尤其是在英国，普遍产生了某种认识，即一个民族的"成员"的"教养"是该民族走向现代化的进程中最为关键的因素。此处的"教养"系指所有希望进取的民族应该公认的一些价值观。此一时期最重要的国民性作家代表塞缪·斯迈尔斯（Samuel Smiles）极力倡导维多利亚时代的伦理道德。他的《品格的力量》（1871）被认为是"文明素养的经典手册""人格修炼的《圣经》"，他认为勤劳、勇敢、诚实、进取、独立、坚韧是维多利亚理想的国民性。《自己拯救自己》近乎最早的文明成功学，他宣称个人只要具备特定的品质就可以实现进步和成功，如即使贫贱，只

---

① ZHANG L X. The Myth of the Other: Chinese in the Eyes of the West [M]. Chicago: The University of Chicago Press, 1988: 113.
② 王立新. 在龙的映衬下：对中国的想象与美国国家身份的建构 [J]. 中国社会科学, 2008 (3): 156.

要坚持就能成功；以勤劳和智慧，就可扼住命运的咽喉；艰难困苦，是成功的垫脚石；即使富贵，也不要懈怠，等等。① 以《英国文明史》（History of Civilization in England）二卷广为中国史界熟知的亨利·托马斯·巴克尔（Henry Thomas Buckle）作为实证主义史学理论先驱，其理论的核心即以"自然科学"方法考察文化史及国民性，将国民性作为可被条分缕析的规律来揭示人类文明进退的公理，对明治日本以及东渡后的梁启超都产生了深远影响。1878 年田口卯吉将《英国文明史》译成日文，推动了日本文明史及国民性讨论的热潮。而据石川祯浩考证，梁启超于《新民丛报》创刊号发表的《地理与文明之关系》一文"直接地借自浮田和民《史学通论》的《历史与地理》，间接地来自博克尔《英国文明史》"②。斯迈尔斯与巴克尔创造了以理想国民性为文明进化公理的历史范式，总结了理想国民性的构成以及如何养成方法。

　　西方对中国他者形象的想象以及文明史对国民性的公理化范式，极大地促成了日本明治"文明开化"的思想热潮。③ 明治六年从美国回国的森有礼倡导而成立影响力极大的明六社，主要成员有福泽谕吉、西周、加藤弘之、西村茂树、中村正直等十多人，发起的长达十年之久的明治启蒙思想运动，主导于文明开化，国民性的大讨论成为明治时期经久不衰的议题之一。尽管有日本学者考证"国民性"作为"和制汉语"不见于明治时代出版的任何辞书，它的首次出现是大正八年（1919 年），在其正式进入辞书作为一般用语前，从较早纲岛梁川的《国民性と文学》（1898）到芳贺矢一的《国民性十论》（1907），恰是经历了 1895 年甲午战争到 1904 年日俄战争的大讨论的定型期，在国家主义和国家有机的观念下，Nation 与 Nationality 从"国"增加了"民"的内涵，逐步衍生出了"人民之性质"和"国风，民风，人民之性质"的内涵。④ 根据李冬木的考证，在明治时期，国民性在语意上主要是"国风、民风、人民之性质、民情、民性、国、国体、民生、爱国、人民、人种、本国、国粹、国民主义、建

---

① 塞缪尔·斯迈尔斯. 自己拯救自己［M］. 北京：中国书籍出版社，2017.
② 石川祯浩. 梁启超与文明的视点［M］//狭间直树. 梁启超·明治日本·西方. 北京：社会科学文献出版社，2001：109.
③ 鲍绍霖，王宪明，高曼. 欧洲、日本、中国的国民性研究：西学东渐的三部曲［J］. 近代史研究，1992（1）.
④ 日本佛教大学李冬木考证，目前首次见到该词条（国民性）的辞典是时代研究会所编《现代新语辞典》，此次所见版本为耕文堂大正八年（1919 年）的第七次印刷，版权页表示该词典的第一次印刷为 1918 年。参见：李冬木. "国民性"一词在日本［J］. 山东师范大学学报（人文社会科学版），2013（4）.

国、国籍",① 从明治延续大正的国民性讨论热潮,是梁启超国民性批判的直接思想来源。

正如狭间直树所指出的,"'国民'的用法在《时务报》时期的《变法通议》中只出现过一次,而在到日本后经常使用"。② 日本佛教大学李冬木认为国民性作为问题意识远远早于其作为词语的一般概念,明六社大量的政论及著作已经接受和提出了"Nationality"或"the National character"的问题,而作为词语则直到明治三十年才被收入辞典,据此李冬木认为梁启超在讨论国家国民最鼎盛时期,并没有在辞典意义上使用"国民性"。③作为一个外来词汇,日本在明治时期从"兰学"转向"英学"实际上要晚于中国,因此森冈健二等日本学者注意到了在先的"英华字典"对日本引入"Nationality"的影响,也就是说"国民性"有一个从西方到中国,再从中国到日本,最后从日本到中国的复杂回旋过程。森冈健二认为罗布存德《英华字典》(W. Lobscheid. English and Chinese Dictionary. Hong Kong,1866—1869)对英和辞书的影响最大,中村正直的《英华和译字典》(1879)以及井上哲次郎《增订英华字典》(1884)均以罗布存德为底本。从最早的西方到中国的翻译仅仅是字面意义上的直译,但是从中国到日本却发生了创造性的意译,罗布存德将"Nationality"翻译为"国之性情,好本国者",实际上是从西方语境中的一般意义的呈现,然而明治时代将此词进一步衍生为多达十六项的复杂意义,"国风、民风、人民之性质、民情、民性、国、国体、民生、爱国、人民、人种、本国、国粹、国民主义、建国、国籍"④。显然该词承担了明六社等启蒙知识分子创建日本现代化思想的符号能指功能,将其偏离了罗布存德导入的西方词源内涵。然而李冬木等学者在考察"国民性"一词作为固定的用语时,一个重要的细节没有予以足够的重视,即在"国民+性"的构词形态出现之前,已经存在"民+性"的近似构词形态,《日本国语大辞典》"民性"词条如下:

---

① 李冬木.   "国民性"一词在日本[J]. 山东师范大学学报(人文社会科学版),2013(4).
② 狭间直树.《新民说》略论[M]//梁启超·明治日本·西方.北京:社会科学文献出版社,2001:71.
③ 尽管在说法上各有不同,但在指一国国民所共同具有(日语作"共通")的特性上是一致的,而这种特性又可具体落实到价值观、行动方式、思考方法和气质等方面。这是由日语辞书中所看到的通常的解释。参见:李冬木."国民性"一词在日本[J]. 山东师范大学学报(人文社会科学版),2013(4).
④ 李冬木."国民性"一词在日本[J]. 山东师范大学学报(人文社会科学版),2013(4).

<<< 第四章 幽暗意识：梁启超的国民性批判

みんせい【民性】〔名〕人民の性質や性格。※真善美日本人《三宅雪嶺》日本人の能力"民性の発揚を図る者"※礼記—王制"司徒脩六礼，以節民性"。①

众所周知，"民性"是先秦儒家思想的重要命题，是作为"三代"理想社会形态的基本观念，当然也是周制的基本思想。上海博物馆藏战国楚竹书《诗论》第16、20、24简有三处"民性"：

吾以《□（葛）□（覃）》得氏（怟）初之诗，民眚（性）古（固）然，见其美，必谷（欲）反其本。（第16简）

[吾以《鹿鸣》得]币帛之不可迻（去）也，民眚（性）古（固）然，其隐志必又（有）以俞（喻）也。（第20简）

吾以《甘棠》得宗庙之敬，民眚（性）古（固）然，甚贵其人，必敬其立（位），悦其人，必好其所为，亚（恶）其人者亦然。（第24简）②

上博简是儒家较早系统讨论民性的文献（上博简是先于焚书坑儒即公元前223—前222年的随葬书简）。孔子以"诗论"的方式，从日常生活中引申"币帛不可去也"，因民愿（隐志）必有以寄托（喻），须以礼率物，得出"人不可粗也"的结论，从而围绕币帛作为礼的形式讨论伦理及道统的根本意义。此处需要特别指出的是，在孔子的语境中，民性之民，乃是底层百姓，他认为底层百姓天性具有追求礼的本质，此见合于郭店楚简《性自命出》篇，此由孟子人性本善进一步丰富深化，发展成为先秦儒学以仁为本、以礼乐为核心的思想体系。

回到日本明治前期国民性的互文问题，显然国民性在成为正式日语之前，经由英中到英日的引入时，在最底层的意涵上吸收了中国儒家的民性意义，在此基础上再重新从日本现代性的历史语境中创造了国民性的内涵。国民性在明治时期从一种问题意识到确切地成为日本现代性能指经历了复杂而相对长时期的过渡，那么梁启超在接触到日本明治中最重要的核心问题国民性时，是在什么意涵上接受并内化了这一背后复杂的西方他者的呢？

（三）民气：梁启超国民性话语的形而上学重建

如本章第一节所论，梁启超最早于1896年先后在《变法通议》的《论科

---

① 李冬木."国民性"一词在日本[J]. 山东师范大学学报（人文社会科学版），2013（4）.

② 晁福林. 从上博简《诗论》第20号简看孔子的"民性"观[J]. 河北学刊，2005（4）.

举》，以及《学校总论》中首次使用"国民"一词，指出"夫人才者，国民之本。学校者人才之本，兴学所以安国而长民也"。但是到1911年首次使用国民性之前，在1896—1906年，梁启超大量使用"民气"来意指与之具有相近意义的概念。见下表：

年份	作品
1896	《波兰灭亡记》、《论中国积弱由于防弊》、《变法通议》（1）
1897	《变法通议》（2）、《致伍秩庸星使书》
1898	《清议报叙例》
1899	《论中国与欧洲国体异同》《论支那独立之实力与日本东方政策》
1900	《论今日各国待中国之善法》
1901	《灭国新法论》《难乎为民上者（自由书）》《清议报一百册祝辞并论报馆之责任及本馆之经历》《中国积弱溯源论》《中国四十年来大事记》
1902	《新民说》（至1906）、《近世第一女杰罗兰夫人传》《匈加利爱国者噶苏士传》《论教育当定宗旨》《新史学》《新罗马传奇》《新中国未来记》《意大利建国三杰传》
1903	《新英国巨人克林威尔传》
1905	《俄京聚众事件与上海聚众事件》《德育鉴》《祖国大航海家郑和传》《代五大臣考察宪政报告》
1906	《申论种族革命与政治革命之得失》

梁启超首次使用"国民性"是1911年发表的《中国前途之希望与国民责任》中（《国风报》，第5、7、10期），且在1914年《丽韩十家文钞序》始对"国民性"予以定义："国民性何物。一国之人。千数百年来受诸其祖若宗。而因以自觉其卓然别成一合同而化之团体以示异於他国民者是已。"与梁启超使用"国民性"具有参照性的思想坐标严复，首次使用该词也同样是在1914年，为收在《宗圣汇志》第1卷第10期撰写的《建议提倡国民性案原文》。在后文将要讨论的由章太炎主持的《民报》（1905年12月—1908年10月，共计26期）在与梁启超《新民丛报》的论战之中，双方俱没有出现"国民性"一词。[①] 因此在辛亥革命之前，梁启超有关"国民性"的讨论实际上是基于"民性""民

---

① 小野川秀美.《民报》索引（上、下册）[M].京都：京都大学人文科学研究所，1970.

气"的观念展开的。

"气"在中国哲学体系中是一个古老的思想，在两汉以前各家都以气论建立原始宇宙论的体系。气与理相对，主要指物的本质。"在中国哲学中，注重物质，以物的范畴解说一切之本根论，乃是气论。中国哲学中所谓气，可以说是最细微最流动的物质，以气解说宇宙，即以最细微最流动的物质为一切之根本。"① 气作为宇宙论的原初概念，甫一出现就与社会民生、国家存续产生了解释关系。公元前780年，幽王二年泾、渭、洛三川地震，太史伯阳父认为："周将亡矣！夫天地之气。不失其序；若过其序，民乱之也，阳伏而不能出。阴迫而不能蒸。于是有地震。今三川实震，是阳失其所而镇阴也。阳失而在阴，川源必塞。源塞，国必亡。夫水土演而民用也。水土无所演，民乏财用，不亡何待？"② 春秋时形成了"六气"说，医和认为："天有六气……六气曰：阴、阳、风、雨、晦、明也。"③ 气被认为是宇宙万物的本质，"天六地五，数之常也"④。"六气"被直接运用于人的生命本质及其病理规律，因而气论直接发展出民气的思想，以解说人的生命之自然本质及其规律。"民气"最早可见于《黄帝内经》："先立其年，以明其气，金木水火土运行之数，寒暑燥湿风火临御之化，则天道可见，民气可调。"⑤ 又有"五之气，春令反行，草民乃荣，民气和"。除此之外，"六气"说还被发展出人的思想情感的变化解释体系，故有"民有好、恶、喜、怒、哀、乐，生于六气"之说。因此，民气在先秦两汉时期，既有宇宙论下的生命本质的生命哲学内涵，同时又有人的思想情感的心理内涵。这两种内涵的民气频繁地出现在先秦至两汉其他典籍之中。如《吕氏春秋》云："民气郁阏而滞著，筋骨瑟缩不达。"⑥ 战国时代从封建社会陷入混战，并逐步从周制向秦制大转型，民气开始从小国寡民的以生命哲学为主要内涵的一极转入社会心理学的一极。如《韩非子》云："使文王所以见恶于纣者，以其不得人心耶，则虽索人心以解恶可也。纣以其大得人心而恶之，已又轻地以收人心，是重见疑也。"⑦ 至西汉初，由于秦在商鞅变法下，以极短的时间迅速从强盛到崩溃瓦解，致使法与礼成为当时极受关注的问题。贾谊在《上疏陈政事》

---

① 张岱年. 中国哲学大纲 [M]. 北京：清华大学出版社，1990：71.
② 左丘明. 国语 [M]. 上海：上海古籍出版社，1978：45.
③ 左丘明. 国语 [M]. 上海：上海古籍出版社，1978：45.
④ 左丘明. 国语 [M]. 上海：上海古籍出版社，1978：45.
⑤ 黄帝内经 [M]. 田代华，整理. 北京：人民卫生出版社，2005：154.
⑥ 吕不韦，编. 吕氏春秋 [M]. 高诱，注. 上海：上海书店出版社，1986：51.
⑦ 韩非子. 韩非子 [M]. 秦惠彬，点校. 沈阳：辽宁教育出版社，1997：145.

中将民气内涵扩大为社会心态和精神风貌："道之以德教者，德教洽而民气乐；驱之以法令者，法令极而民风哀。"① 民气从宇宙论的生命哲学到社会学意义上的社会心态，从六气的情感理论发展出社会道德意味，到《管子》形成了气一元论观念，② 并且得到儒道各家的充分发挥。孟子"善养浩然之正气"，将孔子之仁进行理性凝聚，发展出以气为内外本质的伦理意志。老子的朴素辩证哲学亦认为"万物负阴而抱阳，冲气以为和"，到庄子则发展为"通天下一气"的阴阳辩证体系。气的辩证体系在《易传》的十篇里得到了最充分的完善和发展。气一元论则在荀子那里完成了集大成的总结。这是气论在两汉以前第一次的系统发展，而到宋明理学则发生了第二阶段的形而上学转折。宋明理学要应对佛学对儒学的形而上学冲击，解决性空与性实的矛盾。张载对此做出最早的形而上学建设，他重新引入和发展了《管子》的精气之说，将气作为太虚之本以解决性空论，形成了完整而系统的气一元论："太虚无形，气之本体，其聚其散，变化之客形尔。至静无感，性之渊源，有识有知，物交之客感尔。"③ 以张载的气一元论，引发了宋明理学的形而上学建构分歧，二程否定气是天下的本源，气作为有形的自然本质不能为儒家的道德学说提供坚实的形而上学根据，因此二程坚持理是天下的本源。然而舍气取理的道路为二程遗留下无法解决理气之间的关系的难题。朱熹试图进行理气的调和，解决儒家形而上学的矛盾，认为理气不能舍一而独存，"天下未有无理之气，亦未有无气之理。"他认为理气具有直接关联的属性，"有是理便有是气，但理是本，而今且从理上说气"。并且明确地确定"理形而上者，气形而下者"。因此，朱熹得出了理先气后的结论："理与气本无先后之可言。但推上去时，却如理在先，气在后相似。"④ 然而理与气的第一性问题仍留下了争论的线索。此后以王夫之为代表的新气一元论再次崛起，沿着罗钦顺"盖通天地，亘古今，无非一气而已"⑤，以及王廷相"天地之间，一气生生，而常，而变，万有不齐。故气一则理一，气万则理万"⑥的道路，将气提升到了哲学的最高范畴，将理视为气的辩证方式："理本非一成可执之物，不可得而见；气之条绪节文，乃理之可见者也。故其始之有理，即

---

① 班固. 汉书 [M]. 赵一生, 点校. 杭州：浙江古籍出版社, 2000：728.
② 有学者指出宋钘、尹文所作《白心》《内业》《心术》上下组成《管子》思篇, 所谓的宋尹学派, 是气一元论形成的标志。参见：张运华. 先秦气论的产生及发展 [J]. 唐都学刊, 1995（3）.
③ 张载. 正蒙 [M] // 张载集. 北京：中华书局, 1978：7.
④ 朱熹. 朱子语类（一）[M]. 北京：中华书局, 1986：1, 3, 2.
⑤ 罗钦顺. 困知记 [M]. 北京：中华书局, 1990：5.
⑥ 王廷相. 王廷相集 [M]. 北京：中华书局, 1989：848.

于气上见理；迨已得理，则自然成势，又只在势之必然处见理。"①

以上简略回顾气论以及延伸而出的"民气"在中国思想史上两次内涵的大转折，如果简略概括，气以及民气有如下几个主要的内涵。一是春秋时代宇宙论的天人本质观念，进而发展出民气的生命本质观，以及解说生命发展规律的病理学说，由此到战国时期再进一步延伸出六气说，发展出了人的思想情感的解说体系。宇宙论和情感论两端在宋尹学派发展出气一元论，在孟子那里被恰好以之统照仁的意志化，将仁视为人的气的实践和完善。二是在宋明理学之中，天人合一进而为天人合一理，气在气一元论、理一元论之中都被视为关键的哲学范畴。因此儒家的民本思想与形而上学的气的范畴的联结，使得民气在梁启超那里有复杂的思想背景及其指涉。

梁启超是在何种意涵上使用"民气"一词的呢？这个问题牵涉梁启超如何看待他所给定的西方以及日本作为他者的国民性知识体系的问题。1899年梁启超在《国民十大元气论》中首先谈到了元气问题："爰有大物，听之无声，视之无形，不可以假借，不可以强取，发荣而滋长之，则可以保罗地球，鼓铸万物，摧残而压抑之，则忽焉萎缩，踪影俱绝……人有之则生，无之则死。国有之则存，无之则亡。不宁惟是，苟其有之，则濒死而生，已亡而复存。苟其无之，则虽生而犹死，名存而实亡。斯物也，无以名之，名之曰元气。"② 梁启超在该文首极尽浪漫之笔调描述的元气，与罗钦顺之语气非常相似："盖通天地，亘古今，无非一气而已。气本一也，而一动一静，一往一来，一阖一辟，一升一降，循环而已。积微而著，由著复微，为四时之温凉寒暑，为万物之生长收藏，为斯民之日用彝伦，为人事之成败得失。千条万绪，纷纭胶轕，而卒不可乱，有莫知其所以然而然，是即所谓理也。初非别有一物，依于气而立，附于气而行也。"③ 梁启超在这里所讨论之气或者元气与气一元论所持本体观是一致的，但是与罗钦顺、王廷相以及王夫之专论形而上学所不同的是，梁启超对气论的哲学讨论并不感兴趣，他仅仅是在隐喻的层面借用气本论的世界观来把握他所要探讨的天下形势。因此，在该文他紧接着将元气引入另一个更指向现代形式的概念——文明。他仍然坚持其在一年前所著《新政诏书恭跋》中对晚清六十年变法的立场，即来自西方的呈现为形质之事物不可称为文明。他解释："如此者可谓之文明乎？决不可。何也？皆其形质也，非其精神也。"那么作为精神的文

---

① 王夫之. 读四书大全说［M］//船山全书（第六册）. 长沙：岳麓书社，2011：994.
② 梁启超. 国民十大元气论［M］//梁启超全集. 北京：北京出版社，1999：267.
③ 罗钦顺. 困知记［M］. 北京：中华书局，1990：5-6.

明与国民元气有何关联呢？"所谓精神者何？即国民之元气是亦。"梁启超将衣食住行等可以闻见的称为文明形质的形质，将政治法律视为文明形质的精神，他所要追求的是作为文明精神的精神。何谓精神的精神？梁启超语焉不详，令人很难把握，常常将其作为一种突出语意的比喻看待。但是如果我们回到对气论的简略回顾，很明显梁启超是从气一元论的角度，将气作为天下本源的概念来使用的，即精神的精神，也即构成人的精神活动的本质。

值得注意的是，梁启超为更好地说明所谓的精神的精神，引用了孟子的话："以直养而无害，则塞于天地之间。是之为精神之精神。"① 我们知道孟子有非常著名的"知言养气"之论，集中于《孟子·公孙丑上》第二章。孟子发挥了稷下学派的自然元气论，如前文所述，他们不仅将气视为宇宙的本源，并将气与人的思想、意志联系起来，认为"气者，身之充也"②，以及"精也者，气之精也者也。气道乃生，生乃思，思乃知，知乃止矣"③。在孟子那里，气的物质本源的一面被淡化了，气作为人的精神层面的关键性要素被强调，甚至指出了孔子仁的养成路径和方法。其中重要的一点如学者所重视的是，孟子延续了孔子"气以实志"的思想，在气与志的关系上反对道家"无听之以心而听之以气"④ 的无为和外义，而是强调"以志帅气"的思想。孟子实志以"不动心"之勇，所谓不动心，即孔子所谓"君子道者三，我无能焉：仁者不忧，知者不惑，勇者不惧"（《论语·宪问》）。不动心即不忧、不惑、不惧，孟子的超越之处在于，更进一步指出如何实现抽象的"不动心"，提出养勇与养气的关系。孟子通过批判"不得于心，勿求于气"，表面上认可告子，实质上辩证出"以志帅气"，义在于内，心是气的"精神的精神"。尤其以"自反而缩"式的养勇，以及反对告子"不得于言，勿求于心"，强调仁义在于内，得出"志至焉，气次焉"的基本看法。又由于气与志的"志一则动气，气一则动志"辩证关系，使得气由主体理性转化为"配义与道"的道德意志和伦理行动。回到梁启超强调的"精神之精神"，恰是暗含了孟子"养气"的内在规定性之界说，即强调培养人的自觉的内在精神主体，从而发展出"浩然之气"的大勇，面对巨变时代能够知言且不动心，通过内在正义性的自觉和发展，承担君子成仁的历史责任。当然梁启超同时接受了孟子对养气的基本看法，那就是"直养而无害"，顺应人

---

① 梁启超. 国民十大元气论 [M] //梁启超全集. 北京：北京出版社，1999：267.
② 管子. 管子·心术下 [M]. 李山，注. 北京：中华书局，2009：75.
③ 管子. 管子·内业 [M]. 李山，注. 北京：中华书局，2009：125.
④ 庄子. 庄子·人间世 [M]. 北京：中国社会科学出版社，2004：109.

性之自然，由内在理性的培育，促使气达到"至大至刚"的理想精神境界，这恰是梁启超从传统思想资源出发对新民的主体性建立的一种隐含脉络。

从孟子气论出发，显然符合梁启超对物质乃至法律制度的分析性的排除，进而可以直接强调精神价值在人的全部之中占据的本质性地位。尤其在悠久的宋明理学之中，气不仅是物质的本质，甚至是天理的基础："夫所谓理者，气之流行而不失其则也。太虚中无处非气，则亦无处非理。孟子言，万物皆备于我，言我与天地万物一气流通，无有碍隔，故人心之理，即天地万物之理，非二也。"① 因此，从较为根本性的层面观察，梁启超的国民的元气直接排除了一切物质乃至与物质直接关联的法律、制度的纠缠，将其对国家的形而上学思考转入到人的纯粹道德精神领域进行辨析，从而将宏大的国家政治与个体存在的本质联系在一起。当然从我们讨论的国家有机体的视角出发，也可以看到，通过元气、民气的本体论，国家与个体在气的视角下，具有内在的统一性。因此梁启超才引《左传》"国于天地，有与立焉"进一步引申说："国于天地，必有与立。国所与立者何？曰民而已。民所以立者何？曰气而已。"② 通过对传统思想资源的再次引证，以气为质，将国家有机论与国民性进行整体性的同一化关照，以此建立起对抗作为他者的西方现代国民性话语的压迫性焦虑。由于气论是中国传统学术悠远的形而上学基础，因此梁启超得以进入广阔的中国学术传统思想，以此重建由西方启蒙运动以来对东方尤其是中国构建的国民性知识体系，将国民性问题重新引入中国话语的体系之内，从而试图从中国自身的传统中发现其内在的现代线索，摆脱"国民性"从形式到内容深刻的西方他者性，这种重建话语的努力，可以非常明显地与梁启超同时期的思想家乃至五四新文化运动理论家逐渐陷入国民性话语的他者性倾向形成强烈的对比。

以气论为形而上学基础的国民性被从一般的民族志的现象学观察转入到精神领域，尤其是进入了梁启超至为关注的道德层面。所以我们很自然地在梁启超真正进入国民性话语之后，很少看到他对中国国民性进行现象性的描述和比较，这一点反而与五四新文化运动引起的新一轮国民性话语高潮有着明显的区别。因此与鲁迅受到傅明恩对中国国民性的社会学、文化学的近乎形而下话语的深刻影响不同，梁启超由于在其国家学阶段中，始终强调形而上学的建构，因此延续其国家学话语，在进入组成国家的国民话语中，他仍然坚持从哲学本体的抽象高度来整体关照和构建自己的话语体系。梁启超在戊戌话语时期就明显表

---

① 黄宗羲. 明儒学案 [M]. 北京：中华书局，1985：512.
② 梁启超. 国民十大元气论 [M]//梁启超全集. 北京：北京出版社，1999：267.

现出对思孟学派的继承，尖锐批判荀子，因而在国民性的哲学本体上延续了孟子的知言养气论，将儒家"以志帅气"的观念引入现代国民理论之中，因此也自然地避开了西方对中国的国民性想象陷阱，将国民性话语导入建基于中国传统文化之上的道德哲学领域。

第三节　从道德革命到道德改良

梁启超对道德的关注早在戊戌政变之后进行的政治哲学批判阶段就已经开始。梁启超在戊戌之前始终将中国历史身份的他者转化的矛盾和障碍视为孔学之不传，然而这一矛盾可以通过批荀返孟的思想重建加以解决。但是从历史身份思考进入立宪维新，从思想反思落实到历史实践，戊戌政变的失败是否是因从传统到近代的"新政"导致的呢？其新旧力量反映在上层政治中的冲突是否是变法带来的呢？梁启超在其戊戌叙事里显然认为新政不应该也无须担负起新旧矛盾的责任，直言之，戊戌变法的失败不是由变法自身的合理性乃至合法性导致，而是由中西的历史身份的错位转入中国自身新旧的对峙导致的。梁启超通过《废立始末记》等文，将慈禧塑造为寡情刻毒、人伦尽丧，一个时至今日仍然令人切齿的"全民公敌"形象，中国之旧在政治上的不合法不言而喻，但其根源来自其道德的败坏。在经历国家话语的阶段后，梁启超重新返回人的问题，道德作为人的根本也被重新纳入他的思考核心领域之中。

一、道德目的论

在国家话语阶段之后，梁启超的思路非常清晰，从民族论出发，指出"盎格鲁-撒克逊人所以定霸于十九世纪，非天幸也，其民族志优胜使然也"，进而转入"吾国民之性质，其与彼召衰、召弱者异同若何？与此致兴、致强者异同若何？其大体之缺陷在何处？其细故之薄弱在何处？"他认为在一种世界民族史的背景下进行勘验，则"新国民可以成"①。梁启超在提出这一命题后，直接进入了道德问题。他并没有延续在戊戌话语阶段对中国之旧的道德的批判和揭露，而是试图"纵观宇内之大势，静察吾族之所宜，而发明一种新道德，以求所以

---

① 梁启超. 就优胜劣汰之理以证新民之结果而论及取法之所宜 [M] //梁启超全集. 北京：北京出版社，1999：660.

固吾群、善吾群、进吾群之道"①,"新道德"之新,并不是对戊戌叙事旧道德的简单对立,而是抛开了稍稍远离的戊戌政变历史经验,试图从冷静的理性思辨角度,以调适的方式回到形而上学,强调"一曰淬厉其所本有而新之,二曰采补其所本无而新之"。梁启超之所以在道德命题上离开非常贴近的戊戌维新的历史实践,而是转入形而上学的道德哲学,与他调适的、幽暗的观念有直接的关系,那就是力图避免激进或者保守的偏执,从积极但极其审慎的立场来导引国民性话语。因此他开宗明义指出:

> 世界上万事之现象,不外两大主义:一曰保守,二曰进取。人之运用此两主义者,或偏取甲,或偏取乙;或两者并起而相冲突,或两者并存而相调和。偏取其一,未有能立者也。有冲突则必有调和,冲突者,调和之先驱也。善调和者,斯为伟大国民;盎格鲁-撒逊人种是也。譬之蹞步,以一足立,以一足行。譬之拾物,以一手握,以一手取。故吾所谓新民者,必非如心醉西风者流,蔑弃吾数千年之道德、学术、风俗,以求伍于他人。亦非如墨守故纸者流,谓仅抱此数千年之道德、学术、风俗,遂足以立于大地也。②

在保守和激进的中间道路上,梁启超选择纯粹思辨的道德之路。但是在《新民说》之《论公德》发表的同年,梁启超尚处于激烈的破坏主义思想阶段,受到孙中山革命派的影响,年底发表了《释革》一文(1902年12月14日《新民丛报》第22号),在该文中梁启超激昂地提出了道德革命的概念:"夫淘汰也,变革也,岂为政治上为然耳,凡群治中一切万事万物莫不有焉……宗教有宗教之革命,道德有道德之革命……"③ 此处的道德革命,虽曰革命,但绝非激进的政治革命,如其所言,"博考各国民族所以自立之道,汇择其长者而取之,以补我之所不及"④,此时梁启超的道德"革命"所显现的激进性,在于他将道德问题视为其全部思想的终极指向。他甚至认为:

> 苟不及今急急斟酌古今中外,发明一种新道德而提倡之,吾恐今后智育愈盛,则德育愈衰,泰西物质文明尽输入中国,而四万万人且相率而为禽兽也。呜呼!道德革命之论,吾知必为举国之所诟病。顾吾特恨吾才之不逮耳;若夫与一世之流俗人挑战,吾所不惧,吾所不辞。世有以热诚之

---

① 梁启超. 论私德 [M] //梁启超全集. 北京:北京出版社,1999:721.
② 梁启超. 释新民之义 [M] //梁启超全集. 北京:北京出版社,1999:658.
③ 梁启超. 释革 [M] //梁启超全集. 北京:北京出版社,1999:760.
④ 梁启超. 释新民之义 [M] //梁启超全集. 北京:北京出版社,1999:658.

心爱群、爱国、爱真理乎？吾愿为之执鞭以研究此问题也。①

除了对道德重建问题紧迫性的强调表现出一种激进性外，梁启超将公德作为道德革命的首要议题，并以此作为全部道德的根本精神和实质，同样显现出其在破坏主义阶段的激进一面。正如梁启超所直刺"今世士大夫谈维新者，诸事皆敢言新，惟不敢言新道德"，在晚清面临亡国灭种的社会心态下，尽管在知识分子的认识中，中西在文明与野蛮的文化对等中已经发生了对调，但是在伦理纲常上仍然是最后栖身的方舟，然而在此时，梁启超决然将以伦理道德为儒家最根本的奠基之石予以翻转。当然我们要注意其中存在的连续性和非连续性。梁启超仍然在儒家思想极端强调伦理道德的范式上与传统思想建立了连续性，尤其在道德精神的气论上形成了道德的本体观念。另外，梁启超由于试图重新建立中国现代国民的国家理念与价值体系，因此试图扭转和改造儒家以小共同体为基础的私德伦理，同时对在周秦之变后，在大共同体下，由法家性恶论基础上建立的皇权专制下的三纲五常的威权主义伦理道德同样予以批判和粉碎。在小共同体的儒家伦理道德和大共同体下的法家伦理道德体系的双重批判，是梁启超道德哲学与传统思想明显的非连续性，甚至在这一点上，才可以称之为道德革命。

另外，梁启超提出道德革命还要同时对他所提出的破坏主义中的一种带有幽暗意识的忧虑。"惟中国前途，悬于诸君，故诸君之重视道德与蔑视道德，乃国之存亡所由系也。……非有大不忍人之心者，不可以言破坏；非有高尚纯洁之性者，不可以言破坏。"② 在保守与进取之间，梁启超回到形而上学，在民智、民德、民力之间，梁启超同意严复对于渴望强大复兴的中国的立场，但是在选择富强与文明之间，梁启超有更深远的思考，那就是"智育愈盛，则德育愈衰"可能导致精神的衰亡。

梁启超为他的道德革命提出了一个道德的进化论，几乎是对斯宾塞进化伦理的再发展，从这一点可以清楚看到，道德革命所蕴含的社会进化论与严复在《天演论》中的"焦灼、峻急、忧心忡忡，急于宣布'物竞天择、适者生存'为'天演之公例'，进化论成为究天人之际统摄一切的形而上学"③ 有近乎一致的观念基础。

---

① 梁启超. 论私德［M］//梁启超全集. 北京：北京出版社，1999：721.
② 梁启超. 论私德［M］//梁启超全集. 北京：北京出版社，1999：720.
③ 耿传明. "现代性"的文学进程——二十世纪中国文学的动力与趋向考察［M］. 北京：中国文史出版社，2003：17－18.

正如在气一元论的本质观下，梁启超认为文明可分为形质之形质、形质之精神以及精神之精神一样，在同样的一元论中，梁启超将道德分为"道德的外形"（形式）与"道德的精神"（目的）。他认为道德的形式是具体的，根据文明程度的不同，其外在规范各有不同，"至其道德之外形，则随其群之进步以为比例差。群之文野不同，则其所以为利益者不同，而其所以为道德者亦自不同。德也者，非一成而不变者也"；① 而道德的目的被梁启超等同于道德的根源，因此道德的目的是唯一的，那就是有利于群体的利益和发展，即"道德之立，所以利群也"②。由于道德的精神既是其来源又是其目的，所以也是"亘万古而无变"的。如此梁启超将道德的形式纳入了社会进化论的序列，但是又同时为全部道德的发展规定了一个同一的价值和目的，从而为新民的道德革命建立了一个逻辑化的框架体系。在群己权界的层面，梁启超将道德区分为公德与私德。那个亘古不变，既是道德的根源同时也是道德的目的的精神，就是公德。梁启超自认此为"惊世骇俗"之言：

> 然则道德之精神，未有不自一群之利益而生者。苟反于此精神，虽至善者，时或变为至恶矣。如自由之制，在今日为至美，然移之于野蛮未开之群，则为至恶。专制之治，在古代为至美，然移之于文明开化之群，则为至恶。是其例证也。是故公德者，诸德之源也。有益于群者为善，无益于群者为恶。无益而有害者为大恶，无害亦无益者为小恶。此理放诸四海而准，俟诸百世而不惑者也。至其道德之外形，则随其群之进步以为比例差。群之文野不同，则其所以为利益者不同，而其所以为道德者亦自不同。德也者，非一成而不变者也。③

由于道德具有终极目的，所以任何具体的道德形式都必须以此为标准来衡量其善恶。而道德的形式由于文明程度不同，其所构成的群体不同，因此利群也就具有历史的具体条件和相对性。道德革命的哲学基础也正在于此，中国从一个两千年皇权专制国家从近代民族主义转向民族帝国主义的过渡时代，必须从家天下的全体向一人转向全体向国家的群体形式。因此，道德革命在根本上不是道德本身的革命，而是道德形式的革命，从皇权专制的大共同体向民族主义的大共同体转化的伦理过渡。因此梁启超不得不循循善诱道："然则吾辈生于此群，生于此群之今日，宜纵观宇内之大势，静察吾族之所宜，而发明一种新

---

① 梁启超. 论私德 [M] //梁启超全集. 北京：北京出版社, 1999：721.
② 梁启超. 论私德 [M] //梁启超全集. 北京：北京出版社, 1999：721.
③ 梁启超. 论私德 [M] //梁启超全集. 北京：北京出版社, 1999：721.

道德，以求所以固吾群、善吾群、进吾群之道。未可以前王先哲所罕言者，遂以自画而不敢进也。知有公德，而新道德出焉矣，而新民出焉矣。"① 在梁启超看来，帝制向民族国家的过渡是不可抗拒的进化之路，无论从公羊学之本义还是西方他者的全球秩序来看，都是保国保种不可抗拒的趋势。由于梁启超国家思想内核的契约论所强调的个体实在论，即国家作为抽象概念，并不是被笼统地看作伯伦知理的有机体论，而是更偏向穆勒的个体化，因此梁启超认为国家由民积累而成，国家的形态由国民本身的状态而集合。因此在这里，公德作为过渡时代的道德目的，成为国家形态转化的首善。

二、利群的道德实践论

梁启超从社会唯名论以及个体实在论出发，强调国民个体道德决定国家形态的论断，在当时就引起了较大的影响和争议。梁启超在其《答飞生》（1903年《新民丛报》第40、41号之《饮冰室自由书》）中的争辩，可以帮我们更进一步了解他的道德革命的内在意涵。在日本发行的留学生杂志《浙江潮》中，飞生（蒋百里笔名）激烈批评梁启超《新民说》倒果为因，脱离历史实际。他认为国民性"积自千年百年之前，亦既习之成性"，断非"亦一议论所能奏功，亦断非十年数十年之作能见效"，因此所谓的新民在"理论上言，则有新民，固何患无新政府。而自事实上言，则必有新政府，而后可得新民"。② 他认为政府是群体的代表，相对于大众而言是社会的精英，因此政府天然具有新民的职责，如今梁启超却反其道而行之："今政府既不能承担其天职，而乃不思易而置之，而仍教之以自新，不教之一变少数短年易变之政府，而教之一新多数积重之民俗，吾知其事之万不可期。"③ 飞生站在革命派的立场，质疑梁启超改良的历史可能，认为"治乱国，则当用简单之法"，即采取直接的暴力革命，采取自上而下的社会转化，从而快速走上民主共和的国家形式。飞生的看法并非少数，相反几乎代表了当时在日留学生的相当普遍之看法，由此文可知，梁启超提出的道德革命，既面临着当时历史现实的挑战，同时自身的理论合理性也处于矛盾的发展之中，在第二年，梁启超访美归日，受到了巨大的现实刺激，旋即撰文发表了《论私德》《论民气》《论政治能力》等文，对公德又提出了几乎调转性的补充论证。梁启超对飞生的答难显示了梁启超对暴力革命的谨慎态度，也即

---

① 梁启超. 论私德 [M] //梁启超全集. 北京：北京出版社，1999：721.
② 梁启超. 答飞生 [M] //梁启超全集. 北京：北京出版社，1999：972.
③ 梁启超. 答飞生 [M] //梁启超全集. 北京：北京出版社，1999：972.

新政府与新民具有同质性。在梁启超看来，所谓政府并不是抽象的国家机器，抑或具体的职能部门，革新政府同样是由具有新的国民思想道德的人组成的权力群体。因此，梁启超争辩，"飞生何以能作此想，能作此言，则以飞生固已自新者也"，因此即便对政府进行暴力革新，也需要普遍的新民才能够真正实现，而非简单的政府政权的递变。

在《答飞生》的辩难中，梁启超将其道德革命建筑在其坚实的个体实在论之上，因此较好地缝合了其自身的悖反。由于梁启超抱定个体实在论的观念，将国家乃至政府视为个体的聚合，就个体的道德而言，除了公德是道德的来源和目的外，还有更为至关重要的原因将其列为道德革命的核心，因此也就发展出了围绕群、国家展开的道德实践理论。

就一般意义而言，学者普遍认为道德实践应追问"应当做什么"以及"应当如何做"的问题，也即道德实践"更多地包含价值层面的内涵，并与道德理想、道德目的有着更切近的联系"①，然而梁启超所建构的新民道德实践更强调从传统道德哲学以及历史主义角度考察"应当和如何"的问题。因此与前文所阐释梁启超对国民性的创造性转化相一致，其形而上学的气一元论同样强调道德的精神实质是亘古不变的，那就是利群；那么具体到道德形式，从历史实践看，梁启超认为强调公德是因为中国一直自诩为道德发达的国家，但是两千年皇权专制形成的道德体系实际上具有巨大的缺失，即私德发达而公德阙如。此判断早在维新之前的《说群序》（1897 年 5 月 17 日，《知新报》第 18 册）对群的强调埋下了伏笔。梁启超直言："群者，天下之公理也。"② 两千年来儒表法里的秦制形成的皇权专制构成了梁启超所谓的"独术"统治方法，秦制要求打破儒家小共同体的伦理秩序，即击碎儒家所谓"为父绝君，不为君绝父""君殆不如父重"的宗法父权体系，以及在小共同体之上形成的封建贵族道德政治传统——"民为贵，社稷次之，君为轻"，那种体现"大夫不必得乎天子，丘民不必得乎诸侯""各长其长"的封建伦理道德体系，以君主专制打破血缘族群纽带，突破长者伦理，"编户齐民"直接控制，从而使得个体直接效忠皇权。并且在强调术和势的唯利主义下，从宗法家族中打散的个体被恩威并举的皇权彻底贯穿，形成天下尽忠皇帝一人而不知有国有群的局面。因此梁启超痛批：

何谓独术？人人皆知有己，不知有天下。君私其府，官私其爵，农私其畴，工私其业，商私其价，身私其利，家私其肥，宗私其族，族私其姓，

---

① 杨国荣. 伦理生活与道德实践 [J]. 学术月刊，2014（3）：54.
② 梁启超. 说群序 [M] //梁启超全集. 北京：北京出版社，1999：93.

乡私其土，党私其里，师私其教，士私其学，以故为民四万万，则为国亦四万万，夫是之谓无国。①

群既是自然进化和社会进化的统一规律，也是民族主义的根本，当然也是中国积弱积弊的历史原因，"优劣之道不一端，而能群与不能群，实为其总源"，梁启超在形而上学上再进一步，将群看作是道德的基础。如此，"人人独善其身谓之私德，人人相善其群者谓之公德"，那么公德无论从自然之律还是从历史本质上看都具有先天的根本性，"是故公德者，诸德之源也"②。同时，由于中国两千年以来秦制导致皇权下的奴性，缺乏群的意识和能力，那么相应地，也就缺乏相善其群的伦理道德：

> 吾中国道德之发达，不可谓不早。虽然，偏于私德，而公德殆阙如。试观论语孟子诸书，吾国民之木铎，而道德所从出者也。其中所教，私德居十之九，而公德不及其一焉。

> 今试以中国旧伦理，与泰西新伦理相比较，旧伦理之分类，曰君臣，曰父子，曰兄弟，曰夫妇，曰朋友。新伦理之分类，曰家族伦理，曰社会即人群伦理，曰国家伦理。旧伦理所重者，则一私人对于一私人之事也。

> 新伦理所重者，则一私人对于一团体之事也。以新伦理之分类，归纳旧伦理，则关于家族伦理者三，父子也，兄弟也，夫妇也。关于社会伦理者一，朋友也。关于国家伦理者一，君臣也。然朋友一伦，决不足以尽社会伦理。君臣一伦，尤不足以尽国家伦理。何也？凡人对于社会之义务，决不徒在相知之朋友而已。即绝迹不与人交者，仍于社会上有不可不尽之责任。至国家者，尤非君臣所能专有。若仅言君臣之义，则使以礼，事以忠，全属两个私人感恩效力之事耳，于大体无关也。

> 若中国之五伦，则惟于家族伦理稍为完整，至社会国家伦理不备滋多，此缺憾之必当补者也。皆由重私德轻公德所生之结果也。夫一私人之所以自处，与一私人之对于他私人，其间必贵有道德者存，此奚待言？虽然，此道德之一部分，而非其全体也。全体者，合公私而兼善之者也。③

梁启超对中国传统道德进行了以群己为观察视角的分析。值得注意的是，梁启超所分析的旧伦理实际上是先秦古儒力图恢复的周制，他所列举经典如

---

① 梁启超. 说群序 [M] //梁启超全集. 北京：北京出版社，1999：93.
② 梁启超. 论公德 [M] //梁启超全集. 北京：北京出版社，1999：662.
③ 梁启超. 论公德 [M] //梁启超全集. 北京：北京出版社，1999：662.

《论语》《孟子》《大学》《中庸》《尚书》等，也即以血缘纽带的结合、宗族亲情—父权的伦理关系，是周秦之变以前，法家所未摧毁的温情脉脉的以宗法为核心扩展的熟人社会的道德秩序。在这种以小共同体为本位的社会中，以亲缘和"拟亲缘"为人际伦理范畴内，以分封为政治结构的秩序中，"人各亲其亲，长其长，则天下平"的道德，正是梁启超所谓的"曰君臣，曰父子，曰兄弟，曰夫妇，曰朋友"旧伦理。梁启超选择古儒倡导的周制，而避开秦制下的两千年中国威权道德，主要在于他已经意识到道德必须建立在"国民独具之特质"上，也即前文所论，道德的精神尽管是亘古不变的，其目的在于利于群体的进化，但是道德的形式则是具体的，因此对于道德革命而言，梁启超的幽暗意识使他避开了道德的激进变革，并没有走上五四新文化运动全盘否定传统、要求个性解放的世界主义和无政府主义道路。相反，梁启超所设计的道德革命是"守旧"与"采补"两方面的结合，寻求对先秦古儒伦理道德的现代性动力，将儒学从两千年儒表法里的帝制中重新唤醒，并导入近代民族国家的国民伦理道德体系中去。

先秦儒家道德对于梁启超所期望的民族国家而言，其主要缺陷在于"关于国家伦理者一，君臣也。然朋友一伦决不足以尽社会伦理，君臣一伦尤不足以尽国家伦理"①。在这里，梁启超实际上对私德的肯定和否定具有两面性。在肯定私德的一面，是对古儒对三代之制根深蒂固的向往和努力，即恢复温情脉脉的宗法家族的仁爱道德伦理；但在对私德的批评上，实际上是对儒家仁政被替代为法家的术势，从循吏到民众，从周制的层层分封的家长长幼嫡庶的伦理秩序中解放出来，全部直接服从皇权的垂直专制，养成长官意识和无条件服从威权的奴隶性道德伦理。在思想史上，有学者认为"秦至清帝制时代思想专制的基本特征是'定于一'，追求全体民众思想的绝对统一。控制人心、统一思想，是秦统一之后在治国路径方面的基本选择"②。因此我们看到梁启超对私德的批判所谓的"束身寡过"，实际上可以看作全体个体除了无条件地向皇权负责外，无须也不允许向任何其他对象或者群体负责，因此除了向上级服从完成臣民的职责和徭役任务外，个体在此时是完全独立于家庭和社会组织的，当然这种个体的独立完全不同于近代民主社会的独立，它是直接对等于皇权之下的、不能分属任何其他组织和个人的独立，简单点说，除了是皇家的子民外，个体既无

---

① 梁启超. 论公德 [M] // 梁启超全集 [M]. 北京：北京出版社，1999：661.
② 李振宏. 秦至清皇权专制社会说的思想史论证 [J]. 清华大学学报（哲学社会科学版），2016（4）：5.

其他责任也无其他权利。因此，在这种境况下，个体要维持自身的生存和发展，除了个体对自身负责，即所谓的明哲保身外，任何其他群体和个人都不能承担起保全和维持个体的能力，因为他们同样专属于皇权而无任何独立权力。在秦制之下，皇帝一人的意志就是国家意志，其生杀予夺可以直达任何个体，因此向皇权的服从是绝对的，超越任何法律、宗法、家族和群体之上的，通过郡县制向地方和个体如"毛细血管"般渗透。① 个体本身伦理道德按照追求幸福的目标来看，也只能向专制权力看齐，寻求自身的安定。从这个角度出发，梁启超的某些论断就显得囿于现象或者类于风评，如他认为："今吾中国所以日即衰落者，岂有他哉？束身寡过之善士太多，享权利而不尽义务，人人视其所负于群者如无有焉。人虽多，曾不能为群之利，而反为群之累，夫安得不日蹙也？"② 在一切都归属皇权的专制之下，不存在相对独立的群体及其利益，也因此就没有个体可以乃至需要向其负责。

因此在皇权垂直统治的专制下官吏的道德伦理是分裂的，在政治伦理上是法家绝对对上服从的，在个人道德则是儒家心性。早在梁启超1900年的《中国积弱溯源论》中，无论就其所分析的源于风俗还是政术，在其下分的条目中例如风俗者之奴性、愚昧、为我、奸伪、怯懦等，无不是指向皇权专制下的个体伦理原则。而在政术之溯源上，梁启超几乎是露骨地揭露了秦制背后的法家"驯之之术"对人的智性和独立的破坏。"近世官箴最脍炙人口者三字，曰清、慎、勤"③，然而梁启超恰认为在对上的绝对服从意识下的道德修养，虽是私德之善，却是公德之恶。在1903年前，尽管梁启超也略带强调了私德对于抵抗西方资本主义文明的重要性，即"若并道德而吐弃……泰西物质文明尽输入中国，而四万万人且相率而为禽兽也"，但是此一阶段的道德革命显然处于"采补其所无"的阶段。在群己关系之中，群的放大和强调，使得梁启超更倾向于边沁的道德功利主义，即凡是效用能够达到最大化的事，就是正确的、善的。对于梁启超而言，凡是对群有利的行为都可被视为符合道德精神的最高要求，也就是说，对道德的评价在于道德的结果而不在于道德本身。因此道德本身随着人类历史的进化，到了民族主义时代需要突出群体和国家的价值时，道德本身的内

---

① 专制权力的高压和渗透是无所不在的，以文字狱为例，学者王汎森即认为"清代'文字狱'所导致的政治压力对各方面产生一种无所不到的毛细管作用，尤其是自我禁抑的部分，其影响恐怕还超过公开禁制的部分"。参见：王汎森. 权力的毛细管作用：清代的思想、学术与心态 [M]. 北京：北京大学出版社，2016：345.
② 梁启超. 论公德 [M] // 梁启超全集. 北京：北京出版社，1999：661.
③ 梁启超. 论公德 [M] // 梁启超全集. 北京：北京出版社，1999：662.

涵也因道德的功利性结果而随之发生转变，以往在儒家恢复三代的理想道德（私德），在道德的功利主义下，指向群的价值目标时，就成为非道德的，甚至是恶的，究其原因，在于私德阻碍了国家主义，限制了中国迈向民族主义万国竞争时代的强国步伐。

因此，在千年延续的秦制历史给定的既有群己政治结构下，梁启超尽管在尚处激进破坏阶段所提出的道德革命主张仍然保持着深刻的幽暗意识，即对晚清即将面临的"今日当过渡时代，青黄不接"的大变局，秦制日益在民族主义万国竞争之中瓦解崩溃，伴随秦制的专制皇权下的道德体系也逐步失效。中国在近代构建民族国家的道路上，首先面临的是大一统崩塌后的社会伦理道德秩序的重建，然后才是国家体制和政治制度的设计和创建，这是梁启超尤具历史洞见的思考，也是其道德实践论的根据。

三、道德辩证法的困境：私德与公德

《新民丛报》几乎可以被认为是为《新民说》创办，从1902年创刊发表至1907年11月止，前后延续近6年，几乎跨越了梁启超思想最重要的阶段。正是在《新民说》时代，梁启超思想发生了生成期的最后转折。在1902年3月10日发表《论公德》后，梁启超为了论证其公德的道德实践论，以惊人的充沛精力连续发表《论国家精神》《论进取精神》《论自由》《论自治》《论自尊》《说合群》《论生利分利》，翌年初又发表了《论毅力》《论义务思想》，但就在1903年3月27至4月11日发表第17节《论尚武》后，突然没有任何说明地中断了。直至半年后的1903年10月，分三回连载发表了《论私德》（1903年10月4日、11月2日和1904年2月14日，《新民丛报》第38—39、40—41、46—48号），然后又是两年后的1906年第20节《论民气》。此种急转就其外在因素将在后文进行检讨，就延续前文道德革命的脉络而言，同样可以从其思想的内在逻辑，我们可以将所谓"转折"视为梁启超试图解决其道德理论内部紧张关系的一种辩证法。

早在1903年《答飞生》的辩难中，梁启超已经不得不面临其道德革命所设定的道德目的论自身的悖反性，即公德作为道德的目的和本质，那么它与私德之间必然构成内在的统一关系，才可能构成新道德的内涵，如此，梁启超必须完善他的道德辩证法，也即公德私德论。私德与公德的道德辩证法成为梁启超国家思想后期最为重要的话语建构，同时也是他给人们造成"流质善变"误读最大的一次思想"转折"。

在梁启超道德革命思想前行的道路上，最值得注意的一个思想分支，就在梁启超提出道德革命的同一年，他发表的《乐利主义之泰斗边沁之学说》（1902年8月，《新民丛报》第15、16号），对边沁的乐利主义也即功利主义做了学案性的介绍。学界较少将梁启超对边沁思想的引入与其道德革命的思想发生内在反应做出深入的剖析，以至于忽略梁启超道德革命乃至最后终于落实到开明专制道路的内在理路。尤其值得关注的是，从对边沁的接受和改造，到重新回到阳明心学，才最终解决了公德与私德之间的紧张关系，本节我们将就此做出说明。

本质上来说，边沁的个体实在论的权利、自由、快乐的基本假设与梁启超的道德革命的思想基础具有相当的一致性，因此梁启超强调利群与边沁"为最大多数人争取最大利益"在道德的功利主义上具有一定的一致性，他们都将个体视为社会的实在，将个体的道德、权利看作构成社会的根本，都力图为道德建立一个评价的标准，并且着重于道德行为的结果及其效用来判断道德的善恶。只是对于边沁而言，最大多数仍然是指个体，最大利益则是个体能够获得的快乐，善恶的衡量在于快乐还是痛苦，个体在利己的原则下"快乐为善（利益、幸福），痛苦为恶（危害、不幸）"。由于在个体实在论上的一致，梁启超在其道德革命的构建过程中自然地受到了边沁功利主义的吸引，当然梁启超不可避免地受到了明治时期功利主义思潮的影响，但是在学理的本质上，将个体视为群体的基础，与边沁具有内在的一致性。因此梁启超认为："边沁以为人群公益一语，实道德学上最重要之义也。……夫人群者，无形之一体也。而其所赖以成立者，实自群内各各特别之个人，团聚而结构之。然则所谓人群之利益，舍群内各个人之利益，更无所存。于是边氏乃创公意私益是一非二之说。"① 此时虽然接受了边沁的"乐利主义"，然而在国家主义之下，试图进一步予以改造：

> 人既生而有求乐求利之性质，则虽极力克之窒之，终不可得避。……则何如因而利导之，发明乐利之真相，使人毋狃小乐而陷大苦，毋见小利而致大害，则其于世运之进化，岂浅鲜也。于是乎乐利主义（utilitarianism）遂为近世欧美开一新天地。②

梁启超则在此之上预设了国家作为群的进化的最高阶段。因而梁启超的"最大多数人"实际上是"代表最大多数人"，是融入了卢梭的民意观念的国家

---

① 梁启超. 乐利主义泰斗边沁之学说［M］//梁启超全集. 北京：北京出版社，1999：1046.

② 梁启超. 乐利主义泰斗边沁之学说［M］//梁启超全集. 北京：北京出版社，1999：1045.

学。在国家总体利益的指向上，如何调和个体利己的"最善之动机"？梁启超首先认为边沁"自他利害"并非一致，"而按诸实际，每不能如其所期。公益与私益，非惟不相和合而已，而往往相冲突者，十而八九也"。① 严复早在《原富》（1902）、《群己权界论》（1903）中已经涉及"功利主义"这一概念，梁启超引严复观点："侯官严氏（严复）曰：'天下有浅夫，有昏子，而无真小人。何则？小人之见，不出乎利。然使其规长久真实之利，而不与君子同术，固不可矣。人品之下，至于穿窬，极矣。朝攫金而夕败露，取后此凡可得应享之利而易之，此而为利，则何者为害耶？'"在严复担忧中国尚多"浅夫、昏子"的国民素养情况下，梁启超也同样认为贸然导入功利主义"于是竟沉溺于浅夫、昏子之所谓利，而流弊遂以无穷。边氏之论，几于教猱升木焉。故教育不普及，则乐利主义，万不可昌言"②。同时，他对穆勒等人对边沁的批判与调和同样并不满意，因为穆勒仅仅是从量与质的区别上"损益其说"，然已与"边沁立说之根柢，既已相反"，未能对其有实质性的"辩护"。而梁启超对加藤弘之《道德法律进化之理》所持的国家主义立场极为赞同。如梁启超所理解的那样，加藤弘之辩证地发展了边沁爱己之心：

> 人类只有爱己心耳，更无爱他心。而爱己心复分两种：一曰纯乎的爱己心；二曰变相的爱己心，即爱他心也。爱他心何以谓之变相的爱己心？加藤之意，谓爱他者，凡亦以爱己也，且有时因爱己之故，而不得不爱他也。此变相对爱己心，即爱他心。复分两种：一曰自然的爱他心，二曰认为的爱他心。人为的爱他心，亦谓教育的，盖最后起，积习而成性者也。③

梁启超对边沁功利主义在理性上充满了欣赏和理解，甚至在个体实在论的哲学基础具有一致性，但是在历史及其现实实然上却保持了幽暗意识，从发表边沁的学案开始，梁启超已经如本书第三章所论，从与孙中山的交集而形成的激进的破坏主义开始转向形而上学的调适，伴随着《新民说》的陆续展开，暗含着一条从激进转化回落到保守调适的暗线。因此，在功利主义上，梁启超吸收了边沁的道德标准和目的之内涵；而在实际的表述上，则是保持审慎和忧虑

---

① 梁启超. 乐利主义泰斗边沁之学说［M］//梁启超全集. 北京：北京出版社，1999：1049.
② 梁启超. 乐利主义泰斗边沁之学说［M］//梁启超全集. 北京：北京出版社，1999：1048.
③ 梁启超. 乐利主义泰斗边沁之学说［M］//梁启超全集. 北京：北京出版社，1999：1048.

的态度。尤其是当激进主义已经严重损害国家主义之时，遭到梁启超态度鲜明的批判，在《论自由》中梁启超严厉揭露道：

> 今世少年，莫不嚣嚣言自由矣，其言之者，固自谓有文明思想矣，曾不审夫泰西之所谓自由者，在前此之诸大问题，无一役非为团体公益计，而决非一私人之放恣桀骛者所可托以藏身也。今不用之向上以求宪法，不用之排外以伸国权，而徒耳食一二学说之半面，取便私图，破坏公德，自返于野蛮之野蛮……①

但是梁启超对公德的强化导致了其道德哲学的内在紧张关系。尽管他在试图从国家话语的惯性中强调公德之前，已经开宗明义地说明，公德与私德在道德本体上是同一的。

> 道德之本体一而已，但其发表于外，则公私之名立焉。人人独善其身者谓之私德，人人相善其群者谓之公德。二者皆人生所不可缺之具也。无私德则不能立。合无量数卑污虚伪残忍愚儒之人，无以为国也。无公德则不能团。虽有无量数束身自好、廉谨良愿之人，仍无以为国也。②

公德是道德的目的和评价标准，但就个体实在而言，由于社会是由人的意志创造出来的人造物，是作为抽象概念的想象，因此在梁启超那里，公德必然缺失其实在的基础，也即没有作为实体的社会来承载其至为推重的公德。因此公德只能作为一种悬置的延伸存在，表达自身存在的方式是"发表于外"，如此，梁启超面临一个道德辩证法的困境，那就是公德最终只能回到个体实在上来，回到个体的德性，那么作为个体的德性，梁启超称之为"人人独善其身者谓之私德"，便重新回到道德的基础地位上来。道德的目的、标准与道德的本体之间发生了分裂。如果道德的本体是私德，是公德的基础，那么作为本体的私德却不是道德的目的和标准，那么道德本身就发生了内在关系的冲突和紧张，产生了如下两个根本性的问题：

一是私德是道德的基础，但却不是道德的目的，那么道德本身是否具有纯粹价值，还是其自身具有否定性？

二是私德如何抵达公德，私德是全部道德的基础，但是它必须上升为公德才能实现道德自身，那么如何才可能为道德本身提供依赖自身即能够获得转化的充分条件呢？

---

① 梁启超．论自由 [M] //梁启超全集．北京：北京出版社，1999：678.
② 梁启超．论公德 [M] //梁启超全集．北京：北京出版社，1999：660.

因而梁启超在群己、国家与个人之间产生了矛盾。为实现个体自由和权利必须发展为群，这是历史的公理，但是个体又是终极目的、道德的存在实体。梁启超为解决这一矛盾，不得不于《论公德》后一年，在访美归来时，发表了《论私德》，将其道德哲学的内在矛盾予以解决。论者对于这两篇分量极重的文章显现的"自相矛盾"已经有大量的论述，但是多只能由于道德局部分体，进行机械拆解，得出的结论当然也只能在梁启超自身是矛盾的这一分析的目的论下进行，解决的问题只能是我们如何理解这种矛盾。然而从本书全部立论和分析看，梁启超从公德回到私德，如他以往在此前思想生成期所屡见不鲜的反复一样，都是在时代总体问题与思想自身问题之间的张力中，寻求应然与实然之间的平衡，体现了梁启超对历史与政治实践的"戒惕恐惧"的幽暗意识。

首先，回到私德是梁启超道德哲学自身逻辑的必然结果。个体实在论以及社会唯名论都使得公德不存在真正的实体，对公德的追求只能回到个体，但是个体恰恰是与群体对立的。从卢梭等人的自然权利角度看，个体自由与权利是天赋而不可分割的，梁启超接受契约论的基本立场，当然在个体权利上持同样看法，正是如此才使得梁启超在公德与私德之间左右为难。

其次，梁启超在访问夏威夷之后四年，1903 年终于登上新大陆，深入美国社会肌理，一年时间里的历史经验带给他巨大的冲击，西方的立宪民主从一种理论理想变成现实经验，使梁启超的思想又进一步发生巨大的转折。纽约、波士顿、费城、旧金山一日千里的科技进步、托拉斯的惊人繁荣以及在此之下的门罗主义，促使梁启超产生了两个方面的直接思考。尽管梁启超对美国自由民主极为赞美羡慕，"喀别德儿（Capitol，按即美国国会大厦）之庄严宏丽如彼"，"民主国理想，于此可见"。[①] 但是对美国共和政体以及资本主义却有极大怀疑和忧虑。一是资本主义经济与立宪民主之间的矛盾，梁启超认为托拉斯"质而言之，则由个人主义而变为统一主义，由自由主义而变为专制主义也"[②]。对门罗主义"世界者美国人之世界"的未来国际感到深深的忧虑，"吾休休焉累日，三复之不能去焉"[③]，"吾恐英国鸦片烟之役、法国东京湾之役、德国胶州湾之役，此等举动，不久又将有袭其后者也"[④]。对美国共和政体梁启超有直接的观察和洞见，如美国总统选举之弊，"党派之私见为之"，无视"国家百年之大

---

① 梁启超. 新大陆游记［M］//梁启超全集. 北京：北京出版社，1999：1126.
② 梁启超. 新大陆游记［M］//梁启超全集. 北京：北京出版社，1999：1134.
③ 梁启超. 新大陆游记［M］//梁启超全集. 北京：北京出版社，1999：1132.
④ 梁启超. 新大陆游记［M］//梁启超全集. 北京：北京出版社，1999：1186.

计",而间接选举法导致民主只是虚假形式,"故随涯之乡,虽英俊不能以自达;冲要之邑,虽庸材反得以成名"。① 美国民主共和让梁启超感到失望,"其他种种黑暗情状,不可枚举",对于此前从卢梭到孟德斯鸠所调和的立宪民主有了更深刻的体认,"深叹共和政体,实不如君主立宪者之流弊少而运用灵也"。② 梁启超还认识到官职屡屡更迭之弊,官场如市场,"官如传舍,坐不暖席",机构臃肿,效率低下;时政腐败之弊,以市政之费行选举之费,"市中极闲散之官吏,率皆受极厚之廉俸。得官者例须割其廉俸之一部分还诸党中,以为下次争选举之用。是市也者,以己之公产,扶持己之虐主,使其势力愈积久而愈巩固也。而其滥用职权,蹂躏公益,又事势之相因而至,万不能免者矣"。此外频繁的选举、官员的更换、浩大的选举费用,都导致大党"独霸政界"的堪忧局面。此外梁启超对美国社会贫富严重分化、种族歧视、妇女权益以及移民问题都予以了客观而深入的研究,尤其是梁启超构造的"黑暗之纽约"几乎成为一个多世纪以来中国对西方反面想象的来源。"断不能以一次之革命战争而得此完全无上之自由",否则如法国"乃一变为暴民专制,再变为帝政专制,经八十余年而犹未得如美国之自由"。最坏的例子则是南美独立革命"而六七十年来,未尝有经四年无暴动者,始终为蛮酋专制政体;求如美国之自由者,更无望也"③。与之相应,梁启超对美国华人社会的观察愈益加深了其对中国通过暴力革命实现立宪民主的认识。在美国发达的民主社会之中,华人却表现出明显的国民性缺点,"一曰有族民资格而无市民资格","二曰有村落思想而无国家思想","三曰只能受专制不能享自由","四曰无高尚目的"。华人社区不仅不能直接受益于美国民主社会的教养,相反多"有挟刃寻仇、聚众滋事、游手闲行、秘密结社等危害社会秩序者"。④ 身处世界最自由民主之国的华人其文明程度竟然远远低于中国内地,令梁启超对民主共和在中国的实现可能达至悲观的低谷。

　　夫自由云,立宪云,共和云,是多数政体之总称也。而中国之多数大多数最大多数,如是如是。故吾今若采多数政体,是无以异于自杀其国也。自由云,立宪云,共和云,如冬之葛,如夏之裘,美非不美,其如于我不适何。吾今其毋眩空华,吾今其勿圆好梦。一言以蔽之,则今日中国国民,只可以受专制,不可以享自由。吾祝吾祷,吾讴吾思,吾惟祝祷讴思我国

---

① 梁启超. 新大陆游记 [M] //梁启超全集. 北京:北京出版社,1999:1190.
② 梁启超. 新大陆游记 [M] //梁启超全集. 北京:北京出版社,1999:1192.
③ 梁启超. 新大陆游记 [M] //梁启超全集. 北京:北京出版社,1999:1193.
④ 梁启超. 新大陆游记 [M] //梁启超全集. 北京:北京出版社,1999:1179.

得如管子、商君、来喀瓦士、克林威尔其人者生于今日，雷厉风行，以铁以火，陶冶锻炼吾国民二十年三十年乃至五十年，夫然后与之读卢梭之书，夫然后与之谈华盛顿之事。①

此句应该看作梁启超1903年思想一大转折的重要线索。无论是对美国立宪民主的失望，抑或是对华人国民性的绝望，都促使梁启超将在中国实现最高目的的道德革命，再次拉回到历史的现实视域中，降低了现行道德任务的要求，重新回到个体实在的道德基础上去。梁启超对于自己重新返回私德给出了自己的解释：

> 论德而别举其公焉者，非谓私德之可以已。谓夫私德者，当久已为尽人所能解悟能践履，抑且先圣昔贤言之既已圆满纤悉，而无待末学小子之哓哓词费也。乃近今以来，举国嚣嚣靡靡，所谓利国进群之事业一二未睹，而末流所趋，反贻顽钝者以口实，而曰新理想之贼人子而毒天下。

由于作为基础，私德本身尚处于令人沮丧无奈的地步，令道德主体自私德上升为公德无异于水中捞月，形同空谈。在这里，梁启超炙热的道德革命愿望终于再次回到了时代提供给他的真实的现实问题。"为尽人所能解悟能践履，抑且先圣昔贤言之既已圆满纤悉"的私德尽管已经经过数千年儒家经典的反复阐释和发挥，然而并非就能够成为个体行为的准则。梁启超在提出道德革命之时由于正处于破坏主义的激进阶段，在排清革命和保皇立宪的左右徘徊之间，在卢梭和洛克之间踌躇。实际上早在前文已经详尽分析过，早在《读〈孟子〉界说》时，乃至对中国积弊之溯源时，梁启超已经非常清楚，中国儒家的真义已经为荀子、韩非等所篡改，实际上就是周秦之变导致儒家以小共同体为封建王权基础的仁爱私德体系在孔子时代就显示出分崩离析的态势，到秦汉以后，表儒里法的秦制成为皇权专制的基本常态。梁启超在强调公德时所批评的三纲五常的君臣、父子、夫妇、朋友的私德，经过明清的夷夏之辨后，更进一步地沦丧，被清代极权专制的思想渗透彻底摧垮，如此才出现近代明恩溥等人对中国国民性不堪的描述和分析。旧金山的华人身处世界文明的中心、民主自由的理想国之中，却仍然处于野蛮的文化道德境地，给梁启超本自信于私德的道德哲学以沉重一击，②迫使梁启超不得不回到命题的原点："欲铸国民，必以培养个

---

① 梁启超. 新大陆游记 [M] //梁启超全集. 北京：北京出版社, 1999：1189.
② "先生美洲归来后, 言论大变, 从前所深信之破坏主义和革命排满的主张, 至是完全放弃。这是先生政治思想的一大转变。"丁文江, 赵丰田. 梁启超年谱长编 [M]. 上海：上海人民出版社, 2009：218.

人之私德为第一义。欲从事于铸国民者，必以自培养其个人之私德为第一义。"①

但是梁启超并非就此放弃公德作为道德的最高目的的原则，相反他试图重新为公德与私德的内在关系寻找两者重新调整位置后的合理性。

> 且公德与私德，岂尝有一界线焉区划之为异物哉？德之所由起，起于人与人之交涉。（使如鲁敏逊漂流记所称以孑身独立于荒岛，则无所谓德，亦无所谓不德。）而对于少数之交涉与对于多数之交涉，对于私人之交涉与对于公人之交涉，其客体虽异，其主体则同。②

公德与私德落实到个体的实践之上，是实践对象的不同呈现，其根本之主体是同一的。梁启超调和公德与私德的第一关键，就是将道德的本体论转化为道德实践论，公德与私德原本在本体上占据了高低、前后的位置和关系，现在一并归入实践领域，并无先后高低，甚至是同一之事物，"泛义言之，则德一而已，无所谓公私，就析义言之，则容有私德醇美，而公德尚多未完者，断无私德浊下，而公德可以袭取者"。因此梁启超现在重建了公德的本体论，直言公德和私德在本体论上是同一的，并无公私之分。公德与私德之区分，只在实践领域，它们的区别是什么呢？梁启超的分析较为模糊，他只是粗略描述私德往往醇美，但公德常常有未尽，言下之意，私德往往在实践上较为容易达到，因为私德属于个体自由意志，且按照梁启超接受的边沁功利主义，将道德伦理视为"指导人们行动得以最大幸福的艺术"，私德由于是"私人伦理"，个体有追求最大幸福之欲望，则指导个体行动获得最大幸福的艺术自然较为容易接受和实践；而指导一个群体中每个人行动以达到群体最大幸福的艺术——公共伦理——则显然更难实现。

那么如果我们仍然不放弃将个体的公共伦理的公德作为道德的目的，那么个体转化私德实践到公德实践的内在路径是什么呢？私德向公德实现的方法从而成为梁启超道德哲学最关键的问题。梁启超就此重新回到儒家传统，寻求公德与私德的内在平衡。

> 孟子曰："古之人所以大过人者无他焉，善推其所为而已矣。"公德者私德之推也，知私德而不知公德，所缺者只在一推；蔑私德而谬托公德，

---

① 梁启超. 论私德 [M] //梁启超全集. 北京：北京出版社，1999：714.
② 梁启超. 论私德 [M] //梁启超全集. 北京：北京出版社，1999：714.

则并所以推之具而不存也。故养成私德,而德育之事思过半焉矣。①

此一"推"字,将梁启超的道德话语重新嵌入长远的儒家伦理之中。孔孟伦理皆主张"由近及远,推己及人"的小共同体道德伦理实践路径。然而实际上早在孔子时代,"推己及人"的封建王权为基础的亲缘家族道德实践就已经面临着瓦解。如前文已经论述,在当时孟子所要处理的就是在周制的末代为处理封建向皇权专制过渡时代,推己及人的道德困境的问题,孟子"距杨墨"的时代总问题即"杨氏为我,是无君也""墨氏兼爱,是无父也"两种跳出儒家总问题以寻求道德重建的思想方案,但是无论是杨朱还是墨子,他们设计的道德伦理都是反对或者破坏以自然伦理——君臣、父子、夫妇——为个体道德原则基础、从家庭到封建君臣的道德辐射圈的伦理体系。因为战国末期封建王权已经开始衰退,诸侯称霸乃至嬴秦的大一统已经彻底取消了推己及人的小国寡民的社会基础。在大一统的皇权专制下,小共同体已经转变为大共同体。如前所述,推己及人的小共同体的伦理道德所遵循的是"为父绝君,不为君绝父""君殡不如父重"的宗法父权体系,以及在小共同体之上形成的封建贵族道德政治传统——"民为贵,社稷次之,君为轻"——那种体现"大夫不必得乎天子,丘民不必得乎诸侯""各长其长"的封建伦理道德体系。然而君主专制的大共同体打破血缘族群纽带,突破长者伦理,"编户齐民"直接控制,从而使得个体直接效忠皇权。并且在强调"术"和"势"的唯利主义下,从宗法家族中打散的个体被恩威并举的皇权彻底贯穿,形成天下尽忠皇帝一人而不知有国有群。

孔孟所要实现的"己欲立而立人,己欲达而达人""由近及远,推己及人"不仅在周秦之变的过渡时代成为悬而未解的道德难题,而且在梁启超那里,从道德本体论导入道德实践之中,同样困难重重。因此梁启超在《论私德》中提出"一推"之后,用大量笔墨铺列"私德堕落之原因",有五点,专制政体之陶铸,近代霸者之摧锄,屡次战败之挫沮,生计憔悴之逼迫,学术匡救之无力。根本上就是第一点,专制政体实施法家弱民强国的愚民之术,温情脉脉的长者伦理让位于强者伦理,已无所立,推无所推。

四、重回王学的一点灵光:道德改良的最后归属

私德向公德推及的小共同体及其周制已经荡然不存,而皇权专制牧民之术几乎将仅存的人之常伦也予以"漓汩","当今日人心腐败达于极点之时,机变

---

① 梁启超. 论私德[M]//梁启超全集. 北京:北京出版社,1999:714.

之巧，迭出相尝，太行孟门，岂云巉绝"①，破坏主义当然不仅不行，反而应保护和提倡私德，因为它是传统儒家曾经要求回到三代的根本所在。如果从私德向公德推及的一般道德律令在一般意义上已经失去历史基础，那么私德向公德的推及在梁启超那里已经不是针对国民而言了，这是梁启超道德哲学的一个隐秘的转换。梁启超的道德革命进入道德改良的方向，那么他原本所针对的普遍国民也随之转向了君子，"故在学堂里讲道德尚易，在世途上讲道德最难"②。私德可以转化为公德成为梁启超的道德理想，他反复举例证说的是作为传统士人的曾国藩，而在论私德之必要中，他主要的说服对象是占据知识精英地位的破坏主义者——那些处于国家社会掌握话语权力的任责者。梁启超自譬道："今日国中种种老朽社会，其道德上之黑暗不可思议，今子所论，反乃偏责备于新学之青年，心学之青年虽或间有不德，不犹愈于彼等乎？答之曰：不然。彼等无可望无可责者也，且又非吾笔墨之势力范围所能及也。中国已亡于彼等之手，而惟冀新学之青年致死而生之。"③ 可见梁启超的道德改良已经不是形而上学上的话语论证，而是重新回到历史真实问题。

抽象个体的推己及人在实然上被放弃，那么很自然，道德改良问题也就变成了知识分子的个人道德修养的问题，梁启超在康有为那里积累的丰厚的阳明心学在此进入了道德改良的范畴之内，在传统的创造性转化上发挥了关键性的哲学支撑作用。梁启超为私德的养成乃至公德的外推，提出了"正本""慎独""谨小"三个道德修养的纲目。

近来有学者将梁启超视为近代心学的继承者，认为梁启超思想中有王阳明心学的思想脉络。④ 在本书第一章曾经论述梁启超早年在万木草堂时，在康有为指导下系统学习了"陆王心学，而并及史学、西学之梗概"⑤。同时明治三十年左右的国粹运动，吉本襄、井上哲次郎倡导阳明学，恢复传统道德，以抵制欧化主义风潮："今佛教废毁，儒教衰微，武士道亦不振作。吾国旧有之道德主义渐趋末期，其状不啻千钧一发。而西洋之道德主义则不断输进，有几乎要席

---

① 梁启超. 论私德 [M] //梁启超全集. 北京：北京出版社，1999：721.
② 梁启超. 论私德 [M] //梁启超全集. 北京：北京出版社，1999：721.
③ 梁启超. 论私德 [M] //梁启超全集. 北京：北京出版社，1999：722.
④ 参见黄克武. 梁启超与儒家传统：以清末王学为中心之考察 [M] //李喜所. 梁启超与近代中国社会文化. 天津：天津古籍出版社，2005：141；狭间直树. 关于梁启超称颂"王学"问题 [J]. 历史研究，1998（05）；孙德高，张梅. 梁启超的新民思想与阳明心学 [J]. 阳明学刊，2008（00）.
⑤ 竹内弘行. 关于梁启超师从康有为的问题 [M] //梁启超. 明治日本·西方. 北京：社会科学文献出版社，2012：4.

卷我精神界之势。"① 明治欧化过程的道德危机，促使井上等学者力图将阳明心学铸造为国民新道德的基础。日本明治为解决道德危机而产生的阳明心学思潮无论如何对梁启超是起到了一定影响的。但是无论是受到日本明治的影响还是康有为心学的早期学术积淀的背景，梁启超以阳明心学的成德修养理论来支撑私德与公德的转化命题，其根本的原因首先是其道德哲学本身寻求自洽的要求，其次是历史现实问题使得梁启超将国民的道德缩小为知识分子的道德修养，从而在知识精英范围首先实现一部分人的道德觉醒和养成。因此梁启超同时提出了君子适合"责任道德说"、中人以下则依赖"福善祸淫"的宗教灌输。

就传统道德的信仰来看，梁启超本人从早年开始即为曾国藩德性修养的崇拜者。在1900年至麦孟华的信中，即以克己、诚意、主敬、习劳、有恒五种理学条目进行道德修养：

> 弟日来颇自克厉，因偶读曾文正家书，猛然自省……弟近日以五事自课：一曰克己，二曰诚意，三曰立敬，四曰习劳，五曰有恒。盖此五者，皆与弟性质针对者也。时时刻刻以之自省，行之现已五日，欲矢之终身，未知能否……近设日记，以曾文正之法，凡身过、口过、意过皆记之。②

因此对阳明心学的成德修养绝非梁启超纯粹抽象的论证，同样也是来自他自身的道德体验和经验。梁启超自身实践理学克己诚意的日课修养方法，在同年致康有为书言：

> 近设日记，以曾文正之法，凡身过、口过、意过皆记之，而每日记意过者，乃至十分之上，甚矣！其堕落至可畏也！弟自此洗心涤虑，愿别为一人。……愿诸兄若爱我者，幸勤攻其过，弟亦愿诸兄弟鉴于弟之堕落，而亟亟猛醒，思所以进德修业，不胜大望。③

可见阳明心学的克己的修身路径是梁启超真实的生命体验和心灵调和的内在需要。而曾国藩则似乎已经成为他的道德理想的人格形象。他为其辩护道：

> 曾文正者，近日排满家所最唾骂者也，而吾而愈更事而愈崇拜其人。吾以为使曾文正生今日而犹壮年，则中国必由其手而获救矣。彼惟以天性之极纯厚也，故虽行破坏可也；惟以修行之极严谨也，故虽用权变可也。故其言曰扎硬寨，打死仗；曰多条理，少大言；曰不为圣贤，便为禽兽；

---

① 转引自狭间直树.关于梁启超称颂"王学"问题[J].历史研究，1998（5）.
② 丁文江，赵丰田.梁启超年谱长编[M].上海：上海人民出版社，1983：148.
③ 丁文江，赵丰田.梁启超年谱长编[M].上海：上海人民出版社，1983：148.

莫问收获,但问耕耘。彼其事业之成,有所以自养者在也,彼其能率厉群贤以共图事业之成,有所以孚于人且善导人者在也。吾党不欲澄清天下则已,苟有此志,则吾谓曾文正集不可不日三复也。①

既然梁启超无论是自身道德的信仰还是道德的实践上,都如此笃信阳明心学,则其言"吾既欲以自责自效于国民,则以吾愿学焉而未能至者,与同志一商榷至可乎?"便是梁启超以自身切身体会和经验将道德的自身转化归于自我的克己复礼的内在要求之上。

他首先提出王子之正本之论。梁启超引王阳明"功利之习,愈趋愈下","智识之多,是以行其恶也;博见之闻,适以肆其辩也",他认为阳明所批评的"何其一字一句,皆凛然若为今日吾辈说法耶!"②《拔本塞源论》强调解除"功利之习""功利之心""功利之见""功利之毒",直接将功利主义作为道德的反对对象,将道德的非功利性、超越性突出出来,如此私德以一己之欲则被转化为公共之幸福。因此所谓正本,实是去除唯利主义的本性,与秦制以来所谓的"利出于地""名出于战""务力而不务德",直接而露骨的"义者利之本"的人性论以及义利观上直接对立。那么其正何之本呢?梁启超批荀主孟,主张气一元论,因此与王学心性一元论在哲学本体论上是一致的,因此在孟子性善论和义利观上也达成了思想的一致,他极为赞赏王阳明的良知说。然而要注意的是,梁启超在这里对正本实际上并没有抱着孟子那种乌托邦的乐观主义,而是对人性的幽暗意识认识已经较为理性而深沉。甚至其正本的谈论对象不仅不是普通大众,而是那些积极为中国谋划未来的新学青年。他忧虑地认为,新学青年最初有为国之正本初心,"其最初一念之爱国心,无不为绝对的、纯洁的,此尽人所同也。及浸假而或有分之者,浸假而或有夺之者;既已夺之,则谓犹有爱国心之存,不可得矣"③。

其次提出修养纲目为慎独。"二曰慎独。拔本塞原论者,学道之第一著也。苟无此志,苟无此勇,则是自暴自弃,其他更无可复言矣。然志既立,勇既鼓,而吾所受于数千年来社会之薰染,与夫吾未志道以前所自造之结习,犹盘伏于吾脑识中而时时窃发,非持一简易之法以节制之涵养之,不能保其无中变也。若是者,其惟慎独乎?"④慎独被梁启超视为道德意志以及日常生活的道德选

---

① 梁启超. 论私德[M]//梁启超全集. 北京:北京出版社,1999:724.
② 梁启超. 论私德[M]//梁启超全集. 北京:北京出版社,1999:722.
③ 梁启超. 论私德[M]//梁启超全集. 北京:北京出版社,1999:723.
④ 梁启超. 论私德[M]//梁启超全集. 北京:北京出版社,1999:723.

择,他现身说法,认为在过渡时代,知识分子保持良知之本,必须有道德意志,才可能一以贯之。梁启超是最早将心学与康德相联系的道德哲学家,他直言:"故以良知为本体,以慎独为致之之功。此在泰东之姚江,泰西之康德,前后百余年间,桴鼓相应,若合符节,斯所谓东海西海有圣人,此心同,此理同。"①梁启超强调慎独,同样也是针对美洲之行华人多有以革命之名、爱国之名而实"阴险反复,奸黠凉薄"之徒,他认为当此之际,中国近代化道路是否能够真正推进,可能最大的障碍是站在社会前列的精英阶层自身无法保持良知。尤其是革命派以激烈的破坏和狂飙突进,"今日所以猖狂者,则窃通行之爱国忘身、自由平等诸口头禅以为护符也"②。此乃梁启超在民族主义革命浪潮已经席卷难遏之时,对革命背后的道德缺失的巨大警惕和忧虑。

梁启超最后提出:"三曰谨小。'大德不逾闲,小德可出入',此固先圣之遗训哉,虽然,以我辈之根器本薄弱,而自治力常不足以自卫也,故常随所熏习以为迁流"③。此纲目主要针对道德修养的方法和态度,即事无巨细、利无大小,都应以正本之良知为道德伦理实践的衡量标准,他将谨小与康德的道德自由意志相比较,"吾身不能居仁由义。是并康德所谓良心之自由而放弃之也",也即道德在本质上是主体意志的选择和表达,因此并不是如孔子所谓有"大德""小德"的区分,道德在本质上即自由意志。

梁启超以正本、慎独、谨小三纲目,为过渡时代的精英提出了简练而便宜的道德原则,同时也是道德实践的指导方法。无怪乎有学者认为,梁启超在公德向私德的道德实践论中,引入王学并非是真正信奉阳明心学,只是因王学简洁容易,便于人们记诵,因此是将王学作为道德工具而使用,对王学的采纳带有功利主义目的。④ 实际上前文已经分析,王学作为一种反智主义实践论,确实能够非常快速为一般民众所接受,这是梁启超提倡以心学三纲目为其道德实践指导原则的一种考量。但是同时也应看到,心学确实在学理和实践上与其他经典理论相比,在道德问题上具有明显的体系化和针对性。但是王学也因此存在被口号化、表面化误读的可能性。针对于此,梁启超于 1905 年 11 月编成

---

① 梁启超. 论私德[M]//梁启超全集. 北京:北京出版社,1999:723.
② 梁启超. 论私德[M]//梁启超全集. 北京:北京出版社,1999:723.
③ 梁启超. 论私德[M]//梁启超全集. 北京:北京出版社,1999:724.
④ 刘纪曜分析梁启超《德育鉴》,认为"梁启超对儒家成德功夫的强调,虽然比较倾向王阳明的心学,然而其所如此,主要乃因王学简易直捷,而非儒学传统中的宗派门户之见使然"。转引自:黄克武. 梁启超与儒家传统:以清末王学为中心之考察[C]//李喜所. 梁启超与近代中国社会文化. 天津:天津古籍出版社,2005:142.

《德育鉴》，回到经典之中，重新明确其意："其前言首曰：'鄙人关于德育之意见，前所作《论公德》《论私德》两篇既已略具，本书即演前文宗旨，从事编述。'"①

在《德育鉴》中，梁启超对其道德本体论做了进一步的修改。

> 窃以为道德者，不可得变革者也。近世进化论发明，学者推而致诸各种学术，因谓即道德亦不能独违此公例。日本加藤弘之有《道德法律进化之理》一书，即此种论据之崖略也。徐考所言，则仅属于伦理之范围，不能属于道德之范围（道德之范围，视伦理较广。道德可以包伦理，伦理不能尽道德），藉曰道德，则亦道德之条件，而非道德之根本也。若夫道德之根本，则无古无今、无中无外而无不同。②

在《论公德》之中，梁启超认为道德的来源和目的是利群，这一本质是永恒的，但是本身的具体原则根据历史阶段可有不同，是按照群的方向进化的，也即道德存在一个目的价值，道德按照这个进化方向，逐步从私德向公德提升。在《德育鉴》中，梁启超重新回到私德，将私德看作个体道德的根本，认为道德不可变革。为了调适前后理论的不一致性，梁启超在此提出了道德与伦理的两分法。将此前他认为道德具有历史性的部分归入伦理范畴，而将原来对于公德之目的价值部分重置于道德范畴之中。伦理属于外在的社会具体规范，而道德则成为人的良知本性，因此"无古无今，无中无外"。如此，梁启超将以心学为支撑的道德哲学转化为人类的普世价值，推入到与西方相通的近代化路径之中。

公德与私德之分的张力与矛盾成为梁启超急需弥合的关键之处。因此他开宗明义予以重申，两者之间没有任何内涵的区分，仅仅作为名称有区别。

> 公德、私德，为近世言德育者分类之名词。虽然，此分类亦自节目事变方面观察之，曰某种属于公之范围，某种属于私之范围耳。若语其本原，则私德亏缺者，安能袭取公德之美名？而仅修饰私德而弁髦公德者，则其所谓德已非德。何以故？以德之定义与公之定义常有密切不能相离之关系故。今所钞录，但求诸公私德所同出之本。若其节目，则刘蕺山《人谱》及东人所著《公德美谈》之类，亦数倍此编之卷帙，不能尽耳。③

---

① 梁启超. 德育鉴[M]//梁启超全集. 北京：北京出版社，1999：1487.
② 梁启超. 德育鉴[M]//梁启超全集. 北京：北京出版社，1999：1487.
③ 梁启超. 德育鉴[M]//梁启超全集. 北京：北京出版社，1999：1489.

梁启超竭力要说明的是，如何将道德从历史目的论的外在进化体系的价值要求，调转为对个体而言进行道德教育培养的对象。"公德私德所同出之本"，是将道德从国家主义领域拉回到个体心性以及道德培养的话语之中。当我们要求国民在义利选择朝向群体价值时，作为个体的道德自律，并没有公私之分，对个体的道德意志而言，只有一个良知作为全部道德实践的基础而已。因此，无论是公德还是私德，都是以良知为本。而现在梁启超已经发现，私德之培养更直接作用于良知的巩固，而公德已经成为"狂放之徒"最可利用的口号。因此梁启超对其道德哲学始终保持着极其谨慎的态度，并密切关注社会现实状况与其理论之间的关联。"今世自由、平等、破坏之说，所以浸灌全国，速于置邮者，其原因正坐是，皆以其无碍手也。故昔之陷溺利欲、弁髦私德者犹自惭焉，今则以为当然。岂徒以为当然，且凡非如是者，不足以为豪杰。"① 正是破坏主义和所谓的自由主义掩盖了功利主义的真相，使得梁启超对公德的强调发生了根本的调转，让他认识到道德的目的只有与道德的实践在历史性上达到一致才可能导向正确的方向。值得注意的是，梁启超在以心学为哲学基础之时，试图在知识论上为其找到合理性。他将王学与西方近代启蒙理论相比较，认为两者在本质上具有同一性，因此公德与私德作为心性之统一，具有内在的现代性。

> 泰西古代之梭格拉第，近世之康德、比圭黎（或译作黑智儿），皆以知行合一为教，与阳明桴鼓相应，若合符契。陆子所谓"东海西海，有圣人出焉，此心同也，此理同也"，岂不然哉？此义真是单刀直入，一棒一条痕，一掴一掌血，使伪善者无一缝可以躲闪。夫曰"天下只有一个知，不行不足谓之知"，不行既不足谓之知，则虽谓天下只有一个行可也，此合一之旨也。②

康德的道德实践论与王学的知行合一在梁启超那里首次得到了比较，并在其一致性上予以了强调。此似乎为梁启超坚定了王学作为道德哲学的基础的理性信心。

在《德育鉴》发表前一个月，梁启超编著了《节本明儒学案》（1905年10月），与前者出于对私德论证直接从儒家典籍之中摘取并予以按语论证稍有不同，后者要是从宋明理学入手，提点、发明、疏解理学学术史，从程朱到陆王的学理观点的解读和阐释中梳理王学的合理性成分，为其道德哲学提供充分的

---

① 梁启超. 德育鉴 [M] //梁启超全集. 北京：北京出版社，1999：1489.
② 梁启超. 德育鉴 [M] //梁启超全集. 北京：北京出版社，1999：1506.

学理基础。在对理学的梳理中,梁启超以王学批评朱学,认为朱子道问学的一套修养方法实是"头痛灸头,终日忙个不了,疲精敝神,智于此乃发于彼",而王学"专智病根",从而在心性上"一了百了"。因此他认为"王学乃今日学界独一无二之良药"。另一个值得注意的细节是,按照梁启超至蒋观云书自述:"仆于十日前有姊之丧,心绪恶劣,不能自胜。日来惟读《明儒学案》,稍得安心处,拟节抄之印行,公谓如何?"① 因之可知,梁启超不仅在学理上为其道德哲学"淬炼"王学,在情感上亦真正将之作为心灵的慰藉。

本章小结

公德到私德"这一推"经过梁启超引入王学正本、慎独、谨小三纲目并没有真正解决,"推"既是内在的道德意志的精神过程,也是外在的道德实践的行为。王学三纲目强调致良知,去除功利主义和智识的蒙蔽,还原人性本善之不忍人之心,从而由人的自然本性直接促成人的道德意志。但是王学仍然只是囿于个体德性的养成,仍然没有涉及"一团体中人公共之德性"的问题,也即是说王学固然可以造就新民所需之私德,然而梁启超的道德哲学的宗旨始终是围绕公德存在和展开的。可以说,公德私德论开辟了近代中国启蒙最深刻的思辨领域,梁启超悬而未决的问题即便在今天仍然是中国传统与西方现代性之间最根本但依旧存在的核心问题。

梁启超的道德改良在两份儒学经典摘录的疏解中暂告一段落。值得补充的是,梁启超的道德革命论证的同一年,清廷迫于内外压力——主要是日俄战争结束,俄国波罗的海海军舰队全军覆没震动了清廷反对立宪派,"太后意颇觉悟",终于预备立宪,于1905年派遣载泽、端方、戴鸿慈、尚其亨、李盛铎五大臣考察欧洲宪政。梁启超接受端方请求,"代草考察宪政,奏请立宪"。② 梁启超起草了宪政考察奏折,以及请定国折,"逾二十余万言"。清廷政治改革的松动,实际上为梁启超此际的道德革命话语带来了较直接的影响,梁启超对清廷政治改革既知其为伪立宪,但又怀抱希望,"此事不知能小有影响否,望如云霓也"。与五大臣考察宪政的同时,同盟会宣誓"驱逐鞑虏、恢复中华",在东京成立,孙中山在其机关报《民报》以发刊词形式首次发表了"三民主义",

---

① 丁文江,赵丰田. 梁启超年谱长编 [M]. 上海:上海人民出版社,1983:343.
② 丁文江,赵丰田. 梁启超年谱长编 [M]. 上海:上海人民出版社,1983:230.

呼吁"今者中国以千年专制之毒而不解,异种残之,外邦逼之,民族主义,民权主义,殆不可以须臾缓"①。革命浪潮已经高涨,同时《民报》汪精卫、陈天华、胡汉民、章炳麟与梁启超《新民丛报》就立宪共和展开激烈的笔战。梁启超在1903年尚处于排清共和革命与君主立宪改良之间徘徊,现今已经由内外之势终于退定"保守"一极的阵营。梁启超在当时社会中激进与保守的既定思想框架下,内心是极为痛苦的。他在《答和事人》中自剖道:"夫鄙人之与破坏主义,其非无丝毫之关系,当亦天下人所同认矣。然则吾岂与异己者为敌哉。……吾向年鼓吹破坏主义,而师友多谓为好名;今者反对破坏主义,而论者或又谓之好名。顾吾行吾心之所安而已。……吾自认为真理者,则舍己从人;自认为谬误者,则不远而复。"② 局势的迅疾变化,革命派激进浪潮的不可遏制,都使得梁启超本按照预定的方向发展的道德哲学不得已发生了深刻的转向。正如前文所述,梁启超在根本上具有深刻的幽暗意识,其思想的指向具有高度的求真意志,因此对公德、私德也好,对破坏主义也好,其着眼点都在于当下对历史提出的现实问题的直接回答,而非按照历史目的论的强权逻辑推动自己的思想轨迹。梁启超的道德哲学从道德革命到道德改良,最后归入王学正本之学内,只能托心学一点微光,保存自身的道德理想。

---

① 李剑农. 中国近百年政治史 [M]. 上海:复旦大学出版社,2007:217.
② 丁文江,赵丰田. 梁启超年谱长编 [M]. 上海:上海人民出版社,1983:219.

结 论

本书讨论始于梁启超1896年发表《变法通议》,止于《新民说》发表完最后第20节《论民气》(1906年1月6日),随后梁启超主持的《新民丛报》陷入与同盟会机关报《民报》(1905年11月26日创刊)的激烈论战之中,双方围绕革命是否可能导致更深刻的列强干涉和瓜分、种族革命与政治革命是否应当同时进行、中国是否应该进行社会革命与土地革命、中国现阶段是否可以进行共和政治等重大议题展开了争论。翌年,"是年(1907)三月,新民丛报上海支店与时务报馆同时被火","七月,《新民丛报》停刊"。伴随着《新民丛报》中国近代有关建国主张以及政治设计最主要的一次大讨论的结束,20世纪初在中国最具影响力的思想巨子终于度过了他最鼎盛的时代。

本书所集中讨论的梁启超思想的生成期恰是中国晚清向近代民族国家跨越之前,中国思想界最主要同时也是最系统、最深刻的思考建树。尽管在本书未能述及1906年后,梁启超在其幽暗意识之下,重新回到谨慎改革的思想路线,在随后的预备立宪、辛亥革命等一系列政治实践始终处于核心位置,但是终究在此前的十年思想未能成为中国近代化的选择方案,相反在辛亥革命之后,随着激进主义的逐步高涨乃至成为历史的主流之时,梁启超所建构的幽暗的现代性已经为历史所抛弃。这无疑不仅是梁启超思想本身未能真正促动中国现代化的方向而令人倍感遗憾,更是中国在近代化道路上由于未能更"戒惕恐惧"地发现梁启超思想的真正内涵和价值而一路走向全盘否定传统的跌宕道路,从而使得中国的现代化更加地晦暗难识。梁启超在其思想生成期所经历的思想路线和主要问题,基本上仍然是当下最重要的现代性命题,其有关中国历史主体身份、中国传统与现代性的内在同一、中国的民主问题、法制问题,以及现代性道德伦理重建,等等,几乎是直接关切到当下国家、社会和民生的核心问题。因此,基于以上的考虑,本书在就梁启超思想生成期的内在理路的讨论时,大胆创造了"幽暗的现代性"这一描述性的概念,在对梁启超十年思想的问题结构进行广泛论证后,对梁启超幽暗的现代性是如何幽暗做以下几点总结。

结论

幽暗的现代性这一概念在本书并非意图描述中国19世纪末20世纪初所经历的现代性的特征和性质。在笔者看来,尽管"现代性"一词具有令人吃惊的内涵数量,但是其最基本一个规定性就是西方性,即欧洲18世纪以来以资本主义经济为基础建立的国家和政治形式,乃至衍生的文化,等等。现代性究竟是不是一个最文明的、最优的人世生活选择,它是不是历史的终结?西方左派和右派有着不同的看法,但是这个问题在一百年前已经以一模一样的方式突如其来地横亘于梁启超的面前,使他无法回避。与非欧美地区的大多数国家一样,中国的文明模式与西方文明几乎是南辕北辙。尽管早在赫胥黎那里就已经拒绝将自然科学的进化论引入人类文明社会之中,他认为"天行"与"人治"是对立的,文明依赖伦理进步而不是生存竞争。但是一个残酷的事实是,在19世纪末梁启超所处的历史时空之内,现代性呈现的是最好的。梁启超访问美洲的体会是真切而具体的:"从内地来者,至香港上海,眼界辄一变,内地陋矣,不足道矣。至日本,眼界又一变,香港上海陋矣,不足道矣。渡海至太平洋沿岸,眼界又一变,日本陋矣,不足道矣。更横大陆至美国东方,眼界又一变,太平洋沿岸诸都会陋矣,不足道矣。此殆凡游历者所同知也。至纽约,观止也矣。"①尽管梁启超访问美国之前已经是中国西学最一流的学者,但是实地观察其科技、政制、经济、风物之文明对他的震撼仍然是巨大的:"今欲语其庞大其壮丽其繁盛,则目眩于观察,耳疲于听闻,口吃于演述,手穷于摹写,吾亦不知从何处说起。"②这种震撼可能比鸦片战争屡屡挫败,甲午战争全败于岛国以及日俄战争波罗的海舰队全军覆没带来的认知更加具象而刺激。非西方国家在被殖民的世界体系中,产生向现代性方向发展几乎在条件反射上是一致的、别无选择的,同时也是热切渴望的。反过来,诸如孟德斯鸠、卢梭、黑格尔、亚当·斯密,汤因比等近代西方学者也同样在以西方为中心、以东方为他者生产现代性知识。被殖民地区的思想家被迫面临着西方的多重镜像。梁启超恰逢中西大碰撞的时代,他以敏锐的思想最早当然也是最困难地触及了这一多重镜像——想象的、殖民的、西方知识生产的以及实地游历的。然而对梁启超而言最困难的并不是如何理解这个他者,因为他不是在一个白板上单纯地以理性进行意识,对梁启超而言最困难的是在其已有的与西方文明模式迥异的知识体系下,并且在追求富强文明的愿望下,触及西方。这就为如何看待西方他者造成了一个前提准备。因此在《清议报一百册祝辞》中说:"十九世纪与二十世纪交

---

① 梁启超.新大陆游记[M]//梁启超全集.北京:北京出版社,1999:1143.
② 梁启超.新大陆游记[M]//梁启超全集.北京:北京出版社,1999:1140.

点之一刹那顷,实中国两异性相搏,相射,短兵紧接,面新陈嬗之时也。""两异性"简而言之,就是两个最直接的、不经理性深刻反思的行动——革命或者保守。本书一个基本的判断就是,梁启超与反思不充分的、带着强烈工具性的政治实践有相当大的不同,因此将梁启超对中国现代性的思考和建构称为"幽暗的现代性",以示区别。

在本书设计的研究方案下,即以时代向思想家提出的总问题来整体性把握梁启超思想的生成过程,使我们发现梁启超思想在各个方面都表现出对现代性"戒惕恐惧"的幽暗意识。也正是其幽暗意识,才使得他的思想在自洽与实践之间不断摇摆、调适,在谨慎、忧患之中为中国的现代性之路寻找方向和途径。与幽暗的现代性的政治品格最具鲜明差异的,可与王元化对五四新文化运动总结的四种政治品格相比较——"意图伦理、功利主义、激进情绪、庸俗进化论"①。对与梁启超同时代前后的思想家而言,其幽暗的现代性特征亦能予以辨识。尽管如本书在第二章反复申述的那样,梁启超并不可能彻底摆脱儒家传统的范式,他有其不可克服的思想牢笼,相反,其珍贵之处恰恰是试图在儒家的范式下进行创造性的转换——简单的全盘否定传统也已经被证实恰恰是因不能自觉反思而只能在儒家范式下的激烈表现——从而将中国传统调适到现代性的轨道。② 然而在19世纪末中国思想界的代表人物如康有为、严复、谭嗣同、孙中山、章炳麟等都未能发展出对现代性与梁启超有一致的幽暗的现代性的思想家。在儒家内圣外王的内在超越性上,相信人可以通过道德的修养而超越人的有限性,以达到天人之际的成德成圣观,并且由于普遍王权将政治、社会和文化高度整合导致儒家形成了一元论(monistic)和唯智论(intellectualistic),促使儒家坚信"借思想文化以解决问题"的范式,即所谓的"主知主义",以上都使得儒家传统有功利主义以及乐观主义的乌托邦冲动。③ 梁启超当然也在此思想范式之下,比如他对国民性问题的关注,将国家理论最后落实到国民性之上,从而导源出新民思想,最后落实到道德革命的范畴。在道德革命遭遇历时现实问题提问导致公德与私德产生了巨大的紧张关系,梁启超仍然相信通过王学的心性修养可以超越人的私欲的障碍,从而使得任何人都可以做到致良知,也就是王学所谓的"人人可以成圣"。这是梁启超必须在主知主义范式下进行思

---

① 王元化. 对于五四的再认识答客问 [G]//1999年中国年度文论选. 桂林:漓江出版社,1999.
② 林毓生. 中国意识的危机 [M]. 贵州:贵州人民出版社,1986:43-49.
③ 林毓生. 中国意识的危机 [M]. 贵州:贵州人民出版社,1986:43-49.

想的前提预设。但是与梁启超受到这一范式的影响所完全不同的是，在乐观主义的乌托邦冲动之下，保守派如康有为相信可以通过立宪保皇从而实现大同，超越西方文明的升平世。而革命派则相信革命可以一举成功，通过驱逐鞑虏、恢复中华，即可以在中国至上而下地实现民主共和。主知主义发展到五四新文化运动则达到了一个高点，王元化所谓的"意图伦理、功利主义、激进情绪、庸俗进化论"，其本质上就是相信人可以掌握真理、改造社会，与真理相对的一切必须被彻底予以摧毁，历史需要人的推动并不断无限进化，人不仅可以改造自我的思想达到真理，同时可以完善人类社会的政治制度和文化思想。与之相比较，梁启超所构建的中国国家话语内涵的现代性路径的怀疑、审视、忧虑则迥然不同。

梁启超的幽暗意识在其认识论的断裂之前，首先，表现在其儒家传统的忧患意识上，即对中国在西方他者的影响下，如何认同自身以及向西方看齐的问题。因此梁启超以中国意识的危机为起点，在西方他者的影响焦虑下，在天人体系与民族主义碰撞中就中国如何言说自身、朝代循环与线性进化历史、中国的命名等问题展开了独一无二的思考。以此为思想的起点，梁启超在"戊戌"之前完成了中国一元论下的政教史批判、公羊学三世说创造性转化、中国的纪元与命名的话语建构，为中国寻求具有主体性的历史话语寻找传统文化的内在根据，从而将帝制的中国纳入与西方同等的万国竞争的民族主义世界序列之中，为中国的现代性寻找自身的动力。

其次，梁启超的幽暗意识是本书重点研究的认识论断裂，即梁启超在戊戌变法之后，自觉意识到其自身与康有为的总问题之间的分歧，并通过戊戌叙事作为认识论的断裂完成从中西转入新旧的话语构建，从应然到实然告别了想象的西方镜像，摆脱康有为等人的儒家传统总问题（或谓问题式），进入真实的中国历史问题。进入过渡时代的真实的历史问题是19世纪末大多数思想家未能完成或从未完成的思想任务，在乐观主义的乌托邦冲动下，他们的思想所回答的问题是被意识形态或者儒家范式扭曲的假象和幻觉，他们的思想未能真正触及历史的真实，也不可能就过渡时代的总问题回答问题。

再次，在本书所分析的梁启超十年思想生成期过程中，多次的思想转向同样是其幽暗意识推动的结果。在个人、政府、国家三者构建国家话语过程中，梁启超发生了三次思想转折。一是，殖民危机促使梁启超倾向伯伦知理国家有机论，强调国民与国家的有机性，专制矛盾促使梁启超接纳卢梭的民约论走向激进的破坏主义，强调穆勒的思想自由，与孙中山在卢梭思想上达到了交集，在庚子勤王、组建正气会的政治实践中达到激进的顶峰。二是，保皇党与革命党破裂，勤王失败；梁启超从卢梭激进的破坏主义政治实践重返形而上学，通过对卢梭的辩护，坚定中国构建民族主义的历史阶段任务，强调国民自由权利作为国体之根本，但当梁启超在处理国民、政府、国家权力关系时又滑向了伯伦知理的范畴之中。三是，梁启超在政府、个人与国家的关系上，通过洛克双重契约论改造卢梭社会契约论，在保障民族国家的民主体制的框架下，政府的具体权力方案成为可以依据历史条件而灵活决定的第二性问题被推后。至此可见，梁启超在国民自由权力、国家主义以及政府分权问题上反复考量，试图在保障个人的天赋人权的同时，推动国民与国家的有机联系，促成中国现代民族国家的建立，在政治制度的设计上尤其突出对权力制约的幽暗意识，因此批评孟德斯鸠三权分立论，接受洛克权力二分的思想。这些都是梁启超始终依据历史条件、审慎地考虑制度设计与现代路径的思想过程。梁启超在思想生成期时另一次较大的思想转折是在道德哲学的建构上。从国家主义立场来说，梁启超强调利群作为道德的进化目的，倡导公德以发明新道德，将公德置于私德之上形成其道德目的论。然而历史现实问题使得梁启超放弃了发明公德以新民的道德革命思想，在访问美洲以及明治抵制欧化运动的历史经验下，梁启超转向道德本体论，以私德为公德之基础，将私德的完善视为中国亟待解决的根本问题。公德私德论反射出梁启超对人性抱有深刻的幽暗意识，即对于儒家成德成圣的内在超越信仰持有极大的怀疑态度。他对美国华人的观察和分析都导向了对中国国民道德的悲观设想，迫使梁启超放弃以公德为道德的本源的立场，对中国在短时期里实现民主持悲观而谨慎的态度。《民报》创刊一是要宣传三民主义，二是要攻击梁启超开明专制论。然而梁启超的反复以及最后走向开明专制并非思想上凭空创想以博取注目，而是在往返踌躇之间深刻反思冥想之结果。从章炳麟等人攻讦梁启超的文章里亦可直观革命派强烈的乐观主义以及对革命的充分自信，同时对中国未来将要付出的代价予以忽略。

　　梁启超幽暗的现代性在整体上靠近英国经验主义的怀疑主义，其思想生成期主要的变化都是在国家主义和自由主义两极的张力影响下进行的。在梁启超那里，并不明显存在"救亡"压倒"启蒙"的问题，梁启超终生都是将启蒙放在第一位，这也是他从国家理论过渡到道德哲学的内在驱动力。但是我们不得不说，"救亡"带给梁启超的影响是不能忽视的。在排清、革命、立宪、保皇、个人自由与国家强权等均为峻急之问题时，梁启超的幽暗意识受到工具理性和功利主义的影响，思想的思辨必须与实际问题的解决直接关联，这同样导致梁启超的思想难以从容深入。比如对国家理论的建构，在真正进入政治制度的设计时，也即具体的国家权力安排以及政治程序设计之时，梁启超并未做完整的思考。比如对梁启超而言最重要的伯伦知理理论文章《国家论》（《清议报》1899年4月10日至10月25日，第11、15、19、23、25—31册），此文转载自吾妻治兵1899年以古汉语翻译的伯伦知理1874年之《为有文化的公众写的德国政治学》，然而梁启超在转载时并未全部原文刊登，而是删去了一部分。被删除的部分包括第三卷有关君主立宪概念、代议共和制、分公权以及第四卷有关官制和自治制度等极具操作性的部分，同时部分对君主立宪制和代议共和制的分析亦悉数删尽。这部书同时还有加藤弘之1872年翻译的《国法汎论》以及平田东助1889年翻译的版本，都未被梁启超采纳比较。并且对梁启超而言形成其国家有机体思想最主要来源的伯伦知理，是较早引入中国的瑞典法学家，如1880年同文馆翻译出版了其1868年的《文明国家的近代国际法》。然而在梁启超全部著述中，对伯伦知理的介绍和引用都仅限于节选的《国家论》。至于其删节的选择在此不做分析，但总的来看都是带有目的予以选择，同时对伯伦知理也没有做全方位的引介和解读。从此可以略见梁启超在"追求富强"的目标下，他不得不放弃真理性的追求，而是在实践的政治活动和目的下进行政治的宣传和呼唤。

总之，梁启超幽暗的现代性既受儒家主知主义思想范式的影响，同时在强调国家富强的近代化目标下亦未能真正摆脱思想中的功利主义色彩，但是他却异乎寻常地表现出面对现代性不断的犹豫和徘徊，对儒家传统范式的自觉抵抗，以及对西方围绕现代性构建的历史与知识的怀疑，造成了中国近代思想史上仍然极为值得我们认真研究的中国现代性的另类途径。梁启超所思所行，在其幽暗意识下不断的调适和自我批判，成为中国过渡时代的钟摆，仍将推动我们在当下乃至未来中国的现代性脚步。

参考文献

1. 中文图书

[1] 梁启超．梁启超全集［M］．北京：北京出版社，1999．

[2] 梁启超．饮冰室合集［M］．北京：中华书局，1989．

[3] 郑海麟，张伟雄．黄遵宪文集［M］．京都：中文出版社，1991．

[4] 苏舆．翼教丛编［M］．上海：上海书店出版社，2002．

[5] 孙中山．孙中山全集［M］．北京：中华书局，1985．

[6] 陈万雄．五四新文化的源流［M］．上海：上海三联书店，1997．

[7] 余英时．重寻胡适历程——胡适生平与思想再认识［M］．上海：上海三联书店，2012．

[8] 胡适．五十年来中国之文学［M］//欧阳哲生．胡适文集3．北京：北京大学出版社，1998．

[9] 郭湛波．民国学术文化名著：近五十年中国思想史［M］．长沙：岳麓书社，2013．

[10] 丁文江，赵丰田．梁启超年谱长编［M］．上海：上海人民出版社，1983．

[11] 周作人．中国新文学的源流［M］．上海：华东师范大学出版社，1995．

[12] 王哲甫．中国新文学运动史［M］．北京：杰成印书局，1933．

[13] 吴泽．吴泽文集［M］．上海：华东师范大学出版社，2002．

[14] 牛仰山．梁启超［M］．北京：中华书局，1962．

[15] 孟祥才．梁启超传［M］．北京：北京出版社，1980．

[16] 李泽厚．中国近代思想史论［M］上海：上海三联书店，2008．

[17] 夏晓虹．觉世与传世——梁启超的文学道路［M］．上海：上海人民出版社，1991．

[18] 论戊戌维新运动及康有为梁启超 [C]. 广州：广东人民出版社, 1985.

[19] 约瑟夫·阿·勒文森. 梁启超与中国近代思想 [M]. 刘伟, 刘丽, 姜铁军, 译. 成都：四川人民出版社, 1987.

[20] 张灏. 梁启超与中国思想的过渡（1890—1907）[M]. 南京：江苏人民出版社, 1995.

[21] 孙宝瑄. 忘山庐日记 [M]. 上海：上海古籍出版社, 1983.

[22] 姜义华. 康有为全集 [M]. 上海：上海古籍出版社, 1992.

[23] 王德威, 陈平原, 宋伟杰. 被压抑的现代性：晚清小说新论 [M]. 北京：北京大学出版社, 2005.

[24] 杨联芬. 晚清至五四：中国文学现代性的发生 [M]. 北京：北京大学出版社, 2003.

[25] 本尼迪克特·安德森. 想象的共同体 [M]. 吴叡人, 译. 上海：上海人民出版社, 2003.

[26] 阿尔都塞. 保卫马克思 [M]. 顾良, 译. 北京：商务印书馆, 2006.

[27] 休谟. 人性论 [M]. 关文运, 译. 郑之骧, 校. 北京：商务印书馆, 1997.

[28] 张灏. 烈士精神与批判意识——谭嗣同思想的分析 [M]. 北京：中央编译出版社, 2016.

[29] 黑格尔. 历史哲学 [M]. 王造时, 译. 北京：生活·读书·新知三联书店, 1956.

[30] 阿诺德·汤因比. 文明经受着考验 [M]. 沈辉, 赵一飞, 尹炜, 译. 杭州：浙江人民出版社, 1988.

[31] 阿诺德·汤因比. 历史研究 [M]. 郭小凌, 王皖强, 译, 上海：上海人民出版社, 2010.

[32] 金耀基. 中国文明的现代转型 [M]. 广州：广东人民出版社, 2016.

[33] 张朋园. 梁启超与清季革命 [M]. 上海：上海三联出版社, 2013.

[34] 张灏. 梁启超与中国思想的过渡（1890—1907）[M]. 北京：中央编译出版社, 2016.

[35] 黄克武. 一个被放弃的选择：梁启超调适思想研究 [M]. 北京：新星出版社, 2006.

[36] 胡适. 胡适四十自述 [M]. 北京：中国文史出版社, 2013.

[37] 余英时. 论戴震与章学诚：清代中期学术思想史研究 [M]. 北京：

生活·读书·新知三联书店,2005.

[38] 余英时. 中国思想传统的现代诠释[M]. 南京: 江苏人民出版社, 1998.

[39] 余英时. 现代儒学论[M]. 上海: 上海人民出版社, 1998.

[40] 费尔南·布罗代尔. 历史和社会科学: 长时段[M]//蔡少卿. 再现过去: 社会史的理论视野. 杭州: 浙江人民出版社, 1988.

[41] 余英时. 红楼梦的两个世界[M]. 上海: 上海人民出版社, 2002.

[42] 王元化. 沉思与反思[M]. 上海: 上海辞书出版社, 2007.

[43] 慕兰. 大分流: 欧洲、中国及现代世界经济的发展[M]. 南京: 江苏人民出版社, 2003.

[44] 贡德·弗兰克. 白银资本: 重视经济全球化中的东方[M]. 北京: 中央编译出版社, 2000.

[45] 本杰明·李·沃尔夫. 论语言、思维和现实——沃尔夫文集[M]. 高一虹, 译. 北京: 商务印书馆, 2012.

[46] 左东玲. 李贽与晚明文学[M]. 北京: 人民文学出版社, 2010.

[47] 余英时. 现代儒学的回顾与展望[M]. 北京: 生活·读书·新知三联书店, 2004: 141.

[48] 贺长龄. 皇朝经世文编[M]. 台北: 台北文海出版社, 1973.

[49] 黄宗羲. 明夷待访录[M]. 北京: 中华书局, 1981.

[50] 顾炎武. 日知录[M]. 西安: 陕西人民出版社, 1998.

[51] 钱穆. 中国近三百年学术史[M]. 北京: 中华书局, 1997.

[52] 黄爵滋. 仙屏书屋初集[M]. 道光二十七年瞿金生泥印活字印本, 1847.

[53] 艾尔曼. 经学、政治和宗族: 中华帝国晚期常州今文学派研究[M]. 赵刚, 译. 南京: 江苏人民出版社, 1998.

[54] 龚自珍. 龚自珍全集[M]. 王佩诤, 校. 上海: 上海古籍出版社, 1999.

[55] 萧公权. 近代中国与新世界: 康有为变法与大同思想研究[M]. 汪荣祖, 译. 南京: 江苏人民出版社, 1997.

[56] 康有为. 康南海自编年谱[M]. 北京: 中华书局, 2012.

[57] 康有为. 新学伪经考[M]. 北京: 中国人民大学出版社, 2010.

[58] 章太炎. 章太炎政论选集[M]. 北京: 中华书局, 1977.

[59] 费孝通. 乡土中国[M]. 北京: 生活·读书·新知三联书店, 1985.

[60] 李明珠. 华北的饥荒: 国家、市场与环境退化 (1690—1949) [M]. 北京: 人民出版社, 2016.

[61] 闻钧天. 中国保甲制度 [M]. 上海: 商务印书馆, 1992.

[62] 徐栋, 丁日昌. 保甲书辑要 [M]. 台北: 台湾成文出版社, 1968.

[63] 继昌. 行素斋杂记 [M]. 上海: 上海书店, 1984.

[64] 钦定大清会典事例 [M]. 长春: 吉林出版集团, 2005.

[65] 钦定学政全书 [M]. 北京: 中华书局, 2015.

[66] 刘锦藻. 清朝文献通考 [M]. 杭州: 浙江古籍出版社, 1988.

[67] 费正清. 剑桥中国晚清史 [M]. 北京: 中国社会科学出版社, 1994.

[68] 刘大鹏. 退想斋日记 [M]. 太原: 山西人民出版社, 1990.

[69] 程歗. 晚清乡土意识 [M]. 北京: 中国人民大学出版社, 1998.

[70] 贺长龄. 皇朝经世文续编 [M]. 扬州: 广陵书社, 2011.

[71] 张中行, 金克木. 说八股 [M]. 北京: 中华书局, 2000.

[72] 侯外庐. 中国思想通史 [M]. 北京: 人民出版社, 1956.

[73] 茅海建. 康有为《我史》鉴注 [M]. 上海: 上海三联书店, 2009.

[74] 汤志钧. 清代传记丛刊 [M]. 台北: 台湾明文书局, 1986.

[75] 阮元. 经籍纂诂 [M]. 北京: 世界书局, 2009.

[76] 简朝亮. 清朱九江先生次琦年谱 [M]. 台北: 台湾商务印书馆, 1978.

[77] 康有为. 孟子微, 礼运注. 中庸注 [Z]. 北京: 中华书局, 1984.

[78] 汤志钧. 康有为政论集 [M]. 北京: 中华书局, 1998.

[79] 康有为. 长兴学记 [M]. 广州: 广东高等教育出版社, 1991.

[80] 本杰明·史华兹. 寻求富强: 严复与西方 [M]. 叶凤美, 译. 南京: 江苏人民出版社, 1990.

[81] 耿传明. 决绝与眷恋: 清末民初社会心态与文学转型 [M]. 上海: 复旦大学出版社, 2010.

[82] 托马斯·赫胥黎. 人类在自然中的位置 [M]. 北京: 科学出版社, 1971.

[83] 冯友兰. 中国哲学史新编 [M]. 北京: 人民出版社, 1989.

[84] 蔡尚思, 方行. 石菊影庐笔识·思篇 [M] // 谭嗣同全集. 北京: 中华书局, 1981.

[85] 黄彰健. 戊戌变法史研究 [M]. 上海: 上海书店出版社, 2007.

[86] 钱仲联. 人境庐诗草笺注 [M]. 上海: 上海古籍出版社, 1981.

[87] 林毓生. 中国意识的危机——五四时期激烈的反传统主义 [M]. 穆善培, 译. 贵阳: 贵州人民出版社, 1988.

[88] 黑格尔. 历史哲学 [M]. 王造时, 译. 上海: 上海书店出版社, 1998.

[89] 杜赞奇. 从民族国家拯救历史 [M]. 南京: 江苏人民出版社, 2009.

[90] 罗伯特·杨. 牛津通识读本: 后殖民主义与世界格局 [M]. 南京: 译林出版社, 2008.

[91] 王水照. 王安石全集 [M]. 上海: 复旦大学出版社, 2016.

[92] 陆九渊. 陆九渊集 [M]. 钟哲, 点校. 北京: 中华书局, 1980.

[93] 黄宗羲. 宋元学案 [M]. 北京: 中华书局, 1986.

[94] 董仲舒. 春秋繁露 [M]. 北京: 中华书局, 2012.

[95] 春秋公羊传注疏 [M]. 何休注, 徐彦疏, 刁小龙整理. 上海: 上海古籍出版社, 2014.

[96] 蒙文通. 蒙古通文集(第三卷)经史抉原 [M]. 成都: 巴蜀书社, 1995.

[97] 苏舆. 春秋繁露义证 [M]. 钟哲, 点校. 北京: 中华书局, 1992.

[98] 康有为. 春秋董氏学 [M]. 桂林: 广西师范大学出版社, 2016.

[99] 汪晖. 现代中国思想的兴起 [M]. 上海: 上海三联书店, 2014.

[100] 清华大学国学研究院. 东亚近代文明史上的梁启超 [M]. 上海: 上海世纪出版股份有限公司, 2016.

[101] 钟叔河. 走向世界——近代知识分子考察西方的历史 [M]. 北京: 中华书局, 1985.

[102] 卢梭. 忏悔录 [M]. 北京: 人民文学出版社, 1992.

[103] 张朋园. 梁启超与清季革命 [M]. 上海: 上海三联书店, 2003.

[104] 迈克尔·莱斯诺夫, 等. 社会契约论 [M]. 刘训练, 李丽红, 张红梅, 译. 南京: 江苏人民出版社, 2006.

[105] 卢梭. 社会契约论 [M]. 何兆武, 译. 北京: 商务印书馆, 1980.

[106] 卢梭. 论人类不平等的起源和基础 [M]. 李常山, 译. 北京: 商务印书馆, 1962.

[107] 霍布斯. 利维坦 [M]. 黎思复, 黎延弼, 译. 北京: 商务印书馆, 2005.

[108] 涂尔干. 孟德斯鸠与卢梭 [M]. 李鲁宁, 赵立玮, 付德根, 译. 上海: 上海人民出版社, 2003.

[109] 洛克. 政府论 [M]. 北京：商务印书馆, 2005.

[110] 钱承旦, 许洁明. 英国通史 [M]. 上海：上海社会科学院出版社, 2007.

[111] 郭方. 英国近代国家的形成 [M]. 北京：商务印书馆, 2007.

[112] 边沁. 立法理论 [M]. 李贵方, 译. 北京：中国人民公安大学出版社, 2004.

[113] 边沁. 论一般法律 [M]. 毛国权, 译. 上海：上海三联书店, 2008.

[114] 张灏. 张灏自选集 [M]. 上海：上海教育出版社, 2002.

[115] 李维武. 徐复观与中国文化 [M]. 武汉：湖北人民出版社, 1997.

[116] W.D. 珀杜, 等. 西方社会学：人物·学派·思想 [M]. 石家庄：河北人民出版社, 1992.

[117] 理查德·霍夫斯塔特. 美国思想中的社会达尔文主义 [M]. 郭正昭, 译. 上海：上海古籍出版社, 1981.

[118] 梁景和. 清末国民意识与参政意识研究 [M]. 长沙：湖南教育出版社, 1999.

[119] 约瑟夫·阿·列文森. 梁启超与中国近代思想 [M]. 刘伟, 刘丽, 姜铁军, 译. 成都：四川人民出版社, 1987.

[120] 李剑农. 中国近百年政治史 [M]. 上海：复旦大学出版社, 2007.

[121] 光绪朝朱批奏折 [M]. 北京：中华书局影印本, 1996.

[122] 唐德刚. 从晚清到民国 [M]. 北京：中国文史出版社, 2015.

[123] 中国史学会. 中国近代史资料丛刊 [M]. 上海：上海人民出版社, 1957.

[124] 谭嗣同. 谭嗣同全集 [M]. 北京：中华书局, 1981.

[125] 冯自由. 革命逸史 [M]. 北京：中华书局, 1981.

[126] 阿伦·布洛克. 西方人文主义传统 [M]. 董乐山, 译. 上海：三联书店, 1997.

[127] 周宁. 天朝遥远：西方的中国形象研究 [M]. 北京：北京大学出版社, 2006.

[128] A. 麦金泰尔. 德性之后 [M]. 龚群, 戴杨毅, 等译. 北京：中国社会科学出版社, 1995.

[129] 蒋广学. 梁启超和中国古代学术的终结 [M]. 南京：江苏教育出版社, 2001.

[130] 孟德斯鸠. 论法的精神[M]. 张雁深, 译. 北京: 商务印书馆, 1994.

[131] 赫尔德. 德国思想家论中国[M]. 夏瑞春, 编. 南京: 江苏人民出版社, 1995.

[132] 卢梭. 论科学与艺术[M]. 何兆武, 译. 北京: 商务印书馆, 1959.

[133] 卢梭. 新爱洛伊丝[M]. 李平沤, 何三雅, 译. 上海: 译林出版社, 1993.

[134] 亚达·斯密. 国民财富的性质和原因的研究[M]. 郭大力, 王亚南, 译. 北京. 商务印书馆, 197.

[135] 斯当东. 英使谒见乾隆纪实[M]. 叶笃义, 译. 北京: 商务印书馆, 1963.

[136] 佩雷菲特. 停滞的帝国: 两个世界的撞击[M]. 王国卿, 等译. 北京: 生活·读书·新知三联书店, 1993.

[137] 塞缪尔·斯迈尔斯. 自己拯救自己[M]. 北京: 中国书籍出版社, 2017.

[138] 狭间直树. 梁启超·明治日本·西方[M]. 北京: 社会科学文献出版社, 2001.

[139] 张岱年. 中国哲学大纲[M]. 北京: 清华大学出版社, 1990.

[140] 黄帝内经[M]. 田代华, 整理. 北京: 人民卫生出版社, 2005.

[141] 吕氏春秋[M]. 高诱, 注. 上海: 上海书店出版社. 1986.

[142] 韩非子[M]. 秦惠彬, 点校. 沈阳: 辽宁教育出版社, 1997.

[143] 班固. 汉书[M]. 赵一生, 点校. 杭州: 浙江古籍出版社, 2000.

[144] 张载. 张载集[M]. 北京: 中华书局, 1978.

[145] 朱熹. 朱子语类[M]. 北京: 中华书局, 1986.

[146] 罗钦顺. 困知记[M]. 北京: 中华书局, 1990.

[147] 王廷相. 王廷相集[M]. 北京: 中华书局, 1989.

[148] 王夫之. 船山全书[M]. 长沙: 岳麓书社, 2011.

2. 英文图书

[1] HUANG P C. Liang Ch'i-ch'ao and modern Chinese liberalism[M]. Washington DC: University of Washington Press, 1972.

[2] The Peasant Economy and Social Change in North China[M]. Stanford:

Stanford University Press, 1985.

[3] The Peasant Family and Rural Development in the Yangzi Delta [M]. Stanford: Stanford University Press, 1990.

[4] LEVINAS E. Time and the Other Pittsburgh [M]. Pittsburgh: Duquesne University Press, 1987.

[5] Alexis de Tocqueville. Democracy in America [M]. Chicago & London: The University of Chicago Press, 2000.

[6] DURKHEIM. The rules of sociological Method [M]. Trans. by W. D. Halls. London & Basingstoke: The Macmillan Press, 1982.

[7] CICERO M. De Republica [M]. Cambridge, Massachusetts: Harvard University Press, Loeb Classical Library, 1928.

[8] Jeremy Bentham. Constitutional Code [M]. ed. By F. Rosen and J. H. Burns, The Collected Works of Jeremy Bentham Oxford Press, 1983.

[9] August Comte. The Positive Philosophy of August Comte [M]. London: George Bell & Sons, 1896.

[10] SPENCER H. Social Statics [M]. New York: Robert Schalkenbach Foundation, 1954.

[11] SPENCER H. The Study of Sociology [M]. New York: Appleton, 1891.

[12] SPENCER H. The Man Verses the State [M]. New York: Appleton, 1892.

[13] BARROW J. Travels in China [M]. London: T. Cadell and W. Davies, 1804.

[14] ZHANG L X. The Myth of the Other: Chinese in the Eyes of the West [J]. Critical Inquiry, 1988.

[15] WALLER J F. The works of Oliver Goldsmith. I. The citizen of the World [M]. London: Cassell Petter and Galpin, 1896.

3. 期刊

[1] 崔志海. 评三部梁启超思想研究专著 [J]. 近代史研究, 1999 (5).

[2] 汪晖. 公理世界观及其自我瓦解 [J]. 战略与管理, 1999 (6).

[3] 汪晖. 公理、时势与越界的知识 [J]. 中华读书报, 2013 (10).

[4] 林少阳. "势"或"时势": 一个重审现代与时间观之关系的概念

[J]．开放时代，2010（8）．

　　[5] 张怀承．天理与公理——传统哲学理范畴在近代的转型与发展[J]．湖南师范大学社会科学学报，1992（12）．

　　[6] 马永康．康有为与"公理"[J]．中山大学学报（社会科学版），2009（5）．

　　[7] 慕维仁，马栋予，张春田．章太炎对"公理"的批判及其"齐物"哲学[J]．杭州师范大学学报（社会科学版），2014（9）．

　　[8] 王锺陵．自文艺复兴以来西方思想的总体走向及对20世纪西方思想与文论的总概括与展望[J]．苏州大学学报（哲学社会科学版），2013（7）．

　　[9] 王德威．理、物、势的多重变奏[J]．中国图书评论，2007（3）．

　　[10] 郑海麟．从《新大陆游记》看梁启超思想的突变与还原[J]．文史知识，2010（5）．

　　[11] 黄南珊．试论中国理性观念演变中的共轭关系[J]．西北师大学报（社会科学版），1996（2）．

　　[12] 石元康．天命与正当性：从韦伯的分类看儒家的政道[J]．开放时代，1999（12）．

　　[13] 石元康．自由主义与现代社会[J]．开放时代，2003（2）．

　　[14] 代迅．中西文论异质性比较研究——新批评在中国的命运[J]．西南大学学报（社会科学版），2007（9）．

　　[15] 张明国．进化论在近代中国社会的传播过程、特点及其原因[J]．科学技术与辩证法，1996，13（3）．

　　[16] 王中江．进化论在中国的传播与日本的中介作用[J]．中国青年研究，1995（7）．

　　[17] 王中江．进化主义原理、价值及世界秩序观——梁启超精神世界的基本观念[J]：浙江学刊，2002（8）．

　　[18] 李元．纯粹意志与经验意欲的张力——王阳明与梁启超论"私"之比较[J]．理论界，2016（9）．

　　[19] 孔范今．梁启超与中国文学的现代转型[J]．文史哲，2000（2）．

　　[20] 袁进．梁启超为什么能推动近代小说的发展[J]．上海大学学报（社会科学版），2004（5）．

　　[21] 冼心福．建国以来梁启超文学思想研究述评[J]．学术研究，1993（4）．

　　[22] 谢万昌．巴黎和会后梁启超"公理与强权"外交思想转型的研究

[J].赤子（上中旬），2015（8）.

[23] 王介平.论改良主义者梁启超——对梁启超政治思想的批判[J].教学与研究.1956（5）

[24] 邓丽兰.清末民初"梁启超之问"的提出及其论争[J].南开学报（哲学社会科学版），2011（11）.

[25] 蔡乐苏，刘超.政术、心术、学术——梁启超、严复评王安石之歧异探微[J].浙江大学学报（人文社会科学版），2010（5）.

[26] 陈占标.应实事求是评价梁启超——《梁启超传》读后感[J].学术研究，1983（4）.

[27] 马鼎盛.梁启超学术讨论会概述[J].近代史研究，1987（3）.

[28] 亦耘.戊戌变法研究国际学术讨论会简介[J].近代史研究，1989（2）.

[29] 侯杰，高冬琴，姚厦媛."梁启超与中国近代文化"国际学术讨论会综述[J].理论与现代化，2004（1）.

[30] 庄国雄.历史分期法：历史哲学与马克思[J].吉首大学学报（社会科学版），2004（8）.

[31] 胡绳武，金冲及.关于梁启超的评价问题[J].学术月刊，1960（2）.

[32] 蔡尚思.梁启超后期的思想体系问题[J].文汇报，1961（3）.

[33] 王介平.论改良主义者梁启超——对梁启超政治思想的批判[J].教学与研究，1956（12）.

[34] 胡滨.戊戌变法至辛亥革命期间的梁启超[J].新建设，1957（4）.

[35] 桑兵.梁启超的东学、西学与新学——评狭间直树《梁启超·明治日本·西方》[J].历史研究，2002（2）.

[36] 桑兵.康梁并称的缘起与流变[J].近代史研究，2013（3）.

[37] 桑兵.近代"中国哲学"发源[J].学术研究，2010（11）.

[38] 桑兵.中国思想学术史上的道统与派分[J].中国社会科学，2006（5）.

[39] 桑兵.近代中国学术的地缘与流派[J].历史研究，1999（6）.

[40] 桑兵.清末兴学热潮与社会变迁[J].历史研究，1989（12）.

[41] 桑兵.晚清民国的知识与制度体系转型[J].中山大学学报（社会科学版），2004（11）.

[42] 李宪堂. 明清思想的背景、线索与问题[J]. 齐鲁学刊, 2014 (3).

[43] 王淑琴. 梁启超维新思想的文本考察[J]. 求索, 2008 (7).

[44] 程燎原. 梁启超的"政体思维"是怎样被误解的——评王绍光的《政体与政道: 中西政治分析的异同》[J]. 政法论坛, 2014 (3).

[45] 杨晓明. 梁启超文论的科学方法[J]. 社会科学研究, 2003 (5).

[46] 陈赟. 天下思想与现代性的中国之路——中国问题·中国思想·中国道路论纲[J]. 思想与文化, 2008 (12).

[47] 谢贵安. 王朝与天下之辨——明末清初"新民本"思想家对君主私天下本质的揭露[J]. 明史研究论丛, 2011 (10).

[48] 石昌渝. 王阳明心学与通俗小说的崛起[J]. 文学遗产, 2007 (3).

[49] 颜德如, 颜俊儒. 离合之间: 梁启超与西方自由主义[J]. 江苏社会科学, 2004 (3).

[50] 李宏图. 西方思想史研究方法的演进[J]. 浙江学刊, 2004 (1).

[51] 瞿林东. 天人古今与时势理道——中国古代历史观念的几个重要问题[J]. 史学史研究, 2007 (7).

[52] 王海东. 试论霍布斯的情感政治学[J]. 云南大学学报(社会科学版), 2013 (5).

[53] 许纪霖. 近代中国政治正当性之历史转型[J]. 学海, 2007 (9).

[54] 左鹏军. 近代文学研究中的新文学立场及其影响之省思[J]. 文学遗产, 2013 (7).

[55] 葛兆光. 道统、系谱与历史——关于中国思想史脉络的来源与确立[J]. 文史哲, 2006 (6).

[56] 金晟焕. 阴阳五行说与中国古代天命观的演变——兼论阴阳五行说对易学发展的影响[J]. 周易研究, 1999 (8).

[57] 张昭军. "中国式专制"抑或"中国式民主"——近代学人梁启超、钱穆关于中国古代政治制度的探讨[J]. 近代史研究, 2016 (5).

[58] 许纪霖. "少数人的责任": 近代中国知识分子的士大夫意识[J]. 近代史研究, 2010 (5).

[59] 许纪霖. 从寻求富强到文明自觉——清末民初强国梦的历史嬗变[J]. 复旦学报(社会科学版), 2010 (7).

[60] 张雪凤, 李巍. 关于现代性演进和研究的综述[J]. 重庆科技学院

学报（社会科学版），2008（2）．

[61] 朱维铮．十八世纪中国的汉学与西学[J]．复旦学报（社会科学版），1987（4）．

[62] 徐亚文，李华荣．宋明"天理观"的法理学释义——历史目的论的视角[J]．太原理工大学学报（社会科学版），2015（4）．

[63] 姜荣刚．康有为"新学"与晚清"小说界革命"——兼及中国小说的现代转型[J]．华南理工大学学报（社会科学版），2012（4）．

[64] 侯桂新．从梁启超、周树人到胡适——中国现代文学的发生线索[J]．中南民族大学学报（人文社会科学版），2016（1）．

[65] 李瑞明．感发志意：梁启超文学"情感论"思想的意向[J]．汉语言文学研究，2010（6）．

[66] 汤志钧．戊戌变法与改良主义[J]．学术月刊，1982（1）．

[67] 欧阳友权．20世纪西方文论主潮的哲学基础——当代西方文论成因探析[J]．学术月刊，1995（1）．

[68] 郑玉明，孙旭辉．"中国现代美学、文论与梁启超"全国学术研讨会综述[J]．文学评论，2008（9）．

[69] 刘焕性．中国需要什么样的新史学——纪念梁启超《新史学》发表100周年学术研讨会综述[J]．历史研究，2003（2）．

[70] 杨华．列文森与中国近代思想史研究[J]．河北学刊，2003（5）．

[71] 方志钦．"戊戌后康有为梁启超与维新派"国际学术研讨会综述[J]．近代史研究，1994（1）．

[72] 宋德华．《新大陆游记》与梁启超的美国观[J]．暨南学报（哲学社会科学版），1995（7）．

后 记

　　行笔至此,已物转星移四度秋,拙荆双手积茧,幼子已端坐学堂。问道于幽径,虽素履之往,甘苦间尤怅然人之至大与至渺。少家贫,父遭遇国企下岗,蹒跚谋生,常有辍学之危,为斗米而忧,虽早识人间疾苦,但蒙学开慧却晚,在淮水之小城,常困于奇思迷想而不解。匮于腹且乏于心,得片纸之字必反复诵读,然始终茫然无所得。及至中学,虽课业勤恳,但所学仅为应试,知一二而不通全体。因而此后奋力于大学之马哲,似有所悟,但厌于思政之灌输,又尝硕士之电影学,以为艺术直抵人心,终觉视野狭隘、底蕴浅薄。后碌碌于工作以求安生立命,然累数年胸中迷思之苦,尤甚于往:何所以学?学何以为?枯坐书室,埋首书山,方觉忽忽已三十余,所学东鳞西爪,不得其法。幸癸巳年遇恩师沈立岩教授来我校讲座,徇弟子恳切之求,得忝列师门之内。一生求学转折全在于此。先生朴实敦厚,治学兼中西之精微。四年亲炙,课上先生纵论古今文学文化之流变,鞭辟经籍之玄奥,熔会经典于一炉,以西方理论之思辨焙中学之史料,以剖析传统文化之渊源。课下与先生或漫步校园或促膝长谈,先生对人生之有限有深刻体悟,常常流露出君子之忧患。学问之外,常叮嘱弟子注意身体,热爱生活。我的博士论文选择梁启超为研究对象,潜在的原因是受到恩师为学为人之深深触动,驱动我走进士人君子的心灵世界,尝试着引以为径。

　　梁启超之研究百年来作品浩繁,似已无新意可掘。然而先生常常教导,要排除先见,以问题驱遣材料,研究要有终极关怀。先生自己重要的理论如先秦语言观、静默观、文学灾变论等,皆发人胸中有而笔下无之洞见,是以不断开启我从梁启超的一般材料来寻找他隐匿的思想轨迹。在文章写作过程中,先生言要有读者意识,切忌行文缠绕不清,强调文风刚健有力。写作中每有小成,便向先生汇报。先生常点拨一二,却不予直接干预,不愤不启,不悱不发,希翼弟子可以自己站立起来,生成自身的学术体系。论文完成后,迫于工作生活之压力，疏漏错误之处颇多。先生在繁重的教务与研究之中，深夜读稿，反复指点纠正，让弟子愧疚心疼。

南开大学淳朴厚重、韬光养晦、勤奋日新、经世允公之学风，亦是我求学真正的起航之地。周志强教授于我影响甚深。周老师开辟了寓言化政治批评的大众文化研究之路，以强劲绵延的学术力量不断推动当代文化批评步入新的高度。周老师尝以自身经历劝勉我应专心苦读，点化我学问的体用之别，令我终身难忘，感恩永怀。我曾将周老师多数论文反复阅读，不仅从中揣摩绵密系统之完整论证，亦从中品味感悟周老师作为独立之精神、自由之思想的突围之路。耿传明教授对我博士论文研究方法的确立有直接的影响。耿老师曾赠书于我，言学问如凿井以求万仞之深，切忌浮泛。他对五四新文学现代性进程的梳理，给我巨大的启发，尤其是通过并置清末民初社会心态与文学转型以建立文学现代性研究的理想模型，通过对重要文本《天演论》中的"三种声音"的解析，来发现严复等思想家的"认识论的断裂"，以找到近代思想史的一条内在线索。这些都促使我试图发现梁启超的问题结构及其认识论的断裂，以揭示出其思想生成的内在理路。王志耕教授是我聆听课程最多最勤的老师。王老师耿直刚正、朴实无华，闪耀着思想的光芒和为天地立心、为生民立命的知识分子情怀。离校经年，王老师西方文论课的录音依然伴随我挥汗于操场跑道，行驶于上下班的拥堵公路，案头上上课和听录音反复记录的厚厚一本听课笔记，仍然是我常常翻阅、默诵的资料。陈洪教授的多次讲座给予我生动的大家风范的熏陶，尤其是陈老师往往通过对看似零散之史料的整合和考证，却清晰有力地导源出问题之线索的方法，给我留下深刻的印象。刘莉莉教授和查洪德教授在论文的开题和预答辩都给予了直接的指导意见。此外李瑞山教授、罗振亚教授在学术和生活给我亲切的关怀，使得游学远方之学子能够坚定信心，踏实读书。除此之外，刘伟老师、黄洁老师、金鑫老师、陆右军老师、晏京老师在学业诸多事务帮助良多。

而立之年再度入学，不啻人生之大乐。于南开大学，我结识了一生最重要的朋友。师妹贾晓楠与我同年考入恩师门下。我们共同学习、研讨，互相鼓励、督促，不仅在学习上共同进步，生活中亦成为挚友。师弟高翔敏而好学，是我学术和思想上的诤友。图书馆、自习室、操场常常是我们三人结伴读书、辩论和畅想之处，实乃一生最美好之记忆。此外同门师兄姊宁可、陶峰、冯欢、陈倩、朱艳蕾、何玉国、沈学英、杨诣、王一波、兰娟，师弟张恒，师妹左克、班斓等都在学习和生活上帮助了我。此外与刘洁莹、郑薇、郎静、杨近水等同学亦结下了珍贵的友谊。尤其在此感谢师门同学马海霞、贺娇娇、张志明、李沁锴、杨凯杰为论文做了辛苦的校订。

  一文作罢，如制船试航，几经雾行浪摧，尤能乘桴泛海，全仰父母、妻儿默然相伴，唯惜窗外花香鸟语，少了欢愉。梁启超在其《春朝漫语》云："闻儿读《楚辞》，依枕忽怊怅。"壮怀未酬，岁月催人，我与前人惺惺然有感焉。

王 圣

2020 年 4 月